Aus Freude am Lesen

Auch dreihundert Jahre nach seiner Geburt polarisiert Friedrich der Große. Der legendäre Preußenkönig wird bewundert und verachtet, geliebt und gehasst.

Tillmann Bendikowski folgt den Spuren des »Alten Fritz«, der sechsundvierzig Jahre regierte. Er entfaltet die fesselnde Biografie eines Multitalents: ein absolutistischer Herrscher, der die Folter abschaffte, Frömmelei verachtete, als brillanter Analytiker Strukturen und Menschen durchschaute; ein risikofreudiger Kriegsherr, der sich doch früh von seinem Vater, dem »Soldatenkönig«, distanzierte; ein schillernder Intellektueller, der die besten Köpfe seiner Zeit umwarb; und ein ambitionierter Liebhaber der Künste. Bendikowskis Biografie des Preußenkönigs stellt die mannigfaltige Widersprüchlichkeit der historischen Figur in den Mittelpunkt, erzählt daneben aber auch ihre Wahrnehmung – und Instrumentalisierung – im Lauf der deutschen Geschichte eingehend nach.

DR. TILLMANN BENDIKOWSKI, Historiker und Journalist, ist Leiter der Medienagentur Geschichte in Hamburg. Er verfasst Beiträge für Printmedien und Hörfunk und betreut die wissenschaftliche Realisierung von Forschungsprojekten und historischen Ausstellungen.

Tillmann Bendikowski

Friedrich der Große

btb

Verlagsgruppe Random House FSC® N001967
Das für dieses Buch verwendete FSC®-zertifizierte
Papier Lux Cream liefert Stora Enso, Finnland.

1. Auflage
Genehmigte Taschenbuchausgabe Juni 2013,
btb Verlag in der Verlagsgruppe Random House GmbH, München
Copyright der Originalausgabe © 2011 by C. Bertelsmann Verlag,
München, in der Verlagsgruppe Random House GmbH
Umschlaggestaltung: semper smile, München nach einem Umschlag-
entwurf von R · M · E, Roland Eschlbeck/Rosemarie Kreuzer unter
Verwendung von Motiven von © AKG Images, Berlin
Druck und Einband: CPI – Clausen & Bosse, Leck
LW · Herstellung: sc
Printed in Germany
ISBN 978-3-442-74575-3

www.btb-verlag.de
www.facebook.com/btbverlag
Besuchen Sie auch unseren LiteraturBlog www.transatlantik.de

Inhalt

Vorwort: Ein fremdes Leben

Selbst wenn die Geschichte zu nichts anderem zu gebrauchen wäre, so dürfen wir ihr doch zumindest zugute halten, dass sie in hohem Maße unterhaltsam ist. Diese Erkenntnis des großen französischen Historikers Marc Bloch[1] bildet eine wunderbare Annäherung an Friedrich den Großen. Eine historische Figur, von der wir in der Tat nicht so genau wissen, wozu sie heute eigentlich noch zu gebrauchen ist – die aber ohne Frage zum Unterhaltsamsten gehört, was die deutsche Geschichte je hervorgebracht hat. Dieser Friedrich schlägt das Publikum immer noch in seinen Bann, weil er polarisiert. Er wird geliebt und gehasst, er wird verflucht und bewundert. Damals wie heute sind die Betrachter entweder erschreckt oder fasziniert angesichts seiner Geschichte.

Dabei – oder vielleicht gerade deshalb – gibt es eine Vielzahl von Problemen bei der Annäherung an diese Person. Dies beginnt ja schon bei der Bezeichnung: Darf man ihn eigentlich wirklich »Friedrich den Großen« nennen? Ist das politisch korrekt? Ist es historisch angemessen? Sollten wir lieber »Friedrich II.« sagen (obwohl dann die Gefahr besteht, dass das gebildete Publikum unversehens auch an den gleichnamigen römisch-deutschen Stauferkaiser des 13. Jahrhunderts denkt)? Schon an der Namensfrage wird deutlich, wie schwer sich die Nachwelt mit dieser schwierigen Persönlichkeit tut, wenn sie sich an die Beurteilung ihres Lebenswerks macht. Heute hat man sich im Wesentlichen auf eine entschiedene Sowohl-als-auch-Position zurückgezogen: Irgendwie sei dieser König ja schon »der Große« gewesen, auch wenn er vielleicht menschlich etwas schwierig gewesen sei (was eine höfliche Untertreibung ist) oder als Regent sicherlich auch dann und wann wenig Segensreiches bewirkt habe (was fraglos zutrifft). Und da gebe es doch auch noch seine Vorliebe für die Philosophie und für die Musik – kann dieser Friedrich nicht zugleich als ein großer Aufklärer gelten, der nach der Thronbesteigung irgendwie notgedrungen gegen seine eigentlichen Überzeugungen handeln musste? Hinter all diesen Versuchen einer Beurteilung steht eine Frage: War dieser Friedrich nun ein Segen für sein Preußen und damit für Deutschland – oder begann mit ihm das deutsche Unheil, das mit Weltkrieg und Holocaust seinen traurigen Abschluss in den Trümmern Europas fand?

»Wenn auch sein Staat Preußen von der Landkarte verschwunden ist – vieles von dem, was er geschaffen hat, wirkt 200 Jahre nach seinem Tode unter uns fort. Es gehört wahrlich nicht zum schlechtesten Teil der Hinterlassenschaft aus unserer Geschichte. Dies zu erkennen und zu würdigen, liegt in unserem ureigensten gegenwärtigen Interesse.«

(Der damalige Bundespräsident Richard von Weizsäcker in seiner Ansprache zum 200. Todestag Friedrichs des Großen im Jahr 1986)[2]

Wer war also dieser Mann, der als Friedrich II. im Jahr 1740 den preußischen Thron bestieg? Und warum beschäftigt er noch immer die Deutschen, obwohl er schon über 200 Jahre tot und sein Preußen mit der NS-Diktatur längst untergegangen ist? Beide Fragen bilden zusammengenommen das Motiv für dieses Buch. In vielerlei Hinsicht gilt es, ein fremdes Leben zu entdecken: Dieser Mann ist uns heute allein aufgrund des zeitlichen Abstands fremd; die realen Lebensbedingungen des 18. Jahrhunderts sind für uns heute schlicht eine andere Welt. In dieser Zeit führte Friedrich als König – auch diese Profession dürfte den meisten von uns heute mangels Anschauung und eigener Erfahrung vollständig fremd sein – ein Leben, das von Herausforderungen und dramatischen Momenten angefüllt war wie nur wenige. Er lebte in einem Jahrhundert, in dem die Aufklärung sich anschickte, ihr Licht über den europäischen Kontinent auszustrahlen. Der Alltag der Menschen war davon allerdings nicht betroffen, dieser war oft genug geprägt von der Knechtschaft einer feudalen Welt – Krieg, Hunger und viele andere Nöte blieben für die Menschen bittere Realität.

Vor diesem Hintergrund agierte Friedrich als preußischer König wie eine Ausnahmegestalt, wie ein wahres Multitalent: Der Monarch war gleichermaßen ein absolutistischer Herrscher und ein risikobereiter Krieger, ein schillernder Intellektueller und ambitionierter Liebhaber der Künste. Er war eine vielschichtige Persönlichkeit, widersprüchlich und zuweilen auch unberechenbar; wer sich ihm näherte, verspürte die Wucht seines Auftretens – ein häufig genug höchst irritierender Mann. Damit war und blieb er mit seinem Verhalten oft selbst seinen Zeitgenossen fremd.

Wer sich diesem Leben mit der Hoffnung nähert, er könne schließlich eine historische Wahrheit finden, also diesen Menschen ergründen, wie er »wirklich war«, kann sicher viel lernen und viele Eindrücke gewinnen. Aber letztlich wird man einen zufriedenstellenden Eindruck nur dann bekommen, wenn man den Blick über das Leben dieses Königs hinaus richtet: Die Biografie einer historischen Gestalt endet gerade nicht mit ihrem Tod. Zuweilen hat man sogar den Eindruck, sie gewinnt erst in diesem Moment so recht an Schwung. Denn nun gehen die Nachgeborenen ans Werk, geben ihre (zu deren Lebzeiten oft nur hinter vorgehaltener Hand geäußerten) Urteile ab und weisen dem Verstorbenen gemeinschaftlich – mal im Konsens, mal im Streit – jenen »Platz in der Geschichte« zu, den sie für angemessen halten. Und dies, naturgegeben ohne dass sich der Betroffene noch wehren könnte. Jede Generation macht sich ihr Bild von den Leistungen oder Verfehlungen einer solchen historischen Gestalt, wobei die Messlatte für ihre Urteile eigentlich fast immer die eigene Gegenwart mit ihren spezifischen Herausforderungen darstellt. Die Erinnerung ist also politisch, weil es um spezifische Interessen und um gezielte Identitätsstiftung geht.

Dieser Vorgang ist inzwischen als »Geschichtspolitik« bezeichnet und erforscht worden. Und gerade an Friedrich lässt sich zeigen, wie sehr jede Zeit in ihren höchst eigenen geschichtspolitischen Zugriffen diese Figur des preußischen Königs immer wieder neu »erfand« – sie mit ihren jeweils aktuellen Vorstellungen füllte und damit in den Dienst der eigenen Politik stellte. Zurückhaltend ließe sich angesichts dieses Vorgangs von immer wieder notwendigen Neuinterpretationen einer historischen Herrschergestalt sprechen. Drastischer könnte man ihn aber auch als permanente Deformation eines vergangenen Lebens bezeichnen. Schließlich unterschieden sich die konkreten geschichtspolitischen Inbesitznahmen über die Jahrhunderte in erstaunlichem Maße voneinander: Die Deutschen im 19. Jahrhundert, in der Weimarer Republik und im »Dritten Reich« formten sich ebenso wie jene in der DDR und der Bundesrepublik stets »ihren« Friedrich gerade so, wie er ihnen am besten aktuell ins Zeug passte. Die einen modellierten aus ihm den sehnlich herbeigewünschten Helden, die anderen den lang gesuchten Bösewicht – fast ganz nach Belieben. Und gerade indem sie ihn immer wieder als historisches Argument nutzten, verschafften sie ihm endgültig einen Ehrenplatz in der deutschen Geschichte.

»Er würde euch bitter enttäuschen, wenn er wiederkäme. Denn er fühlte sich wahrlich nicht als Deutscher. Seine Bildung war französisch; die deutsche Sprache verschaffte ihm Bauchgrimmen. Er würde euch nicht passen, denn er war aufgeklärt.«
(Carl von Ossietzky 1921 in der *Berliner Volks-Zeitung* an die rechtsnationalen Widersacher im Land)[3]

Wer also 300 Jahre nach Friedrichs Geburt im Jahr 1712 den Blick auf diesen König und sein uns fremdes Leben richtet, schaut zugleich auf die erstaunlichen Erinnerungsanstrengungen

ganzer Generationen und damit auf die permanenten Neuent-
würfe der deutschen Geschichte. Friedrich ist auch in seinem
Nachleben eine außerordentliche Gestalt – und an dieser wird erkennbar, wie mit einer historischen Figur in Deutschland Politik
und Geschichte gemacht wurde. Das Leben und das Nachleben
Friedrichs nehmen deshalb in diesem Buch notwendigerweise
gleichberechtigte Plätze ein. Und beiden ist zu eigen, was Marc
Bloch einst in Aussicht stellte – sie sind in hohem Maße unterhaltsam. Ob wir diesen Friedrich allerdings heute noch als eine
Orientierung brauchen können, wird sich zeigen…

Das Leid der frühen Jahre

Der 24. Januar 1712 fiel auf einen Sonntag. Der Junge, der an diesem Tag im Berliner Stadtschloss das Licht der Welt erblickte, war ein klassisches Sonntagskind. Er war gesund – und lebte. Für die Familie war dies ein Glücksfall, schließlich waren vor ihm bereits zwei Brüder jeweils im ersten Lebensjahr verstorben. Dies kam damals leider selbst in den besten Familien vor, und auch in königlichen Häusern war die Kindersterblichkeit zu Beginn des 18. Jahrhunderts schmerzlich hoch. Umso größer nun also die Freude über das soeben geborene Kind und damit über den ersehnten Thronfolger. Der Knabe erhielt den Namen Friedrich.

Zur glücklichen Verwandtschaft des Jungen gehörten selbstverständlich zuvorderst Mutter und Vater – aber da der kleine Friedrich eben kein normales Kind, sondern der jüngste Spross der preußischen Königsfamilie war, stand an der Spitze der erfreuten Familienangehörigen zunächst einmal der Großvater, dessen Namen der Junge auch tragen sollte: Friedrich I. Dieser war der erste preußische König, denn elf Jahre vor der Geburt seines Enkels hatte er Preußen zum Königreich erhoben und sich damit selbst vom Kurfürsten von Brandenburg zum König befördert. Dafür hatte er seinerzeit einen günstigen politischen Zeitpunkt gewählt und sich somit als geschickter Stratege erwiesen – der Kaiser des Heiligen Römischen Reiches deutscher Nation war auf die Unterstützung Brandenburgs angewiesen und nahm deshalb den ungewöhnlichen und keineswegs selbstverständlichen Aufstieg des ehrgeizigen Kurfürsten hin.

So wurde der kleine Friedrich also 1712 in ein recht junges, strategisch aber bedeutsames Königtum hineingeboren. Großvater Friedrich I. war als königlicher Aufsteiger zunächst an den geschichtsträchtigeren und mächtigeren Höfen Europas allein schon wegen seines Titels auf spöttische Heiterkeit gestoßen – er nannte sich umständlich »König in Preußen«. Damit wollte er sich und sein Land vor etwaigen Ansprüchen Polens, das damals zu seinem Königreich ein Gebiet namens »Königlich Preußen« zählte, auf die neue Krone schützen.[1] (Noch ahnte niemand, dass der soeben geborene Enkel 60 Jahre später als anerkannter Regent den ungleich selbstbewussteren Titel »König von Preußen« einführen sollte.) Die Geburt des Thronfolgers überlebte König Friedrich I. allerdings nur um ein gutes Jahr, 1713 starb er im Alter von 55 Jahren. Als Nachfolger bestieg sein Sohn den Thron: Friedrich Wilhelm I., der Vater des kleinen Friedrich. Ihm hinterließ der Vorgänger zwar den schmucken neuen Königstitel, aber zugleich auch einen finanziell weitgehend ruinierten Staat.

Aber die Sorgen um das kleine Königreich und seine Zukunft standen am 24. Januar 1712 nicht im Vordergrund. An diesem Tag freute sich die königliche Familie über die Geburt eines Stammhalters. Dem Volk draußen vor den Türen war unterdessen bange um den möglichen Prunk, den das Königshaus wegen der Geburt des Thronfolgers zur Schau stellen könnte. Die allgemeine Sorge galt nicht nur den Finanzen des Staates – es war schlicht auch Aberglaube im Spiel: Es kursierten Gerüchte, die Prunksucht des Königs sei für den frühen Tod der ersten beiden Söhne der königlichen Familie verantwortlich gewesen. Die Neugeborenen, so wurde in Berlin gemunkelt, hätten das Salutschießen und die Last des schweren Seidenmantels wie der Krone nicht vertragen.[2] Auch wenn das böswillige Verleumdungen waren – sie zeigen, dass in Preußen keineswegs alles zum Besten stand. Das Land hatte nun seit elf Jahren einen König, aber profitierte das kleine Königreich davon?

In den verstreut liegenden Provinzen Preußens lebten im Jahr

1712 auf vergleichsweise kleiner Fläche rund 1,6 Millionen Untertanen – deutlich weniger als in den seit Langem etablierten Monarchien wie Frankreich, England bzw. Großbritannien, Spanien, Österreich oder Russland. Wollte der »König in Preußen« das weit im Osten gelegene Herzogtum Preußen aufsuchen, musste er sich mit der Kutsche viele Stunden über Landstraßen durch das Königreich Polen bemühen. Und tagelang war er unterwegs – wobei er verschiedenste Länder zu passieren hatte –, um zu seinen westlichen Besitzungen, den Grafschaften Mark und Ravensberg, oder in das am Rhein gelegene Kleve zu gelangen.[3]

Sollte das neue Königreich wachsen, blühen und gedeihen, wollten zahlreiche Voraussetzungen erfüllt sein; dazu gehörten eine geschickt funktionierende Diplomatie, sicher auch eine respektable Armee – vor allem aber eben die Geburt eines männlichen Thronfolgers. Der Streit um eine königliche Erbfolge hatte schon so manche Dynastie ins Wanken gebracht und Kriege ausgelöst. Für Preußen schien sich mit dem kleinen Friedrich dieses Problem zu lösen. Und die wichtigste Erwartung der königlichen Familie an ihn erfüllte er vor allem dadurch, dass er die ersten Jahre überlebte. Der nächste Sohn, dem das wieder gelang, wurde erst zehn Jahre später geboren – nun war die Nachfolge endgültig gesichert. Friedrich selbst war übrigens kein ausgesprochen schwächliches Kind, wohl aber von zarter Konstitution. Thomas Mann sollte später einmal einen (ungenannten) Fremden zitieren, der den jungen Prinzen als »das niedlichste Menschenkind im Königreich«[4] bezeichnete. Ob dies stimmte, sei einmal dahingestellt – einerseits war der Schriftsteller damals ein glühender Bewunderer des späteren Königs, andererseits wirken die meisten kleinen Kinder an guten Tagen auf ihre Betrachter schlichtweg niedlich (und wer will über den künftigen König nicht etwas Nettes sagen?). Aber unbestreitbar war dieser kleine Friedrich der kostbarste Schatz für die Erbmonarchie der Hohenzollern.

Die ersten Jahre verbrachte Friedrich den gesellschaftlichen Regeln entsprechend vornehmlich am Hof der Königin in der Obhut von Damen. Seine frühe Spielkameradin und spätere Vertraute wurde seine drei Jahre ältere Schwester Wilhelmine, die Atmosphäre prägte aber vor allem die Mutter. Sie brachte so etwas wie Flair in das Haus der Hohenzollern, schließlich entstammte sie einer deutlich älteren Herrscherfamilie als ihr Ehemann: Sophie Dorothea gehörte dem Hause Hannover an und war eine Tochter des seit 1714 regierenden englischen Königs Georg I. Ohne Frage war sie eine ehrgeizige, standesbewusste, aber auch charmant und liebenswürdig auftretende Frau; als Königin eine Zierde für das kleine Königreich.[5] So mancher Ehemann von Stand hätte sich über eine solche Frau nicht nur als Gemahlin, sondern vor allem als Mutter und Vorbild für einen Sohn gefreut – schließlich galt das Haus Hannover zu jener Zeit geradezu als »die Dynastie der klugen Frauen«.[6] Doch Ehemann Friedrich Wilhelm I. hatte andere Vorlieben als seine Gemahlin; eine zünftige Parforcejagd zog er jedem wohlklingenden Konzert vor, in seinem berühmt-berüchtigten »Tabakskollegium« erfreute er sich lieber an den Humpen schweren Bieres, als dass er beispielsweise feinsinnigen Debatten über bildende Kunst oder Literatur gefolgt wäre. Tatsächlich duldete der König die geistigen Passionen seiner Sophie Dorothea nur widerwillig – und war entschlossen, einer möglichen Begeisterung seines Stammhalters für französische Sprache und Bildung, wie dies in der Umgebung der Mutter zum guten Ton gehörte, entschieden vorzubeugen.[7] Was ein zukünftiger preußischer König an Fähigkeiten brauchte, das glaubte der Monarch besser zu wissen und hielt sich (dieser Annahme verfallen Väter in unterschiedlichem Maße wohl immer) selbst für das beste Vorbild.

Zu den auffälligsten Charaktereigenschaften des Vaters gehörte seine Leidenschaft fürs Militärische, weshalb er den passenden Beinamen »Soldatenkönig« erhielt. Tatsächlich trug er seit 1725 ständig Uniform, was ein alltäglich sichtbares Bekenntnis zu seiner Armee war. Für Preußen, so hat es der Historiker Theodor Schieder einmal treffend ausgedrückt, war dieser Militarismus »sein Lebensprinzip, geboren aus der enormen Überanstrengung der Kräfte eines armen Landes, das ohne die notwendigen Ressourcen für eine Großmachtrolle war und durch den Versuch, diese zu spielen, sich ständigen außenpolitischen Gefährdungen aussetzte«.[8] Diese Kraftanstrengung hatte ihren Preis: Bei Regierungsantritt, so notierte es sein Sohn Friedrich später einmal, strich Friedrich Wilhelm I. »alle unnützen Ausgaben und verstopfte die Kanäle, durch die sein Vater die Mittel des öffentlichen Wohlstands abgelenkt hatte, um sie in eitlem und überflüssigem Aufwand zu verschwenden«[9]. Wohlwollend lässt sich sagen, Friedrich Wilhelm I. sei sparsam gewesen – weil er für das Militärische übermäßig, aber für den eigenen Hof so wenig wie möglich ausgab. Weniger Verständnis zeigte seine Ehefrau: Sophie Dorothea nannte ihn schlicht einen »Bettlerkönig«[10].

Was die Erziehung des Kronprinzen anging, hegte der König recht genaue Vorstellungen. Und die fasste er in einer Instruktion aus dem Jahr 1718 zusammen – Friedrich war da gerade sechs Jahre alt. Geprägt waren diese Erziehungsvorstellungen zunächst von einer strengen pietistischen Frömmigkeit: Der Herr Vater legte Gebetsexerzitien und Bibellesungen fest (der Junge müsse »morgens und abends das Gebet auf den Knien« verrichten), und die Erzieher sollten den Sohn »von denen Opern, Komödien und anderen weltlichen Eitelkeiten« abhalten. Erstrebenswert sei vielmehr eine solide Ausbildung in »Rechenkunst« und »Ökonomie«; außerdem solle dem Sohn – das war nicht anders zu erwarten – eine wahre Liebe zum Soldatenstand eingeprägt werden.[11] Dem sechsjährigen Friedrich stellte der Vater eine eigene »Kronprinzliche Kadettenkompagnie« aus 131 Knaben auf. Friedrich durfte (und sollte selbstverständlich auch) diese Kompanie selbstständig kommandieren.[12] Das war nicht nur Soldatenspielerei auf hohem Niveau, sondern – zumindest aus der Sicht des Vaters – ein wichtiger Schritt auf dem Weg zur Ausbildung eines tüchtigen, also militärisch begabten und in der Praxis erfahrenen Königs.

Das persönliche Verhältnis Friedrich Wilhelms I. zu seinem Stammhalter war indes schwierig. Das lag vor allem am Vater: Wenn man über einen Menschen eigentlich etwas Negatives sagen muss, aber höflich bleiben will, spricht man von ihm gerne als von einer komplexen Persönlichkeit – eben von einem Menschen mit Licht und Schatten. Zur Ehrenrettung Friedrich Wilhelms I. ließe sich demgemäß anführen, dass er zumindest ein tief religiöser Mensch war. Doch bekanntermaßen kann auch ein solcher ein unangenehmer Zeitgenosse sein. Zuweilen mochte der König ein entgegenkommender, vielleicht in manchen Momenten auch liebevoller Mann sein. Aber für seine Umwelt war viel entscheidender, dass er cholerisch veranlagt war und zu Wutausbrüchen neigte, die ihn zu einem wahren Haustyrannen machten. Um es klar zu sagen: Friedrich Wilhelm I. war ein Grobian. Und gegenüber seinem Sohn schreckte er auch vor körperlicher Gewalt nicht zurück – der junge Friedrich wurde wohl über Jahre hinweg von ihm regelrecht traktiert.

»Täglich bekomme ich Schläge, werde behandelt wie ein Sklave und habe nicht die mindeste Erholung. Man verbietet mir das Lesen, die Musik, die Wissenschaften, ich darf fast mit niemand mehr sprechen, bin von lauter Aufpassern umgeben.«
(Der junge Friedrich gegenüber seiner Schwester Wilhelmine)[13]

Das gespannte Verhältnis zwischen Vater und Sohn war für den Filius fraglos bedauerlich, doch diese Situation hatte im Hause Hohenzollern durchaus eine gewisse Tradition (wenngleich den preußischen Königen zugute gehalten werden muss, dass solche Konflikte auch in anderen Herrscherhäusern vorkamen). Kinder lernen bekanntermaßen von Vorbildern – aber leider auch von schlechten, und so gaben die Söhne über mehrere Generationen ein gestörtes Verhältnis zum Vater an ihre eigenen männlichen Sprösslinge weiter. Schon Friedrichs Großvater Friedrich I. hatte unter einer zerrütteten Familiensituation gelitten; sein Vater hatte einst erklärt, der Sohn sei »zu nichts gut«. Daraus erwuchs schließlich eine regelrechte Paranoia des Thronfolgers, der sogar glaubte, dass er das Opfer eines familiären Mordkomplotts sei. Er floh schließlich zur Familie seiner Frau nach Hannover und gab erst aufgrund verschiedener Interventionen seine Weigerung auf, nach Berlin zurückzukehren.[14]

Als der Großvater dann als Kurfürst und schließlich als König Friedrich I. regierte, wollte er es als Vater mit seinem Sohn besser machen. So sorgte er sich um eine gute Ausbildung und gewährte dem Knaben bewusst Freiräume. Doch eine harmonische Beziehung entstand auch auf diesem Weg nicht: Seinem Vater gegenüber verhielt sich der junge Friedrich Wilhelm zwar respektvoll, doch schließlich kritisierte er ihn offen für seine Regierungsgeschäfte und die angebliche Misswirtschaft in seiner Staatsführung, woraufhin ihn der nachgiebige Vater schließlich noch zu Lebzeiten maßgeblich an den Regierungsgeschäften beteiligte. Nach dem Tod des Vaters wollte der neue König Friedrich Wilhelm I. demonstrativ vieles anders machen.[15] Was das Verhältnis zu seinem eigenen Sohn Friedrich angeht, entschied er sich jedenfalls früh zu einem anderen Vorgehen – väterliche Nachgiebigkeit und kindliche Freiräume gab es nie. Friedrich Wilhelm I. legte so die Grundlagen für einen Konflikt zwischen ihm und seinem Sohn, der in seiner Form und seiner Dramaturgie alles in der Familie bisher Dagewesene in den Schatten stellen sollte.

> »Ich weiß, daß er nicht so denkt wie ich, und daß es Leute gibt, die ihm andere Gesinnungen beibringen und ihn veranlassen, alles zu tadeln; das sind Schufte.«
> (Friedrich Wilhelm I. über seinen zwölfjährigen Sohn Friedrich)[16]

Das Auftreten des jungen Friedrich entsprach in keiner Hinsicht den spezifischen Erwartungen des Vaters: Seine Haltung und sein

Benehmen wurden als träge bezeichnet, er schlief oft lang, war gerne allein oder vertiefte sich lieber in den Räumen seiner Mutter oder seiner Schwester in Romane, statt draußen vor den Türen Soldat zu spielen. Ausgerechnet das Militärische mied der Junge: Er zeigte keinerlei militärische Leidenschaften und Fähigkeiten, vor dem Schießen fürchtete er sich – und fiel obendrein auch noch ständig vom Pferd.[17] So hatte sich der schneidige Papa seinen potenziellen Nachfolger nicht vorgestellt; er hielt seinen Sohn schlicht für verweiblicht, eben für effeminiert. Friedrich suchte seinen Vater in Briefen zu besänftigen, doch die Verärgerung und Enttäuschung des Königs – der Sohn sprach sogar ganz offen von Hass – konnte er nicht aus der Welt schaffen…

Friedrich: »Hätte ich aber wider mein Wissen und Willen getan, das meinen lieben Papa verdrossen habe, so bitte ich hiermit untertänigst um Vergebung, und hoffe, daß mein lieber Papa den grausamen Hass, den ich aus allem seinen Tun genug habe wahrnehmen können, werde fahren lassen.«

Friedrich Wilhelm I.: »Zum Anderen weiß er wohl, daß ich keinen effeminierten Kopf leiden kann, der […] nicht reiten noch schießen kann, und dabei malpropre an seinem Leibe, seine Haare wie ein Narr sich frisieret und nicht verschneidet, und ich Alles dieses tausendmal reprimandieret, aber Alles umsonst und keine Besserung in nichts ist.«

(Der 16-jährige Friedrich im Briefwechsel mit seinem Vater im September 1728) [18]

Dem Kronprinzen war selbstverständlich bewusst, was der Vater von ihm erwartete – aber bereits als Jugendlicher wusste er nur allzu gut, was er nicht bereit war ihm zu geben. Hinter Friedrichs wohlgesetzten Worten (mit diesen konnte er bereits zu diesem Zeitpunkt trefflich umgehen) verbargen sich eine wohlfeile Resistenz gegen väterliche Anweisungen, jugendlicher Trotz und ein ausgeprägter eigener Wille. Diese hatten in diesen Jahren gut gedeihen können, denn Friedrich hatte sich längst so etwas wie eine »Doppelexistenz«[19] aufgebaut: In der Philosophie, der Musik und der Literatur fand er das, was der despotische Vater und die höfische Enge ihm nicht bieten konnten. Fast ist man zu der Einschätzung geneigt, der Sohn habe sich zugleich vor dem König in Sicherheit gebracht. Bei der zunehmenden Schärfe der Auseinandersetzungen und der schließlich eskalierenden Gewalttätigkeit des Konflikts waren beim Vater zuweilen tatsächlich regelrechte Ausbrüche von Hass zu erkennen. Weder vor der Familie noch vor der Dienerschaft oder den Offizieren verheimlichte Friedrich Wilhelm I. seine Einschätzung, dass der Thronfolger ein missratener Prinz sei. Erniedrigungen und Beleidigungen begleiteten Friedrich deshalb durch seine gesamte Jugendzeit.

> *»Was mich endlich ganz überwältigt hat, ist der letzte Auftritt, den ich in Potsdam mit dem König hatte. Er läßt mich des Morgens rufen; sowie ich eintrete, faßt er mich bei den Haaren, wirft mich zu Boden, und nachdem er seine starken Fäuste auf meiner Brust und meinem ganzen Leibe erprobt hatte, schleppt er mich an das Fenster und legt mir den Vorhangstrang um den Hals. Glücklicherweise hatte ich Zeit gehabt, mich aufzuraffen und seine beiden Hände zu fassen; da er aber den Vorhangstrang aus allen Kräften zuzog und ich mich erdrosselt fühlte, rief ich endlich um Hilfe. Ein Kammerdiener eilte herbei und befreite mich mit Gewalt aus des Königs Händen.«*
> (Friedrich in einem Brief an seine Schwester Wilhelmine)[20]

Schließlich wollte der malträtierte Sohn einfach nur noch weg, weit weg vom despotischen Vater. So jedenfalls interpretierte seine Schwester Wilhelmine seine Äußerungen. Achtzehn Jahre war der Prinz nun alt. Noch zu jung, um sich nachhaltig gegen den jähzornigen väterlichen Tyrannen zur Wehr zu setzen, aber durchaus schon alt genug, um sein Heil in der weiten Welt zu suchen. Er wolle nach England gehen, verriet er der Schwester, falsche Pässe und Geld habe er sich bereits besorgt. Außerdem stünden zwei Freunde bereit, die ihm als Weggefährten notfalls sogar bis ans Ende der Welt folgen würden. In dieser Gemengelage aus jugendlichem Überschwang und aufgestautem Leiden wurden im Frühjahr 1730 die Pläne für eine Flucht des preußischen Kronprinzen immer konkreter.

Später ist über dieses Vorhaben viel spekuliert worden – immerhin bahnte sich mit diesem ungeheuerlichen Schritt der Absetzung des Thronfolgers ein politischer Skandal an, der für das Land und den Regenten denkbar unangenehme Folgen haben konnte. War sich der Kronprinz darüber im Klaren? Sicher ist, dass Friedrichs Vorhaben kein politischer Protest war; politische Absichten lagen ihm so fern wie eine konkrete Kritik an der Regierungsarbeit des Königs. Das Motiv lässt sich vielmehr in der Frustration über die Behandlung durch seinen Vater finden, die sich über Jahre hinweg angesammelt hatte. Allerdings scheint sich der Kronprinz in seiner Jugendlichkeit nicht bewusst gemacht zu haben, dass sein Schritt politische Konsequenzen nach sich ziehen würde. Gerade eine von ihm ins Auge gefasste Flucht nach Großbritannien hätte der preußische König sicherlich nicht ohne diplomatischen Druck auf London hingenommen.

Wenn wir an dieser Stelle einmal dahingestellt lassen, ob sich Friedrich der Gefahren einer solchen Flucht wirklich bewusst war, so dürfen wir aber doch annehmen, dass zumindest den beiden von ihm erwähnten Weggefährten klar war, an welchem ungeheuerlichen Vorhaben sie da teilhaben wollten – und was sie bei einem Scheitern erwartete. Sein engster Helfer in den Wochen und Monaten der Planungen war Leutnant Hans Hermann von Katte vom Regiment Gens d'Armes. Katte, acht Jahre älter als Friedrich, war ein gebildeter und intelligenter Offizier, der auch die musikalischen Vorlieben des Kronprinzen teilte. Praktische Hilfe erhoffte sich der Kronprinz zudem von dem anderen Helfer, seinem Pagen Leutnant Peter Christoph Carl von Keith. Beide waren – wie eben Friedrich selbst – Angehörige der preußischen Armee; woran sie sich da beteiligen wollten, war schlicht Desertion. Das war zwar für die damalige Zeit und auch für das Königreich keine außergewöhnliche Erscheinung (immerhin registrierte man in Preußen zwischen 1713 und 1740 rund 30 000 Deserteure)[21], aber die Fahnenflucht des Königssohns hätte ohne Frage sowohl für die Armee als auch ihren König gleichermaßen eine Provokation wie eine Blamage dargestellt.

Die exakten Details der geplanten Flucht waren auch den Eingeweihten nicht klar – und rückblickend scheint der Kronprinz bei seinen Vorbereitungen für dieses heikle Vorhaben wenig stringent vorgegangen zu sein. Zumindest das Ziel seiner Flucht stand fest: England. In London hatte er schon zuvor ein offenes Ohr gefunden, wenn es um Hilfe bei seinen persönlichen Schulden ging – hier war England zur Stelle gewesen und hatte dem Kronprinzen Unterstützung zugesagt. Doch als die Fluchtpläne Friedrichs immer konkretere Gestalt annahmen, wurden die Kontaktpartner in London dann doch zurückhaltender, dem Kronprinzen gegebenenfalls Exil anzubieten. Die politischen Verwicklungen, die einem solchen Schritt folgen würden, waren dann doch nicht die Risiken wert. Also ließ man über Mittelsmänner den Prinzen wissen, er möge doch bitte von seinem Vorhaben Abstand nehmen. Doch Friedrich hatte sich längst viel zu sehr auf eine Flucht eingestellt, als dass er jetzt einen Rückzieher machen wollte. Statt den Plan fallen zu lassen, überlegte er nun, Asyl in Frankreich zu erbitten. Für diesen Fall hatte er sich auch schon einen Namen für seine neue Existenz ausgesucht – Graf d'Alberville[22].

Nicht nur, dass Friedrichs Planungen insgesamt Brillanz vermissen ließen – sie wurden dann auch noch schlecht in die Tat umgesetzt. Zunächst hatten er und sein Freund Katte geplant, eine Reise des Leutnants, auf der er neue Soldaten für sein Regiment rekrutieren wollte, als günstige Gelegenheit zu nutzen. Katte wollte sich dabei absetzen, den seinerseits geflüchteten Friedrich treffen, um dann gemeinsam die Flucht fortzusetzen. Daraus wurde aber nichts, denn Leutnant Katte wurde die vorgesehene Reise unversehens untersagt – möglicherweise hatte sogar der König von der Verstrickung des Leutnants in die Pläne des Kronprinzen Nachricht erhalten. Doch Friedrich wollte sich von dieser Wendung nicht aufhalten lassen. Vielleicht hatte ihn sein Fluchtplan »wie ein Rausch ergriffen«, wie es ein Biograf einmal formulierte.²³ Sicher ist, dass der Leidensdruck des Kronprinzen, gepaart mit der durch den gemeinsamen Plan geweckten Hoffnung auf Freiheit von Vater und Repression, stärker war als alle eigentlich gebotene Vorsicht.

Konkret wurden die Pläne dann im Sommer 1730, als Friedrich seinen Vater auf eine Reise nach Süddeutschland begleitete. Die Reisegesellschaft war nach Stationen in Bamberg, Nürnberg, Ansbach und Ludwigsburg auf dem Weg nach Mannheim, als sie am Abend des 4. August Rast in dem kleinen Dörfchen Steinsfurt in der Nähe von Sinsheim machte. Vielleicht 500 Seelen zählte das Nest, wo nun die Preußen in Scheunen ihre Feldbetten aufschlugen. Auf der einen Seite der Straße übernachtete König Friedrich Wilhelm I. samt Begleitern, auf der anderen der Kronprinz. Am nächsten Morgen um fünf Uhr wollte man wieder aufbrechen – gemeinsam, versteht sich. Doch der Kronprinz stand zwei Stunden früher auf, um sich aus dem Lager zu schleichen…²⁴

Aber das Vorhaben scheiterte bereits mit dem Versuch der Ausführung: Friedrich hatte seinen Pagen Keith angewiesen, in der Nähe mit zwei Pferden bereitzustehen – die erreichte er gar nicht. Wachsame Offiziere der Begleitung wussten wohl längst von dem Vorhaben – oder wurden spätestens jetzt auf das Geschehen aufmerksam – und sprachen den Kronprinzen schon vor dem Aufbruch an. Er sah sich von diesen quasi kameradschaftlich umringt; das Vorhaben war gescheitert. Doch Friedrich scheint gleichermaßen hartnäckig wie leichtsinnig gewesen zu sein, denn schon am nächsten Tag – die Reisegesellschaft war gerade in Mannheim vom Kurfürsten von der Pfalz begrüßt worden – bedrängte er seinen Pagen erneut, ihm diesmal Postpferde für einen neuen Fluchtversuch zu beschaffen. Der Diener hielt allerdings dem Druck der Situation nicht mehr stand und offenbarte sich dem König.[25]

»Ich habe leider das Unglück, daß mein Sohn hat desertiren wollen mit dem Pagen Keut, ich habe ihn aretiren lassen.«

(Friedrich Wilhelm an die Königin am 13. August 1730)[26]

Friedrich Wilhelm I. wollte während dieser Reise keinen öffentlichkeitswirksamen Skandal. Allerdings war ihm die Brisanz der Situation klar, er musste reagieren, indem er sich zunächst vollkommene Klarheit über das Geschehen verschaffte. Was hatte sein Sohn wirklich vorgehabt? Gab es Mitverschwörer – und waren fremde politische Mächte in die Fluchtpläne verwickelt? Dem König war zunächst daran gelegen, Friedrich wieder auf preußischen Boden zu bringen – denn zu diesem Zeitpunkt befand sich die Reisegesellschaft ja zwischen Mannheim, Darmstadt und Frankfurt auf fremdem Terrain. Deshalb befahl er, Friedrich in das niederrheinische Städtchen Wesel zu bringen, das seit dem 17. Jahrhundert in brandenburgischem Besitz war und wo Friedrich Wilhelm I. als Souverän regierte. Als er seinem Sohn dorthin nachfolgte – dieser war von Mannheim aus direkt und unter strengster Bewachung auf die rund 400 Kilometer lange Reise nach Wesel vorgeschickt worden –, nahm er dann selbst das erste Verhör vor.

»Gefraget: Warum er einen so bösen Vorsatz gefasset?

Respond.: Weil S.K.M. ihm immer ungnädiger geworden, und ihm davon viele empfindliche Marquen gegeben; daher ihn die Desperation auf die Gedanken der Flucht gebracht.

Gefraget: Ob dieses recht sei, dergleichen Desertion sich in den Sinn kommen zu lassen?

Respond.: Nein, er halte es vor höchst unrecht; und reue Ihn sehr.«

(Verhör des Kronprinzen am 12. August 1730)[27]

Friedrich machte also aus den persönlichen, familiären Gründen für sein Vorhaben kein Geheimnis – und bekannte zugleich seine Reue. Das war sicher strategisch der beste Weg, wenngleich der junge Mann einige Tage brauchte, um den Wert dieser Vorgehensweise zu erkennen: Während der ersten Verhöre soll er sich noch selbstgerecht und uneinsichtig gezeigt haben. Er änderte seine Haltung erst, als sein Freund und Mitwisser Katte das geplante Vorhaben eingestanden hatte. So waren auch Friedrichs politisch brisante Kontakte nach London bekannt geworden – und damit auch die englischen Zusagen, seine Schulden zu begleichen. Erst in dieser Situation ließen die Einlassungen des Kronprinzen endlich das Gespür für das Prekäre seiner Lage erkennen (immerhin drohte einem verurteilten Deserteur die Todesstrafe) – und nun beschloss er demonstrativ, sich dem Urteil des Königs bedingungslos und gehorsam zu unterwerfen.[28]

Friedrich wurde in die Festung Küstrin verlegt, wo er bald unter harten Bedingungen einsaß: Der König hatte unter anderem angeordnet, dass sein Sohn die braune Kluft eines Strafgefangenen tragen müsse.[29] Die wachhabenden Offiziere durften »bei größester Ungnade mit dem Gefangenen nicht sprechen«, zwei große Vorhängeschlösser seien an der Zelltür anzubringen, damit dieser nicht »aus der prison desertiret«. Wie sehr der König an einer möglichst reglementierten und strengen Behandlung seines Sohnes interessiert war, zeigen seine detaillierten Anweisungen, etwa wie viele Minuten das Hereinreichen der Mahlzeiten oder das Säubern der Zelle in Anspruch nehmen durfte.[30]

Zugleich nahm der Vater auch die Ideen ins Visier, die seiner Ansicht nach hinter dem Schritt des Sohnes standen: Er ließ Friedrichs Bibliothek noch im Jahr des Fluchtversuchs in Amsterdam versteigern.[31] Später hatte der König für Friedrichs Haft in Küstrin ausdrücklich festgelegt, dass dieser weder Bücher besitzen, kaufen noch sich welche leihen dürfe. Mehr noch: Er solle in keinem anderen Buch lesen »als in der Teutschen Bibel«. Außerdem solle im Beisein des Kronprinzen nur Deutsch gesprochen werden – und vor allem kein Französisch. Überdies dürfe sein Sohn keinerlei Musik hören und selbst auch nicht musizieren.[32]

Schließlich setzte Friedrich Wilhelm I. eine Untersuchungskommission ein, die die Vorgänge der Flucht klären sollte. So wurde der Kronprinz entlang 185 sogenannter Inquisitionsartikel befragt, von denen viele direkt aus der Feder des Königs stammten. Ohnehin nahm der Vater ständig Einfluss auf den Gang der Untersuchung – so suggerierte er auch mit einzelnen Fragen, dass es sich bei Friedrich schlicht um einen undankbaren Sohn handelte: »Ob nicht der König in seiner [des Kronprinzen] Jugend alles getan hätte, sein Gemüt zu gewinnen?«, hieß es etwa in einem der genannten Artikel.[33] Und was den Umgang mit Leutnant Katte betraf, so erging die königliche Order an die Untersuchungskommission: »Sie solen den Katten herter angreiffen.«[34] Schon früh zeichnete sich ab, dass an diesem Offizier ein Exempel statuiert werden sollte – einer musste schließlich für dieses Fluchtunternehmen gemäß einer Desertion bestraft werden.

Es wäre übrigens zu leicht, das Vorgehen des Königs rückblickend lediglich als vordergründigen Racheakt zu interpretieren. Für ihn als absolutistischen König war dieser heikle Vorgang ja nicht nur aus familiären Gründen unangenehm, vielmehr wollte und musste er sich unbedingt Klarheit über mögliche politische Hintergründe und die Mitwisser des Plans verschaffen. Es gibt sogar Anzeichen dafür, dass Friedrich Wilhelm I. dem Vorfall zunächst keine allzu dramatische Bedeutung beigemessen hatte, dass er aber schließlich sogar Befürchtungen um eine größere Verschwörung hatte, an der Mitglieder des eigenen Hofes ebenso beteiligt hätten sein können wie ausländische Mächte. Ob er in diesem Moment tatsächlich sogar um sein eigenes Leben gefürchtet hat, bleibt allerdings Spekulation.[35] Und ob Mitglieder der königlichen Familie – allen voran die Königin oder Friedrichs Schwester Wilhelmine – von Friedrichs Plan wussten oder ihn gar unterstützt hatten, wurde zumindest offiziell nie geklärt. Die Aussage Leutnant Kattes, der Kronprinz habe ihm bei der Vorbereitung der Flucht »allezeit verboten, der Königin und der Prinzessin davon zu sagen«[36], dürfte den König in dieser Hinsicht wohl nur begrenzt beruhigt haben.

Abgesehen von solchen Gedanken über den Zustand seines Hofes hatte Friedrich Wilhelm I. in dieser Situation eine weitreichende dynastische Entscheidung zu treffen: Wollte er Friedrich weiterhin als Thronfolger halten, oder hatte dieser sich durch sein Vergehen als ungeeignet für den Königsthron erwiesen? Als die königliche Untersuchungskommission ihn mit dieser Frage konfrontierte, wurde dem Kronprinzen vermutlich zum ersten Mal die Tragweite der Krise klar, die er mit seinem Unternehmen heraufbeschworen hatte. Er wurde sich bewusst, dass sein Vater überlegte, ihm den Thronverzicht nahezulegen – damit er der möglichen Todesstrafe wegen Fahnenflucht entkäme. Der König war überzeugt, dass Friedrich sich dafür entscheiden und um sein Leben bitten würde.[37]

»183 Ob er meritire, Landesherr zu werden?

R. Er könne sein Richter nicht sein.

184 Ob er sein Leben wolle geschenket haben oder nicht?

R. Er submittire sich des Königes Gnade und Wille.

185 Dieweil er sich der Succession unfähig gemacht hätte, durch Brechung seiner Ehre, sein Leben zu behalten, ob er wolle die Succession abtreten und renunciiren, daß es vom ganzen Römischen Reiche confirmiret werde, um sein Leben zu behalten?

R. Sein Leben wäre ihm so lieb nicht, aber Se. Königl. Maj. würden so sehr ungnädig nicht auf ihn werden.«

(Verhör des Kronprinzen am 16. September 1730)[38]

Die Sache war fraglos ernst geworden für Friedrich. Am 25. Oktober 1730, knapp zwölf Wochen nach der gescheiterten Flucht, wurde das Kriegsgericht zusammengerufen. Es gab lediglich ein schriftliches Verfahren, die Beschuldigten wurden nicht mehr gehört. Was den Kronprinzen anbelangt, so kamen die 16 Mitglieder des Kriegsgerichts zu einer einheitlichen Entscheidung: Übereinstimmend erklärten sie, dass es sich bei dem Vorfall zwar fraglos um eine Staatsaffäre, zugleich aber auch um eine Familienangelegenheit handle. Angesichts dieser seltenen Konstellation wollten die Richter (als Vasallen und Untertanen des Königs) in die Strafbemessung nicht eingreifen, weil seine Majestät seinen Sohn also einerseits väterlich und andererseits als König bestrafen müsse. Immerhin bemerkten sie zu Friedrichs Gunsten, dass die Flucht nicht wirklich ausgeführt worden sei – und dass das ganze Vorhaben schon viel früher gescheitert wäre, wenn es noch rechtzeitiger gemeldet und nicht von Dritten unterstützt worden wäre.[39]

Es handelte sich hier insgesamt – wie ein Jurist später einmal treffend erklärte – um ein »strafgerichtlich nicht zu lösendes Problem«: Der versuchten Desertion war Friedrich ohne Frage schuldig, doch man erkannte als wahres Motiv den familiären Bruch mit dem Vater, der allerdings den militärischen Treuebruch einschloss. Und der familiäre Konflikt schien den Richtern ausschlaggebend zu sein: Der Kronprinz war doch schon früher deutlich härter als jeder Offizier behandelt worden – und dabei nicht als Untergebener, sondern als Sohn. Hatte nicht der Vater einmal selbst bei einer Züchtigung ausdrücklich ausgerufen, er traktiere ihn wie sein Kind, aber nicht wie einen Offizier?[40] Zu einem Strafmaß gegenüber dem Kronprinzen konnte sich das Kriegsgericht nicht durchringen – das sollte der König doch lieber selbst bestimmen. Und der verfügte die weitere Festungshaft in Küstrin.

Bei Leutnant Katte waren hingegen die Zuständigkeit des Gerichts und auch sein Vergehen klar – später sollte Theodor Fontane einmal zugespitzt formulieren, Katte sei bei seiner Mithilfe zum Fluchtversuch »in naiv-frivoler Weise durch alle Sta-dien des Hoch- und Landesverrates«[41] gegangen. Und doch kam das Kriegsgericht nicht zu einem einmütigen Urteil: Nur eine Minderheit stimmte für die Todesstrafe, die Mehrheit hingegen für ewige Festungshaft. Da nach Recht und Brauch der preußi-schen Gerichtspraxis bei einer solchen Meinungsverschiedenheit die mildere Strafe zu wählen war, wurde diese – die Festungs-haft – dann auch dem König empfohlen. Der allerdings war un-zufrieden und schickte die Unterlagen des Gerichts mit der An-ordnung zurück, über Leutnant Katte doch ein schärferes Urteil zu sprechen. Doch ohne Erfolg: Das Kriegsgericht entschloss sich auch nach abermaliger Beratung nicht für die Todesstrafe, son-dern blieb bei seinem ursprünglichen Spruch.[42]

Der König gab sich mit dem Richterspruch wieder nicht zu-frieden, sondern verwies auf die prinzipielle Bedeutung des Ver-gehens Kattes: Als Landesherr und Oberbefehlshaber werde er sich bei einer solch geringen Bestrafung des Leutnants (also bei »ewiger Festungshaft«) in Zukunft auf keinen seiner Offiziere oder Diener mehr verlassen können, weil diese sich ja bei einer möglichen Pflichtverletzung auf Katte berufen könnten. Des-halb wolle der König entgegen dem üblichen Vorgehen – er sei »zwar nicht gewohnet, die Kriegsrechte zu schärfen, sondern viel-mehr, wo es möglich, zu mindern« – die Todesstrafe durchsetzen. Nur zu einer Milde wolle er sich hinreißen lassen, und zwar aus Rücksicht auf die Familie des Delinquenten: Er werde von einer eigentlich angemessenen Hinrichtung am Galgen absehen. Der Leutnant solle vielmehr – nach dem Verständnis der Zeitgenos-sen ehrenvoller – mit dem Schwert hingerichtet werden. Für den Verurteilten hielt der preußische König einen zweifelhaften Trost bereit: Man solle ihm ruhig ausrichten lassen, dass dem Regen-ten dieses Urteil »leydt thäte«, aber es sei ja wohl unzweifelhaft »besser, daß er stürbe, als daß die Justiz aus der Welt käme«.[43] Ein Gnadengesuch des verurteilten Leutnants hatte bei dieser Hal-tung keine Aussicht auf Erfolg.

»Meine Jugend, Irrtum, Schwachheit, Unbedachtsamkeit – mein nichts Böses meinender Sinn, mein durch Liebe und Mitleiden eingenommenes Herze, ein eitler Wahn der Jugend, der keine verborgene Tücke im Schilde geführt, sind es, mein König, die demütigst um Gnade, Erbarmen, Mitleiden, Barmherzigkeit und Erhörung bitten und flehen.«

(Aus dem Gnadengesuch Kattes an Friedrich Wilhelm I.)[44]

Alles Bitten und Flehen nutzte also nichts; vielmehr entwickelte der König – wie bei der Ausarbeitung der Bedingungen für Friedrichs Arretierung – sogar ein ganz besonderes Interesse an der Umsetzung des Todesurteils. Dafür erließ er detaillierte Befehle. Am 6. November 1730 sollte dem Delinquenten um sieben Uhr in der Frühe nach Verlesung des Todesurteils (und nach einem Gebet) der Kopf abgeschlagen werden. Für die Hinrichtung hatte sich der König einen besonderen Ort ausgesucht: Leutnant Katte sollte vor dem Fenster des arretierten Kronprinzen enthauptet werden, sein Körper sollte bis zwei Uhr nachmittags – also geschlagene sieben Stunden – an Ort und Stelle liegen bleiben. Auch für den Sohn hatte sich Friedrich Wilhelm I. in diesem Zusammenhang etwas Besonderes ausgedacht: Er befahl, dass Friedrich die Exekution seines Freundes aus seiner Zelle heraus in Anwesenheit von Offizieren ansehen müsse.[45]

»Bevor die Execution angehet, sollt Ihr, der Obriste Reichmann, und ein Capitain oben bei den Kronprinzen gehen, und in Meinem Namen Ihm befehlen, es mit anzusehen, während der Execution sollen Sie bei Ihm bleiben, auch nach der Execution und alsdenn sollen Sie lassen den Prediger von die Gensdarmes holen, der mit dem Kronprinzen soll sprechen, raisonniren und bethen.«

(Anweisung des Königs an Generalmajor von Lepel am 3. November 1730, drei Tage vor der Hinrichtung)[46]

Friedrich erfuhr von der bevorstehenden Hinrichtung erst in den frühen Morgenstunden. Noch ehe das Urteil verlesen und der Henker seine Tat ausführen konnte, war der Kronprinz allerdings vermutlich ohnmächtig geworden – angeblich soll er vom Fenster aus dem Verurteilten noch einen Kuss zugeworfen und ihn flehentlich um Verzeihung gebeten haben. Fraglos erholte sich Friedrich in der Folgezeit nur allmählich von dem Geschehen. Auch mit gut 300 Jahren Abstand gehört nicht viel Fantasie dazu, sich die Verfassung Friedrichs an diesem und den folgenden Tagen vorzustellen: Was kann schlimmer sein, als mit eigenen Augen die grausame Tötung eines Freundes miterleben zu müssen, an der Friedrich schließlich durch sein gewagtes Unternehmen selbst erhebliche Mitschuld hatte? Der Preis für die geplante Flucht musste ihm jetzt als zu hoch erschienen sein.

Im Nachhinein ist zuweilen über die Ernsthaftigkeit des Fluchtversuchs spekuliert worden. Hatte Friedrich tatsächlich eine Flucht nach England in Erwägung gezogen, und wollte er diese auch konsequent durchhalten? Oder handelte es sich bei dem ganzen Unterfangen vielmehr um so etwas wie ein symbolhaftes Aufbegehren gegen den Vater, dessen Scheitern dem Prinzen nicht nur möglich erschien, sondern durchaus auch recht gewesen ist? Sicherlich spricht vieles dafür, dass es sich hier eher um eine letzte Zuspitzung im Machtkampf Vater-Sohn handelte, deren Ziel »lediglich ein Kräftemessen und keine Trennung«[47] war. Gleichwohl dürfte das Ergebnis sehr wohl eine Trennung zwischen Vater und Sohn gewesen sein. Denn die Zäsur im Leben Friedrichs war denkbar scharf: Der Kronprinz war zu diesem Zeitpunkt gerade einmal 18 Jahre alt. Er hatte einen Freund und Vertrauten verloren und die Härte – wenn man so will: die Brutalität – des Königs in einer neuen Dimension erlebt. Dieser wollte erklärtermaßen seinen Sohn zum Umdenken bringen, ihn in die königliche und militärische Disziplin zwingen. Die harte Bestrafung Kattes war in erster Linie eine Lektion des Vaters für den Sohn. Und dieser tat gut daran, zumindest zu diesem Zeitpunkt keinen Zweifel daran zu lassen, dass er die Botschaft verstanden hatte. Friedrich musste einen feierlichen Eid ablegen, in dem er den König noch einmal ausdrücklich seines Gehorsams versicherte.

> *»Insbesonderheit aber schwöre Ich zu Gott dem Allwißenden und Allmächtigen und vor dem Thron Seiner heiligsten Majest, daß Ich nimmer und in Ewigkeit [...] weiter tentiren oder versuchen will, Mich des Königs, Meines Allergnädigsten Herrn, Königl. und Väterlichen Gewalt und Gehorsam zu entziehen, [...] sondern Ich will Mich, wie Ich in alle Wege schuldig und gehalten bin, solcher Königlichen und Väterlichen Gewalt in allen Sachen gehorsamst und getreulich unterwerfen.«*

(Friedrichs Eid gegenüber seinem Vater, abgelegt in Küstrin am 19. November 1730)[48]

Bis zu einem persönlichen Treffen der beiden Kontrahenten sollte fast ein Dreivierteljahr vergehen. Erst am 14. August 1731, dem 43. Geburtstag des Königs, kam es in Küstrin zu einem Wiedersehen. An dem gestörten Verhältnis zwischen Vater und Sohn, das zeigte sich auch an diesem Sommertag, hatte sich wenig geändert. Der König redete Friedrich erneut heftig ins Gewissen und brachte erneut alle Missetaten und Verfehlungen seines Sprösslings zur Sprache, die ihm schon lange ein Dorn im Auge waren. Angeblich soll er nach diesen Vorhaltungen dann aber großzügig seine Bereitschaft zur Vergebung signalisiert haben (eines der schönsten Vorrechte eines Königs), woraufhin der Kronprinz schluchzend auf die Knie gefallen sein und ihm als Zeichen von Unterwerfung und Dankbarkeit die Füße geküsst haben soll.[49] Nun ja...

Immerhin lockerte Friedrich Wilhelm I. jetzt die Arrestbedingungen für Friedrich, der nun freier agieren und auch wieder einmal in das rund 80 Kilometer entfernte Berlin reisen durfte. Der Kronprinz war gut genug beraten, den König weiterhin seiner vollen Loyalität zu versichern und nicht unbedacht neue Konflikte zu entfachen. Immerhin waren seine Gedanken frei – so ereiferte er sich knapp zwei Jahre nach seiner versuchten Flucht, dass er doch nun genug gebüßt habe »für ein aufgebauschtes Verbrechen«[50].

Wohl weniger aus Vergebung, sondern vermutlich eher aus Staatsräson verzichtete Friedrich auch nach dem Tod des Königs auf eine allzu eindeutige öffentliche Abrechnung. Als er 1748 seine *Denkwürdigkeiten zur Geschichte des Hauses Brandenburg* beendete, widmete er auch seinem Vater in der Schilderung der bisherigen Herrscher ein eigenes Kapitel. Darin vermied er jedwede Form offener Kritik. Vielmehr erwähnte er – was bei solchen Anlässen selbstverständlich ist – die Leistungen des Königs und sprach hinsichtlich des väterlichen Charakters lediglich von »einfachen Sitten« und dessen großer »Genügsamkeit«, wodurch er sich »in seiner stoischen Tugend« nicht einmal die nächstliegenden Annehmlichkeiten des Lebens gegönnt habe.[51] Den Hinweis darauf, dass Friedrich Wilhelm I. auch den Menschen in seiner Umgebung keinerlei Annehmlichkeiten bereitete, verbarg der Sohn in seinem Text ein wenig. Vielmehr erklärte er am Ende seiner Betrachtung, er habe »die häuslichen Kümmernisse dieses großen Fürsten mit Stillschweigen übergangen: um der Tugenden eines solchen Vaters willen muß man einige Nachsicht mit den Fehlern seiner Kinder haben«[52]. So viel Kritik gab es posthum dann doch von Friedrich, der mit Blick auf die eigene Person vielleicht bereit war, von jugendlichen »Fehlern« zu sprechen, aber doch unverhohlen die mangelnde Nachsicht des Königs anprangerte.

Der Skandal um die geplante Flucht und die Hinrichtung Leutnant Kattes waren erst gut anderthalb Jahre her, da hob ein weiterer Streit zwischen Friedrich und seinem Vater an. Diesmal lieferte der König den Grund: Als Regent eines kleines Königsreichs musste er, wenn er das Wohl seiner Dynastie im Auge haben wollte, entsprechend den Regeln der damals üblichen Heiratspolitik nach einer klugen Verbindung zu anderen Herrscherhäusern Ausschau halten. Der Kronprinz sollte also verheiratet werden – er war inzwischen 20 Jahre alt –, und zwar zum Wohle Preußens. Damit rührte Friedrich Wilhelm I. allerdings an ein heikles (Familien-)Thema, denn eine Heirat des Kronprinzen war schon vor dessen Fluchtversuch geplant gewesen. Dieses Vorhaben endete seinerzeit allerdings in einem Streit, der auch innerhalb der königlichen Familie ausgetragen wurde: Friedrich Wilhelm war nämlich zu dem Schluss gekommen, dass seinem Königreich eine politisch weitreichende Doppelhochzeit guttun würde – Friedrich sollte demnach mit einer englischen Prinzessin und seine Schwester Wilhelmine mit dem englischen Thronfolger vermählt werden. Das Ergebnis wäre eine denkbar enge Bindung an das mächtige Königreich von Großbritannien und damit zugleich auch an das Haus Hannover gewesen (aus dem ja auch Königin Sophie Dorothea stammte). Die vermeintlich kluge Idee des Königs wurde allerdings ein Opfer der internationalen Politik: Auf diplomatischem Wege intervenierte der kaiserliche Hof in Wien gegen diese aus seiner Sicht unerwünschte Verbindung, die nur eine weitere Stärkung des jungen und ungeliebten Königreichs Preußen durch dessen dann viel stärkeren Rückhalt in London und Hannover zur Folge gehabt hätte. Friedrich Wilhelm I. nahm diesen diplomatischen Druck ernst und ließ das Vorhaben fallen. Damit allerdings handelte er sich daheim zunächst das Missfallen der Königin und (vermutlich durch ihren Einfluss bedingt) bald auch des Kronprinzen ein.

Nun startete der König in Sachen Heirat also einen neuen Versuch, wobei er diesmal unnötige innerfamiliäre Debatten vermied und gegenüber dem Sohn Fakten schuf: Anfang Februar 1732 schrieb er Friedrich, dass er für ihn die richtige Frau furs Königsleben ausgesucht habe. Die Wahl des Regenten war auf Elisabeth Christine von Braunschweig-Bevern gefallen, die auch eher den Wünschen Wiens entsprochen haben dürfte – war sie doch eine Nichte des Kaisers. Aber damit auch schon genug der Vorzüge: Dass die junge Dame weder als schön noch als geistreich zu bezeichnen war, wurde selbst in den eigenen welfischen Hofkreisen nicht bestritten.[53] Allerdings waren dies auch nicht die Charaktereigenschaften, auf die Friedrich Wilhelm I. als Oberhaupt einer Dynastie bei seiner Suche nach einer geeigneten Schwiegertochter vorrangig Wert legte. Viel wichtiger war es ihm, dass er in diesem Fall keine diplomatischen Verwicklungen zu erwarten hatte.

»Die Prinzessin ist nicht häßlich, auch nicht schön. Sie ist ein gottesfürchtiges Mensch, und dieses ist alles, und comportable sowohl mit Euch als mit den Schwiegereltern.« [54]

»Ich habe die Gnade gehabt, meines allergnädigsten Vaters Brief zu empfangen, und ist mir lieb, daß mein allergnädigster Vater von der Prinzessin zufrieden ist. Sie mag sein, wie sie will, so werde jederzeit meines allergnädigsten Vaters Befehle nachleben.«

(Friedrich Wilhelm I. teilt seinem Sohn Friedrich mit, dass er eine Frau für ihn gefunden hat, Februar 1732)[55]

Der Kronprinz, der nach strenger Festungshaft erst seit einiger Zeit wieder einen angemessenen Bewegungsspielraum genießen konnte, reagierte also zunächst ruhig und gehorsam. Umgehend versicherte er dem König, er werde dem väterlichen Befehl auch in dieser Frage willig folgen. Diese Strategie gegenüber dem Herrn Papa zahlte sich rasch aus – schon eine Woche nach seinem devoten Brief durfte der Prinz die Festung Küstrin endgültig verlassen und wurde zum Obristen eines Regiments im märkischen Ruppin ernannt. Mochte dies auch nicht gerade Friedrichs sehnlichster Wunsch gewesen sein – es war ein Ausdruck väterlichen Wohlwollens.[56] Vielleicht hatte sich Friedrich in seiner Einstellung gegenüber dem Vater nicht geändert – aber auf jeden Fall wusste der nun klug und geschickt auftretende Sohn, mit welcher Strategie er unbehelligt durch das weitere Kronprinzenleben kam.

In Wahrheit war der Kronprinz außer sich vor Wut – er wollte nicht heiraten, jedenfalls nicht die für ihn auserwählte Prinzessin. Über die Gründe dieser Ablehnung ist später viel spekuliert worden; Friedrich sei nie in sie verliebt gewesen, hieß es, auch, dass die junge Dame nicht über die erforderlichen Reize verfügte, »die den Gemahl zu fesseln vermochten«.[57] Nachträglich klingt zuweilen durchaus Verständnis dafür an, dass der Kronprinz die Ehe »mit einer ungeliebten, ihm geistig weit unterlegenen und äußerlich wenig anziehenden Frau zu verhindern« suchte.[58]

Friedrich ging die ganze Angelegenheit zunächst einmal grundsätzlich an. Er – so empörte er sich jetzt – war davon ausgegangen, dass der Vater ihm zumindest eine gewisse Wahl zwischen verschiedenen Kandidatinnen lassen würde. Dies sei jedoch offensichtlich nicht der Fall. Bei seiner Schwester Wilhelmine hatte es der Vater im Jahr 1731 tatsächlich so gehandhabt: Der König hatte zwar verlangt, dass diese »dem väterlichen Willen folgen solle, denjenigen zu heiraten ohne Räsonnieren, welchen der Vater wolle«, ihr aber zugleich zwei andere Kandidaten für den Fall vorgeschlagen, dass sie für den eigentlich Auserkorenen »eine gänzliche Abneigung« verspüren sollte.[59] Übrigens brauchte die Tochter die Alternative damals gar nicht in Anspruch nehmen, sie folgte der ersten väterlichen Empfehlung und heiratete den zuerst vorgeschlagenen Erbprinzen des Fürstentums Bayreuth.

Friedrich sollte hingegen keine Wahl haben. Seinem Vater gegenüber gab er sich folgsam, Vertrauten gegenüber ließ er seinem Ärger freien Lauf. »Ich weigere mich nicht, überhaupt zu heiraten, aber könnte ich doch wenigstens die Prinzessin von Eisenach oder die Schwester derjenigen nehmen, die man mir aufladen will!«[60] Friedrich beklagte in höchsten Tönen sein drohendes Unglück – er werde zeitlebens unglücklich werden und womöglich »ewige Verdammnis« erleben.[61] Wozu bloß zwei Menschen zusammenfügen, die sich hassen, und damit eine Ehe schaffen, bei der bereits vor Beginn der Grund für eine Scheidung erkennbar ist? Das könne der König als guter Christ doch unmöglich wollen, spottete Friedrich. Um seine Verzweiflung zu unterstreichen, drohte er sogar mit Selbstmord, was der Empfänger des Briefes aber anscheinend nicht besonders ernst genommen hat. Vielleicht vertraute er schlicht darauf, dass sich der Prinz, dessen »siedendes Blut« nach eigenen Worten eben »noch nicht so abgekühlt ist wie das eines Siebzigjährigen«, einfach wieder beruhigen werde.[62] Und ehrlich gesagt: Was blieb dem Kronprinzen auch anderes übrig?

»Mir bleibt noch ein Ausweg: ein Pistolenschuß kann mich von meinem Kummer und meinem Leben befreien. Ich glaube, der liebe Gott würde mich deshalb nicht verdammen, sondern sich meiner erbarmen und mir zum Lohn für mein elendes Leben die ewige Seligkeit geben.«
(Friedrich einige Tage nach der väterlichen Entscheidung über seine Heirat 1732)[63]

Bekanntermaßen griff der 20-Jährige dann doch nicht zur Waffe, sondern ging schließlich notgedrungen diese Ehe ein. Er beugte sich dem königlichen Willen, machte aber – etwa gegenüber seiner Schwester – deutlich, dass er sozusagen eine Niete gezogen habe: Die Auserwählte sei »nicht schön und nicht hässlich, zwar nicht ohne Geist, aber von recht geringer Bildung, dabei ist ihr Auftreten schüchtern und lässt viel von guter Lebensart vermissen«.[64] Und auch die künftige Schwiegermutter fand Friedrich inakzeptabel – er nannte sie ein »dickes Hökerweib« und wünschte ihr, dass sie möglichst vom Blitz erschlagen werde.[65] Wer sich so über andere erhebt, müsste eigentlich selbst einiges zu bieten haben. Und tatsächlich tat Friedrich so, als ob er selbst für eine Prinzessin das große Los gewesen sei. Aber wer war er denn tatsächlich? Ein 20-Jähriger mit einem erheblich gestörten Verhältnis zu seinem Vater. Gut, er war ein echter Kronprinz, aber sein künftiges Königreich zählte nur zu den ambitionierten Aufsteigern auf dem Kontinent. Und sonst?

Zunächst war der junge Mann einmal ohne Frage ein kluger Kopf: mehrsprachig, interessiert und belesen in Sachen Kunst und Literatur. Aber diese Talente machten ihn nicht zwangsläufig beliebt, denn zugleich konnte er gegenüber seinen Mitmenschen ziemlich unangenehm sein. Er gefiel sich darin, seine Umwelt mit Sarkasmus und Zynismus zu überziehen; seit seiner Jugend verfügte er über einen – vielleicht im Umgang mit dem Vater als eine Art emotionale und kommunikative Selbstbehauptung angeeigneten – erbarmungslosen Sarkasmus und einen eigentümlichen Hang, die Gefühle anderer mit seinem Spott gezielt zu verletzen.[66] Herauszufinden, wie er sich über eine Schwäche eines Mitmenschen lustig machen konnte, fiel ihm nicht schwer – und wenn er eine seiner Ansicht nach passende Gelegenheit sah, rieb Friedrich dem anderen diese Schwäche gerne genüsslich unter die Nase. Dies auch gern vor Publikum. Nein – zumindest in menschlicher Hinsicht war Friedrich für die meisten Frauen bestimmt nicht das große Los.

Hätte der Vater überhaupt eine Braut finden können, die dem Sohn recht gewesen wäre? Angesichts der familiären Missstimmung ist es rückblickend kaum vorstellbar, dass es eine harmonische Wahl einer Braut hätte geben können. Durch ihr über Jahre eingeübtes Verhältnis voller Abneigung und Hass konnte sich zwischen König und Kronprinz bei einer solch wichtigen Frage kaum spontan Konsens einstellen: Den Sohn reizte alles, was der Vater ablehnte – was der Herr Papa hingegen guthieß und als vorbildlich pries, erntete umgehend die Ablehnung Friedrichs. So blieb auch an diesem Punkt nur der königliche Zwang. Es kam zu einem Ehe-»Geschäft«, von dem dann allerdings beide zu profitieren glaubten: Der König hatte sich mit seinen Heiratsplänen durchgesetzt, der Sohn akzeptierte die Vermählung als den letzten noch fehlenden Schritt in seine Freiheit – er habe dafür halt einen »Kaufpreis« zahlen müssen. Zugleich offenbarte Friedrich, dass er nicht nur das väterliche Spiel durchschaut hatte, sondern längst gewillt war, dieses als künftiger König nach ganz eigenen

Regeln weiterzuspielen. Wenn er erst mit der auserwählten Prinzessin verheiratet sei, werde er die »arme Person« verstoßen, »sobald ich Herr sein werde« – das müsse man doch verstehen: »Ich will keine Gans zur Frau haben.«[67]

»Heute früh erhielt ich einen Brief des Königs, bei dem ich fast auf den Rücken gefallen bin. Es handelt sich wieder um den unangenehmen Gegenstand: meine Dulzinea. Man will mich mit Stockschlägen verliebt machen [...]. Hoffentlich wird sich der König, sobald ich verheiratet bin, nicht mehr in meine Angelegenheiten mischen; sonst fürchte ich stark, die Sache wird übel ablaufen, und die Frau Prinzessin dürfte dabei schlecht wegkommen.«
(Friedrich in einem Schreiben an Friedrich Wilhelm von Grumbkow im September 1732)[68]

An so etwas wie eine funktionierende Ehe schien der Kronprinz jedenfalls keinen Gedanken zu verschwenden; er »lasse Madame ihre Wege gehen und tue meinerseits was mir gefällt«.[69] Und Friedrich verwirklichte später tatsächlich, was er jetzt ankündigte; die spätere Königin von Preußen sollte weitgehend ein Dasein als Verstoßene fristen. Der Kronprinz verstand die Hochzeit am 12. Juni 1733 als wichtigen Schritt in die Freiheit – wohlgemerkt: in seine Freiheit. Die Trauung musste nur überstanden werden; gleich danach griff Friedrich zur Feder und teilte seiner Schwester mit, dass das unangenehme Ritual endlich überstanden sei...

»Meine geliebteste Schwester,
Eben in diesem Augenblicke ist die feierliche Handlung zu Ende, und Gott sei Dank, daß alles vorüber ist.«
(Friedrich am 12. Juni 1733)[70]

Was unter keinem guten Stern begann, sollte auch nicht glücklich enden. Das preußische Königspaar blieb sich zeitlebens fremd, und Friedrich sorgte nach seiner Thronbesteigung für eine weitgehende räumliche Trennung von seiner Frau, die letztlich in dem Schlösschen Niederschönhausen in Berlin-Pankow ein eigenes Zuhause fand. Der König selbst ging als notorischer »Weiberfeind« in die Geschichte ein, denn schon als Kronprinz lehnte er den Umgang mit Frauen ab und suchte stattdessen lieber die Gesellschaft von Männern. In seinem späteren Schloss Sanssouci hatten Frauen kaum Zutritt, vielmehr lebte der König Friedrich dort »wie ein Abt unter Mönchen«.[71]

> »Nur kein Weiberregiment in irgend etwas auf Erden! Ein Mann, der sich von Weibern regieren läßt, ist meiner Ansicht nach der größte Kujon von der Welt und verdient nicht, den Ehrennamen Mann zu tragen […]. Ich liebe die Frauen, aber meine Liebe ist flatterhaft. Ich will von ihnen nur Genuß, nachher verachte ich sie.«
>
> (Friedrich in einem Brief an Friedrich Wilhelm von Grumbkow)[72]

Oft genug wurde später spekuliert, wie weit die Hinwendung Friedrichs zu Männern wirklich ging. War er homosexuell oder nicht? Ein Biograf hielt es unlängst für erwiesen, dass Friedrich zunächst »durchaus willens war, die Ehe zu vollziehen und mit Elisabeth Christine auch Kinder zu haben«.[73] Nun fehlt es erstens dafür an Belegen, und zweitens wissen wir, dass eine solche Absicht im Zweifelsfall noch lange keinen Ausschluss von Homosexualität bedeutet. Es darf aber angenommen werden, dass bei Friedrich bis ins hohe Alter »homoerotische Vorlieben« vorhanden waren[74] – was immer das im Detail bedeuten soll. Ausweichend heißt es in anderen Darstellungen beispielsweise, dass Friedrich zumindest »homosexuell fühlte«.[75] Aber den meisten Historikern ist die Frage dann doch zu pikant – und noch heute lässt sich mancher zu der wütenden Entgegnung hinreißen, dass entsprechende Mutmaßungen sämtlich nur Beleidigungen von »psychologisierenden Historikern« oder das Werk einer »erbärmlichen Klatschhistorie« seien.[76]

Also war Friedrich nun schwul? Für eine moderne Biografie

ist diese Frage weniger wegen des Gegenstands unangenehm als wegen der Antwort – denn tatsächlich wird eine solche verlässlich nicht mehr zu finden sein. Wir wissen es schlicht nicht. Es mag sein, dass Friedrich sich eher zu Männern hingezogen fühlte, auch dass die Kinderlosigkeit seiner Ehe auf eine Zeugungsunfähigkeit zurückzuführen ist – »Beweise« im Sinne einer historischen Klärung haben wir nicht. Was bedeutet das für die retrospektive Einschätzung von Friedrichs Leben? Sicherlich können zentrale Entscheidungen, die er später als König etwa in politischer oder militärischer Hinsicht traf, nicht durch etwaige sexuelle Präferenzen erklärt werden. Auch die Zeitgenossen führten dieses Thema bei ihren Auseinandersetzungen um ihn und seine Politik später selten ins Feld. So kann die Frage nach den persönlichen Vorlieben Friedrichs also zunächst offenbleiben, ohne dass die Person als Ganzes unverständlich bleibt. Seine vermeintliche Homosexualität wird für den heutigen Betrachter eigentlich erst interessant in der nachträglichen Erzählung: Als sich das 19. und 20. Jahrhundert ihr eigenes Bild vom Preußenkönig machen, wird dieses Thema zumeist mit aller Macht ausgeklammert. Die so entstandene Leerstelle macht dann erst deutlich, dass der große Mythos aus der Sicht einer homophoben Nachwelt vielleicht doch einen empfindlichen Makel besaß.

Die vom Vater arrangierte Heirat – und der Beginn einer unglücklichen Ehe – krönte jedenfalls in negativer Hinsicht die Jugenderlebnisse des Kronprinzen. Auch wenn es sicher glückliche Momente im Leben des Kindes und Jugendlichen gegeben hat – wobei Glück auch immer eine Kategorie ist, die in jeder Zeit neu definiert und empfunden wird –, so dürften vor allem die Strenge und zuweilen der Hass des Vaters prägende Erfahrungen des jungen Mannes gewesen sein. Sein Fluchtversuch war in erster Linie ein Hilfeschrei gewesen. Im Rückblick wird offenbar, wie schlecht dieser organisiert und durchdacht war – für einen so talentierten und klugen Kopf, wie es schon der junge Friedrich war, geradezu eine intellektuelle Beleidigung. Die anschließenden

Ereignisse hatten Folgen: Die Strafe des Vaters mit der demonstrativen Hinrichtung des Freundes beendete endgültig die Jugendzeit und machte aus Friedrich einen Mann, der Brutalität nicht nur an sich selbst erlebt hatte und Grausamkeit für eine gewisse Normalität hielt, sondern der sie, dank seines scharfen Verstandes und seiner persönlich verletzenden Kommunikation mit seiner Umwelt, auch selbst ausüben konnte.

Vom Prinzen zum König

»Also paß mal auf. Warum ist hier nicht überall der zweite
Friedrich? So wie er in Sanssouci überall ist. Auf jedem geharkten
Weg, an jedem Boskett, hinter jeder Statue? – Hier hat er gelebt.
Gut. Wüßtest du es nicht, würdest du es merken?«
(Die Studentin Claire zu ihrem Geliebten in Kurt Tucholskys
Rheinsberg 1912)[1]

Bevor der preußische Kronprinz in Rheinsberg erschien, war die
nicht weit von Ruppin gelegene Herrschaft ein eher unbedeu-
tender Ort. Das dort befindliche Schlösschen, anstelle einer alten
Burganlage im 16. Jahrhundert erbaut, war halb verfallen – aber
immerhin war es wunderschön gelegen und ließ sich mit etwas
Geschick durchaus zu einer ansehnlichen Residenz ausbauen.
Der preußische König Friedrich Wilhelm I. jedenfalls hatte sich
nach der aus seiner Sicht weitgehend gelungenen Disziplinierung
seines Sohnes vorgenommen, ihm nun die Chance zu einer angemessenen eigenen Hofhaltung zu geben; ein Kronprinz musste
schließlich auch bereits ein bisschen Herrscher üben. Und Friedrich sollte diese Gelegenheit in der Tat nutzen; gerade angesichts
der dramatischen Ereignisse der frühen Jahre sprach ein Biograf
einmal treffend von einer »Phase der Selbstfindung und Selbst-
gestaltung«, die hier für den Thronfolger beginnen sollte.[2]
  Dem bisherigen Besitzer von Rheinsberg machte der König
ein Angebot, das dieser nicht ablehnen konnte. Es dürfte wohl
so etwas wie sanfter Zwang gewesen sein, als der Obrist Benja-

min le Chenevix de Beville den von seinem Vater geerbten Besitz an seine Majestät veräußerte: Diese hatte sich von ihrem Untertan das Schlösschen für den Kronprinzen gewünscht – und legte auch gleich die Kaufsumme fest. Von diesen 75 000 Talern übernahm der sparsame König übrigens nur einen Teil, für ein Drittel musste der Kronprinz selbst aufkommen. Ebenso hatte dieser die fälligen Beträge für den Um- und Ausbau aufzubringen.[3] Tatsächlich wollte Friedrich nach dieser »Schenkung« des Vaters im Jahr 1734 umfangreiche Umbau- und Restaurierungsarbeiten vornehmen lassen, denn in architektonischer und künstlerischer Hinsicht hatte er eigene Vorstellungen, die er nun endlich umsetzen wollte. Auch wenn er sich dafür an strengen Sparauflagen orientierte, so blieb Friedrich auch diesmal im schonenden Umgang mit seinen Geldern erfolglos: Wie schon in den Jahren zuvor machte er in der Folgezeit immer wieder Schulden. In seiner Not – den Vater konnte er nicht um zusätzliches Geld bitten – ging er ungeniert die anderen europäischen Höfe an: den österreichischen, den englischen und den russischen. Dem sächsischen Gesandten am Hof von St. Petersburg, der ihm in seiner Kronprinzenzeit als Mittelsmann zum Zarenhof diente, kontaktierte er einmal mit der Bitte um »eine gute Summe« – verbunden mit dem Hinweis, es sei Eile geboten, »wenn man mich zu Dank verpflichten will«.[4]

Die Folgen seiner mit Selbstbewusstsein gepaarten Schuldenmacherei sollten Friedrich noch bis in seine Regentschaft hinein begleiten: Noch 14 Jahre nach seinem Regierungsantritt musste sich sein Kammerdiener mit einem Gläubiger aus Kronprinzentagen herumschlagen. Dieser forderte über 15 000 Taler aus jener Zeit zurück – eine Forderung, die der König in ihrer Berechtigung zwar eingestand. Nichtsdestotrotz beauftragte er seinen Diener, dem Gläubiger zunächst nur die Hälfte der Summe zurückzuzahlen. Und auch diese Zahlung erfolgte vermutlich erst ein Jahr später.[5]

Gleichwohl entstand mit einem begrenzten Budget in Rheinsberg ein Ort, an dem Friedrich ein nach seinen Vorstellungen angemessenes Leben führen konnte: Vier Jahre – zwischen 1736 und 1740 – sollte er hier seinen persönlichen Musenhof genießen können, nach eigenen Worten sollen es die glücklichsten Jahre seines Lebens gewesen sein. Die demonstrative Öffnung hin zu den schönen Künsten, die intensive Beschäftigung mit den Gedanken der Aufklärung oder der sich bald ausprägende Kommunikationsstil an der Tafel von Rheinsberg, zu der regelmäßig rund 20 Personen zählten – all dies hatte Friedrich sich sehr gewünscht, und all dies sollte seine Handschrift tragen.

Das ursprünglich kleine eingeschossige Renaissanceschloss wurde um ein weiteres Geschoss aufgestockt und durch den Neubau eines Flügels und den Ausbau eines zusätzlichen zu einer typischen, symmetrischen Barockanlage mit zwei Seitenflügeln und einem Mittelteil erweitert. Der Kronprinz hatte sich selbst Gedanken über den Umbau gemacht (später sollte er beim Bau des Schlosses Sanssouci noch stärker in solche Baupläne eingreifen), und der von ihm hoch geschätzte Baumeister Georg von Knobelsdorff durfte schließlich das Schlossareal vollenden. So entstand ein Ort, an dem die Architektur und die Einrichtung eher Heiterkeit als eine pompös daherkommende Machtentfaltung demonstrieren sollten. Allerdings brachte die Herrichtung dieses Musenhofes auch viele Unannehmlichkeiten für die Bewohner mit sich: Die zweite Bauphase begann, nachdem der Kronprinz samt Gefolge im August 1736 eingezogen war, und gerade die Gestaltung der Innenräume brauchte ihre Zeit. Und so fanden zunächst also die Feste und Konzerte notgedrungen neben Gruben und Gerüsten statt, musste man den Staub und den Lärm in Kauf nehmen, den die Maurer und Zimmerleute verursachten.[6]

Im August 1736 konnte der nunmehr 24-jährige Kronprinz unter diesen Bedingungen seine neue Residenz beziehen. Jetzt konnte er auch die neue Bibliothek in einem der Türme des Schlosses nutzen – seine alten Literaturbestände (die er über Jahre heimlich hinter dem Rücken des Vaters erworben und gelesen hatte) waren ja nach dem Drama von 1730 dem Zorn des Vaters zum Opfer gefallen, also eingezogen und verkauft worden. Friedrich wollte demonstrativ als Gastgeber und Förderer der Musen in Erscheinung treten. Dabei wurde er zum unbestrittenen und begehrten Mittelpunkt des Hofes: Die Gespräche und die Geselligkeiten schienen immer dann gelungen, wenn der Kronprinz dabei war und mit seinen Talenten glänzen konnte. Zugleich fand er jetzt auch Zeit, fleißig und ertragreich seine eigenen literarischen Arbeiten voranzutreiben: Jetzt entstanden weitere Gedichte und die ersten wichtigen politischen Abhandlungen. Wenn man die Ergebnisse seiner Schreibtätigkeit betrachtet, ließe sich tatsächlich sagen, dass Friedrich in Rheinsberg von der Muse geküsst wurde.

»Alle, die auf dem Schlosse wohnten, genießen die ungezwungenste Freiheit […]. Jeder denkt, liest, zeichnet, schreibt, spielt ein Instrument, ergötzt oder beschäftigt sich in seinem Zimmer bis zur Tafel. Dann kleidet man sich sauber, doch ohne Pracht und Verschwendung an und begibt sich in den Speisesaal. Alle Beschäftigungen und Vergnügungen des Kronprinzen verraten den Mann von Geist. Sein Gespräch bei der Tafel ist unvergleichlich. Er duldet den Widerspruch und versteht die Kunst, die guten Einfälle anderer zutage zu fördern.«

(Ein Besucher der Rheinsberger Gesellschaft im Jahr 1739)[7]

Zu diesem intellektuellen Zirkel von Rheinsberg zählten auch Frauen – hier lässt sich keine ausgeprägte Frauenfeindlichkeit Friedrichs erkennen. Das Gegenteil schien zunächst der Fall zu sein: Der Kronprinz huldigte sogar vielen der jungen Damen, die in seiner Umgebung weilten, in Versen und Gedichten. Allein seine Frau Gemahlin fehlte in diesen Lobpreisungen, obwohl sich die beiden in den Rheinsberger Jahren vermutlich näherstanden, als dies je wieder der Fall sein sollte.[8] Gleichwohl wurde in Rheinsberg offensichtlich, dass Friedrich die Probleme mit seiner

Frau nicht überwinden konnte; vielmehr baute er bereits eine eheliche Fassade auf. Der Thronfolger war nie in diese Frau verliebt und sollte sich auch nie in sie verlieben – aber er wusste zumindest in den Rheinsberger Jahren nur zu gut um den ungeheuren Wert, den sie für ihn hatte. Elisabeth Christine hatte ihm nicht nur zu der von ihm zitierten »Freiheit« verholfen, sondern war zumindest in einer Hinsicht im wahrsten Sinne des Wortes sehr wohl sein Schatz: Die Kronprinzessin half dem Gatten nämlich immer wieder einmal mit ihren eigenen Mitteln aus der finanziellen Klemme.[9] Weshalb sollte der Kronprinz sich durch allzu brüskes Vorgehen gegen die aufgezwungene Ehefrau um solch leicht verdientes Geld bringen?

Seine schöne Zeit in Rheinsberg ließ sich Friedrich also weder durch die aufgezwungene Ehe noch durch seine zuweilen knappen Finanzmittel verderben. Er genoss es, unumstrittener Mittelpunkt des kleinen, von ihm geschaffenen künstlerischen und intellektuellen Kosmos zu sein, mehr noch: Es muss für ihn eine außerordentliche Befriedigung gewesen sein, dass sein Intellekt endlich in einer ihm angemessen erscheinenden Weise auch ein Forum mit entsprechenden Partnern fand: mit Malern, Musikern, Schriftstellern und Philosophen. Zu diesen Gesprächspartnern zählten selbstverständlich auch ausländische Gäste, die er nach Rheinsberg einlud. Der schon damals prominenteste Gast war ohne Frage der französische Schriftsteller und Philosoph François Marie Arouet, bekannt als Voltaire. Er war zu diesem Zeitpunkt einer der bedeutendsten Intellektuellen in Europa, und über die Grenzen Frankreichs hinaus galt er als einer der entscheidenden Denker der Aufklärung. Voltaire war für viele ein Hoffnungsträger, als Schriftsteller hatte er zahlreiche Bewunderer. War er als Denker und Philosoph den Regierenden suspekt, so galt er den Anhängern der Aufklärung indes als Vorbild.

Voltaire war fast 18 Jahre älter als Friedrich und hatte mit seinen Werken bereits europäischen Ruhm erlangt, als es erstmals zu einem Briefkontakt zwischen beiden kam. Der Kronprinz wendete sich gezielt an den berühmten Aufklärer, er selbst war für die Philosophie seit frühen Jahren aufgeschlossen, fühlte sich selbst als Philosoph und wollte auch als solcher wahrgenommen werden. In der französischen Sprache wie in den Gedanken der Aufklärung bewegte er sich souverän, sein brillanter Intellekt ermöglichte ihm die ebenbürtige Diskussion mit den großen Denkern seiner Zeit. Und wer konnte bedeutender für eine Korrespondenz sein als Voltaire? Von ihm hatte Friedrich ein Gemälde in Rheinsberg anbringen lassen – in seiner geliebten Bibliothek schaute der verehrte Philosoph von der Wand. Aber nun wollte Friedrich den direkten Kontakt und gab damit den Anstoß zu einer jahrzehntelangen Korrespondenz.

»Monsieur, wenngleich ich nicht die Genugtuung habe, Sie persönlich zu kennen, so sind Sie mir doch durch Ihre Werke sehr wohl bekannt. Es sind, wenn ich mich so ausdrücken darf, Schätze des Esprits und Werke, die mit so viel Geschmack, Delikatesse und Kunst gearbeitet sind, dass ihre Schönheiten bei jedem Wiederlesen ganz neu erscheinen.«

»Monseigneur, man müsste fühllos sein, um von dem Brief, mit dem Ew. Kgl. Hoheit mich zu ehren geruhten, nicht inniglichst gerührt zu sein. Er schmeichelte meiner Eigenliebe nur zu sehr; aber die Liebe zum Menschengeschlecht […] schenkte mir eine tausendfach reinere Freude, als ich erkannte, dass es auf der Welt einen Prinzen gibt, der als Mensch denkt, einen Fürsten-Philosophen, der die Menschen beglücken wird.«

(Friedrich schreibt 1736 zum ersten Mal an Voltaire – und erhält denkbar freundliche Antwort)[10]

Da hatten sich zwei gefunden, die aneinander Gefallen hatten – vielleicht auch, weil sie sich gegenseitig Nutzen von einem solchen Kontakt versprachen. Friedrich sollte in seinem Leben vielen Menschen begegnen und zu einigen auch engere persönliche Kontakte aufbauen. Aber zweifelsohne war unter allen Begegnungen, so hat es sein Biograf Theodor Schieder einmal treffend beschrieben, für ihn keine so erregend und spannungsreich, so voller intellektueller und ästhetischer Reize und gleichzeitig unendlicher Enttäuschungen, Intrigen und Konflikte gewesen wie die mit Voltaire.[11] Die gegenseitige Wertschätzung gerade der ersten Jahre wird aus allen Briefen deutlich: Voltaire nennt Friedrich wiederholt »meinen Helden«. Zwei Jahre nach dessen Regierungsantritt sinnierte der Philosoph darüber, wie viel besser die Welt doch geworden wäre, wenn »alle Fürsten so denken können wie mein Held! Religionskriege hätte es nicht gegeben, keine flammenden Scheiterhaufen, um arme Teufel darauf zu verbrennen.«[12] Rund 40 Jahre sollte der Gedankenaustausch zwischen den beiden – später durch längere Pausen unterbrochen – andauern, und insgesamt gab es fünf persönliche Treffen, wobei das letzte einen fast dreijährigen Aufenthalt des Philosophen am preußischen Hof darstellte.

Die im Kontakt mit Voltaire zum Ausdruck kommende Hinwendung zum Französischen entsprach dem bisherigen (und weiteren) Lebenslauf Friedrichs: Mit seiner Leidenschaft zu dieser Sprache hatte er sich früh von seinem Vater abgesetzt. Dieser beherrschte Französisch nicht korrekt (Deutsch übrigens auch nicht, was besonders bizarr erscheint, weil er seinen Sohn zum Deutschsprechen und -schreiben gezwungen hatte). Dass bei der Erziehung des Kronprinzen allerdings auf französische Sprachbeherrschung Wert gelegt wurde, entsprach zunächst einmal den Zeitumständen: Französisch galt in Deutschland noch bis weit ins 18. Jahrhundert hinein als Sprache des Adels, der Diplomatie und der Wissenschaft. Aufgrund seiner perfekten Sprachkenntnisse (wenn er im Französischen Fehler machte, dann auf vergleichsweise hohem Niveau; diese resultierten in den ersten Jahrzehnten aus seinem sehr verschachtelten Satzbau) hatte Friedrich früh das sichere Gefühl, intellektuell auf der Höhe seiner Zeit zu sein und selbstverständlich mit den Aufklärern im direkten Briefkontakt bestehen zu können.[13]

Friedrich bevorzugte die französische Sprache in einer Zeit, in der die deutsche Sprache international immer anerkannter wurde (wozu das Prestige der Werke von Wieland, Klopstock, Herder oder Goethe beitrug). Dass der preußische König Letztere mied, mochte deutschen Beobachtern zuweilen altmodisch und kurios anmuten, konnte aber auch politisch bewertet werden: als bewusstes Mittel der Distanzierung durch Sprache. Das Französische war und blieb – gleichwohl er sich Voltaire und der Aufklärung in ebendieser Sprache näherte – für Friedrich zeitlebens die Sprache des Absolutismus und seiner Macht. Das Deutsche hingegen war von der deutschen bürgerlichen Aufklärungsbewegung nach und nach als Symbol ihrer Emanzipation entdeckt worden. Mit dieser literarischen Entwicklung wollte sich Friedrich nicht auseinandersetzen,[14] und für die Repräsentanten der zeitgenössischen Kultur in Deutschland zeigte er nicht das geringste Interesse.[15]

Noch als König sollte Friedrich sehr genau unterscheiden, wem gegenüber er bei welcher Gelegenheit welche Sprache wählte: Deutsch nutzte er als Sprache des Feldherrn und Oberhaupts der Regierung. Mit den Mitgliedern seines Kabinetts sprach der Regierungschef (notgedrungen) meist Deutsch – nachvollziehbar, denn sowohl für eine korrekte Befehlsweitergabe im Kriegsfall als auch für eine funktionierende Regierungsarbeit musste er sich schließlich darauf verlassen, dass die Subalternen ihn richtig verstanden. Aber für den Privatmann, den Dichter, den Historiker und Philosophen Friedrich blieb die präferierte Sprache zeit seines Lebens das Französische.

So verfasste er – für ihn selbstverständlich – auch das bedeutendste politische Werk seiner Rheinsberger Jahre auf Französisch, den *Antimachiavel*. Diese weitgehend moralisch gehaltene Schrift war eine Abrechnung mit all jenen politischen Prinzipien, die im *Principe* von Niccolò Machiavelli (1469–1527) versammelt waren. Machiavelli hatte sich als Beamter und Diplomat in Diensten der Republik Florenz und später als politischer Schriftsteller daran versucht, die Aspekte von Politik und Herrschaft theoretisch und wissenschaftlich zu fassen. Gerade die Frage nach den Erfordernissen erfolgreicher Politik trieb ihn um; dabei war die Erhaltung der Macht für ihn eine zentrale Forderung, bei einem Staatsnotstand müssten notfalls ethische Normen zurückstehen (er gilt zugleich als Vordenker der »Staatsräson«, wenngleich er diesen Begriff selbst nie verwendete). Sein *Principe* (verfasst bereits 1513, erschienen 1532) prägte während der gesamten Frühen Neuzeit die Debatte um Grundsätze und Regeln fürstlichen Handelns. Da darin die Mechanismen der Machterhaltung im Mittelpunkt stehen und auch die Gewalt als ein solches Mittel beschrieben und anempfohlen wird, ging Machiavelli seither der Ruf voraus, ein gewissenloser Verfechter der Gewaltpolitik zu sein. An ihm und seinem Werk rieben sich auch (und nicht nur) im 18. Jahrhundert noch die gelehrten Geister – der junge Friedrich von Preußen konnte da keine Ausnahme bilden…

Gegen den *Principe* wollte Friedrich seine Ansichten über gute Herrschaft setzen und gegenüber dem historischen Werk zeigen, »daß eine echte Staatskunst der Könige auf der Grundlage von Gerechtigkeit und Güte doch etwas anderes ist als jenes zerfahrene Lehrgebäude voller Grauen und Falschheit, das Machiavells Dreistigkeit der Öffentlichkeit zu bieten gewagt hat«[16]. Es sollte also erkennbar eine Abrechnung werden. Im Briefwechsel mit Voltaire hatte Friedrich erstmals von seinem Plan zu dieser Schrift berichtet, vermutlich im Mai 1739 ging er dann ans Werk, etwa im Februar des folgenden Jahres war es fertig. Am 26. April 1740 schickte er das Manuskript an Voltaire; das Werk erschien dann im selben Jahr in zwei verschiedenen Ausgaben – und in kürzester Zeit erlebte es zahlreiche Neuauflagen. Friedrich war inzwischen König, weshalb die Erstausgabe anonym veröffentlicht wurde – allerdings sprach sich rasch herum, dass es sich bei dem Verfasser um keinen Geringeren als den neuen preußischen König handelte.[17]

> »*Ist diese Welt nur dazu da, die Tollheit und Wut eines entarteten Tyrannen zu sättigen? Kein vernünftiger Mensch wird jemals dergleichen Ansichten behaupten, es müsste ihn denn maßlose Ehrbegier blind machen und in ihm die Helle des gesunden Menschenverstandes und menschlichen Gefühles verdunkeln.*«
>
> (Friedrich im *Antimachiavel*)[18]

Friedrich nahm sich Machiavellis Werk Schritt für Schritt vor: Anhand der Kapitel des *Principe* verfasste er seinerseits Abschnitte über die verschiedenen Herrschaftstypen, über das Militärwesen, über konkrete Verhaltenshinweise für Herrscher sowie letztlich auch ein Kapitel über das Glück und seinen Einfluss auf die geschichtlichen Abläufe. In der Summe ist Friedrichs Schrift ein leidenschaftliches Plädoyer für die Ideen von Humanismus und Aufklärung, für eine Staatsführung, die das Wohlergehen ihrer Untertanen und die Sicherung des Friedens und der Gerechtigkeit im Lande in den Mittelpunkt allen Strebens stellt. Dass Friedrich später als Herrscher ganz anders handeln sollte, ist ihm von der Nachwelt bekanntermaßen posthum vorgehalten worden. Dabei wäre es allerdings völlig verfehlt, im *Antimachiavel* ein grandioses Täuschungsmanöver eines Fürsten zu sehen, der in der Theorie Frieden und Wohlergehen predigte, sich in der Praxis als König aber einer entschlossenen Angriffs- und Eroberungspolitik verschreiben wollte. Diese Schrift ließ mit ihren Einschränkungen und Vorbehalten in politischer Hinsicht durchaus Hintertüren offen, sodass der Blick auf seine dann folgende Regierungszeit durchaus schon bei der Abfassung eine Rolle spielte.[19]

Zunächst allerdings ist der *Antimachiavel* nicht nur eine politische Streitschrift, sondern zuweilen auch schlicht ein Dokument der moralischen Entrüstung, die sich in der Verdammung

Machiavellis niederschlägt. Dies lässt sich besonders an jenem Kapitel erkennen, in dem Friedrich sich der Frage widmete, »inwieweit die Fürsten ihr Wort halten sollen«. Hier versucht der Kronprinz dem Florentiner (»der Menschen bösartigster und ruchlosester«) moralische Verwerflichkeit und Menschenverachtung (»dieser Sophist des Verbrechens«), mangelndes Denkvermögen und logische Widersprüche nachzuweisen (»sein Denkvermögen ist so unzulänglich, wie sein sittliches Gefühl verkommen ist«).[20] Der Kritiker und Spötter Friedrich kam bei solchen Passagen besonders auf seine Kosten.

»Wollte man in den Gedankenwirrwarr Machiavells etwas wie Sinn und Verstand hineinbringen, auch etwas von der Weise eines anständigen Menschen, so könnte man's etwa solchergestalt wenden: die Welt gleicht einer Spielpartie, da gibt's anständige Spieler, aber auch Gauner, die betrügen. Da muß denn, um nicht betrogen zu werden, ein Fürst, der sich dem Spiele nicht entziehen darf, sich auf sämtliche Falschspielertricks verstehen, nicht um jemals solche Wissenschaft selber zu üben, sondern nur, um nicht der Angeführte zu sein.«
(Friedrich im *Antimachiavel* zur Frage »Inwieweit die Fürsten ihr Wort halten sollen«)[21]

Wenn ein Mensch derart rigoros mit dem Werk eines anderen abrechnet, wird der Betrachter skeptisch. Und auch bei Friedrich zeigt sich, dass er sehr wohl die zutreffenden Bemerkungen Machiavellis sah – und sich vermutlich ebendarüber besonders geärgert haben dürfte. So musste er gerade beim Thema »Lüge der Fürsten« doch eingestehen, dass diese durch besondere Umstände zuweilen doch dazu gezwungen seien, wohl oder übel ihre Verträge und Bündnisse zu brechen – vorausgesetzt, dass das Wohl ihres Volkes und eine außerordentliche Notlage dies ihnen zur Pflicht machten.[22] Und je genauer man in den *Antimachiavel* hineinschaut, desto deutlicher treten programmatische Übereinstimmungen zwischen den so unterschiedlichen Autoren hervor.

Tatsächlich nahm Friedrich seinen moralischen Bedenken zum Trotz in allen politisch relevanten Fragen die uneingeschränkte monarchische Gewalt für den Souverän in Anspruch. Dies gilt vor allem für die Pflichten und Rechte eines großen Fürsten als Kriegsherr − hierin stimmte Friedrich mit Machiavelli sogar völlig überein.[23] Fast möchte man im Nachhinein ein kolossales Missverständnis vermuten: Machiavelli hatte ja nicht − wie es Friedrich verstanden zu haben glaubte − den Staatsmann zu unmoralischem Handeln aufgefordert, sondern lediglich dazu, die entsprechenden Mittel zu ergreifen, die der jeweilige Zweck erforderte. Und in diesem Punkt waren die beiden Autoren durchaus einer Meinung. So zielte Friedrich selbst auf die Staatsräson − so wie er sie verstand −, wenn er sich schließlich selbst als »erster Diener seines Staates« bezeichnete.[24]

Es wird offensichtlich, wie ein guter König beschaffen sein sollte − indem Friedrich die idealen Fürsten beschreibt, die »mit eigenen Augen sehen und die Regierung ihrer Staaten selber in der Hand behalten«: Sie regeln eigentlich alles im Staat selbst, sind gleichermaßen Gesetzgeber, oberste Gerichtsherren und Feldherren; »auf ihnen allein ruht das volle Gewicht der Regierung wie die Welt auf den Schultern des Atlas«.[25] Eine Formulierung, die treffender nicht sein könnte − für den künftigen Herrscher Preußens. »Ohne Zweifel«, so urteilte Theodor Schieder, »schildert er das Königsamt, wie er es für sich dachte.«[26] Tatsächlich wurde der *Antimachiavel* ja bereits in der Aussicht auf die baldige Thronbesteigung geschrieben − die Regentschaft seines Vaters Friedrich Wilhelm I. war schließlich seit Beginn von Friedrichs Rheinsberger Jahren von Krankheit und Schmerzen überschattet. In dieser Schrift räsonierte also der baldige neue König. Und der sollte als solcher viele Jahre später in einigen Punkten Machiavelli unumwunden zustimmen und dessen Überlegungen durch eigene Erfahrung ergänzen.

»Machiavell sagt, eine selbstlose Macht, die zwischen ehrgeizigen Mächten steht, müßte schließlich zugrunde gehen. Ich muß leider zugestehen, daß Machiavell recht hat. Die Fürsten müssen notwendigerweise Ehrgeiz besitzen, der aber muß weise, maßvoll und von der Vernunft erleuchtet sein. Wenn der Wunsch nach Vergrößerung dem fürstlichen Staatsmann auch keine Erwerbungen verschafft, so erhält er doch wenigstens seine Macht; denn dieselben Mittel, die er zum offensiven Handeln bestimmt, sind stets zur Verteidigung des Staates bereit, falls sie notwendig ist und er dazu gezwungen wird.«

(Friedrich über *Politische Träumereien* im Jahr 1752 – zu diesem Zeitpunkt saß er schon zwölf Jahre auf dem Thron)[27]

In die Rheinsberger Zeit fiel auch Friedrichs Begegnung mit der Freimaurerei – deren selbsterklärtes Streben nach Idealen wie Humanität, Toleranz und Brüderlichkeit war zugleich eng mit den Gedanken der Aufklärung verknüpft. Die konkrete Annäherung des Kronprinzen an diese neue Bewegung, die 1738 mit seinem Beitritt zum Freimaurerbund gekrönt wurde, dürfte dann allerdings eher zufällig gewesen sein. Bei einem Festessen in dem Städtchen Minden (der König befand sich mit seinen ältesten Söhnen – Friedrich hatte inzwischen drei jüngere Brüder – und einigen Generälen auf einer ausgedehnten Reise, die ihn bis nach Holland zum Prinzen von Oranien führte) sprach sich Friedrich Wilhelm I. vermutlich zufällig gegen die Freimaurerei aus. Dabei stieß er allerdings unerwartet auf den heftigen Widerspruch des Gastgebers, des regierenden Grafen von Schaumburg-Lippe, der sich dabei selbst als Freimaurer zu erkennen gab. Nach dem Festmahl sprach Friedrich den gräflichen Gastgeber an und bat ihn, ihm den Weg in die Freimaurerei zu ebnen – aber bitte so, dass der Herr Vater nichts davon erfahre. Seine Vorsicht war begründet; der Vater hatte seine Ablehnung gegen die Freimaurer offen dargelegt, und Friedrich durfte sein nach dem Fluchtversuch und der Festungshaft erst gerade mühsam hergestelltes Verhältnis nicht erneut aufs Spiel setzen.[28]

Für diesen Schritt dürfte Friedrich verschiedene Gründe gehabt haben. Zunächst einmal spielte selbstverständlich das Verhältnis zu seinem Vater eine Rolle; die scharfe Abneigung des Königs gegenüber den Freimaurern musste diese Gruppen für den Kronprinzen erst recht interessant machen – was der Vater ablehnte, zog den Sohn an. Die Annäherung an das Freimaurertum kann so zunächst als Akt der Opposition gegenüber der väterlichen Autorität interpretiert werden. Zudem dürfte die Person des Grafen Albrecht Wolfgang Graf zu Schaumburg-Lippe großen Eindruck auf den Kronprinzen gemacht haben: Der 13 Jahre ältere Regent war nicht nur wie Friedrich erkennbar an Literatur und Musik interessiert, sondern ihm war auch einst die Flucht vor dem eigenen Vater gelungen, die bei Friedrich fulminant gescheitert war. Er war damals nach England entkommen, wo er auch in Kontakt mit der entstehenden Freimaurerei kam. Von dort breitete sich das Logenwesen über ganz Europa und Amerika aus; und der spätere Graf galt als erster Deutscher, der nachweislich Freimaurer wurde.[29]

Schließlich dürften die Ideen der Freimaurer selbst für den 26-jährigen Kronprinzen attraktiv gewesen sein. Er hatte schon zwei Jahre zuvor einen vergleichbaren Zirkel von Mitstreitern in Rheinsberg versammelt: Dort gründete er Ende 1736 den »Ritter- und wahren Menschenorden« oder Bayard-Orden. Er war durchaus Ausdruck seiner Vorliebe für geheimnisvolle Männerrunden, wobei in diesem Falle wohl Tugenden wie Ehre, Ruhm oder Ehrgeiz spielerisch eingeübt und verinnerlicht werden sollten. Eine politische Gruppierung oder gar die Gründung eines oppositionellen Kreises war dieser Orden nicht. Vielmehr ist diese Gruppe zutreffender als Ausdruck »eines noch jugendlichen Romantizismus und eines für den Kronprinzen typischen Hangs zur Spielerei« gewertet worden.[30]

Von solchen »Spielereien« war es allerdings nicht weit zu den ernsten Zielen der Freimaurerbewegung: Ihre Anhänger strebten nach einer humanitären Ethik, postulierten Wahrheits- und Nächstenliebe und traten für Toleranz und Selbstkritik als entscheidende Tugenden auf dem Weg zu einem friedlichen Zusammenleben ein. Im Sinne des Ideals einer weltbürgerlichen Brüderlichkeit war jeder Freimaurer dazu angehalten, Unterschiede des Standes, der Staatsangehörigkeit und der Religion zu ignorieren. Die Freimaurer knüpften an die mittelalterliche Bauhüttentradition (oder was sie dafür hielten) und die Rituale der Templerorden an. Ihre Treffen nahmen dabei quasireligiösen Charakter an – dabei wurde zumindest nach Ansicht des Historikers Hans-Ulrich Wehler die »Grenze zu einer sinnlosen Esoterik und phantasievollen Geheimnistuerei« nicht selten überschritten.[31] Doch vor dem Hintergrund solcher Erscheinungen (übrigens neigten einige Logen tatsächlich auch zu typischer Vereinsmeierei)[32] sollten aus heutiger Sicht nicht die politischen Dimensionen dieser Bewegung vergessen werden: Die Freimaurerei zählte neben den Salons, den ökonomisch-patriotischen und den literarischen beziehungsweise Lesegesellschaften zu den wichtigen Foren der Aufklärung,[33] sie bot unter den feudalen und autoritären Herrschaftsstrukturen jener Zeit einen eigenständigen Freiraum und hatte durchaus Modellcharakter für die Organisation und die Diskussionsformen einer bürgerlichen Gesellschaft.[34]

Friedrich fühlte sich also aus einer Vielzahl von Gründen zu der entstehenden Freimaurerbewegung hingezogen – das dort konstitutive Prinzip eines »Geheimnisses«, eines »geheimen Raumes« mag dabei angesichts der potenziellen Überwachung des Kronprinzen ein zusätzlicher Reiz gewesen sein. Ein Jahr vor seinem Erlebnis in Minden – 1737 – war in Hamburg die erste Freimaurerloge auf deutschem Boden gegründet worden.[35] Dort wurde nun auch das Gesuch des Kronprinzen um Aufnahme behandelt – und befürwortet. Es folgte eine Aufnahmezeremonie, die selbstverständlich streng geheim vorgenommen wurde: Eine Delegation von Freimaurern machte sich von Hamburg auf den Weg nach Braunschweig, um in der Nacht vom 14. auf den 15. August den Kronprinzen aufzunehmen – dieser befand sich auf der Rückreise von Holland. Die heimliche Zeremonie fand in dem Gasthaus statt, in dem die Abgesandten Quartier bezogen hatten. Einen möglicherweise zu neugierigen anderen Herbergsgast versorgten die Freimaurer so freigebig mit Wein, bis dieser in den gewünschten festen Schlaf fiel und trotz der dünnen Holzwand von dem Vorgang im angrenzenden Zimmer nichts bemerkte.[36]

»Ein wenig nach Mitternacht sahen wir den königlichen Prinzen […]. Wir nahmen ihn mit allen gehörigen und erforderlichen Gebräuchen auf. Ich habe hierbei seine Unerschrockenheit, sein gesetztes Wesen und das artige Betragen, welches er auch in den bedenklichsten Augenblicken zu erkennen gab, nicht genug bewundern können […]. Alles endigte sich sogleich nach vier Uhr des Morgens.«

(Bericht eines Freimaurers über die Aufnahme Friedrichs)[37]

Der Kronprinz hatte sein Ziel erreicht, ohne dass sein Vater etwas davon bemerkte (erst bei seiner Thronbesteigung 1740 sollte er sich dann auch öffentlich zum Freimaurertum bekennen). Friedrich war dabei entgegen den üblichen Aufnahmeregeln nicht nur zum sogenannten Lehrling, sondern gleich zum Gesellen und Meister ernannt worden. So konnte er künftig selbst »den Hammer führen«, also den Vorsitz einer Loge übernehmen. Davon machte der Kronprinz auch schon wenige Monate später Gebrauch, als er in Rheinsberg im März 1739 eine Loge stiftete, die wohl bis zum Herbst 1740 existierte und zumindest in der ersten Zeit auch von Friedrich selbst geleitet wurde.[38] Zugleich führte Friedrich – mit der Thronbesteigung 1740 immerhin der erste königliche Freimaurer – als Meister auch andere ihm bekannte Zeitgenossen in die Freimaurerei ein (etwa seinen Schwager, den Markgrafen Friedrich von Brandenburg-Bayreuth, der dann später selbst zum Gründer einer Loge in Süddeutschland wurde).[39] Doch trotz dieser Aktivitäten – die Freimaurerei blieb für Friedrich nur ein Zwischenspiel. Zwar schränkte er als König später das Wirken der Logen nicht ein, und die altpreußischen Logen entwickelten sich so zu einer Art Staatsfreimaurerei, in deren Selbstbild die Anknüpfung an den Freimaurer Friedrich II. von zentraler Bedeutung war und blieb.[40]

Doch mit dem Jahr seines Regierungsantritts war Friedrich nicht mehr an der Logenarbeit beteiligt. Über die Gründe dieses Rückzugs ist viel spekuliert worden; die fehlende Zeit oder eine Unvereinbarkeit mit dem Königsamt waren wohl nicht entscheidend. Vielmehr dürfte Friedrich mit seiner Thronbesteigung eingesehen haben, wie groß die Kluft zwischen den freimaurerischen Ideen und dem von ihm dann eingeschlagenen Regierungskurs war. Er setzte alsbald die Staatsräson über alle humanitär-philosophischen Grundsätze der Freimaurerei und agierte nun als absolutistischer Monarch, der keineswegs die bestehende ständische Ordnung einreißen wollte, wie dies freimaurerische Ideen erhoffen ließen. Vielmehr fand sich der Adel in seinen gutsherrlichen Rechten bestätigt, das Adelsmonopol für den Offiziersberuf ist dafür ein Beispiel. Ganz persönliche Gründe dürften für Friedrichs Schritt ausschlaggebend gewesen sein: Er fühlte sich seinerzeit von den Freimaurern angezogen, weil er Freundschaft suchte und auf Gespräche hoffte, die offen und ohne Tabus geführt wurden. Hier wurde er allerdings enttäuscht – die zunehmend formalisierten und zuweilen steifen Kommunikationsformen der Freimaurer mussten ihn letztlich enttäuschen. So schuf er sich eine eigene Alternative, indem er für die gewünschten ungezwungenen Gespräche seit Mitte der 1740er-Jahre seine Tafelrunden in Sanssouci nutzte.[41]

In seinen Rheinsberger Jahren widmete sich Friedrich ausgiebig dem Wissenserwerb (ganz abgesehen davon, dass er dort seine Liebe zur Querflöte entdeckte): Neben seinen politischen und philosophischen Studien setzte er sich unter anderem mit der Theologie oder den antiken Autoren auseinander. Zugleich bereitete sich der Kronprinz auch konkret auf die späteren Herausforderungen als König vor – indem er sich beispielsweise mit der aktuellen internationalen Politik beschäftigte. Er verfasste 1738 seine *Betrachtungen über den gegenwärtigen politischen Zustand Europas*, in denen er die Entwicklungen der zurückliegenden Jahrzehnte analysierte, aber auch grundsätzliche Einsichten formulierte.

Friedrich setzt sich mit der Genese des zu dieser Zeit kennzeichnenden Systems der großen Mächte auseinander – Großbritannien, Frankreich, Österreich und das mächtiger werdende Russland agierten als konkurrierende Reiche in einer fortwährenden Rivalität. Eine solche Situation hatte Vor- und Nachteile; Friedrich indes sah dieses System in Bewegung. Er wähnte sich in einer Zeit angespannter Politik – »neue Bündnisse werden geschlossen, und ein jeder trifft für sich die Maßregeln, die ihm zur Ausführung seiner ehrgeizigen Pläne am vorteilhaftesten erscheinen«[42]. Es tut sich was in Europa, möchte man diese Betrachtungen zusammenfassen, und aus Sicht des Kronprinzen tat sich da nichts Gutes; die politische Lage Europas sei an einem sehr kritischen Punkt angelangt, vor allem ein mögliches Bündnis zwischen Österreich und Frankreich müsse verhindert werden: »Das Gleichgewicht ist so gut wie verloren, und die Dinge können ohne große Gefahr nicht lange in diesem Zustande bleiben.«[43] Heftig fällt auch hier schon seine Kritik gegenüber Österreich aus – dem kaiserlichen Hof unterstellt er Hochmut gegenüber kleineren wie ebenbürtigen Mächten. Und gegenüber den deutschen Ländern habe Wien traditionell nur ein Ziel, nämlich die fortgesetzte Unterjochung der deutschen Fürsten. Aber nicht nur Wien wird in dieser Schrift Ziel der Kritik. Bei seiner Analyse der Ursachen für die politische Instabilität seiner Zeit geht der preußische Kronprinz mit fast allen regierenden Häuptern seiner Zeit hart ins Gericht. Sie sollten sich ihrem Volk und dessen Wohl verpflichtet fühlen und ihre Position nicht als Freibrief zum Ausleben eigener Machtansprüche und ihrer »zügellosen Leidenschaften« missverstehen.

»*Gelingt es meinen Betrachtungen, das Ohr einiger Herrscher zu finden, so bieten sich ihnen hier Wahrheiten, die sie aus dem Mund ihrer Höflinge und Schmeichler nie vernommen hätten. Ja, vielleicht werden sie erstaunt sein, daß diese Wahrheiten sich neben sie auf den Thron setzen. Mögen sie denn erfahren, daß ihre falschen Prinzipien die vergiftete Quelle des europäischen Elends sind.*«

(Friedrich über die Ursachen des *gegenwärtigen politischen Zustands Europas*)[44]

Nun dürften die mehr oder weniger mächtigen Könige (samt dem Kaiser in Wien) gerade darauf gewartet haben, sich von einem 26-Jährigen die Leviten lesen zu lassen. Doch der geriet jetzt so richtig in Schwung und holte zu einer formidablen Fürstenschelte aus (ein Jahr später entstand sein *Antimachiavel*, und viele Punkte erwecken rückblickend den Eindruck, dass diese Studie einen Vorgeschmack auf das kommende Werk darstellte): Maßloser Ehrgeiz und »schlaffe Nachlässigkeit in den Geschäften« hätten schon zu allen Zeiten den Sturz von Reichen und die Umwälzung der Welt verschuldet – nur bessere Herrscher führten die Völker in eine bessere Welt. Es gehe darum, dem eigenen Volk »ein Vater zu sein«, sein Leid zu lindern und es gegen Feinde zu beschirmen, für Recht und Gesetz zu sorgen und damit letztlich für das Glück der Völker zu wirken.[45]

Solche Äußerungen waren nicht ohne politische Bedeutung. Als Kronprinz »regierte« Friedrich zwar lediglich über seinen überschaubaren Hof von Rheinsberg, aber er war der künftige König von Preußen, eines zwar kleinen, aber – wie alle anderen Mächte sehr gut wussten – auch vergleichsweise hochgerüsteten Landes. Einen gewissen Überschuss an grundsätzlichen, vielleicht überspitzten Äußerungen konnte man dem Kronprinzen zugestehen, aber zugleich gingen solche Schriften in die Erwartungshaltung für den Moment seiner Thronbesteigung ein. Friedrich lebte in diesen Jahren – das lag in der Natur eines Thronfolgers – in einer Phase der Erwartung: Kritisch besah er mit seinem philosophisch geprägten Blick das Geschehen in der Welt und nahm für sich demonstrativ in Anspruch, vieles – vielleicht das meiste – auch besser zu wissen (was noch nicht heißt, dass er zugleich davon ausging, es gegebenenfalls auch besser machen zu können). Er wusste, dass er bald in das Geschick der großen Politik eingreifen würde, und dies reizte ihn so sehr, dass er angesichts eines möglichen Todes des Kaisers bereits über einen Krieg als eine angemessene Gelegenheit für Preußen im Konzert der großen Mächte sinnierte.[46] Der Kronprinz in Erwartung seines großen Auftritts – er warte, so schrieb er in einem Brief, wie der Schauspieler nur auf das Stichwort für seinen Auftritt.[47]

Nicht nur der Thronfolger hatte große Erwartungen, auch seine nähere Umgebung hegte Hoffnungen für die Zeit nach dem Regierungswechsel. Und selbstverständlich war man sich in seinem Rheinsberg sicher, dass seine baldige Thronbesteigung ein Glücksfall sein würde. Diese Gewissheit bezeugt übrigens auch das 1739/40 von Antoine Pesne im Konzertsaal von Rheinsberg geschaffene Deckengemälde »Apollo vertreibt die Finsternis«: Darauf sah man »die weißen Pferde vom Sonnenwagen und den Apollo selbst, wie er die ersten Strahlen von sich wirft« – Rheinsberger Betrachtern musste das Bild als Ankündigung einer lichten Zukunft erscheinen, in die Friedrich das Land führen würde.[48] Und die Erwartung nahm zu, während sich der Gesundheitszustand Friedrich Wilhelms I. kontinuierlich verschlechterte…

»Der König ist trotz seines bedenklichen Zustandes nach Potsdam gefahren; es steht mit ihm schlimmer denn je, die üblen Anzeichen mehren sich, und wir rechnen nur noch mit Monaten, besser gesagt mit Wochen […]. So atme ich noch einmal die Freiheit in vollen Zügen – wer weiß, ob ich ihr nicht für lange Zeit werde entsagen müssen!«

(Friedrich in einem Schreiben an seine Schwester Wilhelmine im Mai 1740)[49]

In den Morgenstunden des 31. Mai 1740 starb Friedrich Wilhelm I. schließlich mit 51 Jahren. Vater und Sohn hatten zwar in einer gewissen staatstragenden Weise zueinandergefunden – eine unbefangene Beziehung war allerdings aufgrund des über die Jahre Geschehenen nicht mehr entstanden. Als Thronfolger war Friedrich längst eine feste Größe geworden, die schwere Krise nach seinem Fluchtversuch hatte er überwinden können. Der kranke Friedrich Wilhelm I. hatte vor versammelten Hofleuten erklärt, er könne sein Land guten Gewissens seinem Sohn überlassen, weil dieser über alle Fähigkeiten verfüge, gut zu regieren.[50]

»Der junge Mann, knabenhaft seinen Zügen nach, zierlich und etwas dicklich von Statur, ›das niedlichste Menschenkind im Königreich‹, wie ein Fremder urteilte, [...] keck philosophisch, Literat, Verfasser des überaus humanen ›Antimachiavell‹, durchaus unmilitärisch, wie es bisher den Anschein hatte, zivil, lässig, selbst weibisch, ein Schuldenmacher, auf Kurzweil und Prunk von Herzen bedacht, – wird König, weil ehrloserweise keine Tracht Prügel und kein Am-Halse-Würgen von seiten seines beängstigenden Papas ihn seinerzeit hat bewegen können, sich eine Kugel in den Kopf zu schießen oder wenigstens zugunsten seines Bruders zu resignieren.«
(Thomas Mann über Friedrichs Regierungsantritt, verfasst 1915)[51]

Der 1. Juni 1740 war ein Freudentag in Berlin. Die Menschen gaben ausgelassen ihrem Glücksgefühl über den Thronwechsel Ausdruck. Das war zunächst nicht weiter verwunderlich, schließlich war der just verstorbene Friedrich Wilhelm I. wohl der unpopulärste Fürst, der je auf dem Thron der Hohenzollern saß – von den Menschen stets mehr gefürchtet als geliebt.[52] Für den 28-jährigen Thronfolger gab es zwangsläufig viel Sympathie, und mit viel Elan ging er an die Regierungsarbeit. Er wolle seine Untertanen glücklich machen, hatte er erklärt, und diesen großen Worten zur Thronbesteigung wollte er rasch auch große Taten folgen lassen. In der Tat bewegte der junge König in diesen

Wochen politisch wohl mehr, als viele andere Regenten während ihrer gesamten Herrschaft auf den Weg brachten.

> *»Unsere größte Sorge wird dahin gerichtet seyn, das Wohl des Landes zu befördern, und einen jeden unserer Unterthanen vergnügt und glücklich zu machen.«*
>
> (Friedrich in einem Erlass zum Regierungswechsel am 1. Juni 1740)[53]

Das Tempo der Veränderungen, die die neue Zeit ankündigen sollten, ist auch mit einem Abstand von über 250 Jahren noch immer beeindruckend: Am zweiten Tag seiner Amtszeit ließ Friedrich die staatlichen Magazine öffnen und das darin gelagerte Getreide billig an das Volk abgeben, die indirekten Steuern auf wichtige Lebensmittel wurden aufgehoben. Am dritten Tag verfügte er die Abschaffung der Folter (außer in Fällen von Majestätsverbrechen, bei Landesverrat oder Massenmord) – diesen Schritt ging er als erster Fürst in ganz Europa und erschien somit in der Tat als Vorkämpfer für die Menschlichkeit im Sinne der Aufklärung.

> *»Seine Königliche Majestät haben resolviret, in Dero Landen bei denen Inquisitionen die Tortur gänzlich abzuschaffen, außer bei dem crimen laesae majestatis und Landesverräterei, auch denen großer Mordtaten, wo viele Menschen ums Leben gebracht.«*
>
> (Verfügung Friedrichs vom 3. Juni 1740)[54]

Diese Verfügung weitete Friedrich viele Jahre später zu einem generellen Verbot aus: Folter sei nicht nur grausam, so erläuterte er diesen Schritt 1754, sondern könne dazu führen, dass sich Verdächtige selbst belasteten, um weiteren Qualen zu entgehen. Trotz dieser einleuchtenden Argumente beschwerten sich viele Richter und Justizbeamte über diesen Schritt des Königs, weil sie sich nun dieses vorgeblich erprobten Mittels zur Erzwingung eines Geständnisses beraubt sahen. Sie waren nun notgedrungen vor die Herausforderung gestellt, neue Wege der Beweisführung zu finden, wenn ein Geständnis fehlte. Was für die Juristen unbequem erschien, war für den neuen König schlicht das Ergebnis der Einsicht, dass der Nutzen der Folter nicht groß genug sei, um solch schiere Grausamkeit weiter zu praktizieren.[55]

So nährten sich weitere Hoffnungen auf die Regentschaft eines aufgeklärten Fürsten, die tatsächlich auch rasch erfüllt wurden. Friedrich lockerte die Zensurmaßnahmen, woraufhin neue Zeitungen gegründet wurden. Zwar mag in Preußen letztlich keine Pressefreiheit in unserem heutigen Verständnis geherrscht haben, also im Sinne des allgemeinen Rechts, unzensiert und öffentlich seine Meinung zu äußern. Doch die Zensur war bald so mild, dass eine kontroverse politische Debatte durchaus möglich war.[56] Den unter seinem Vater noch als »Religionsfeind« des Landes verwiesenen Philosophen Christian Wolff holte Friedrich nun nach Preußen zurück, indem er ihn als Professor für Natur- und Völkerrecht nach Halle berief. Überhaupt gab es nun vor allem mit Blick auf das religiöse Leben aufklärerische Töne: In seinem Königreich sollten alle Religionen toleriert werden, erklärte der neue Herrscher, dass ein jeder in seinem Land nach seiner Fasson selig werden konnte. So hatte es Friedrich eigenhändig einem Ministerbericht zugefügt:

»Die Religionen müssen alle Tolleriret werden und Mus der fiscal
das auge darauf haben, das Keine der andern abruch tuhe, den hier
mus ein jeder nach Seiner Faßon Selich werden.«
(Friedrich in einer Anmerkung am 22. Juni 1740)[57]

Für seine Regentschaft fand Friedrich in finanzieller Hinsicht eine exzellente Ausgangslage vor, schließlich erntete er jetzt die Früchte der Sparsamkeit, für die sein Vater bekannt – und berüchtigt – war: Friedrich Wilhelm I. hatte durch eine schon zu seiner Zeit höchst unmoderne Wirtschaftspolitik – mit seinem Knausern entzog er dem Wirtschaftskreislauf einen sehr beacht-

lichen Anteil des ohnehin knappen Kapitals – einen beeindru-
ckenden Staatsschatz aufgehäuft, der am Ende seiner Herrschaft
etwa acht Millionen Taler betrug.[58] Die Münzen lagerten in den
Kellern des Berliner Königspalastes, fein säuberlich eingepackt
in Jutesäcken.[59] Diesen Schatz wollte der neue König möglichst
beisammenhalten. Und tatsächlich erwies sich Friedrich, der
als Kronprinz so galant wie umfangreich Schulden zu machen
verstand, auf dem Königsthron nun als imposanter Geizkragen.
Schon wenige Wochen nach seinem Regierungsantritt stöhnte
ein Beobachter sogar, dass der Vater im Vergleich zu seinem Sohn
dereinst wohl als Verschwender erscheinen werde.[60]

Neben reichlich Talern hatte der ehemalige Kronprinz nun
als neuer König aber vor allem eins: viel Arbeit. »Ich weiß nicht
aus noch ein vor Geschäften und Arbeit«, schrieb er schon nach
wenigen Tagen an seine Schwester,[61] es gebe so unendlich viel zu
tun, klagte er gegenüber seinem Freund Voltaire, »und ich mache
mir noch mehr als nötig zu schaffen«.[62] Er sei so zwischen »zwan-
zig verschiedenen Tätigkeiten« hin- und hergerissen, dass ihm die
24 Stunden eines Tages immer als viel zu kurz vorkämen. »Mit
beiden Händen bin ich bei der Arbeit«, hatte er Voltaire erklärt,
»mit der einen für die Armee, mit der zweiten fürs Volk und die
schönen Künste«.[63]

Für seine Ehefrau hatte der König in dieser Situation erst recht
keinen Blick – vielleicht war die viele Arbeit eines Königs jetzt
auch eine wohlfeile Ausrede, die Frau Gemahlin loszuwerden.
Jedenfalls nutzte Friedrich die Thronbesteigung zur faktischen
Trennung von Elisabeth Christine. Die – wenn man so will –
freundschaftliche Koexistenz aus Rheinsberger Tagen kündigte er
auf und schob die Ungeliebte regelrecht ab: Er schenkte ihr das
nördlich von Berlin gelegene Schloss Schönhausen und ermöglichte ihr dort die Führung eines eigenen Hofes – man darf ihn
sich in gewisser Hinsicht getrost als den sprichwörtlichen »gol-
denen Käfig« vorstellen. Denn wenngleich Elisabeth Christine in
ihrer Niederschönhausener Residenz zu einer durchaus begehr-

ten Gastgeberin für erlauchte Gäste werden sollte, also eine einigermaßen standesgemäße Existenz führen konnte, so blieben persönliche Kontakte mit Friedrich doch bis zu ihrem Lebensende im Jahr 1797 die Ausnahme.

Während Elisabeth Christine ihren Weg nach Niederschönhausen antrat und Friedrich zunächst im Schloss Charlottenburg wohnte, ehe er im Potsdamer Stadtschloss eine angemessene Bleibe bezog, blieb das so beeindruckend herausgeputzte Schloss in Rheinsberg im Wesentlichen eine Erinnerung an Kronprinzentage. Nach Rheinsberg ist der nunmehrige König kaum noch, nach 1746 dann gar nicht mehr zurückgekehrt; später wurde Friedrichs Bruder Heinrich Schlossherr in Rheinsberg.

Die glückliche Zeit in Rheinsberg war mit der Thronbesteigung vorbei, und daran war Friedrich zu einem gerüttelt Maß selbst schuld. Denn in seinen ersten Monaten gerierte er sich keineswegs nur als aufklärerischer Herrscher, sondern verstand sich immer stärker auch als oberster Militär. Sein Vater hatte zuvor als »Soldatenkönig« seine Vorliebe für seine Armee zwar konsequent ausgelebt – aber er hatte seine Soldaten doch nie in einen Krieg geschickt. Sein Nachfolger sollte sich davon absetzen: Erst ein gutes Jahr im Amt, stürzte der neue König sich und sein Land in einen Krieg. Es war sein erster, es sollte aber beileibe nicht sein letzter sein. Der selbst ernannte Philosoph machte nun Karriere als Kriegsherr.

Sieben und mehr Jahre Krieg

»'s ist Krieg! 's ist Krieg! O Gottes Engel wehre,
Und rede du darein!
's ist leider Krieg – und ich begehre
Nicht schuld daran zu seyn!«

(Der Dichter Matthias Claudius in seinem »Kriegslied« von 1775)[1]

Gelegenheit macht Kriege. Jedenfalls in diesem Winter des Jahres 1740. Friedrich saß erst seit wenigen Monaten auf dem Thron, und man hätte der Meinung sein können, dass er eigentlich andere Probleme hatte, als sein kleines Königreich geradewegs in einen Krieg zu führen. Mit seinen ersten aufklärerischen Impulsen hatte er einen hoffnungsvollen Anfang markiert – weitere praktische innenpolitische Schritte wären durchaus plausibel gewesen. Doch unmittelbar mit dem Beginn seiner Regentschaft tat sich etwas auf, was heute als »window of opportunity« bezeichnet wird – eine günstige Gelegenheit. In Friedrichs Augen sogar eine außergewöhnlich günstige. Im Spiel der europäischen Mächte schien der Moment gekommen, in dem Preußens Gegenspieler sich so schwach wie nie zeigten – musste der junge, intelligente und vor Tatendrang sprühende König da nicht der Verlockung erliegen?

Preußen wurde zu diesem Zeitpunkt als Emporkömmling unter den Königreichen an den traditionsreichen Höfen Europas kritisch beäugt, ganz besonders in Wien. Die Habsburger hatten schon nach wenigen Jahren ihre Zustimmung zum preußischen

Griff nach der Königskrone im Jahr 1701 bereut, aber da war es bereits zu spät. Seither verfolgte der kaiserliche Hof eine offene Eindämmungspolitik, um jede weitere Konsolidierung der Hohenzollerndynastie zu verhindern.[2] Kurz: Österreich und Preußen standen sich im Jahr der Thronbesteigung Friedrichs in leidenschaftlicher – und gegenseitiger – Abneigung gegenüber.

Gerade Österreich war in diesem Jahr 1740 geschwächt wie selten zuvor: Im Oktober war Kaiser Karl VI. gestorben, ohne dass er einen männlichen Thronfolger hinterlassen hatte – dieses dynastische Problem erkannte Friedrich als jenen Moment, in dem die alte politische Ordnung Europas ins Wanken geraten und Preußen sich einen neuen Platz in diesem System erobern könnte. Nach dem Erbgesetz des Hauses Habsburg konnten nicht nur Söhne, sondern auch Töchter die Kaiserkrone übernehmen. Dieses Nachfolgeprinzip war in den Jahren zuvor von den anderen europäischen Mächten anerkannt worden, allerdings erst nach schwierigen Verhandlungen und einigen Zugeständnissen Wiens. Und als tragfähig erwiesen sich diese Übereinkünfte nicht. Vielmehr brach sofort Streit aus, als jetzt die erst 23-jährige Maria Theresia ihrem Vater nachfolgen sollte: Der bayerische Kurfürst Karl Albrecht erhob nun seinerseits Anspruch auf den Kaisertitel und erhielt darin schon bald die Unterstützung Spaniens. In dieser Situation kam der frischgebackene preußische König ins Spiel, der nämlich ganz offen die missliche Lage Wiens auszunutzen gedachte und seine Anerkennung der habsburgischen Thronfolgeregelung mit einer handfesten Forderung verband. Für seine Unterstützung müssten die Habsburger unwiderruflich Schlesien an Preußen abtreten. Das war eine offene Drohung – Friedrich begehrte Schlesien, und dass er dafür auch in einen Krieg ziehen würde, traute man ihm nicht nur in Berlin zu.

Friedrichs forsches Auftreten war nicht nur möglich, weil nach dem Tod des Kaisers innerhalb der europäischen Mächtekonstellation Unsicherheit und Konfusion herrschten. Die Großmächte waren auch schlicht mit sich selbst beschäftigt: In Russland war die Zarin Anna Iwanowna im Oktober 1740 gestorben. Das Land war durch einen Machtkampf um den noch nicht einmal drei Monate alten Iwan VI. gelähmt. Großbritannien führte seit dem Jahr 1739 Krieg gegen Spanien, mit dem das Land militärisch ausgelastet war. Und was die letzte Großmacht Frankreich anbetraf, ging Friedrich davon aus, dass diese Preußen grundsätzlich gewogen war und notfalls sogar ein militärisches Vorgehen irgendwie decken würde.[3]

Friedrichs Begehrlichkeiten richteten sich nicht zufällig auf das habsburgisch-österreichische Territorium Schlesien. Aus heutiger Sicht erschließt sich nicht mehr jedem Betrachter, was er und andere Monarchen eigentlich an dieser Region fanden; dieser Landstrich ist seit der zweiten Hälfte des 20. Jahrhunderts aus dem Blickfeld vieler Deutscher fast völlig verschwunden – damit aber auch das Wissen um den Wert, den dieses Land im 18. und 19. Jahrhundert besaß. Die Region Schlesien war traditionell zwischen mächtigen Nachbarn umstritten. Im 14. Jahrhundert hatten sich die meisten schlesischen Herzöge der Lehnshoheit des Königs von Böhmen unterstellt, doch nach wiederholten Kriegszügen (mal des Königs von Ungarn, mal des Königs von Polen) und dem Dreißigjährigen Krieg fiel Schlesien mit ganz Böhmen an die österreichischen Habsburger. Unter ihnen erlebte das Land entlang der Oder eine kulturelle Hochblüte – Baukunst, Malerei und Dichtung erlangten überregionale Bedeutung; die frühe Industrialisierung, die Landwirtschaft und die Bodenschätze machten das Land wirtschaftlich attraktiv. 1740 galt Schlesien mit seinem hoch entwickelten Textilgewerbe als eines der am stärksten industrialisierten Gebiete. Diese prosperierende Industrie war eine wichtige Quelle für die Steuereinnahmen eines Staates – in diesem Fall Wiens.

Dieses Schlesien wollte Österreich verständlicherweise nicht einfach hergeben. Also gedachte Preußen es sich eben zu nehmen: Ende Oktober 1740 einigten sich der preußische König, sein Außenminister Graf von Podewils sowie sein Generalfeldmarschall Graf Schwerin intern auf die Annexion Schlesiens. Die Provinz schien ihnen wie keine andere geeignet, den Ruhm und das Ansehen des Hauses Hohenzollern zu mehren. Zugleich trieb die Preußen allerdings noch eine ganz andere Überlegung um: Sie wollten unbedingt verhindern, dass Schlesien – durch welche Umstände auch immer – eines Tages an Sachsen fallen könnte, was den Einfluss dieses aus preußischer Sicht ungeliebten Nachbarn weiter vergrößert hätte.[4] Kurfürst Friedrich August II. von Sachsen war in Personalunion zugleich König August II. von Polen. Und es war keineswegs von der Hand zu weisen, dass er nach dem Tod des österreichischen Kaisers die Chance auf eine territoriale Verbindung seiner beiden Reiche gekommen sah. Die Sachsen jedenfalls boten Maria Theresia umgehend ihre Unterstützung für die Nachfolge an – wenn sie dafür den gewünschten Landkorridor durch Schlesien erhielten.[5] Für das aufstrebende Preußen wäre entlang seines ostelbischen Kernlandes damit eine erhebliche Konkurrenz entstanden.

Und dennoch: Was Friedrich vorhatte, bedeutete nichts anderes, als dass Preußen in Gebiete vorstieß, »in denen es eigentlich nichts zu suchen hatte; Schlesien sprang immer wie eine lange Nase aus der brandenburgisch-pommersch-preußischen Gebietsmasse im Norden heraus. Es hatte seit Jahrhunderten unter der böhmischen Krone zu Österreich gehört, und seine Wegnahme war eine krasse Herausforderung an Österreich.«[6] Wollte Friedrich diese Angelegenheit wirklich militärisch klären, hätte er eigentliche gute Gründe ins Feld führen müssen. Doch was er an Argumenten darbot, waren eigentlich nur rhetorische Pflichtübungen. Dazu zählten auch angebliche Erbansprüche des Hauses Brandenburg, die Preußen in der Diskussion um die Wiener Nachfolge eingebracht hatte – eine Begründung, die längst fadenscheinig wirkte. Damit ließ sich mit gutem Grund kein Krieg legitimieren; auch Friedrich selbst nahm diese Möglichkeit der begründeten Ausrede für seinen Waffengang nicht wirklich ernst.

Friedrich war fest entschlossen, die von ihm ausgemachte Chance zu nutzen. Und damit sollte er sich zugleich eine Feindin fürs Leben schaffen: Maria Theresia. Ihr jahrzehntelanger Gegensatz sollte die preußisch-österreichischen Beziehungen prägen. Die beiden Monarchen hatten vielleicht nur eine Gemeinsamkeit: Sie hatten im selben Jahr ihre Throne bestiegen (wobei die Habsburgerin fünf Jahre jünger war). Ansonsten waren sie nicht nur vom Naturell her denkbar unterschiedlich – hier der protestantische, als Aufklärer antretende Friedrich, da die fromme, eher volkstümliche Katholikin Maria Theresia. Für Friedrich war sie zudem nur schwer zu akzeptieren, weil sie eine Frau auf dem Thron war. Sie war – und blieb – für ihn als Gegenspielerin seiner politischen Interessen ein persönliches wie politisches Ärgernis.

Wer einen Krieg beginnt, muss – wenn er denn einigermaßen bei Verstand ist, was man beim Blick auf die Weltgeschichte rückblickend nicht jedem Kriegsherrn nachsagen kann – zunächst einmal über eine gut gerüstete Armee und ausreichend finanzielle Mittel verfügen. Beides traf auf Friedrich und sein junges Königreich zweifelsohne zu: Der Herr Vater hatte dem Neuling auf dem Thron eine Armee mit 80 000 Soldaten hinterlassen. Auch wenn diese bislang noch nie in einem Krieg gestanden hatten, so waren sie doch immerhin bestens ausgebildet, gut ausgerüstet und versorgt.[7] Diese Armee bildete 1740 die viertstärkste europäische Militärmacht, obwohl Preußen dem Gebietsumfang nach an zehnter, nach der Bevölkerungszahl erst an 13. Stelle der Länder des Kontinents stand. 86 Prozent aller Staatseinnahmen wurden in diesem Jahr in das Heer investiert.[8] Militärisch war Preußen fraglos eine ernst zu nehmende Großmacht.

»Eine Preisfrage für Sie: Wenn man sich im Vorteil befindet, muß man sich das zunutze machen oder nicht? Ich bin mit meinen Truppen und sonst allem bereit; bringe ich meinen Vorteil nicht zur Geltung, so halte ich in meinen Händen ein Gut, dessen Nutzwert

ich verkenne; nehme ich ihn wahr, so wird's von mir heißen,
ich wüßte mich mit Geschick meiner Überlegenheit über meine
Nachbarn zu bedienen.«

(Friedrich im November 1740 gegenüber seinem Minister Heinrich
von Podewils)[9]

Am 16. Dezember 1740 marschierten rund 20000 preußische
Soldaten los. Schlesien war nur schwach verteidigt, gerade einmal 8000 österreichische Verteidiger standen in diesem Jahr in
der habsburgischen Provinz.[10] Friedrich zog begeistert in den
Krieg, die Verlautbarungen jener Tage atmeten einen »gewissen
jugendlichen Männlichkeitswahn und die Sehnsucht nach Anerkennung«; sein Verhalten deutete demnach »auf eine an Leichtsinn
grenzende Spontaneität hin«. Allenthalben taucht seine Forderung auf, seine Soldaten sollten sich auf den Weg zu einem »Ren-
dezvous mit dem Ruhm« machen.[11] Einem Jugendfreund gestand
er wenige Monate nach Kriegsbeginn, dass ihn die Genugtuung,
»meinen Namen in den Zeitungen und künftig in der Historie
zu sehen«, verführt hätte.[12] Der junge König verglich sich mit
Julius Cäsar, als er sich nach dem Einmarsch in Schlesien brüstete,
er habe den Rubikon überschritten – »j'ai passé le Rubicon« –,[13]
unwiderruflich habe er sich auf sein militärisches Abenteuer ein-
gelassen. An seinen *Antimachiavel* mochte Friedrich in diesem
Moment allerdings nicht mehr gern erinnert werden – die Veröf-
fentlichung dieser Schrift durch Voltaire just in diesem Moment
war ihm peinlich, zu sehr betrieb er jetzt jene Machtpolitik, die
er darin noch angeprangert hatte.[14]

»Das war der Weg, sich Ruhm zu erwerben.«
(Friedrich über seinen Einmarsch in Schlesien 1740)[15]

Des Königs Soldaten kamen zügig voran; sie stießen zunächst
kaum auf Widerstand und schlugen mit Erfolg ihre Winterquar-
tiere auf. Es kam anfangs nur zu kleineren Gefechten mit den

Österreichern, die sich weitgehend aus der Region zurückgezogen hatten. Doch gleichwohl herrschte Krieg – und somit war die Gefahr allgegenwärtig. Das galt auch für den König: Friedrich kommandierte seine Truppen selbst – das sollte er auch in den kommenden Kriegen so halten – und geriet immer wieder in Gefahr. Im Winter 1740/41 entkam er mit Glück einer Gruppe österreichischer Husaren,[16] was ihn wohl dazu bewog, nun Anweisung für den Fall seiner möglichen Gefangennahme oder seines Todes zu geben (so wollte er verbrannt werden – und seine Urne sollte in einem Monument nach antikem Vorbild beigesetzt werden).[17] Doch zunächst genoss der jetzige Feldherr seine ersten militärischen Erfolge und sicherlich auch die Lobeshymnen, die manch Vertrauter jetzt schon anstimmte.

> *»La gloire et la prudence attellent votre char;*
> *On murmure, on vous craint; mais chacun vous admire.«*
> *(Gespannt vor Ihren Siegeswagen sind der Ruhm und*
> *die Bedachtsamkeit;*
> *Man tuschelt, fürchtet Sie; doch bewundert Sie ein jeder.)*
>
> (Voltaire zum Jahresende 1740 in einem Brief an den durch Schlesien ziehenden Friedrich)[18]

Doch den Platz auf dem Triumphwagen musste sich der preußische König erst noch verdienen. Und der Kriegsalltag war selbst für die obersten Befehlshaber eine anstrengende, weil ungewohnte Sache. Friedrich zeigte sich bereits in den letzten Tagen des Jahres 1740 vom pausenlosen Marschieren (wobei der Oberbefehlshaber ja nicht marschierte, sondern hoch zu Ross ritt) und den Strapazen der Tage erschöpft, zumal er ja auch weiterhin Regierungs- und Kriegsgeschäfte zu erledigen hatte.

> *»Wollen Sie wissen, wie mein Leben aussieht? Wir marschieren von*
> *sieben bis vier Uhr nachmittags. Dann diniere ich; danach arbeite ich,*
> *ich empfange lästige Besuche; danach gibt es allerlei fade Geschäfte*

zu erledigen. Da sind Männer, denen ich gehörig den Kopf waschen muß, Feuerköpfe, die ich bändigen, Saumselige, die ich antreiben, Ungeduldige, die ich fügsam machen, Aasgeier, denen ich die Flügel stutzen, Schwätzer, denen ich lauschen, Stumme, die ich zum Reden bringen muß.«

(Friedrich an Voltaire Ende 1740 über sein Feldherrndasein) [19]

Die vornehmste Aufgabe eines Feldherrn war aber schließlich, seine Truppen möglichst siegreich durch eine große und entscheidende Schlacht zu führen. Die Gelegenheit dazu bot sich am 10. April 1741: An diesem Tag trafen bei der rund 20 Kilometer von Breslau entfernt liegenden Ortschaft Mollwitz zwei annähernd gleich starke Heere aufeinander: über 21 000 preußische Soldaten und rund 19 000 österreichische unter Wilhelm Reinhard von Neipperg. Wenngleich die Preußen später als Sieger von Mollwitz galten, monierte Friedrich später selbst das eigene Vorgehen: Streng nach Dienstvorschrift marschierten die Preußen in die Schlacht, statt die Gelegenheit zu nutzen, bei der Ankunft vor Mollwitz die noch in ihren Quartieren befindlichen gegnerischen Truppen direkt anzugreifen. Stattdessen nahm die preußische Armee die umständliche, aber eingeübte Schlachtordnung ein: So stand Bataillon neben Bataillon in breiter, lediglich drei Mann tiefer Front, auf beiden Seiten flankiert von der ähnlich aufgestellten Kavallerie; einige hundert Meter dahinter nochmals eine ähnliche Aufstellung. Um die Flanken zu schützen, orientierte sich die ganze Aufstellung rechts an einer Ortschaft, links an einem Bach. Die Aufstellung war umständlich und kostete – weil die Preußen peinlich um die Einhaltung dieser Ordnung bemüht waren – viel Zeit. Diese nutzten die Österreicher, sich in gleicher Weise zu formieren und die Angreifer durch massive Kavallerieattacken nachhaltig in Bedrängnis zu bringen. [20]

Die Attacken der Österreicher, das einsetzende dichte Schneetreiben und das für große Aufmärsche wenig geeignete Gelände brachten die Gefechtsordnung der Preußen bald an den Rand der Auflösung. Diese Schlacht schien also nicht den gewünschten Verlauf zu nehmen, und Jahre später noch zeigte sich Friedrich selbstkritisch. In seiner *Geschichte meiner Zeit* notierte er, dass »der König und der Feldmarschall Neipperg sich in Fehlern überboten«. Seine Armee sei kriegsunerfahren gewesen und auch deshalb zu zaghaft und scheu zu Werke gegangen.[21]

> »*Eigentlich rettete die Preußen nur ihre Tapferkeit und ihre Mannszucht. Mollwitz war die Schule für den König wie für seine Truppen. Der König dachte über alle von ihnen begangenen Fehler reiflich nach und suchte sie künftig zu meiden.*«
>
> (Friedrich über die Lehren der Schlacht von Mollwitz)[22]

Zugleich wusste Friedrich, dass er als Feldherr ein Problem hatte. Ein früherer Angriff auf die Österreicher hätte einen schnellen Sieg bringen können. Er selbst hatte für die Möglichkeit eines Überfalls auf einen im Lager ruhenden Feind sogar eine literarische Vorlage in der Hand gehabt; die *Kriegsnachrichten* des Marquis de Feuquières. Darin war die Schlacht von Höchstädt 1704 und die Gefangennahme der in Dörfern stehenden französischen Bataillone durch englisch-holländische Truppen geschildert worden. Friedrich hatte diese Darstellung nicht nur gelesen, sondern sie auch in großer Zahl aufgekauft und noch wenige Monate vor der Schlacht von Mollwitz an seine Truppe ausgegeben. Vergebens – seine militärischen Berater hätten ihn sozusagen strikt nach überkommener Dienstvorschrift und ohne Berücksichtigung dieser und anderer Kriegslehren in seine erste große Schlacht marschieren lassen.[23]

Doch der für Friedrich peinlichste Aspekt dieser Schlacht war nicht der Umstand, dass die preußische Armee aus unterschiedlichen Gründen in größte Gefahr geriet. Es war vielmehr das Auftreten ihres Königs selbst: Nicht nur, dass Friedrich seine Truppen bei der Schlacht fast verloren hätte, er richtete selbst zusätzliches Durcheinander an und brachte sich selbst – höchst unprofessionell – in größte Gefahr. Als seine Truppen in Verwirrung gerieten, fand sich der König nämlich bald mitten im Getümmel wieder; nach eigener Erinnerung glaubte er die geschlagene preußische Kavallerie »wie ein Rudel Hirsche aufhalten zu können, wurde aber von ihrer Flucht bis zur Mitte des Heeres fortgerissen«.[24] Der oberste Feldherr mitten im Kampfgeschehen und damit in höchster Gefahr – da musste sein Feldmarschall von Schwerin eingreifen. Der erfahrene Soldat konnte den König überzeugen, das Schlachtfeld besser ganz zu verlassen.

Und so überließ der Oberbefehlshaber seinen Soldaten und Offizieren das weitere Kämpfen und suchte das Weite. Während das Ende der insgesamt vierstündigen Schlacht nahte, versuchte Friedrich sich im scharfen Galopp in Sicherheit zu bringen, wobei er fast von österreichischen Husaren gestellt worden wäre. Erst in der Nacht erfuhr er, dass sein Feldmarschall von Schwerin das Blatt noch gewendet und die Schlacht siegreich geschlagen hatte. Er kehrte rasch zu seinen Soldaten zurück, auch um zu demonstrieren, dass er selbst Herr der Lage war.[25] Doch das Debakel seiner Flucht konnte er so nicht mehr aus der Welt schaffen, sondern nur hoffen, dass es nicht lange in Erinnerung bleiben würde.

Die Zahl der Toten und Verwundeten auf österreichischer und auf preußischer Seite hielt sich bei der Schlacht von Mollwitz in etwa die Waage. Für Preußen war der strategische Erfolg entscheidend: Die preußische Armee hatte sich mit diesem ersten Sieg auf dem Schlachtfeld und in der umkämpften Provinz behauptet. Aber zugleich zeichnete sich auch ab, dass mit diesem Waffengang der Kampf um Schlesien keineswegs beendet war, sondern erst richtig begonnen hatte.[26] Und der junge König hatte am eigenen Leib erfahren, was Krieg bedeuten konnte:

»Gott behüte uns vor einer zweiten so blutigen und mörderischen Schlacht wie bei Mollwitz! Mir blutet das Herz, wenn ich daran denke.«

(Friedrich nach der Schlacht in einem Schreiben an seinen Bruder)[27]

Friedrichs Attacke auf Schlesien war längst keine regionale, begrenzte Angelegenheit mehr. Der Griff nach der Provinz führte zum Österreichischen Erbfolgekrieg und damit zu einer internationalen Auseinandersetzung. Gegen die Österreicher verbündeten sich Spanien und Bayern; Sachsen, Preußen, Frankreich und auch Schweden schlossen sich diesem Bündnis später an, während Wien als Verbündete vor allem Großbritannien und die Niederlande gewinnen konnte. Gegen die große Zahl der Feinde konnte das Reich der Habsburger allerdings nur mit Mühe bestehen, zwischenzeitlich schien es sogar auseinanderzubrechen. 1741 nahmen bayerische, sächsische und französische Truppen Prag ein, woraufhin sich der bayerische Kurfürst Karl Albrecht von den böhmischen Ständen zum König ausrufen ließ. Eine besondere Schmach für Österreich war kurze Zeit später die nächste Wahl Karl Albrechts: diesmal die zum deutschen Kaiser (Karl VII.) im Januar 1742 – immerhin hatte das Haus Habsburg bis dahin seit über 300 Jahren das Oberhaupt des Heiligen Römischen Reiches deutscher Nation gestellt.

Die preußische Streitmacht unter Friedrich schlug im Frühjahr 1742 ihre nächste große Schlacht. Bei der böhmischen Ortschaft Chotusitz stießen die Preußen auf die österreichische Hauptstreitmacht. Am Ende einer langen, blutigen und lange Zeit unentschiedenen Schlacht siegten schließlich die Preußen. Wenngleich der Anteil Friedrichs an diesem schwer errungenen Sieg unklar bleibt, so hat er doch zumindest in der Schlussphase der Kämpfe durch einen Infanterieangriff auf seinem Flügel die Truppen der Österreicher zu einem panikartigen Rückzug veranlasst.[28] Mit diesem Sieg war für Friedrich der Weg frei – nicht zu weiteren Schlachten, sondern für ein Ende der Kämpfe. Für den König waren die politischen Ziele eines Waffengangs stets entscheidend. Weshalb weiterkämpfen? Er wollte weder das Habsburgerreich zerschlagen noch eine Machterweiterung der mit ihm verbündeten Sachsen und Bayern ermöglichen. Außerdem wurde nach dem Frühjahrsfeldzug von 1742 das Geld knapp.[29]

Und da Österreich nach der Niederlage von Chotusitz höchstes Interesse an einem Ausscheren der Preußen aus der feindlichen Allianz hegte, war der Weg zu einem Separatfrieden frei: Im Frieden von Breslau am 11. Juni 1742, der einen Monat später durch den Frieden von Berlin bestätigt wurde, erhielt Preußen Nieder- und Oberschlesien samt der Grafschaft Glatz zugesprochen. Nach anderthalb Jahren war der Schlesische Krieg – der »Erste«, wie er später heißen sollte – damit beendet. Friedrich hatte sein strategisches Ziel erreicht. Dass seine Bündnispartner, allen voran Frankreich, Preußens Ausscheren aus der Koalition gegen Österreich heftig kritisierten, änderte nichts an seiner Haltung. Es bräuchte ihn nicht kümmern, so ließ er Frankreich spöttisch wissen, wie die Gegenwart in ihrer Oberflächlichkeit und Ignoranz über ihn richte, schließlich würde über Könige ausschließlich die Nachwelt urteilen können.[30]

Mochten andere auch verstimmt sein – Friedrich war zufrieden, ja, er fühlte sich geradezu als »Glückskind«. Zwei Kriegsjahre (wobei es eigentlich anderthalb Jahre waren) hätten zur Eroberung dieser wichtigen Provinz ausgereicht, schrieb er in seiner *Geschichte meiner Zeit*. Zwar räumte er ein, dass deshalb der vom Vater in vielen Jahren zusammengesparte Staatsschatz von fast acht Millionen Talern fast erschöpft sei, aber habe man dafür nicht einen neuen Schatz erhalten? »Staaten sind billig, wenn sie nur 7–8 Millionen kosten«, notierte der zufriedene König mit Blick auf seine Kriegsausgaben.[31] Selbstverständlich war ihm bewusst, dass Wien die erzwungene Abtretung der strategisch und wirtschaftlich so attraktiven Provinz Schlesien nur in größter militärischer Bedrängnis zugestehen musste. Würde der entsprechende Vertrag auch dann noch Gültigkeit haben, wenn Österreich derweil wieder bessere Zeiten erlebte? Da konnte sich der preußische König nicht sicher sein.

Friedrich hatte sich Feinde gemacht. Er hatte 1740 einen Krieg begonnen und musste sich bewusst sein, dass seine Gegner auf Revanche sannen. Und genau darauf bereitete er Preußen nun vor. Zu seinen Maßnahmen zählten vor allem die von ihm angesetzten jährlichen Herbstmanöver, bei denen ganz im Gegensatz zu den meisten Armeen des Kontinents nicht die Demonstration des eingeübten Drills im Mittelpunkt stand, sondern vielmehr Formation und Taktik und die Offiziere in der Führung ihrer Einheiten erprobt werden sollten. Diese Manöver waren gewaltige Unternehmungen – im Jahr 1743 etwa ließ der König dafür 44 000 Mann aufmarschieren, so viele, wie für eine mittelgroße Schlacht der damaligen Zeiten benötigt wurden.[32]

Was seine Soldaten praktisch übten, durchdachte ihr oberster Feldherr theoretisch. Schon in seinen Rheinsberger Jahren hat er sich mit der Kriegstheorie beschäftigt. In seinen ab 1748 verfassten *Militärischen Schriften* machte er sich nun ausführlich Gedanken über Taktik und Disziplin seiner Truppen, über Kriegslisten (»Der Gewalt kann man oft mit Gewalt begegnen, aber der List muß oft auch die Gewalt weichen«)[33], über die Talente des Heerführers (»Er soll seine Soldaten aus Menschlichkeit schonen und doch zuweilen verschwenderisch mit ihrem Leben umgehen«)[34] oder über Nachtmärsche (»Damit der Feind den Aufbruch nicht merkt, läßt man in dem Lager, das man räumt, die Wachtfeuer brennen und einige Husaren ›Wer da?‹ rufen«)[35]. Friedrich beschäftigte sich auch mit den vermeintlich kleinsten Details – für einen Sieg schien ihm keine Angelegenheit zu gering.

»*Hat man einen Feldzug vor, so muss das Kommissariat an der Grenze genug Bier brauen und Branntwein brennen lassen, damit die Armee wenigstens für die erste Zeit gut versorgt ist. Sobald sie in Feindesland ist, bemächtigt man sich sofort aller Brauereien und Branntweinbrennereien in der Nähe des Lagers und läßt hauptsächlich Branntwein brennen, damit die Soldaten, die ihn nicht entbehren können, keinen Mangel daran leiden.*«

(Friedrich in seinen *Grundlagen der Kriegskunst*)[36]

Der König hatte den Krieg »gedacht« – und gegen Österreich nun erstmals erfolgreich geführt. Er hatte gezeigt, dass er den richtigen Moment für die Beendigung erkennen und nutzen konnte, so wie er auch weiterhin den richtigen Moment für den Beginn eines Waffengangs zu sehen glaubte. Eine solche günstige Gelegenheit machte er zwei Jahre nach dem Ende des Ersten Schlesischen Krieges aus und rief seine Soldaten wieder zu den Waffen: Im Juni 1744 marschierten preußische Soldaten erneut in ein anderes Land ein – diesmal in Ostfriesland. Nach dem Tod des letzten dort regierenden Fürsten des Hauses Cirksena wollte Friedrich Preußens Anspruch auf die Regentschaftsnachfolge sichern, ohne dafür die Entscheidungen der Reichsinstanzen abzuwarten. Ostfriesland wurde, ohne dass militärischer Widerstand geleistet wurde, als preußische Provinz dem Königreich Preußen angegliedert – nach Schlesien die zweite große Gebietserweiterung unter Friedrich.

Wenige Wochen nach der Annexion Ostfrieslands entschloss sich Friedrich zum nächsten, sehr viel folgenreicheren Waffengang. Im August 1744 zog er erneut gegen Österreich ins Feld und eröffnete damit jenen Konflikt, der als Zweiter Schlesischer Krieg in die Geschichtsbücher eingehen sollte. Wien hatte in der zurückliegenden Zeit die Franzosen bis über den Rhein zurückgedrängt und stand davor, mit Lothringen das Stammland von Franz von Lothringen zu erobern, des Gemahls von Maria Theresia. Die Aussicht auf einen solchen Erfolg Wiens missfiel dem preußischen König (der sicherlich auch eine mögliche Rückgewinnung Schlesiens durch Österreich fürchtete), und deshalb bot er sich wieder den Franzosen als Bündnispartner an. Frankreich, so die offizielle Begründung, sollte den glücklosen Kaiser Karl VII. – der von den Österreichern aus seiner bayerischen Heimat vertrieben worden war und nun notgedrungen in Frankfurt am Main residierte – in den Besitz Böhmens bringen. Und so setzte Friedrich die preußischen Truppen erneut in Bewegung. Wie schon 1740 handelte es sich wieder um einen Angriffskrieg, denn weder preußisches noch schlesisches Territorium war in irgendeiner Weise bedroht – ein Biograf sprach angesichts von Friedrichs Vorgehen deshalb von einem »in kaum noch gezügelter Kriegslüsternheit geplanten Feldzug«[37].

Im August 1744 überfiel die preußische Armee Böhmen. Doch dieser böhmische Feldzug sollte scheitern, weil sich Friedrichs Hoffnung auf eine baldige militärische Entscheidung nicht erfüllte. Er wollte einen kurzen Krieg, bevor die »Magazine aufgezehrt« seien: Ein langer Krieg »zerstört nach und nach unsere vortreffliche Disziplin«, »entvölkert das Land und erschöpft unsere Hilfsquellen«.[38] Doch genau dies sollte geschehen, denn es kam zu keiner größeren Schlacht mit den österreichischen Einheiten. Stattdessen geriet Friedrichs Armee beim Rückzug nach Schlesien bei zunehmend winterlichen Bedingungen in große Bedrängnis: Weil die Versorgung der Soldaten immer schwieriger wurde und zudem Krankheiten unter den Männern grassierten, erlebte die Armee eine ungeheure Welle an Desertionen. Wohl 17 000 Soldaten setzten sich ab. Desertionen waren in jener Zeit in einem gewissen Maße ohnehin nicht zu verhindern – doch Preußen war mit seinem hohen Anteil an angeworbenen ausländischen Kämpfern am stärksten von der Fahnenflucht betroffen. Dieser Umstand war mitentscheidend für den Zusammenbruch der Armee und das Ende des böhmischen Feldzugs.[39]

Friedrich musste im Frühjahr 1745 eine Entscheidung suchen; nach seinem Debakel im böhmischen Feldzug stand auch die Zukunft Schlesiens auf dem Spiel. In dieser Situation wurde ein zentraler Charakterzug Friedrichs sichtbar: Er war bereit, für das von ihm ausgemachte Ziel alles zu riskieren – und zwar nicht nur seine eigene Existenz, sondern auch die seiner Untertanen und seines Staates. Friedrich wollte die Entscheidungsschlacht, welche ihm als letzte Zuflucht galt: »Dieses Mittel wird über das Schicksal des Kranken in wenigen Stunden entscheiden«, schrieb er seinem Außenminister nach Berlin und fügte hinzu: »Ich gestehe, ich spiele ein hohes Spiel.«⁴⁰ Der oberste Befehlshaber wollte im Moment der Not alles auf eine Karte setzen.

»Entweder werde ich meine Macht behaupten, oder ich will, dass alles zugrunde geht und bis auf den preußischen Namen mit mir begraben werde!«
(Der 33-jährige Friedrich im April 1745 aus seinem schlesischen Hauptquartier)⁴¹

Friedrich dachte in Extremen. Sieg oder Untergang, das war die Devise. Weder sich selbst noch den »geringsten Soldaten« wolle er schonen, »um zu siegen oder zu sterben«.⁴² Dieses fatale »Alles oder nichts« sollte zwar den Mythos des Kriegsherrn Friedrich letztlich stärken, als historische Erkenntnis in der deutschen Nachwelt allerdings noch viel Schaden anrichten ...

Viel stand 1745 für Friedrich auf dem Spiel; Preußen, das finanziell bereits unter der Dauer des Krieges litt, sah sich im großen Spiel der europäischen Mächte diplomatisch immer weiter isoliert. Der Befreiungsschlag erfolgte auf dem Schlachtfeld, nachdem im Juni 1745 österreichische Truppen in Schlesien einmarschiert waren. Bei Hohenfriedeberg (Dobromierz) gelang den Preußen am 4. Juni der Sieg über die zahlenmäßig überlegenen feindlichen Truppen, und bei Soor führte Friedrich am 30. September seine Soldaten zu einem Sieg über einen diesmal fast doppelt so starken Gegner, wenngleich er anschließend feststellen musste, dass er in »solcher Gefahr und Noth [...] meine Tage nicht gewesen bin«⁴³. Auch den letzten großen Waffengang zwischen Preußen sowie Österreichern und Sachsen entschieden Erstere am 15. Dezember 1745 bei Kesselsdorf nahe Dresden für sich. Friedrich konnte kurz darauf in die Stadt einziehen, wo mit einem Friedensvertrag der Zweite Schlesische Krieg beendet wurde.

»Die Geschicklichkeit, welche der König von Preußen bei diesem letzten Waffengange an den Tag gelegt hat, ist des höchsten Lobes der Kenner werth. Alles, was er in diesem ganzen Kriegsjahre unternommen, ist schön und groß, aber diese letzte Unternehmung verdient für immer im Ruhmestempel eingetragen zu werden.«

(Der preußische Feldmarschall Moritz Prinz von Anhalt-Dessau über Friedrichs militärische Leistung 1745)[44]

Sein letzter Feldzug im Dezember 1745 brachte Friedrich durchaus Lob und Anerkennung. Doch am Ende dieses Krieges fiel das Ergebnis wenig glanzvoll aus. So war für Preußen zwar nichts verloren, aber letztlich auch wenig gewonnen: Zwar brachte der Frieden von Dresden für Preußen die Bestätigung seines Besitzes Schlesien (in diesem Punkt hatte Maria Theresia ihre Ziele nicht erreicht), doch blieb Böhmen in der Hand Österreichs. Zudem musste Friedrich den neuen Kaiser anerkennen: Nachdem der auch von Friedrichs Gnaden zur Kaiserwürde gelangte Karl VII. aus Bayern im Januar 1745 gestorben war, wurde ausgerechnet Maria Theresias Mann, Großherzog Franz, zum neuen Kaiser gewählt.

»Schätzt man die Dinge nach ihrem wirklichen Wert ein, so ist zuzugeben, daß der Krieg ein in mancher Hinsicht sehr unnützes Blutvergießen war und daß Preußen durch eine Kette von Siegen weiter nichts erreichte als die Bestätigung des Besitzes von Schlesien.«

(Friedrich in *Geschichte meiner Zeit*)[45]

Noch während dieses »sehr unnützen Blutvergießens« stellte Friedrich allerdings daheim die Weichen für ein Bauprojekt, das in einem denkbar scharfen Kontrast zum Elend des Kriegsalltags stand: Er gab den Auftrag zum Bau eines »Lust-Hauses zu Potsdam«. Hier sollte nicht nur ein Ort des Friedens, sondern der Sorglosigkeit entstehen: das Schloss Sanssouci. Der

König ließ sich hier nach Plänen seines Architekten Knobelsdorff ein Refugium erbauen, das nicht zufällig in vielerlei Hinsicht an seine Residenz in Rheinsberg erinnerte. Mit diesem Schloss erfüllte er sich seine ganz eigene Vorstellung eines guten königlichen Zuhauses und schuf der Nachwelt eine Kulisse, in der sie bis heute stets aufs Neue ihrer Erinnerung an den König Raum geben kann. Dass Friedrich die Beschaffenheit des neuen Baus selbst maßgeblich mitbestimmte, sollte dem Ort Sanssouci für die Betrachter einen zusätzlichen Reiz verleihen. Er wollte kein repräsentatives Bauwerk, sondern eher ein intimes Wohnschloss, in dem er während der Sommermonate zu residieren gedachte.

Während der Bauarbeiten zeigte sich im – vergleichsweise – Kleinen, wie Friedrich auch im Großen regierte und künftig regieren sollte: Er gab nicht nur selber Hinweise und trug eigene Ideen zum Gelingen bei, sondern mischte sich als entscheidende Instanz prinzipiell in alles ein; selbstverständlich in alle Belange der Finanzierung (hier schaute er besonders genau hin), die Anlage der Gartenterrassen (auch hierfür zeichnete er den entscheidenden Entwurf) oder auch grundlegende Fragen des Schlossgebäudes (so strich Friedrich kurzerhand den von Knobelsdorff vorgesehenen Keller – letztlich führten diese ständigen fachlichen Einmischungen des Königs sogar zur Entfremdung der beiden). Das Ergebnis der zweijährigen Bemühungen war indes eindrucksvoll – nicht umsonst gilt das Schloss als eines der Hauptwerke des deutschen Rokoko. Ganz wesentlich zur Attraktivität trug die prachtvolle Gartenanlage bei. Sanssouci war dem König nicht nur lieb, sondern auch teuer. Nolens volens musste er für den Bau, vor allem aber die Ausschmückung der weitläufigen Parkanlagen und die Einrichtung des Schlosses kräftig investieren. Prächtige Gemälde großer Meister wurden aufgehängt, und eine erlesene Bibliothek wurde eingerichtet.

Im Mai 1747 war es dann so weit: Sanssouci wurde eingeweiht. Immerhin 200 Gäste waren eingeladen – die Königin musste allerdings draußen bleiben. Der König demonstrierte so wieder einmal ganz offen die Abneigung und Geringschätzung, die er ihr gegenüber hegte. Und wie der König wusste, wen er in Sanssouci nicht sehen wollte, so suchte er sich seine Gefährten für seine dortigen Aufenthalte in den Sommermonaten aus. Vieles erinnerte an die Hofhaltung in Rheinsberg, wo Friedrich ebenfalls ausgesuchte Persönlichkeiten als Gäste und Gesprächspartner zu sich gebeten hatte. Jetzt indes war aus dem Kronprinzen mit Ambitionen ein König mit ersten Erfahrungen und Erfolgen geworden.

Friedrichs Gesprächspartner in Sanssouci waren Männer. Kluge und interessante Persönlichkeiten. Deshalb erinnerte Sanssouci manchen Betrachter an ein Kloster, und Friedrich erschien wie ein Abt unter lauter Mönchen – Frauen spielten dort keine Rolle.[46] Der intellektuelle Mittelpunkt war die berühmte Tafelrunde. Zu ihr versammelte der König Vertraute, Freunde und herausragende Gesprächspartner: Lord George Keith (dem der König sogar ein kleines Palais errichten ließ), der Marquis d'Argens (dem er sich wie keinem anderen freundschaftlich anvertraute) und Francesco Algarotti (der ihm als Kammerherr und Vorleser diente und von ihm in den Grafenstand erhoben wurde) gehörten früh zu dieser Runde.[47]

Friedrich bezeichnete sich selbst als »Philosoph von Sanssouci«[48]. Das war angemessen, schließlich bewegte er sich nicht nur souverän durch die klassischen und zeitgenössischen Werke der Philosophie, sondern erwies sich schon früh als intellektuelle Ausnahmeerscheinung auf dem Königsthron: Er überragte in dieser Hinsicht sowohl die Vorgänger als auch die Nachfolger auf dem preußischen Thron. Er machte es den Mitmenschen mit seinen menschlichen Schwächen sicherlich nicht einfach, in seiner Nähe zu leben und zu arbeiten – aber zweifelsohne war und blieb er als Intellektueller für andere kluge Köpfe seiner Zeit schlicht faszinierend, weil sich bei ihm Geist und Macht in seltener Weise begegneten. Diese Faszination verspürte fraglos auch Voltaire. In ihrem jahrzehntelang geführten Briefwechsel lässt sich erkennen, wie zwei freie Geister mit den Herausforderungen ihrer Zeit ringen. Damit haben sie der Nachwelt einen atemberaubenden Einblick in das geistige Ringen des 18. Jahrhunderts hinterlassen, aber auch in ihre persönlichen Befindlichkeiten, ihre Sorgen und Erwartungen an die Zukunft.

> *»Die Menschen neigen stets zum Falschen; ich weiß nicht, aufgrund welcher Absonderlichkeit die Wahrheit sie stets weniger beeindruckt. Angst, Vorurteile, die Eigenliebe und Oberflächlichkeit sind in allen Jahrhunderten, so meine ich, die Feinde, die sich dem Fortschritt der Wissenschaften entgegenstellen werden.«*
> (Friedrich im März 1739 an Voltaire)[49]

> *»Aus demselben Grund, den Cicero nennt, liebe ich die Künste. Ich erhebe mich nicht bis zu den Wissenschaften, weil die schöne Literatur allezeit nützlich ist, und mit aller Algebra der Welt ist man oft bloß ein Dummkopf, wenn das Wissen sich nicht auch noch auf etwas anderes erstreckt. Vielleicht wird die menschliche Gesellschaft in zehntausend Jahren irgendeinen Nutzen aus jenen Kurven ziehen, die dank der Wahnvorstellungen der Algebraiker zu Quadraten zurechtgestutzt sein werden [...]. Was das Nützliche angeht, so ist bereits alles erfunden; beim Angenehmen hingegen erhoffe ich vom guten Geschmack, daß er der Algebra kein Mitspracherecht einräumt.«*
> (Friedrich im Mai 1749 an Voltaire)[50]

Friedrich empfand es angesichts des bereits begonnenen Gedankenaustauschs als tiefes Glück, Voltaire schließlich als regelmäßigen Gast an seiner Tafelrunde begrüßen zu können. 1750 traf der französische Freund in Potsdam ein und wurde dort großzügig empfangen. Der Philosoph erhielt Räume im Berliner Stadtschloss, eine eigene Kutsche und sogar den Titel eines Kammerherrn. Friedrich wollte seinen Gast verwöhnen – und ihn so an sich und seinen Hof binden. Für einige Monate schien dieses

Vorhaben zu gelingen. Es gibt Gründe zur Annahme, dass Voltaire damals wohl für immer in Berlin bleiben wollte. Und Friedrich hatte dies auch im Sinn, als er seinen Gast und sich als Philosophen bezeichnete – und was »gibt es Natürlicheres, Einfacheres und Richtigeres, als daß Philosophen, die dafür geschaffen sind zusammenzuleben, vereint durch das gleiche Interesse, den gleichen Geschmack und eine ähnliche Art des Denkens, sich diese Befriedigung gönnen«[51]?

Voltaire: »Ich bin bereit; und so Sie mich zu lieben geruhen, lasse ich alles hinter mir und breche auf; ich möchte aufbrechen, um zu Ihren Füßen mein Dasein zu verbringen.«[52]

Friedrich: »Mögen die Wagenpferde des Achilleus Sie ziehen, mögen sich die krummen Pfade vor Ihnen ebnen! Mögen die Herbergen Deutschlands sich für Sie zu Palästen verwandeln.«[53]

(Voltaire bricht nach Berlin auf – und Friedrich erwartet ihn sehnsüchtig.)

Doch die Nähe der beiden großen Geister schien auch ihre Probleme aufzuwerfen. Voltaire war es nicht gewohnt, an der Seite eines Königs zu leben. Er fühlte sich schnell gegängelt, wenn er nicht schalten und walten konnte, wie er wollte. Außerdem sorgte er in Berlin durchaus für Unruhe mit seinen eigenwilligen Unternehmungen, etwa als er sich in dubiose Geldgeschäfte verstrickte – in diesem Zusammenhang ist ihm offenkundige Habsucht vorgeworfen worden. Zudem verwickelte er sich in einen öffentlich gewordenen Disput um den Präsidenten der Königlichen Akademie der Wissenschaften. Friedrich seinerseits war nicht zimperlich, wenn es um die Kontrolle seines Gastes ging. Schon kurz nach dessen Ankunft machte er ihm klar, dass er im Bedarfsfall dessen private Korrespondenz kontrollieren lassen und selbst lesen werde[54] – »Ich habe den Brief zu Gesicht bekommen, den Ihre Nichte Ihnen aus Paris geschrieben hat«, erklärte er in diesem Sinne unmissverständlich seinem Freund.[55] Was Friedrich auf den unterschiedlichsten Kanälen über Voltaire zugetragen wurde, verstimmte ihn zunehmend; schließlich beklagte sich der König darüber, dass sein Gast in der ganzen Stadt »schrecklichen Lärm« geschlagen habe.[56]

> »Was mich angeht, so herrschte bis zu Ihrem Eintreffen in meinem Hause Frieden; und ich lasse Sie wissen, daß Sie bei mir an die falsche Adresse geraten sind, so Sie eine Leidenschaft zum Intrigieren und Ränkeschmieden haben. Ich liebe sanfte und friedfertige Menschen, die in ihrem Verhalten nicht die heftigen Leidenschaften der Tragödie an den Tag legen. Falls Sie sich entschließen könnten, als Philosoph zu leben, wird es mir sehr angenehm sein, Sie zu sehen.«
>
> (Friedrich will Ruhe am Hofe – und ruft Voltaire im Februar 1751 zur Ordnung.)[57]

Es kam schließlich, wie es kommen musste – Voltaire verließ Preußen 1753. Friedrich war erkennbar erleichtert, den Unruheherd nach zweieinhalb Jahren wieder los zu sein. Einem Freud vertraute er an, dass Voltaire doch wohl »der undankbarste und boshafteste Mensch auf Erden« sei.[58] Der Philosoph hatte die Tafelrunde des Königs ohne Frage bereichert – und doch profitierte der Kreis nun von seiner Abreise; die Diskretion war wiederhergestellt.[59] Und Vertrauen schätzte Friedrich, nicht nur in dieser Runde, sondern auch im Verhältnis zu seinen Vorlesern. Henri de Catt, 1758 für über 20 Jahre in den Dienst des Königs eingetreten, nahm unter den Vorlesern eine besondere Rolle ein. Über die eigentlichen Aufgaben seines Amtes hinaus hatte er als sein De-facto-Privatsekretär Anteil an den königlichen Amtsgeschäften, auch erhielt er Friedrichs Briefe und Dichtungen mit der Bitte, diese mit stilistischen Korrekturen zu versehen. Er begleitete den König von Residenz zu Residenz und auf Feldzügen und wurde weit mehr als ein getreuer Diener. Ihm vertraute sich

der König »mit allen Empfindungen, Sorgen und Visionen frei-
mütig und offenherzig an«[60]. Großes Vertrauen hatte der König
zudem in Michael Gabriel Fredersdorf, der ihm zunächst als
Kammerdiener, nach 1740 dann als Kämmerer diente. Gerade
hinsichtlich der Sichtung und Ordnung seiner Privatfinanzen
setzte der König auf ihn – was bei Friedrich als besondere Aus-
zeichnung zu verstehen war.

Mit Blick auf das neue Potsdamer Schloss ist besonders auffallend, dass das Leben des Herrschers, der seiner steinernen Zuflucht demonstrativ den Namen »Sans souci« gab, alles andere als
sorgenfrei war.[61] Zu diesen Sorgen zählte in Friedrichs Leben –
und bereits in diesen jüngeren Jahren – seine stets angeschlagene
Gesundheit: Gicht und Rheuma, Magenkoliken und Hämor-
rhoiden, fiebrige Erkältungen und Zahnschmerzen sollten den
König immerfort begleiten. Gerade als Sanssouci verwirklicht
wurde, suchte Friedrich eine besonders schwere Erkrankung
heim. 1746 und 1747 brachten Fieber, Ohnmachtsanfälle und Läh-
mungserscheinungen den König an den Rand des körperlichen
Zusammenbruchs. Der Zustand des erst Mittdreißigers war so
dramatisch, dass man am Hof zwischenzeitlich ernsthaft mit der
Notwendigkeit eines Thronwechsels rechnete.[62] Der zehn Jahre
jüngere Bruder August Wilhelm galt als eventueller Nachfolger;
ihm gegenüber gestand der König seine vermeintliche körper-
liche Hinfälligkeit auch ein:

»Mit Truppen wie den unsrigen braucht man den Angriff der
gesamten Streitkräfte des Hauses Österreich nicht zu fürchten;
aber mit einem verbrauchten Körper wie dem meinen triumphiert
man nicht mit derselben Leichtigkeit über Krankheiten.«
(Friedrich 1747 gegenüber seinem Bruder August Wilhelm)[63]

Doch so regelmäßig Friedrich von schwereren und leichte-
ren Krankheiten geplagt wurde, so regelmäßig kam er wieder
zu Kräften und investierte aufs Neue seine ganze Energie in die

Regierungsarbeit. Dazu gehörte auch, dass Friedrich weiterhin den Krieg dachte – und dass er 1756 zum dritten Mal in seiner bis dahin 16-jährigen Regentschaft seine Soldaten wieder auf die Schlachtfelder führte. Die Machtkonstellation in Europa hatte sich seit dem Zugriff Friedrichs auf Schlesien 1740 nicht mehr stabilisiert; die territoriale Zugehörigkeit Schlesiens blieb weiterhin umstritten, die österreichische Erbfolge hatte Anlass für verschiedenste Gelüste und Interventionen gegeben, und der Gegensatz zwischen Frankreich und England verschärfte sich durch die zunehmenden Konflikte um die überseeischen Besitzungen. Preußen fand sich zu Beginn des Jahres 1756 in einer militärisch besonders misslichen Lage wieder: Das Verhältnis zum französischen Bündnispartner war seit dem Zweiten Schlesischen Krieg, in dem sich Preußen über mangelnde Hilfe aus Paris beschwert hatte, belastet. Frankreich hoffte, dass Preußen das England verbundene Hannover angreifen werde, um so im Krieg gegen London selbst entlastet zu sein. Doch Friedrich tat ziemlich genau das Gegenteil und schloss ausgerechnet mit England ein Bündnis. Paris war verärgert: Mit Wien sowie dem erstarkten Russland vereinbarte man eine neue Allianz, die überdies noch mit der Unterstützung Sachsens und anderer Reichsfürsten rechnen konnte. Preußen stand nun bündnispolitisch ziemlich allein da, lediglich finanzielle Hilfe aus England durfte Friedrich für den Fall eines europäischen Krieges erwarten.

Nun ließe sich sagen, dass man unter diesen Voraussetzungen als preußischer König besser keinen Krieg beginnen sollte. Friedrich sah das anders: Im Sommer 1756 ließ er seine Truppen mobilisieren und sie am 29. August auf breiter Front die Grenze zu Sachsen überschreiten – ohne vorherige Kriegserklärung. Über die Gründe ist später viel spekuliert worden – nach offizieller preußischer Position war der Überfall auf Sachsen die einzige Möglichkeit, der Einkreisung durch die mächtigen Alliierten und einem möglichen Angriff auf das eigene Land zuvorzukommen. Diese Überlegung mag in der Tat einen Teil zur Begründung beigetragen haben, allerdings ist ein wichtiges Motiv in der Person Friedrichs selbst zu suchen: Der König zeigte sich angesichts des komplizierten und sich hinziehenden diplomatischen Ringens einfach zunehmend ungeduldig. Immer mächtiger wurde sein »Wille zur Aktion«[64], immer offensichtlicher »sein Unvermögen, abzuwarten und den Dingen eine Zeitlang ihren Lauf zu lassen«[65].

Es stellt sich sogar die Frage, inwieweit der preußische König die international komplizierte Lage in diesem Sommer 1756 überhaupt erfasste. Hier könnte ihm der ihm eigene Regierungsstil auch zum Nachteil gereicht haben: Die klassischen Beratungsgremien eines absolutistischen Herrscher hörte er zwar gelegentlich an, folgte ihren Empfehlungen aber nur selten. Er selbst wusste es schließlich besser. Deshalb nahm er für sich auch in Anspruch, auf dem Feld der Diplomatie und der klassischen Geheimpolitik seine Selbstherrschaft durchzusetzen. Während an den anderen europäischen Höfen erfahrene Diplomaten und Minister im Sinne und mit Rückendeckung ihrer Monarchen agieren konnten, wollte Friedrich alles selbst im Blick haben und allein bestimmen.[66] Mit seiner Entscheidung, selbst den Krieg zu beginnen, stand Friedrich jedenfalls an seinem Hof ziemlich allein da. Sowohl seine Brüder als auch die meisten Generäle teilten seine Meinung nicht.

Um in der Öffentlichkeit nicht als Friedensbrecher gebrandmarkt zu werden, entfesselte er einen regelrechten Propagandakrieg gegen Österreich: Wien sollte als eigentlicher Aggressor erscheinen, der Preußen eben zu diesem Waffengang zwinge.[67] Das misslang allerdings deutlich. Doch Friedrich nahm dies in Kauf – von seinem Schritt ließ er sich nicht mehr abhalten.

»Da der König von Preußen […] voraussah, daß der größte Teil Europas sich zum Angriff auf ihn rüsten würde, so konnte er die Mark Brandenburg nur dadurch decken, daß er Sachsen besetzte, was außerdem den Vorteil bot, daß er den Kriegsschauplatz von

der Umgegend von Berlin in Feindesland verlegte. Er beschloß also,
den Krieg nach Sachsen zu tragen, sich der Elbe zu bemächtigen und
bei der ersten sich bietenden Gelegenheit den Versuch zu machen,
die sächsischen Truppen zu entwaffnen.«

(Friedrich in seiner *Geschichte des Siebenjährigen Krieges*)[68]

Der Dritte Schlesische Krieg hatte begonnen, der später als
Siebenjähriger Krieg bezeichnet werden sollte. Zunächst trafen
die preußischen Soldaten auf wenig Widerstand – die sächsische
Armee zog sich in die leicht zu verteidigende Festung Königstein zurück, wo ein Teil der Preußen sie belagerte. Mit dem anderen Teil des Heeres zog Friedrich weiter nach Böhmen, wo
die österreichische Streitmacht lagerte. Die preußische Armee
hatte an Schlagkraft gegenüber den vorangegangenen Kriegen
nicht verloren, in den zurückliegenden Friedensjahren hatte der
König sie für einen weiteren Waffengang vorbereiten lassen. In
dieser Armee dienten dabei gleichermaßen Preußen wie Auslän-
der – nur durch die Kombination von Anwerbungen im Ausland
und der Einziehung von Inländern wurde es einem im Vergleich zu den anderen Staaten bevölkerungsarmen Land wie Preußen möglich, eine unverhältnismäßig starke Militärmacht aufzustellen.[69]

Für die jungen Männer aus den preußischen Provinzen war
das einfache Soldatendasein nicht besonders attraktiv – im Wesentlichen wurde man dazu durch Not oder eben Gewalt gezwungen (1780 wurde der Militärdienst gar zu einer Strafe erhoben, die von den Gerichten für »unerlaubte Schriftstellerei« und
vermeintliche politische Aufwiegelung der Untertanen verhängt
werden konnte). Übrigens waren die preußischen Werbeoffiziere
angewiesen, berufstätige Männer zu schonen und lieber weniger qualifizierte Rekruten aus den in- und ausländischen Unterschichten zu suchen. Dabei gingen sie ebenso bedenkenlos wie
brutal vor, oft erfüllte ihr Vorgehen wohl eher den Tatbestand
des Kidnappings junger Leute. Viele, die in die Fänge der »Wer-

ber« geraten waren, versuchten sich hinterher freizukaufen – oder
suchten ihr Heil in der Flucht.[70]

Für andere hatte der Dienst in der preußischen Armee hingegen durchaus seinen Reiz: Ausländische Söldner – als solche
galten jene, die in keinem preußischen Aushebungsbezirk gemeldet waren – glaubten hier eine gewisse materielle Sicherheit
zu finden. Das galt etwa für entlassene Lehrlinge und arbeitslose
Tagelöhner, aber auch für alle Männer, die im Zivilleben keine
Chance auf ein ausreichendes Einkommen sahen. Bei ihnen genoss die preußische Armee einen guten Ruf. Dort konnten diese
Söldner – negativ konnotiert wurde der Begriff erst später – für
sich in Anspruch nehmen, den ehrbaren Beruf des Soldaten auszuüben. Keineswegs betrachteten sie sich »als Teil einer Legion
der Verlorenen«[71].

Ihre erste Bewährungsprobe in diesem Krieg hatte die preußische Armee am 1. Oktober 1756 zu bestehen, als sie nahe des
Städtchens Lobositz auf die Österreicher traf. Unter hohen Verlusten – beide Seiten verloren etwa 3000 Mann – gelang den
Preußen der Sieg, die Österreicher gaben die Schlacht verloren
und räumten den Ort des blutigen Geschehens.

> *»Wie sausten da die Eisenbrocken ob unsern Köpfen hinweg –*
> *fuhren bald vor, bald hinter uns in die Erde – bald mitten ein und*
> *spickten uns die Leute weg, als wenn's Strohhalme wären […].*
> *Preußen und Panduren lagen überall durcheinander; und wo sich*
> *einer von diesen letzten noch regte, wurde er mit der Kolbe vor den*
> *Kopf geschlagen, oder ihm ein Bajonett durch den Leib gestoßen.«*
>
> (Ein preußischer Soldat über die Schlacht von Lobositz 1756)[72]

Wer im Kampfgetümmel eines solchen Gefechts verletzt wurde
und überlebte, hatte damit nicht unbedingt Glück. »Verwundet auf
dem Schlachtfeld zu liegen«, so hat es der Historiker Christopher
Clark mit Blick auf die noch kommenden großen Schlachten des
Siebenjährigen Krieges einmal beschrieben, »war oft ein schlim-

meres Schicksal als der Tod. In den Nächten, die auf die Schlachten von Zorndorf und Kunersdorf folgten, hallten die Schreie der preußischen Verwundeten, die von den Kosaken-Freikorps der russischen Armee getötet wurden, über das Schlachtfeld.«[73]

Mit Lobositz hatte Friedrich seinen ersten Sieg errungen, dem zwei Wochen darauf die Kapitulation der noch immer belagerten sächsischen Armee in der Festung Königstein folgte. Anschließend entließ er zwar die gegnerischen Offiziere, zwang aber die gesamte sächsische Armee in die Dienste Preußens. Diese Form der Aufstockung der eigenen Reihen war zwar durchaus bekannt, doch in militärischer Hinsicht war dieser Schritt – eigentlich nicht ganz überraschend – kontraproduktiv: Als im nächsten Frühjahr die preußischen Truppen nach der Winterpause wieder in Marsch gesetzt wurden, desertierten zahlreiche dieser ehemals sächsischen Soldaten und liefen zum Teil sogar zu den Österreichern über.[74]

Das erste Kriegsjahr war für Friedrich insgesamt zufriedenstellend verlaufen – jedenfalls in militärischer Hinsicht. Allerdings hatte ihn sein Angriff auf Sachsen in der öffentlichen Meinung erhebliche Sympathien gekostet, überall in Deutschland. Schon Zeitgenossen sahen Friedrich als den Urheber des kriegerischen Übels, und gerade in Sachsen – das als Erstes unter seinem Krieg zu leiden hatte – war man selbstverständlich nicht gut auf den preußischen Regenten zu sprechen. Goethe musste später in seinen autobiografischen Schriften einräumen, dass ihn die Bewohner Leipzigs mit ihrer Bewertung des Siebenjährigen Krieges und der Rolle des preußischen Königs einst »um das angenehme Gefühl brachten, einen großen Mann zu verehren«[75].

Nun hätte Friedrich auf sein öffentliches Ansehen wohl weniger Wert legen können, wenn die Menschen in Preußen nicht zugleich gesehen hätten, dass der von ihm begonnene Krieg weder kurz sein noch erfolgreich verlaufen sollte. Vielmehr verdichteten sich die Anzeichen, dass sich Preußen auf eine lange und verlustreiche Kriegszeit einrichten müsse, denn die Zahl der Gegner war beeindruckend: Im Januar 1757 beschloss der Regensburger Reichstag die Reichsexekution gegen Preußen, damit befand sich das Heilige Römische Reich offiziell im Krieg gegen Preußen. Im gleichen Jahr traten auf österreichischer Seite zunächst Frankreich, dann Russland in den Krieg ein. Zugleich weitete sich dieser Dritte Schlesische Krieg schließlich zu einem weltweiten Waffengang aus, da Frankreich und England zugleich ihren Konflikt um die jeweiligen Besitzungen in Nordamerika und Indien ausfochten. In dieser Frage hatte sich der preußische König als wenig unterrichteter Stratege gezeigt. Den Konflikt in Übersee hatte er einige Jahre zuvor noch als »Torheit« bezeichnet, weil er die Machterweiterung in diesen Regionen für bedeutungslos hielt. Und gleichzeitig hatte er prophezeit, dass die beiden Länder ihn schon im folgenden Jahr »satt« hätten.[76] Bereits damals hatten andere Beobachter diesen überseeischen Krieg als in vielerlei Hinsicht wichtiges Ringen um die Märkte der Zukunft interpretiert. Friedrich hingegen nicht.

Gegen die verstärkte Phalanx der Feinde gelangen den Preußen allerdings 1757 noch zwei bedeutende Siege; zunächst am 5. November bei Roßbach gegen Frankreich, und schließlich am 5. Dezember bei Leuthen gegen Österreich. In dieser Zeit entstand das später so langlebige Bild vom »Alten Fritz« im Kreise seiner Soldaten. Friedrich selbst hat mit seinem Auftreten dafür die Grundlage gelegt: Verschiedene Zeitgenossen schilderten ihn nun als einen willensstarken Feldherrn, der Krankheit und Erschöpfung überwand und sich von Zelt zu Zelt zu seinen Soldaten begab, sich mit ihnen ans wärmende Feuer setzte und ihnen lauschte, sich ihre Erlebnisse und Klagen anhörte und bei dieser Gelegenheit prompt Beförderungen und Lohn für zukünftige loyale Dienste versprach. Als guter Heerführer – erinnert sei an die erwähnte Empfehlung zur Branntweinversorgung bei Feldzügen – ließ er sogar zusätzliches Essen und Alkohol ausschenken und lockerte zudem die für gewöhnlich strenge Lagerdisziplin. Vor der Schlacht von Leuthen gab er überdies den Veteranen der siegreichen Schlacht von Roßbach die Möglichkeit, sich unter die übrigen Soldaten zu mischen und ihnen ihre Geschichten von Sieg und einträglichen Plünderungen zu erzählen.[77] Ein Krieg unter Friedrichs Führung würde siegreich sein und den einzelnen Soldaten reichlich Beute bescheren – das war die gewünschte Botschaft.

Ohne Frage: Friedrich brauchte gute Stimmung bei seinen Soldaten, denn es stand nicht gut um seinen Krieg. Das wurde auch deutlich, als er kurz vor der Schlacht von Leuthen seine Offiziere in das Hauptquartier lud und ihnen in der nach dem Standort des Lagers »Rede von Parchwitz« benannten Ansprache die Lage der Dinge erläuterte. Ihre Armee werde die Österreicher angreifen müssen, so erklärte ihnen ihr Oberbefehlshaber, denn sie habe nur die Alternative Tod oder Sieg. Wer seinen Anteil nicht erbringe, dem drohte er mit Sanktionen: Jedem Kavallerieregiment, das versage, werde er die Pferde wegnehmen lassen, und jedes Infanterieregiment, das zurückweiche, werde seine Fahnen und andere Insignien verlieren.[78] Wieder einmal setzte der Oberbefehlshaber auf alles oder nichts!

> *»In der Situation, in der ich mich befinde, geht es um Sieg oder Tod! Alles ist verloren, wenn wir unterliegen! Denken Sie daran, meine Herren, daß wir bei diesem Anlaß für unseren Ruhm, für den Fortbestand unseres Heimatlandes, für unsere Frauen und Kinder kämpfen werden.«*
>
> (Friedrich am Vorabend der Schlacht von Leuthen an seine Soldaten)[79]

So zogen die Männer und ihre Offiziere am 5. Dezember 1757 in die Schlacht von Leuthen, benannt nach einem kleinen niederschlesischen Dörfchen westlich von Breslau. Hier sollte es wieder gegen die Österreicher gehen, und zwar gegen eine Überzahl. Es war noch dunkel, als sich um vier Uhr morgens rund 30 000 preußische Soldaten über die schneebedeckten Felder in Bewegung setzten. Und ihnen sollte es tatsächlich gelingen, die numerisch überlegene Armee der Österreicher zu schlagen. Späteren Militärhistorikern galt diese Schlacht als wichtiger Tag in der Geschichte der militärischen Strategie. Leuthen ist das klassische Beispiel für die sogenannte »schiefe Gefechtsordnung«: Mit einer Scheinattacke täuschten die Preußen einen Frontalangriff vor, während die Hauptstreitmacht ihrer Infanterie abdrehte und – unterstützt durch die Artillerie – den österreichischen linken Flügel nicht frontal angriff, sondern eben in einem versetzten, also »schrägen« Winkel. Dieser Schachzug des Königs brachte den grandiosen Sieg. Leuthen wurde zu einer preußischen Legende von soldatischem Mut, von Disziplin – und von einem überlegenen, intelligenten Feldherrn. Fester – geradezu volkstümlicher – Bestandteil dieser Legende wurde jene Geschichte, wonach die dankbaren preußischen Soldaten am Abend der Schlacht erschöpft beieinanderlagen, bis sie ihren Feldherrn heranreiten sahen. In diesem Moment hätten sie spontan den Choral »Nun danket alle Gott« angestimmt, der in vielen protestantischen Gesangbüchern dieser Zeit einen festen Platz hatte, fortan auch als »Choral von Leuthen« bezeichnet wurde und in Preußen als vaterländische Hymne Karriere machte.

Nach Leuthen kam es allerdings zu keinen weiteren entscheidenden Durchbrüchen mehr. Das Kriegsgeschehen erlebte in den Folgejahren verschiedene Sieger bei unterschiedlichen Schlachten, die vor allem in Sachsen, in Schlesien, in der Mark und in Pommern geschlagen wurden und die in der Summe vor allem zu einer steten Verschlechterung der preußischen Lage führten. Zivilbevölkerung und Soldaten litten nun schon seit Jahren unter den Feldzügen, und die Kräfte verschoben sich immer weiter zungunsten Preußens. Die Besetzung Berlins durch russische Truppen im Herbst 1760 war zwar in militärischer Hinsicht kein entscheidendes Debakel, führte aber vielen Menschen die drohende Niederlage Preußens in diesem Krieg vor Augen. Die Sehnsucht nach Frieden wuchs, natürlich vor allem in den besonders betroffenen Ländern wie Sachsen.

»Friedrich, o du großer König,
Stecke doch dein Schwert nun ein,
Denn wir haben nur noch wenig,
Was dir könnte dienlich sein.
Alles wüste, alles leer –
Länger geht das so nicht mehr.«

(Aus einem Volkslied, wahrscheinlich aus Sachsen)[80]

Die Übermacht der Feinde wirkte sich aus, die preußische Armee konnte die permanente Überbeanspruchung der eigenen Kräfte schließlich nicht mehr kompensieren. Friedrich reagierte überaus gereizt, wenn er militärisch keine Erfolge verbuchen konnte. Vor allem war er sehr nachtragend, wenn eine Einheit nach seiner Meinung nicht ehrenhaft gekämpft hatte. Friedrich war überdies dafür bekannt, seine höheren Offiziere schlecht zu behandeln: Er traktierte sie mit »einer launischen Mischung aus Ratschlägen, Warnungen, Beschuldigungen und Befehlen«, von denen sich Letztere durchaus oft widersprachen. Ansonsten setzte der König vor allem auf Drill und Disziplin. So ist seine Vorgabe überliefert, dass sich die einfachen Soldaten vor ihren Offizieren mehr fürchten sollten als vor dem Feind. Allerdings dürfte ihm das Wohl seiner Soldaten keineswegs völlig egal gewesen sein – wenn er auch nicht aus moralischem Grund vor allzu harter Behandlung zurückschreckte, so war er doch unbedingt an kampffähigen Kriegern interessiert. Bei den Märschen soll es manchmal vergleichsweise ungezwungen zugegangen sein (Friedrich soll zuweilen mit den einfachen Soldaten im Dialekt gescherzt und sich sogar auch necken haben lassen). Doch das war Kalkül, die wahren Machtverhältnisse drohten nie und nirgends zu verschwimmen: Im Lager selbst, so kommentierte es ein Historiker später einmal, wirkte seine Ankunft stets so, »als wäre der Herrgott in einem blauen Rock auf die Erde herabgestiegen«[81].

Dieser Herrgott erwartete von jedem Soldaten – und erst recht von jedem Offizier –, dass er persönlichen Mut zeigte. Da lag es nahe, dass der Oberbefehlshaber mit gutem Beispiel voranging. Doch dass sich bei allen guten Vorsätzen beim Anblick des Feindes oder der Brutalität eines Waffengangs Furcht und Verwirrung einstellen konnten, musste auch Friedrich erfahren. In solchen Momenten war es dann auch bei ihm schnell aus mit Mut und Tapferkeit. Zweimal – bei Mollwitz und bei Lobositz – verließ er das Schlachtfeld unter dubiosen Umständen. Und auch nachdem eine Schlacht geschlagen war, zeigte er sich nicht immer unbedingt vorbildlich; nach der Schlacht von Kunersdorf 1759 etwa übertrug er das Kommando einem Untergebenen und erklärte in übertrieben theatralischer Manier, er werde diese Katastrophe nicht überleben. »Eine spätere, gnädigere Generation mag da von posttraumatischem Stress sprechen«, bilanzierte unlängst ein amerikanischer Militärhistoriker dieses Verhalten des Königs, »Armeeangehörige im 18. Jahrhundert hatten andere, gröbere Bezeichnungen für ein solches Verhalten.« Dass Friedrich, wäre er in solchen Situationen nicht der preußische König gewesen, »ein passender Kandidat für eines der Irrenhäuser des Landes gewesen« wäre, wie der Historiker weiter urteilte, mag eine hübsche Provokation sein, geht aber als lustvolle Übertreibung dann doch an der historischen Wirklichkeit vorbei.[82]

Denn tatsächlich waren es gerade die Persönlichkeit und das Auftreten des Königs, die ihm während dieser Kriegsjahre hohe Anerkennung in Preußen einbrachten – und noch von der Nachwelt zuweilen bestaunt wurden. Da war vor allem die Leistung, die Armee zusammengehalten zu haben. Denn deren Lage wurde immer schlechter. 1759 hatte Friedrich die Hälfte seines Offizierskorps der Vorkriegszeit eingebüßt, wobei einige der Ersatz-»Männer« gerade einmal 13 Jahre alt waren.[83] Angesichts dieser Lage ist es tatsächlich erstaunlich, dass die preußische Armee über einen so langen Zeitraum einer Übermacht von Feinden trotzen konnte. Dass die Armee nicht auseinanderfiel, wurde ihrem Oberbefehlshaber als persönliches Verdienst angerechnet. Er habe, so urteilte etwa sein Biograf Theodor Schieder,

»dem von ihm selbst herausgeforderten Schicksal standgehalten und alle Konsequenzen seines ›Jugendstreichs‹ von 1740 auf sich genommen«[84].

Hier wurzelt zu einem großen Teil der Friedrich-Mythos. Die Vorstellung, einer Welt voll Feinde erfolgreich die Stirn geboten zu haben, und dies vor allem durch Willen und eisernes Durchhalten, sollte im weiteren Verlauf der deutschen Geschichte noch eine unrühmliche Rolle spielen. In Wahrheit hatte Friedrich als Kriegsherr vor allem geradezu unverschämtes Glück: Er hätte sich nicht beklagen dürfen, wenn sein kleines, wenngleich hoch gerüstetes Königreich im Siebenjährigen Krieg untergegangen wäre – stattdessen geschah ein Wunder, das »Mirakel des Hauses Brandenburg«.

Dieses stellte sich für Friedrich im Januar 1762 durch den Tod der russischen Zarin Elisabeth ein: Ihr Nachfolger Peter III. – ein erklärter Bewunderer Friedrichs – schied rasch aus der Koalition der Kriegsgegner aus. Bald folgte auch Schweden diesem Schritt. Und nun entschlossen sich auch die anderen Kriegsparteien zu Friedensgesprächen, die am 15. Februar 1763 mit der Unterzeichnung des Vertrages von Hubertusburg erfolgreich beendet wurden. Dem Mythos vom Kriegsherrn und seiner Armee, die mit ihrem Durchhaltewillen der Vielzahl an Feinden nicht unterlag, konnte dieses »Mirakel«, dieser Zufall des Todes der Zarin, erstaunlicherweise nichts anhaben. Das Gegenteil war der Fall: Jetzt erschien das »Wunder« als legitimer, weil durch Tapferkeit und Willen verdienter Lohn für Friedrich und die preußische Armee. Im Grunde hatte Preußen durch den Siebenjährigen Krieg nichts gewonnen, denn der Frieden von Hubertusburg stellte weitgehend den Vorkriegszustand wieder her. Immerhin: Preußens Aufstieg zur zweiten deutschen Großmacht war nicht rückgängig gemacht worden. Friedrichs militärische Leistung dieser Jahre, so kommentierte es Sebastian Haffner einmal, blieb letztlich sein gelungener »schlesischer Raub«[85].

»Somit hat alle Not ein Ende. Wenn man nun aber bedenkt, welche unzähligen Opfer dieser Krieg gefordert hat, wie viel Provinzen verwüstet, wie viel Familien ruiniert worden sind, und das alles, um die Herrscher in dem status quo ante zu sehen, so möchte man über den Wahnwitz der Menschheit laut aufschreien.«

(Graf Heinrich von Lehndorff, Kammerherr der preußischen Königin, über das Ende des Siebenjährigen Krieges)[86]

Soldaten waren nicht die einzigen Toten des Krieges – Zivilisten starben als direkte Opfer der Kampfhandlungen ebenso wie durch Krankheiten und Seuchen. Ein französischer General berichtete über französische Soldaten, die sich nach der Niederlage von Roßbach auf dem Rückzug befanden und in Thüringen und Hessen zahllose Gräueltaten verübten – »sie plünderten, mordeten, vergewaltigten, raubten und begingen jedes nur denkbare Verbrechen«. Vor allem die Freikorps der verschiedenen beteiligten Armeen, die in hohem Maße auf das Eintreiben von Abgaben und auf das Beutemachen angewiesen waren, zogen brandschatzend und plündernd durch die Lande. Besonders drastisch war wohl die einwöchige Gewaltorgie eines französischen Freikorps 1761 in Friesland, in deren Folge Bauern sich schließlich zu einem Aufstand erhoben. Beobachter wurden an die Zeiten des Bauernkriegs von 1525 erinnert. Daraufhin rückten reguläre französische Armeeeinheiten ein, die diesen Aufstand blutig niederschlugen.[87]

Bei den preußischen Soldaten belief sich die Zahl der im Krieg von 1756 bis 1763 Getöteten auf rund 180000 Mann. Zugleich war der Bevölkerungsrückgang in diesen Jahren enorm. Zwischen Beginn und Ende des Krieges nahm die Bevölkerung in Schlesien um rund 45000 Menschen ab, in Pommern um 70000, in Ostpreußen um 90000 – insgesamt wurde für ganz Preußen ein Bevölkerungsrückgang von 400000 Menschen errechnet.[88] Und wer von den Soldaten überlebt hatte, kehrte oft genug in eine ungewisse Zukunft in einem Zuhause zurück, das ihm fremd geworden sein musste. Das ging auch ihrem obersten Befehlshaber nicht anders.

»Was mich armen Greis betrifft, so kehre ich in eine Stadt zurück, von der ich nur die Mauern kenne, wo ich keinen Bekannten wiederfinde, wo eine Riesenaufgabe meiner harrt und wo ich bald meine alten Knochen in einem Asyl lassen werde, das weder Krieg noch Unglück, noch die Schlechtigkeit der Menschen antasten kann.«
(Friedrich im Februar 1763 über seine baldige Rückkehr nach Berlin)[89]

Sechs Jahre lang hatte der König seine Hauptstadt nicht gesehen (und die Berliner ihn auch nicht). Doch an den Feierlichkeiten, die die Stadt anlässlich seiner Rückkehr veranstaltete, wollte er trotzdem nicht teilnehmen. Als für den 30. März 1763 hohe Würdenträger seinen Empfang vorbereitet hatten und schon die Ehrengarden auf ihn warteten, um die königliche Kutsche auf dem Weg zum Schloss zu eskortieren, entzog sich der König der Ehrung: Er schob seine Ankunft bis in die Dämmerung hin, um dann in seiner alten, unansehnlichen Kalesche eine andere Route einzuschlagen und ohne Begleitung zum Schloss zu fahren. Am Hofe beklagte man diese Unnahbarkeit des Königs. Und hört man den Kammerherrn der Königin als Zeugen – auch wenn dieser sicherlich nicht ganz unparteiisch gewesen sein dürfte –, dann war der Tag von Friedrichs Rückkehr schlicht ein Tag der Enttäuschungen.[90] Für die Königin ganz besonders.

»Madame sind korpulenter geworden.«
(Der wenig charmante Friedrich nach seiner Rückkehr 1763 zu seiner Frau Elisabeth Christine)[91]

Als Friedrich zurückkehrte, kam er nicht als Triumphator, nicht als heldenhafter Sieger eines langen Krieges. Und daheim ging jetzt keineswegs alles so weiter wie zuvor. Der Krieg hatte vieles für immer verändert. Friedrich fühlte sich fremd in seiner alten

Umgebung – und entscheidender noch: Er war zu diesem Zeitpunkt »ein an Leib und Seele kranker Mann, der den Zenit des
Lebens bereits überschritten hatte«[92]. Er selbst nannte sich »grau
wie ein Esel« und klagte: »Alle Tage verliere ich einen Zahn und
bin halb lahm vor Gicht.«[93] Friedrich war jetzt 51 Jahre alt. Gut
zehn seiner bisher 23 Jahre Regierungszeit hatte er Kriege geführt. Seinem Land hatte dies wenig gebracht, es aber viel gekostet. Zeit zum Ausruhen verblieb ihm deshalb nicht. Auf den
müden Monarchen wartete daheim viel Arbeit. Arbeit für und
mit Preußen.

Arbeit mit Preußen

Wie es nach drei verlustreichen Kriegen mit dem Land wirtschaftlich weitergehen sollte, wusste nur der König. Denn er, der oberste Verwalter seines Staates, fühlte sich weiterhin ausschließlich dazu berufen, nach eigener Einschätzung und kraft eigener Intelligenz zu entscheiden, was gut für Preußen war. Hinzu kam noch der nötige Fleiß: Er müsse sich nur ordentlich anstrengen, dann werde es schon, formulierte er in dieser Zeit einmal – »der Mensch ist nun mal zum Arbeiten da, wie der Ochs zum Pflügen«[1]. Und so verschrieb sich Friedrich seiner Arbeit zum Wohl des Staates, jedenfalls für das, was er darunter verstand. Bekanntermaßen – die Nachwelt sollte eine besondere Vorliebe für diese Formulierung entwickeln – wollte er der »erste Diener des Staates« sein. In diesem Sinne forderte er von einem zeitgemäßen Herrscher, dass »er werktätig für das Wohl des Staates arbeite und wenigstens die Hauptgeschäfte mit Sorgfalt leite«[2].

Diese Auffassung war in der Mitte des 18. Jahrhunderts zwar keineswegs neu, aber kein anderer preußischer Monarch hat diese Vorstellung so sehr in den Mittelpunkt seiner eigenen Regentschaft gerückt. Der König ist für den Staat da, ließe sich diese Haltung zuspitzen, nicht der Staat für den König. In diesem Sinne etwa ermahnte Friedrich 1744 Karl Eugen von Württemberg, der als 16-Jähriger die Regierung im Herzogtum Württemberg antrat, er solle bloß nicht glauben, »das Land Württemberg sei für Sie geschaffen, sondern glauben Sie, daß die Vorsehung Sie hat geboren werden lassen, um das Volk darin glücklich zu machen«[3].

Den wunden Punkt dieses Gedankens haben allerdings die meisten Regenten nicht reflektiert – dass nämlich sie selbst bestimmten, was das Wohl oder eben das Unwohl ihres Volkes sei. Gerade bei dieser Frage gingen die Meinungen der Menschen durchaus auseinander.

»Ein klarer Kopf erfasst den Kernpunkt einer Frage mit Leichtigkeit«, notierte Friedrich über den Alltag des Königs, dem seine Minister Tag für Tag mit neuen Fragen und Problemen kamen. Hier müsse ein König – »vorausgesetzt, daß er sich die Mühe gibt, die vorgetragenen Sachen gründlich und mit Verständnis zu lesen« – die Fähigkeit zur Entscheidung besitzen. Zuweilen könne er einen Minister befragen, doch ein Problem in die Ministerrunde zu geben bedeute schließlich nur, dass es angesichts der zu erwartenden unterschiedlichen Meinungen nie recht entschieden werde.[4] Friedrich plädierte in seinen Überlegungen zur Rolle eines zeitgemäßen Königs also für einen starken Willen zur Entscheidung. Heute würde man wohl von Führungskompetenz sprechen, von der Fähigkeit, sich eben nicht um wichtige Entscheidungen zu drücken oder sie so lange an andere zu delegieren, bis sich die Probleme vermeintlich erledigt haben.

An Selbstbewusstsein hatte es Friedrich nie gemangelt – erkennbar galt dies auch schon für seine Zeit als Kronprinz –, als König erklärte er sich vollends zum alleinigen klugen Kopf im Lande. Auf die Expertise anderer glaubte er deshalb gut verzichten zu können. Mit den Ministern korrespondierte der König vor allem schriftlich, persönlich sah er sie zumindest regelmäßig einmal im Jahr. Ansonsten erwartete er von ihnen eigentlich nur, dass sie auf seine Anfragen rasch und präzise antworteten. Was er darüber hinaus von der Institution eines Ministers für das Wohlergehen eines Landes hielt, hatte er bereits als Kronprinz in seinen *Betrachtungen über den gegenwärtigen politischen Zustand Europas* geschrieben: Einem solchen Mitarbeiter dürfe ein Herrscher niemals blindlings vertrauen, weil dieser »vielleicht pflichtwidrig handelt und tatenlos ist«, weil ihm »das Allgemeinwohl fast stets weniger am Herzen liegt als seinem Herrn« – ein frühes Dokument grundsätzlichen Misstrauens.[5] Deshalb müsse der Herrscher eben selbst seine Geschäfte führen, erklärte Friedrich in seinem politischen Testament von 1752, in dem er einen ganzen Abschnitt ausschließlich der Frage widmete, ob ein Fürst selbst die Regierungsgeschäfte übernehmen sollte – was er bejahte: »Denn ist er klug, wird er nur dem öffentlichen Interesse folgen, das auch das seine ist.«[6]

Die eigentlichen Regierungsanweisungen jener Zeit ergingen in den sogenannten »Kabinettsordres«, die der König seinen ihm vertrauten Kabinettsräten diktierte und die dann an die Minister weitergeleitet wurden. Wenn ein Beobachter einmal bemerkte, der König habe niemanden, der ihm bei seiner Arbeit helfe,[7] so war dies zutreffend – weil der König schlicht niemanden dabeihaben wollte. Friedrich wollte alleine entscheiden, alleine regieren – er wollte das Land dirigieren. Da konnte er niemanden an seiner Seite dulden. Und wenn er notgedrungen doch jemanden an seiner Seite arbeiten ließ, brauchte dieser zuweilen ein dickes Fell. Friedrich erschreckte seine Staatsdiener auch bei geringfügigem Anlass mit der Drohung, sie zu entlassen und in Festungshaft nehmen zu lassen. Auch belegte er sie mit Beschimpfungen, mit denen er gerne die ihm vorgelegten Dokumente verzierte. »Ihr seid ein Esel oder ein Windbeutel«, hieß es dort beispielsweise, »man kann keinen dümmeren Bericht machen.«[8]

Es bleibt die Eigentümlichkeit, dass sich hier ein Mann zur Arbeit wie der »Ochs zum Pflügen« bereit erklärte, der sich selbst in diesen Jahren schon permanent als krank und alt, ja greisenhaft bezeichnete. Es mag ja sein, dass Friedrich trotzdem seiner Arbeit nachkam, aber ein fröhliches Schaffen konnte dies nicht werden, weil es über weite Strecken eben in persönlichem Leid stattfand.

»Ich bin gebrechlich und krank [...]. Die geschicktesten Ärzte stopfen den Kranken mit Arzneien voll, um seine Einbildungskraft zu beruhigen, und mittels Diät heilen sie ihn; und da ich glaube, daß mir Tränke und Säfte nicht den mindesten Trost spenden, erlege ich mir, sobald ich kränkle, eine rigorose Diät auf und bin bisher damit recht gut gefahren.«

(Der 52-jährige Friedrich an seinen Freund Voltaire)[9]

Mit Hochdruck sorgte sich Friedrich zunächst um den Wiederaufbau des kriegsgebeutelten Landes. Und gerade mit seiner Allzuständigkeit, seiner permanenten Beobachtung auch der Details sowie seinem erklärten Fleiß bei der Arbeit für Preußen schuf er die Voraussetzungen für die zweite Säule seines Mythos: Zum Kriegshelden gesellte sich jetzt der erste Diener des Staates, der selbst in Bescheidenheit lebte, aber sich Tag und Nacht um das Wohl seiner Untertanen kümmerte. Als Beleg dafür erschienen seine schier übermenschliche Arbeitsleistung, sein Fleiß und seine Disziplin auch sich selbst gegenüber. Dabei zählte – damals wie für die Nachwelt – in erster Linie die persönliche Haltung des Königs, nicht aber das messbare Ergebnis seiner politischen Bemühungen. Friedrich erlegte seine Haltung zugleich seinen Untertanen auf: »Die erste Bürgerpflicht ist«, so schrieb er 1752 in seinem politischen Testament, »seinem Vaterlande zu dienen.«[10] Und zu dieser Pflicht zählte der Monarch zweifellos den Fleiß. Und tatsächlich schienen sich zahlreiche Preußen an ihrem König zu orientieren: Viele Beamte hätten »an dem König ein Exempel«, hieß es etwa in einem Tagebucheintrag von 1782, schließlich sei er erkennbar »arbeitsam, zieht seine Schuldigkeit aller Erholung vor, besorgt zuvörderst seine Geschäfte«[11]. Der König schont sich selbst nicht, sondern gibt alles für sein Land. Diese Botschaft ging nun übers Land.

Dieses Land brauchte zunächst einmal denkbar grundlegende Hilfen. In weiten Teilen Preußens waren Tausende von Häusern zerstört, Städte wie beispielsweise Küstrin lagen fast vollständig in

Trümmern.[12] Dieses Schicksal hatten indes nicht nur preußische Städte erlitten: Allen voran das prächtige Dresden hatte durch die preußische Artillerie 1760 starke Schäden erlitten – das erste Mal in seiner Geschichte in einem solchen Ausmaß. Zudem litten Städte wie die für die Versorgung der Bevölkerung wichtigen Landgüter unter einer enormen Verschuldung, die entweder durch die Zwangsabgaben während der Besatzungszeit oder die hohen Steuerbelastungen entstanden war. Zudem gab es eine allgemeine europäische Finanzkrise, die ihren Ausgang wohl in Holland nahm. Im Herbst 1763 notierte der darüber höchst beunruhigte Friedrich, dass in Berlin »von nichts als von den Bankrotten in Amsterdam und in Hamburg die Rede« sei,[13] einige preußische Kaufleute machten anschließend bankrott.[14]

Friedrich war in Wirtschafts- und Finanzfragen, auch wenn er sich in erstaunlich viele Details einarbeitete, kein Experte. Trotzdem fühlte sich Friedrich in diesen Fragen wieder als klügster Kopf im Staate – und wenn ein Minister ihm in diesen Angelegenheiten Schlechtes berichtete, nahm sich der König auch schon einmal das Recht heraus, den Sachverhalt schönzurechnen.[15] Es scheint, dass immer dann, wenn es ums Geld ging, »ein oft bis ins Krankhafte gesteigertes Misstrauen eine Triebfeder der Politik Friedrichs gewesen ist«[16]. Schließlich betrachtete der König die Finanzkraft des Staates als militärisches Geheimnis, weshalb er zu seinem Generaldirektorium – das als zentrale Behörde für die Innen- und Finanzverwaltung zuständig war – kein Vertrauen hatte und ihm sogar einen großen Teil der Finanzverwaltung entzog. Dafür schuf er zahlreiche selbstständige Verwaltungen, die ausschließlich ihm verantwortlich waren. Ein System mit eigentümlichen Folgen: Friedrich teilte die Aufgaben schließlich so weit auf, dass niemand außer ihm selbst eine Vorstellung vom Ganzen haben konnte.[17]

So war es zunächst Friedrich selbst, der in Wirtschaftsfragen Antworten finden musste, wie es nach dem Siebenjährigen Krieg weitergehen sollte. Kriege haben bekanntlich zahlreiche Nachteile – dazu zählt zunächst einmal das persönliche Leid der Soldaten und der Zivilbevölkerung. Für die beteiligten Staaten kommt noch der fast immer folgende teilweise oder vollständige Ruin der Staatskassen hinzu. Dies gilt umso mehr, wenn ein Land nicht als glänzender Sieger aus einem Krieg hervorgegangen ist – und das war ja für Preußen 1763 der Fall gewesen. Mit Müh und Not hatte das aufstrebende Königreich sich über die Jahre gerettet, aber jetzt brauchte es dringend Geld, um sich wieder zu stabilisieren.

Friedrich hatte sich schon während des Siebenjährigen Krieges ernsthafte Gedanken über die Beschaffung zusätzlicher Gelder machen müssen, weil seine Rücklagen aufgebraucht und die zwischenzeitlich von England gezahlte Unterstützung für die Finanzierung der Feldzüge nicht mehr ausreichte. Damals tat er das, was Regierende oftmals tun: Er erhöhte die Abgaben, nicht nur für die Bauern und Bürger in den besetzten Ländern, sondern schließlich auch in den eigenen Provinzen. Als auch dieses, in der Bevölkerung selbstverständlich höchst unpopuläre Vorgehen nicht mehr ausreichte, mutierte der König – der Absolutismus hat für einen solchen in dieser Hinsicht unschlagbare Vorteile – kurzerhand zum obersten Münzfälscher: Er ließ die im Umlauf befindlichen Münzsorten einziehen und dann mit niedrigerem Edelmetallgehalt neu prägen – aus einer Mark Silber ließen sich so statt 14 nunmehr 20 Taler gewinnen. Ökonomisch war dieses Vorgehen selbstverständlich äußerst kurzsichtig: Es begünstigte die Inflation, beförderte die ohnehin schon zunehmende Teuerung und gefährdete schließlich die Versorgung der Bevölkerung mit Lebensmitteln.[18]

Die Städte und Privatpersonen in Preußen benötigten Geld, und der Staat stellte es ihnen zur Verfügung. »Hätte man unter diesen Umständen geknausert«, notierte der König später zufrieden, »das Land hätte sich vielleicht erst in hundert Jahren wieder erholt.«[19] Doch in den ersten Nachkriegsjahren war der König noch keineswegs optimistisch. Vielmehr wurde seine ganze Unsicherheit in ökonomischen Dingen sichtbar; eine Situation, in der Friedrich – in der ihm eigenen Art ohne jedes Vertrauen zu seinen Beamten und zur preußischen Kaufmannschaft – letztlich ratlos blieb. Selbst das Glücksspiel als Einnahmequelle war für ihn jetzt eine ernsthafte Option.

Friedrich: »Ist die Lotterie keine Steuer?«
Casanova: »Doch, sie ist eine Steuer, die ehrenhaft sein kann,
wenn ihr Ertrag nützlichen Zwecken zugeführt wird.«
Friedrich: »Und wenn sie nur Verlust bringt?«
Casanova: »Eine Möglichkeit unter zehn ist keine Möglichkeit.«
Friedrich: »Sie täuschen sich.«
Casanova: »Ich kann mich täuschen, Arithmetik aber nicht.«

(Gespräch zwischen Friedrich und Giacomo Casanova über die Einführung einer staatlichen Lotterie im Jahr 1764)[20]

Casanova musste sich anstrengen, um Friedrich zu überzeugen, denn im Jahr zuvor – 1763 – war in Preußen das Zahlenlotto eingeführt worden. Dafür hatte der König einen Mann engagiert, der zu Recht einmal zu jenen »zweifelhaften Existenzen und Spekulanten« gerechnet werden sollte, die üblicherweise in einer solchen wirtschaftlichen Krisensituation wie nach dem Siebenjährigen Krieg geschickt ihr Auskommen fanden: Antonio di Calzabigi.[21] Dieser erhielt den Auftrag für die Realisierung der Lotterie …

»35, 43, 74, 13, 22.«

(Ergebnis der ersten Ziehung der Lottozahlen in Berlin 1763)[22]

Doch Friedrich war nicht zufrieden mit den Ergebnissen dieses Glückspiels – die Lotterie erschien ihm zu unsicher, zuweilen machte er sogar Verluste. Nach einem guten Jahr verpachtete er die Lotterie vollends an Calzabigi. Immerhin strich die Staatskasse nun eine feste jährliche Summe ein, ohne unmittelbar den Launen des Glücks ausgesetzt zu sein. Calzabigi, der Bankier und

Abenteurer aus dem italienischen Livorno, sollte in diesen Jahren für kurze Zeit eine wichtige Rolle in den finanzpolitischen Entscheidungen Friedrichs spielen. So wurde er zunächst auch maßgeblich an der 1765 gegründeten Monopolverwaltung für Tabak beteiligt, bis er die vereinbarten Zahlungen an den König nicht mehr leisten konnte.[23]

Der windige Antonio di Calzabigi legte Friedrich auch die Gründung einer Bank ans Herz. Diese sollte nicht nur Geldgeschäfte abwickeln, sondern als eine Art Holdinggesellschaft für die verschiedenen Monopolhandelsbetriebe (wie eben für den erwähnten Tabak oder für das hochwertige schlesische Leinen) dienen. Das Vorhaben scheiterte aber, vor allem weil zahlreiche beteiligte Kaufleute und Unternehmer am Rande des Bankrotts standen. Friedrich wendete sich von dem Vorhaben ab und ließ stattdessen im Juni 1765 mit Staatsmitteln eine Giro-, Diskont- und Leihbank in Berlin gründen, die nach mehreren Reorganisationen schließlich als »Preußische Staatsbank« erfolgreich war und regelmäßig ihren Gewinn an den Staat abführen konnte.[24]

Friedrichs Ziel war es, immer weitere Bereiche der Wirtschaft unter unmittelbare staatliche Kontrolle zu bringen. Und so gelang es ihm tatsächlich, durch Steuerpolitik, Magazinierung und Exportkontrolle die Lebenshaltungskosten für die Bevölkerung in erträglicher Höhe zu halten. So ließ er auch den Kornhandel unter seine Kontrolle bringen und große Mengen Getreide in Magazinen einlagern. Auf diesem Weg konnte er in den Hungerjahren 1772 bis 1774 aus den staatlichen Reserven Korn zu normalen Preisen an die Not leidende Bevölkerung ausgeben lassen. Doch zugleich machten diese Maßnahmen den Aufstieg eines freien Wirtschaftsbürgertums nahezu unmöglich. Und so erntete der König Widerspruch aus dem Bürgertum – eine Kritik, die der Landesherr in gewohnter Weise mit äußerster Gereiztheit zurückwies.[25]

Negativ muss auch Friedrichs Zollpolitik bewertet werden: In seinem zersplitterten Königreich, in dem es zahlreiche Einzelgebiete ohne direkte Landverbindung gab, hätten Maßnahmen für eine Erleichterung des Handels existieren müssen – aber der König sorgte für exakt das Gegenteil. Mit immer mehr Zöllen schuf er ein kompliziertes und für den Handel höchst unpraktisches System, unter dem nicht nur der innerpreußische Handel litt. Ausländische Kaufleute nahmen lieber größere Umwege in Kauf, als dass sie sich dem Zwang hoher preußischer Abgaben aussetzten. Friedrichs System sollte schließlich ungewollt zu einem nahezu vollständigen Ausschluss von Importprodukten führen.[26]

In der Logik der merkantilistischen Wirtschaftspolitik jener Zeit war die Erhöhung der Bevölkerungszahl von zentraler Bedeutung für einen Staat. So zielte auch Friedrich darauf, sogenannte Kolonisten ins Land zu holen, die in ihrer alten Heimat Verfolgungen ausgesetzt gewesen waren oder in ihrer neuen Heimat ein besseres Auskommen erwarten durften. Die Urbarmachung von Land innerhalb des eigenen Herrschaftsgebiets und die Neugründung von Dörfern galten als besonderer Erfolg königlicher Politik. Friedrich gelang dies vor allem im Oderbruch, wo in den 1750er-Jahren rund 56000 Hektar neues Land gewonnen und 1200 Familien angesiedelt werden konnten.[27]

Wie es um dieses Land und seine Menschen bestellt war, wollte der König gerne und oft selbst in Augenschein nehmen. Und so brach er immer wieder zu Inspektionsreisen durch sein Königreich auf, bei denen er großen Eindruck bei seinen Untertanen hinterließ. Vor allem seine erste Reise durch die vom Krieg verwüsteten Provinzen hatte eine enorme Wirkung: Sogar Menschen, die Hunderte von Kilometern von den königlichen Reiserouten entfernt lebten, meinten sich noch Jahre später auf wundersame Weise an den Auftritt des Königs erinnern zu können.[28] Zweifelsohne wurde der König so bereits zu Lebzeiten zu einem Mythos. In einer Zeit ohne moderne Massenmedien prägten solche Erzählungen (ergänzt durch jene, die die Soldaten aus dem Krieg mit heimbrachten) und andere Geschichten das Bild vom König. Ob diese Geschichten und Anekdoten stimmten oder nicht – für preußische Ohren waren sie allemal plausibel…

»Nun, Mütterchen, was wollt Ihr?«

»Ach, nur Sie sehen und weiter nichts.«

(der König nimmt einen Friedrichsdor aus der Tasche und gibt ihn der Frau) »Liebe Mutter, seht, auf diesen Dingern sehe ich weit besser aus, und hier könnt Ihr mich ansehen, solange Ihr wollt und solange Ihr könnt – ich habe jetzt nicht Zeit, mich länger ansehen zu lassen.«

(Friedrich auf Inspektionsreise – beim Wechsel der Pferde tritt eine alte Bäuerin an den Wagen)[29]

Dabei hatten diese Reisen keineswegs in erster Linie Publicity-Gründe. Für Friedrich waren sie fester Bestandteil seiner Regierungsarbeit; insgesamt machte er sich wohl zu rund 100 solcher Inspektionen auf. Seinem Arbeitsstil entsprechend ließ sich der König vor einer solchen Inspektion mit Karten und Unterlagen ausstatten, studierte aktuelle Streitfälle, die er vor Ort zu lösen gedachte, und machte sich kleine Stichwortzettel, anhand deren er bei seinen Besuchen auch zu Einzelheiten Stellung zu nehmen gedachte.

»Alle Städte, wo sich Wälle finden, diese unnützen Verteidigungs-werke können Gärten werden; zu wenig Gemüse in den Gärten der Bauern; Seidengewinnung.«

(Notizzettel Friedrichs für eine Inspektionsreise nach Schlesien)[30]

Bei diesen Reisen zeigte sich der König übrigens deutlich umgänglicher als in der täglichen Zusammenarbeit mit seinen Beamten – mit den Kaufleuten, Handwerkern oder Bauern sprach er dann nicht ganz so barsch wie daheim mit seinen Zuarbeitern, ließ sich zuweilen sogar auf Diskussionen ein oder gab dem Gesprächspartner das – vermutlich irrige – Gefühl, oft eine Belehrung mit nach Hause nehmen zu wollen.[31] Zum vorteilhaften Eindruck trug auch bei, dass der Regent sich bei diesen Gelegenheiten häufig spendabel zeigte. Was wichtig war, denn ein Fürst durfte bei allem Bemühen um den Staatshaushalt nicht zu geizig erscheinen. Kleinere Geldbeträge wurden so schon mal auf einen Wink des Königs hin ausgezahlt.[32]

Zwei Charakterzüge Friedrichs kennzeichneten auch sein Auftreten bei den Inspektionsreisen. Einerseits sein großes Interesse, auch an Details, seine fürsorgliche Wissbegier – zum Beispiel fragte er, wenn er einen guten Tag hatte, nach den örtlichen Getreidepreisen und dem Stand der lokalen Deicharbeiten, erkundigte sich nach dem Zusammenleben der Konfessionen und beschäftigte sich mit zum Teil geringfügigsten Bittschriften. Andererseits ließ er, an schlechten Tagen, seiner Spottlust freien Lauf. Unproduktive Amtsträger konnten dann ebenso zum Opfer seines Sarkasmus werden wie ehemalige Offiziere, die inzwischen korpulent geworden waren. Und doch machte gerade die Unmittelbarkeit seiner Auftritte auf diesen Reisen Friedrich in besonderem Maße zu einer preußischen Legende. Dabei prägte vor allem die tatsächliche oder inszenierte Volksnähe letztlich in eigentümlicher Weise eine besondere Distanz, die Aura und das Singuläre des Herrschers.[33]

Durch seine Neigung, sich auch für die Details zu interessieren, wenn es um einen Nutzen für den Staat ging, hinterließ Friedrich auch auf dem Gebiet der Landwirtschaft Spuren, indem er sich vehement für den Anbau der Kartoffelpflanze in Preußen einsetzte. Hier nahm er die Impulse seines Vaters auf (der bereits Kartoffeln an die Bauern hatte verteilen lassen), verstand es, die Bauern sowohl zu motivieren als auch Druck auf sie auszuüben, und präsentierte sich damit viel verbindlicher und letztlich auch erfolgreicher.

»Im nächstfolgenden Jahre erhielt Kolberg durch des großen Friedrichs vorsorgende Güte ein Geschenk, das damals hierzulande

noch völlig unbekannt war. Ein großer Frachtwagen voll Kartoffeln
nämlich langte auf dem Markte an. Durch Trommelschlag erging in
der Stadt und in den Vorstädten die Bekanntmachung, daß sich
jeder Gartenbesitzer zu einer bestimmten Stunde vor dem Rathause
einfinden sollte, da des Königs Majestät ihm eine besondere Wohltat
zugedacht habe.«

(Bericht aus der Stadt Kolberg zu Beginn der 1740er-Jahre)[34]

An der Einführung der Kartoffel waren zu jener Zeit allerdings
nicht nur Friedrich Wilhelm I. und dann sein Nachfolger Friedrich II., sondern auch andere europäische Staatsoberhäupter interessiert. Und so verbreitete sie sich ebenso wie in Preußen
auch in Frankreich, in England und vor allem in Irland, wo sie
in besonderem Maße zu einem grundlegenden Bestandteil der
Landwirtschaft und der Ernährung der Bevölkerung wurde. Allerdings hatte es die Frucht aus der Neuen Welt in der Alten
nicht einfach. Anfangs lieferten die Knollen oftmals eine saure
und wässrige Substanz, die gelegentlich sogar giftig war. Zudem
wurde die Kartoffel von den Bauern zuweilen für eine Pflanze
gehalten, aus der man Brot machte. Angesichts dieser zunächst er-
nüchternden Erfahrungen mit der Kartoffel schritt die Obrigkeit
in den europäischen Ländern zu unterschiedlichen Methoden,
ihren Untertanen die neue Knolle schmackhaft zu machen. Fern
von Preußen, in Serbien und Kroatien, wurden den Bauern sogar
Stockschläge angedroht, wenn sie sich der Aussaat der Kartoffel
auf ihren Feldern verweigerten.[35] Friedrich versuchte es dagegen
in seinen »Kartoffeldekreten« mit guten Argumenten:

»Als habt Ihr denen Herrschaften und Unterthanen den Nutzen
von Anpflantzung dieses Erd-Gewächses begreiflich zu machen, und
denselben anzurathen, dass sie noch dieses Früh-Jahr die Pflantzung
der Tartoffeln als einer sehr nahrhaften Speise unternehmen.«

(Friedrich der Große in seinem »Kartoffelbefehl« an »sämmtliche Land-
und Steuer-Räthe, Magisträte und Beamte« vom 24. März 1756)[36]

Doch galt für Preußen wie für die anderen Länder Europas, dass es nur zu einem Teil die mehr oder weniger eindringlichen Ermahnungen der Landesherren waren, die die Bauern schließlich für die Kartoffel einnahmen. Ausschlaggebender waren letztlich die Erfahrungen der durch den Siebenjährigen Krieg ausgelösten Nahrungsmittelkrisen und dann der großen Hungersnot von 1770 bis 1772.[37] In dieser Zeit bewährte sich die Kartoffel und eroberte sich ihren festen Platz auf den Feldern Preußens. Damit verbundene Gefahren sollten erst später sichtbar werden. So mussten die Menschen in Irland Mitte des 19. Jahrhunderts leidvoll erfahren, wie nach zwei fehlgeschlagenen Kartoffelernten die auf Monokultur basierende bäuerliche Gesellschaft vernichtet wurde.[38]

Nach und nach zeigte sich der König mit den Ergebnissen seiner Arbeit zufrieden. Etwa 1764, als er aus Schlesien zurückkehrte, »wohin ich gereist war, um die Wunden zu heilen, die der Krieg der Provinz geschlagen hat«[39]. Dort mehrten sich die Anzeichen für eine Besserung. »Allmählich macht sich alles«, notierte Friedrich bereits ein gutes Jahr nach dem Ende des Siebenjährigen Krieges. Dabei erfreute er sich zugleich an den Fortschritten seiner Armee – »offen gesagt gewährt es mir Freude, die Armee wiedererstehen zu sehen, die einst so gut war, aber durch blutige Kriege ruiniert worden ist«[40]. Und 1766 rechnete er es sich zufrieden zugute, dass er in Schlesien rund 8000 Häuser und in Pommern und der Neumark noch einmal etwa 6500 hat bauen lassen.[41]

Auf anderen Gebieten ging es indes nur schleppend voran: etwa bei der Justizreform. Selbst zwei Jahrzehnte nach seiner Thronbesteigung hatte er sein Ziel nicht erreicht, wonach ein neues Gesetzbuch vorliegen sollte. Er wollte eine Gesetzessammlung, die überschaubar und verständlich war. Die vorgelegten Vorschläge seines Justizdepartements sagten ihm aber nicht zu. So konnte schließlich die erste für ganz Preußen geltende Rechtsordnung erst einige Jahre nach Friedrichs Tod in Kraft treten. Es folgten 1790 die »Allgemeine Gerichtsordnung« und 1794 dann das »Allgemeine Landrecht«, das für ein gutes Jahrhundert zum Maßstab für das preußische Rechtswesen wurde. Die Impulse dafür gingen maßgeblich von Friedrich aus.[42]

Die Nachwelt erfreute sich an einer – allerdings erfundenen – Anekdote, wonach selbst der König an das geltende Recht gebunden gewesen sei: Das Geklapper der nahen Windmühle habe den Herrscher im Schloss Sanssouci gestört, und um hier Abhilfe zu schaffen, machte er dem Müller ein Kaufangebot. Als dieser ablehnte, soll der König ihm angedroht haben, die Mühle einfach zu beschlagnahmen – aber der Müller habe nur spöttisch darauf hingewiesen, dass er die Gerichte hinter sich habe, falls ihm der König seine Mühle einfach wegnehmen wolle. Die Strahlkraft dieser Legende tritt auch in einer anderen Geschichte zutage, in der ebenfalls ein Müller die Hauptperson ist. Der König erscheint diesmal nicht als Ohnmächtiger – nämlich als Gleicher unter Gleichen, der sich wie alle anderen dem Recht zu beugen hat –, sondern als Richter, der über allen anderen steht. Im Unterschied zu jener Anekdote ist diese Geschichte aber real. Sie spielt 1779 und ist als »Müller-Arnold-Affäre« in die Geschichtsbücher eingegangen.

Der Müller Christian Arnold konnte seine Wassermühle im brandenburgischen Dörfchen Pommerzig nicht mehr betreiben, weil ihm der örtliche Landrat für die Anlage von Karpfenteichen im wahrsten Sinne des Wortes das Wasser abgegraben hatte. Der Müller verweigerte daraufhin seine Pachtzahlungen an seinen Grundherrn, den Grafen Schmettau, was ihm eine Anzeige und dann eine Verurteilung einbrachte. Zudem sollte seine Mühle zwangsgeräumt und versteigert werden.[43]

Der Müller wandte sich in seiner Not an den König, der den Fall untersuchen ließ und daraufhin das zuständige Küstriner Justizdepartement anwies, in seinem Sinne »die Sache mit dem Arnold sogleich in Ordnung zu bringen«, nämlich die Versteigerung rückgängig zu machen und den braven Mann zu entschädigen. Doch die Neuverhandlung in Küstrin brachte erneut die Verurteilung des Müllers, und auch das auf Anweisung des Königs daraufhin eingeschaltete Berliner Kammergericht blieb dabei. Nun war es mit der ohnehin spärlich vorhandenen Geduld des Königs vorbei. Er fühlte sich verpflichtet, selbst »im Sinne eines allgemeinen, aufgeklärten und reformorientierten Rechtsempfindens zu handeln«[44] – jedenfalls befahl er kurzerhand, die drei verantwortlichen Richter zu verhaften und zu mindestens einem Jahr Festungshaft zu verurteilen (sie wurden nach einiger Zeit wieder begnadigt), den Wasserlauf zu der fraglichen Mühle wiederherzustellen und den Müller für all seine Kosten und Verluste zu entschädigen. Die preußischen Justizbehörden waren über diese Intervention selbstverständlich verärgert, für die Öffentlichkeit, die aus den Zeitungen davon erfuhr, war es eine Sensation.[45]

»Ursprünglich waren die Herrscher selbst Richter. Aber die Fülle der Geschäfte hat sie genötigt, die Rechtspflege Männern zu übertragen, denen sie die Gesetzgebung anvertraut hatten. Gleichwohl dürfen sie diesen Teil der Regierung nicht so weit vernachlässigen, daß sie den Mißbrauch ihres Namens und ihrer Autorität zu Rechtswidrigkeiten dulden. Darum bin ich gezwungen, den Männern des Rechts auf die Finger zu sehen; denn ein ungerechter Richter ist schlimmer als ein Straßenräuber.«

(Friedrich nach seinem Eingreifen in den Müller-Arnold-Prozess gegenüber einem Vertrauten)[46]

Wenngleich die historische Bedeutung dieses Falls vor allem in der nun einsetzenden Weiterentwicklung des preußischen Justizsystems liegt (mit Blick auf die Vorbereitung des Allgemeinen Landrechts musste die Stellung des Monarchen zur Judikative überdacht werden), so zeigt sich hier erneut Friedrichs Selbstwahrnehmung als absolutistischer Herrscher. Als solcher konnte er sich selbstverständlich über juristische Entscheidungen hinwegsetzen, wenn es ihm angemessen erschien. Das war ein eklatanter Widerspruch von Theorie und Praxis, da der König doch an anderen Stellen vehement für eine abstrakte Autorität des Staates eintrat.[47]

Andere Autoritäten – also außer derjenigen des Staates und seiner eigenen – existierten für Friedrich nicht. Erst recht keine religiösen Ansprüche. Gerade deshalb äußerte er sich besonders abfällig über alle Anhänger des Aberglaubens, wozu er auch die unterschiedlichen religiösen Strömungen seiner Zeit rechnete:

> *»Ich beglückwünsche Sie zu der hohen Meinung, die Sie von der*
> *Menschheit haben. Ich, der ich aufgrund der Verpflichtungen mei-*
> *nem Staat gegenüber viele Exemplare der Gattung der ungefiederten*
> *Zweifüßler kenne, prophezeie Ihnen, daß weder Sie noch alle Philo-*
> *sophen der Welt die menschliche Gattung vom Aberglauben heilen*
> *werden, an dem sie festhält.«*

(Friedrich an Voltaire im Oktober 1766)[48]

Friedrich selbst wurde – die verbissenen Erziehungsversuche seines Vaters blieben in diesem Punkt erfolglos – nie ein wirklich gläubiger Mensch. Kirchliche Feiertage, Heiligenfeste oder gar Gottesdienstbesuche (zu denen er einst als Kronprinz selbstverständlich angehalten wurde) spielten im Leben des Königs keine Rolle.[49] Als 62-Jähriger erklärte er in einem Brief an Voltaire: »nach dem Tode nihil est«[50] – da kommt nichts mehr, also auch keine Auferstehung der Toten.

Als Staatsoberhaupt indes konnte Friedrich sich kirchen- und religionspolitischen Angelegenheiten nicht entziehen, allein weil er mit Blick auf die öffentliche Ordnung an einem friedlichen Nebeneinander der verschiedenen Glaubensgruppen interessiert sein musste. Auch trug er direkte Verantwortung in kirchlichen Fragen, war er doch, wie er es selbst einmal formulierte, »gewissermaßen der Papst der Lutheraner und das kirchliche Haupt der Reformierten« – also Kirchenoberhaupt. In dieser Funktion war er zuweilen sehr konkret in das Alltagsleben der Menschen eingebunden, so etwa bei der Erteilung von Ehedispensen. An diesem Punkt erwies er sich nach eigenen Angaben als sehr nachsichtig, »da die Ehe im Grunde nur ein bürgerlicher Vertrag ist, der gelöst werden kann, sobald beide Parteien damit einverstanden sind«. Mit dieser persönlichen Einschätzung dürfte der König allerdings bei der Mehrheit der Geistlichkeit kaum auf Zustimmung gestoßen sein – gerade in der kirchlichen Publizistik hatte die Ehe noch einen deutlich höheren Rang, und ihre Auflösung erschien keineswegs als reine Vertragsauflösung. In den Streitigkeiten der Konfessionen sah sich der König als neutrale Instanz, die allen Parteien Mäßigung predigte, um »den religiösen Haß« möglichst zu bremsen. Zugleich suchte er die Einigkeit zwischen Katholiken (die die Minderheit stellten) und Protestanten zu stärken, indem er sie daran erinnerte, dass »sie Mitbürger eines Staates sind«[51].

»Katholiken, Lutheraner, Reformierte, Juden und zahlreiche andere christliche Sekten wohnen in Preußen und leben friedlich beieinander. Wenn der Herrscher aus falschem Eifer auf den Einfall käme, eine dieser Religionen zu bevorzugen, so würden sich sofort Parteien bilden und heftige Dispute ausbrechen. Allmählich würden Verfolgungen beginnen, und schließlich würden die Anhänger der verfolgten Religion ihr Vaterland verlassen, und Tausende von Untertanen würden unsere Nachbarn mit ihrem Gewerbfleiß bereichern und deren Volkszahl vermehren.«

(Friedrich in seinem *Politischen Testament* von 1752)[52]

Für das friedliche Nebeneinander der Religionen hatte Friedrich schon kurz nach seiner Thronbesteigung eine Formulierung mit beachtlicher Reichweite gefunden: In seinem Königreich sollten alle Religionen toleriert werden, denn jeder müsse nach seiner Fasson selig werden. Damit setzte der junge König ein Zeichen, dass auch künftig Zuwanderer unterschiedlicher

Religionen in Preußen willkommen seien. Schon seine Vorfahren hatten so versucht, die Bevölkerungszahl des Landes zu erhöhen, etwa durch den Zuzug von Protestanten aus Frankreich oder Österreich. Auf den Punkt brachte diese Haltung seine Formulierung, dass alle Religionen gleich und gut seien, wenn nur ihre Angehörigen ehrliche Leute sind – »und wen Türken und Heiden kähmen und wollten das Land pöpliren, so wollen wir sie Mosqueen und Kirchen bauen«.[53] Mit dieser Haltung zeigte sich der Monarch vor zweieinhalb Jahrhunderten deutlich toleranter als manch deutscher Politiker der Gegenwart, der sich von einem Minarett in einer Großstadt in Angst und Schrecken versetzen lässt...

Die öffentlich demonstrierte Toleranz des Königs hatte indes durchaus unterschiedliche Ausprägungen, wobei ihm Eiferer jedweder Couleur grundsätzlich unsympathisch waren. So zeigte er sich zeitlebens gegenüber dem katholischen Klerus skeptisch und mahnte die Nachwelt, »dem römischen Klerus nicht zu trauen, ohne zuverlässige Beweise seiner Treue zu besitzen«[54]. Auch über angeblich abergläubische Versatzstücke der katholischen Kirche konnte er, der Aufklärer, sich bis ins hohe Alter ereifern – etwa über die Eucharistie. Keine andere Religion, so empörte er sich einmal gegenüber Voltaire, habe »jemals eine schauderhaftere und aberwitzigere Blasphemie ersonnen [...] als die, seinen Gott zu essen«[55]. Zugleich wollte er die Hoffnung nicht aufgeben, dass die Aufklärung über diesen Aberglauben siegen werde; dieser nehme zumindest in den preußischen Ländern ab, konstatierte er zufrieden am Ende seiner Regentschaft. »Geht das so weiter«, so Friedrich, »dann werden die Mönche aus ihren Zellen in die Welt zurückkehren [...] und die Vernunft wird sich im hellen Lichte zeigen dürfen, ohne Verfolgung und Scheiterhaufen fürchten zu müssen.«[56]

Trotz aller persönlichen Vorbehalte gegen die katholische Kirche obsiegte der Staatsmann. So genehmigte er beispielsweise den Bau der Sankt-Hedwigs-Kathedrale im Herzen Berlins –

und damit den ersten Neubau einer katholischen Kirche in Preußen seit der Reformation. Einer seiner Biografen hat ihm später attestiert, dass er die Anhänger dieser konfessionellen Minderheit in seinem Land doch wesentlich toleranter und großzügiger behandelt habe, als es Maria Theresia umgekehrt mit den Protestanten in ihrem Land gehalten habe.[57]

Wenig tolerant zeigte sich Friedrich indes vor allem gegenüber dem Judentum. Dieses betrachtete er als eine Religion, die der Errungenschaften des aufgeklärten Zeitalters unwürdig, ja unfähig sei. Die Juden waren für Friedrich geduldete Untertanen, mehr nicht. Als Landesherr war er dann an ihnen interessiert, wenn es für das Wohlergehen des preußischen Staates und seiner Entwicklung zur europäischen Großmacht angebracht erschien.[58]

»Die Juden sind von allen diesen Sekten die gefährlichsten, weil sie den Handel der Christen schädigen und weil sie für den Staat unbrauchbar sind. Wir haben dieses Volk nötig, um bestimmten Handel mit Polen zu treiben, aber man muß verhindern, daß ihre Zahl wächst.«

(Friedrich in seinem *Politischen Testament* 1752)[59]

Als König begünstigte Friedrich aus Eigennutz eine kleine Gruppe von reichen Juden, Einzelne kamen so in den Genuss von Privilegien und Sonderrechten. Für die »gemeinen« Juden hingegen beschränkte der Monarch mehr und mehr die Möglichkeiten für wirtschaftliche Tätigkeit und erhöhte ihre Steuern und Abgaben. Geradezu reaktionär für einen aufgeklärten König erscheinen seine Maßnahmen zur solidarischen Haftung der Juden: So verschärfte er 1747 eine bereits bestehende Kollektivverantwortung jüdischer Gemeinden bei Verstößen Einzelner. Diese erstreckte sich jetzt auch auf Schäden, die durch Bankrotte entstanden waren, oder auch auf den Ankauf gestohlener Waren oder die Annahme gestohlener Pfänder. Und ein Jahr später folgte eine neue, diskriminierende Verordnung des Königs: das Verbot für Juden, sich den Bart zu scheren, damit man sie erkenne.[60]

Friedrichs Politik gegenüber den Juden war nicht frei von Widersprüchen und Brüchen. Dazu zählt nicht nur der augenfällige Gegensatz von aufgeklärtem Postulat und tatsächlichem Handeln, weswegen es zwischen dem König und einigen seiner Minister und Beamten auch durchaus zu Meinungsverschiedenheiten kam, sondern auch der Umstand, dass der König oft selbst mit Ausnahmeregelungen und Sonderrechten für einzelne Juden seine zuvor dargelegten Ansichten hinsichtlich des Umgangs mit den Angehörigen dieser Religionsgruppe durchbrach. Diese Widersprüche lassen sich allerdings leicht erklären, wenn man die aktuell jeweils wichtigen Finanz- und Handelsangelegenheiten berücksichtigt.[61]

Friedrich förderte also die Juden – beziehungsweise diskriminierte sie nicht –, wenn dies in seinem Interesse und dem seines Staates lag. Beispielsweise im Siebenjährigen Krieg. In dessen Verlauf erteilte er jüdischen Unternehmern in Berlin weitreichende Privilegien im Gegenzug für die Organisation und Durchführung eines systematischen Münzbetrugs: Sie schafften Edelmetalle herbei und ließen dann im königlichen Auftrag Geldstücke prägen – allerdings mit weniger Silber und Gold, als dies vom Wert der Münze her eigentlich erforderlich gewesen wäre. Diese unterbewerteten Münzen ließen sie dann – auch in der verfeindeten österreichischen Armee – gegen die wertvolleren Originale eintauschen. Dieser staatlich mitorganisierte Handel mit Falschgeld brachte nicht nur dem preußischen Staat einen beachtlichen Gewinn (29 Millionen Taler sollen damit während des Krieges erwirtschaftet worden sein)[62], sondern von ihm profitierten auch die von Friedrich sonst so verschmähten Juden – jedenfalls eine kleine Gruppe Berliner Juden. Sie erlebten einen bedeutenden wirtschaftlichen Aufschwung und zugleich »ein Maß an rechtlicher Gleichstellung, das bis dato für Juden kaum erreichbar gewesen war«[63].

Die groß angelegte Münzfälschung war fraglos ein beachtlicher Coup des Königs, der dadurch seine Kriegskasse entscheidend füllte. Doch abseits solch spektakulärer Fälle fällt auf, dass sich Friedrich bei seiner Arbeit mit Preußen zuweilen auch selbst im Weg stand. Hätte er auch nur bisweilen auf andere gehört, so wäre ihm möglicherweise die wegweisende Entdeckung des Berliner Chemikers Andreas Marggraf nicht entgangen, wie sich aus Runkelrüben Zucker gewinnen ließ[64] – damit wäre ein wichtiger Beitrag zur Versorgung der Bevölkerung wie zur ökonomischen Stabilisierung Preußens möglich gewesen. Doch ungeachtet solcher verpasster Chancen: Friedrich stilisierte sich stets als Meister der souveränen Entscheidung und wollte gegenüber seiner Umwelt den Eindruck vermitteln, dass er alles am besten weiß – obwohl er doch nur ein »auf vielen Gebieten dilettierender König« war, wie ihm Rudolf Augstein einmal spöttisch bescheinigte.[65] Dass ihm bei dieser Art und Weise des Regierens sehr wohl handwerkliche Fehler unterliefen, war vielen Zeitgenossen bewusst, aber der Mythos vom großen König schien über diese Erfahrungen hinwegzutäuschen.

Die Arbeit mit Preußen bedeutete für Friedrich persönlich aber eben auch, dass er nicht mehr zu den Dingen des Lebens kam, die er sich womöglich vorgenommen hatte. Ein Kammerdiener der Königin soll einmal bemerkt haben, dass ein König eben aufgrund seiner Verpflichtungen als Landesherr darauf verzichten müsse, ein ruhiges Leben in Zurückgezogenheit zu führen.[66] Das war Friedrich ohne Frage bewusst – und dies schon seit den Tagen seiner Thronbesteigung: »Ich gestehe Ihnen«, schrieb er Voltaire, »daß das Leben eines Menschen, der nur fürs Nachdenken und für sich selbst lebt, mir unendlich vorzüglicher erscheint als das Leben eines Mannes, dessen einzige Beschäftigung es ist, andere glücklich zu machen.«[67] Was an freien Stunden übrig blieb, nutzte Friedrich im Wesentlichen zum Musizieren, für seine literarischen Versuche, die private Korrespondenz sowie lange Gespräche mit Freunden und Gästen, vor allem in Sanssouci.[68]

Die Leidenschaft für die Musik, speziell die Querflöte, hatte sich Friedrich aus seiner Zeit als Kronprinz erhalten: In seinen Rheinsberger Jahren waren die ersten nachweisbaren Kompositionen aus seiner Hand entstanden. Dort hatte er bereits ein kleines Orchester zur Verfügung, als König versammelte er dann herausragende Musiker um sich. Dazu zählte vor allem der Komponist Johann Joachim Quantz, der schon seit 1728 als Flötenlehrer Friedrichs wirkte und nach dessen Thronbesteigung zu seinem Kammermusiker und Hofkomponisten bestellt wurde. Quantz trat unter anderem als Autor einer wegweisenden »Flötenschule« hervor *(Versuch einer Anweisung die Flöte traversière zu spielen)*, die er 1752 seinem König widmete – weil dieser der »Tonkunst« immer seine besondere Gnade habe zukommen lassen.[69] Und wann immer Friedrich eine Gelegenheit sah, mit großen Musikern seiner Zeit zusammenzutreffen, ergriff er sie und genoss sie sichtlich.

> *»Der König gab für den Abend sein Flötenconcert auf, nöthigte aber den damahls schon sogenannten alten Bach, seine in mehrern Zimmern des Schlosses herumstehende Silbermannische Fortepiano zu probiren. Die Capellisten gingen von Zimmer zu Zimmer mit, und Bach musste überall probiren und fantasiren.«*
>
> (Zeitgenössischer Bericht über den Besuch Johann Sebastian Bachs bei Friedrich 1747)[70]

Für seine eigenen musikalischen Soireen suchte Friedrich die vorzutragenden Arien und Kantaten selbstverständlich selbst aus, ebenso wie die großen Virtuosen seiner Zeit, die er dann zu hören wünschte (übrigens wurde Gästen nur mit seiner ausdrücklichen Genehmigung Zutritt gewährt). Zu diesen zählte die Sängerin Gertrud Elisabeth Mara, die der König, abweichend von seiner merkwürdigen Maxime, lieber einem »wiehernden Pferd« als einer deutschen Sängerin zuhören zu wollen, für mehrere Jahre an Berlin binden konnte, wo sie eine feste Größe des Opernhauses wurde. Seine Zuneigung zu dieser Sängerin drückte der König übrigens auch dadurch aus, dass er stets ihren Ehemann (der als Cellist am Hof des Prinzen Heinrich engagiert war) in Gewahrsam nehmen ließ, wenn die umworbene Diva zu Gastspielen außerhalb Preußens reiste. Dieser fürsorglichen Belagerung durch Friedrich entkam Mara (samt Ehemann) schließlich nur durch Flucht – ihren gesamten Hausstand samt kostbarem Klavier ließ sie in Berlin zurück.[71]

Als Komponist hinterließ Friedrich Arien, Ouvertüren und Flötensonaten. Diese Arbeit gab er nach und nach auf, während er sein eigenes Flötenspiel bis ins hohe Alter betrieb – gern begleitet von seinem Lieblingsmusiker Quantz. Es war weniger die Leidenschaft, die ihn später verließ, als vielmehr die körperlichen Voraussetzungen. Ein Besucher notierte 1770, dass der König als Flötenspieler durchaus beeindruckend sei, der 58-Jährige aber bei längeren Passagen häufiger zwischenatmen musste, als es die Melodie eigentlich erlaubt hätte.[72] Will man der Kunst des Improvisierens gegenüber der Fähigkeit zum Abspielen von Noten den künstlerisch höheren Rang einräumen, so wäre Friedrich in der Tat als Meister seines Instruments zu bezeichnen – er beherrschte beides. Zuweilen »phantasierte« er, ging im Zimmer auf und ab und dachte dabei an »allerlei Sachen«.[73] Sein Flötenspiel musste Friedrich schließlich aus gesundheitlichen Gründen aufgeben. Zum einen plagte ihn seine sich verschlimmernde Gicht (weshalb ihm schließlich auch die Opernbesuche versagt blieben), zum anderen machte der Verlust des zweiten Schneidezahns das Flötenspiel schließlich unmöglich.

Zeit fand Friedrich während seiner gesamten Regentschaft für seine schriftstellerische Arbeit, für seine historischen Studien und Reflexionen. Was seine Schriften zur Geschichte anbelangt, so orientierte er sich an der literarisch ambitionierten Geschichtsschreibung Voltaires. Zunächst legte er seine *Denkwürdigkeiten zur Geschichte des Hauses Brandenburg* vor, in denen er die Geschichte seiner Dynastie vom 15. Jahrhundert bis in die eigene Gegenwart beschrieb. Es folgten später die *Geschichte meiner Zeit* und eine

Geschichte des Siebenjährigen Krieges. Wenngleich Friedrich in der ihm eigenen Weise einmal über die Geschichtsschreibung spottete, für sie müsse man lediglich »die Torheiten der Menschen und die Spiele des Zufalls zusammenstoppeln«[74], so war er in Wirklichkeit doch eifrig bemüht, überzeugende und eindrucksvolle Darstellungen vorzulegen. Unablässig arbeitete er seine historischen Schriften um, korrigierte, veränderte und ergänzte sie. Gerade wo seine Betrachtungen bis in seine eigene Zeit hineinreichten, war der König sich bewusst, dass es sich hier um ein publizistisches Instrument im Dienste aktueller Politik handelte. Den Historikern von heute dienen sie denn auch weniger als Quelle zur Rekonstruktion des darin erzählten Geschehens als vielmehr als Selbstaussagen eines Handelnden, der dafür die Form der Geschichtsschreibung wählte.[75]

Zudem legte Friedrich eine kleine Schrift über die Literatur vor, mit der er allerdings auf wenig Zustimmung stieß und die ihn als schlecht informierten Kenner der Materie auszeichnet (*Über die deutsche Literatur, die Mängel, die man ihr vorwerfen kann, die Ursachen derselben und die Mittel, sie zu verbessern,* 1780). Darin ließ er unter anderem seiner Verachtung für die deutsche Sprache freien Lauf, forderte aber zugleich die Entwicklung zweckmäßiger Methoden, damit Schulen und Universitäten im Lande zu neuer Blüte kommen könnten.[76]

> *»Ich finde eine halbbarbarische Sprache, die in ebenso viele Mundarten zerfällt, als Deutschland Provinzen hat. Jeder Kreis bildet sich ein, seine Redeweise sei die beste. Es gibt noch keine von der Nation anerkannte Sammlung einer Auswahl von Wörtern und Ausdrücken, die die Reinheit der Sprache feststellt. Was man in Schwaben schreibt, wird in Hamburg nicht verstanden, und der österreichische Stil erscheint den Sachsen dunkel. Aus diesem äußeren Grunde ist ein Schriftsteller auch bei der schönsten Begabung außerstande, diese rohe Sprache in vorzüglicher Weise zu handhaben.«*
>
> (Friedrich in seiner Schrift *Über die deutsche Literatur*)[77]

Für die Dichter im Lande war es besonders schwer erträglich, dass Friedrich kurzerhand erklärte, dass »wir keine guten Schriftsteller haben«[78]. Dabei zeigte sich recht schnell, dass der inzwischen 68-Jährige nicht mehr auf der Höhe der Zeit war. Die von ihm gelobten Autoren machen deutlich, dass der König den Wissensstand der 1750er-Jahre referierte. Autoren wie Klopstock, Wieland, Herder oder Schiller bleiben unerwähnt, auf Goethe wird nur knapp eingegangen – die Werke der Sturm-und-Drang-Zeit, der Aufbruch einer ganzen literarischen Avantgarde, blieben vollends ausgeblendet.[79]

Gleichwohl: Friedrich war auch hinsichtlich anderer Abschnitte der deutschen Literaturgeschichte urteilsfreudig. Als ihm einmal ein Germanist eine von diesem herausgegebene Sammlung deutscher Gedichte des 12. bis 14. Jahrhunderts vorlegte (darin unter anderem das Nibelungenlied, *Parzival*, *Der arme Heinrich*), bedankte sich Friedrich zwar artig für das Belegexemplar, quittierte es aber mit der Bemerkung, diese Gedichte seien »nicht einen Schuss Pulver wert und verdienten nicht aus dem Staube der Vergessenheit gezogen zu werden«. In seiner Büchersammlung jedenfalls werde er »dergleichen elendes Zeug nicht dulden, sondern herausschmeißen«[80]. Ob der Herausgeber der Gedichtsammlung – die er außerdem seinem König in der Drucklegung gewidmet hatte – Friedrich noch ein weiteres Mal ein Werk aus seiner Hand zuschickte, ist nicht bekannt. So ignorant der alternde König an diesem Punkt wirkte, so eigentümlich muten seine Vorschläge zu einer Sprachreform an: Parenthesen – was wäre das für ein Verlust für jeden Texter – und harte Konsonanten solle man lieber vermeiden, und um des schöneren Klangs wegen beispielsweise »sagen« zu »sagena« umformen, »geben« zu »gebena« oder »nehmen« zu »nehmena«.[81]

Von deutlich mehr Sachkenntnis geprägt waren Friedrichs Beiträge zur Baukunst – hier bewies er sich gleichermaßen als Kenner wie als wichtiger Ideengeber. Spuren seines architektonischen Gestaltungswillens lassen sich an vielen Stellen finden – etwa an dem 1763 erbauten Neuen Palais im Park von Sanssouci, an Potsdamer Bürgerhäusern ebenso wie an Stadttoren oder Triumphbögen und auch an Orten der Schönen Künste, beispielsweise am Opernhaus Unter den Linden, das nach eigenen Skizzen und Entwürfen Knobelsdorffs entstand.

> *»Ein Fürst, der baut, bringt notwendigerweise auch die übrigen Künste zum Blühen; Malerei, Bildhauerei, das Zeichnen sind das Gefolge der Baukunst.«*
>
> (Voltaire ermutigt seinen Freund Friedrich, der damals noch Kronprinz war, zur Bautätigkeit)[82]

Friedrichs Architekturleidenschaft bescherte Preußen ein in seinen Ausmaßen bislang ungekanntes Bauprogramm. Bei aller Begeisterung ging es ihm dabei auch darum, sich und seiner Regentschaft ein Denkmal zu setzen – die Herrschaftsfunktion der repräsentativen Bauten war unverkennbar. Als Friedrich etwa 1763 die Arbeiten am Neuen Palais beginnen ließ, war dies nicht nur der Auftakt zu einem gewaltigen, prahlerisch daherkommenden Bauvorhaben. Es scheint, als habe der König gleich nach dem Ende des Siebenjährigen Krieges mehrere Millionen Taler für eine Demonstration der ungebrochenen Macht und den Selbstbehauptungswillen Preußens ausgegeben.[83]

Aber der Weg zur Fertigstellung manch eines Prachtbaus war für die Beteiligten erneut geprägt durch den eigenwilligen Charakter des Königs. Auch hier interessierte er sich für Details, glaubte es an vielen Stellen besser zu wissen. Eigener Gestaltungswille und autoritäre Mitsprache führten zuweilen zwangsläufig zu schweren Spannungen zwischen dem Bauherrn, der eben auch sein eigener Baumeister sein wollte, und seinen Architekten. Und was sein architektonisches Empfinden anging, war er konservativ. Er hielt stets am Rokoko fest, und dies auch noch in einer Zeit, als in anderen Ländern bereits der Klassizismus Einzug hielt. Aber was wusste Friedrich schon von anderen Ländern? Gereist war er in seinem Leben vor allem zu den Schlachtfeldern und während seiner Inspektionsreisen – aber keines der großen europäischen Kunstzentren hat er jemals aus eigener Anschauung kennengelernt. Selbst von Frankreich, das er ja so verehrte, hatte er lediglich bei einer Stippvisite die Stadt Straßburg zu Gesicht bekommen.[84]

»*Nach Potsdam, nach Potsdam! Das brauche ich, um glücklich zu sein. Wenn Sie diese Stadt sehen, wird sie Ihnen sicherlich gefallen. Zu meines Vaters Zeiten war es ein elendes Nest. Wenn er jetzt wiederkäme, würde er seine Stadt sicherlich nicht wiedererkennen, so habe ich sie verschönt [...]. Alle meine Bauwerke gefallen den Leuten, davon werden Sie sich überzeugen können. Ich gestehe, daß ich gerne baue und schmücke.*«*

(Friedrich 1758 gegenüber seinem Vorleser Henri de Catt)[85]

Hat sich Friedrichs Arbeit für Preußen gelohnt? Potsdam und das ganze Land standen am Ende der Regentschaft grundsätzlich anders da als noch zu Friedrichs Thronbesteigung 1740. In der Logik der Zeit war es eine reine Erfolgsgeschichte. Friedrich hatte die Stellung Preußens im Konzert der europäischen Mächte enorm verändert. Jetzt zählte das junge Königreich zweifelsohne zu den Großen: Die Staatsfläche (wenngleich vor allem bedingt durch die Eroberung Schlesiens) war von rund 120 000 auf 195 000 Quadratkilometer, die Bevölkerungszahl von 2,2 auf 5,8 Millionen gestiegen.[86] Entscheidend vergrößert durch die territorialen Zugewinne und damit auch an wirtschaftlicher Kraft, stützte sich das Land weiterhin auf seine imposante Armee. Für Preußen war dies vor allem eine finanzielle Herausforderung: Von den 21 Millionen Talern Staatseinnahmen wurde mehr als die Hälfte (12,5 Millionen) für das Militär verwendet.[87]

Dieses Heer war durchaus auf dem Stand seiner Zeit, was Ausbildung und Ausrüstung anging. Sein Oberbefehlshaber machte indes keinen so guten Eindruck mehr. Er hatte zusehends an repräsentativer Gestalt verloren. Stellvertretend für sein Äußeres sollte ein alter und schmutziger Militärmantel werden, in den er nun gewandet war. Dies war oft genug das traurige Äußere eines traurigen alten Mannes, für den die Bezeichnung »Alter Fritz« fast schon wie eine tröstende Geste wirkt…

Der alte Friedrich

*»Hat dieser Heros, der so viel von sich reden macht,
hat dieser Eroberer einen einzigen Freund?«*
(Maria Theresia über ihren Widersacher Friedrich)[1]

Friedrich war ein schwieriger Mensch, dies zeigte sich bereits
in jungen Jahren. Das Alter scheint diesen Charakterzug allerdings noch verstärkt zu haben. Für Friedrich galt allerdings darüber hinaus, dass jede Annäherung an ihn problematisch werden
konnte: Sein ätzender Sarkasmus war für die meisten Untergebenen und Mitarbeiter nur schwer zu ertragen. Ihn als taktvoll
zu bezeichnen, wäre in jeder Hinsicht unzutreffend. Einer seiner
Biografen glaubt, dass es vor allem das Elend und die Strapazen
des Siebenjährigen Krieges waren, durch die der König sein inne-
res Gleichgewicht verloren habe – und das er dadurch wiederzu-
finden glaubte, dass er sich »immer unnahbarer zeigte und selbst
die engsten Freunde mit seinem Sarkasmus vor den Kopf stieß«[2].
Dagegen bleibt zu bedenken, dass sowohl die Zurückgezogenheit
im Sinne einer Einsamkeit der Entscheidungen und der Empfindungen als auch seine Spottlust schon dem jungen Friedrich
zu eigen waren und dass sich diese Charakterzüge während der
Regentschaft nur weiter verfestigten.

Seinen Mitmenschen gegenüber – am Beispiel der Beamten ist
dies beispielhaft deutlich geworden – ließ Friedrich es oft genug
an angemessenem Respekt fehlen. Der König, hochintelligent

und mit einer Vielzahl von Talenten gesegnet, wusste es halt meistens besser. Das machte es nicht eben leicht – nicht für ihn und nicht für seine Umgebung. Er neigte zur Kritik und zu Monologen, und für diese wiederum benötigte er willige Zuhörer, keine Diskussionspartner mit eigener Meinung. Gerade die Mittagessen mit dem König waren regelrecht gefürchtet, da er dabei seine Tischgenossen mit endlosen Ausführungen traktierte. Es war wohl mehr ein Akt der Höflichkeit, als ein Anwesender einmal aus der Rückschau lobte, der Gastgeber habe abwechselnd »Kunst, Krieg, Medizin, Literatur, Religion, Philosophie, Moral, Geschichte und Gesetzgebung« aufs Tapet gebracht und sich über Kaiser Augustus und Ludwig XIV. ebenso ausgelassen wie über die Griechen, die Römer oder die Franzosen im Allgemeinen – und das alles bei einem einzigen Mittagessen![3] Diese gewaltigen Vorträge pflegte Friedrich selbst dann nicht zu unterbrechen, wenn die Tafelrunde befangen und eingeschüchtert in völliges Schweigen verfiel oder einige Mitglieder trotz tapferen Durchhaltewillens sogar vom Schlaf übermannt wurden. Wenn überhaupt etwas diesen Gastmahlen Farbigkeit verlieh, so spottete einmal ein Friedrich-Biograf, dann waren es die außerordentlich eigenwilligen und abstoßenden Tischmanieren des Königs ...[4]

Die einstige Tafelrunde, die das geistige und kommunikative Leben in Sanssouci geprägt hatte, zerfiel zusehends. An ihre Stelle trat eine zuweilen zufällig zusammenkommende Tischgesellschaft, der es an Gemeinsamkeit mangelte. Das war beileibe kein Ersatz für das intellektuelle Vergnügen, das Friedrich als Kronprinz oder junger König an diesen Treffen empfunden hatte. Der alte Friedrich fand sich – ebenso wie seine engste Umgebung – in einer eigentümlichen Situation wieder: Er benötigte die Menschen (etwa als Zuhörer), mied sie aber auch, ja floh zuweilen regelrecht vor ihnen. Bei seinen musikalischen Soireen konnte er beispielsweise sehr gut auf Gäste verzichten. Dieser Charakterzug Friedrichs hatte nicht nur Folgen für seinen »privaten« Umgang, sondern auch für die Diplomatie. Schließlich verzichtete der preußische König auf die Begegnung mit anderen Regenten seiner Zeit: Wenngleich er als Oberbefehlshaber an seinen Kriegen selbst teilgenommen hatte, so war er bei keiner der Friedensverhandlungen seiner Regierungszeit persönlich zugegen. Diese ließ er stets von seinen Diplomaten führen.[5]

Seine Taktlosigkeiten gegenüber seiner unmittelbaren Umwelt hatte Friedrich schon als Kronprinz zur Genüge unter Beweis gestellt. Aus manchen seiner Briefen klingt eine Mischung aus Zynismus, Verbitterung, Weltschmerz und Misanthropie heraus. Seine Neigung zu abfälligen Bemerkungen und zu bösen Scherzen, auch auf Kosten der Untertanen, blieb eigentümliche Normalität.

»Der Schatz Ihrer Weisheit ist verdorben durch die unselige Freude, die es Ihnen immer gemacht hat, alle anderen Menschen demütigen zu wollen, ihnen verletzende Sachen zu sagen und zu schreiben, eine Freude, die Ihrer um so weniger würdig ist, als Sie durch Ihre Stellung und Ihre einzigartigen Gaben über ihnen stehen. Sie fühlen sicher, daß ich Ihnen die Wahrheit sage.«
(Voltaire an Friedrich im Jahr 1760)[6]

Doch keineswegs büßte der alternde Friedrich an politischer Kraft ein; er war und blieb der intelligente und hochbegabte Beobachter und Gestalter seiner Politik. Als einen großen Erfolg dieser Jahre durfte er sein Verhalten im Bayerischen Erbfolgekrieg von 1778/79 werten. Österreich hatte nach dem Tod des letzten Regenten der bayerischen Linie der Wittelsbacher Erbansprüche auf Bayern geltend gemacht, und Kaiser Joseph II. ließ zur Bekräftigung – übrigens gegen den entschiedenen Rat seiner Mutter Maria Theresia – Truppen in Niederbayern und der Oberpfalz einfallen. Nach wochenlangem diplomatischen Tauziehen erklärte Preußen schließlich Österreich den Krieg und marschierte seinerseits in Böhmen ein. Doch zu einer Konfrontation der beiden Großmächte kam es nicht. Friedrich, in schlechter körperlicher Verfassung und in inzwischen gewohnter Weise übellaunig (»ich lebe hier wie eine Ratte im Keller«)[7], galt den Österreichern noch immer als geschickter und zu fürchtender Feldherr. Nennenswerten Kampfhandlungen gingen beide Seiten aus dem Weg, allerdings hatten beide Armeen mit großen Versorgungsproblemen zu kämpfen. So zogen sich die Preußen schließlich aus Böhmen zurück. Im von Frankreich und Russland vermittelten Frieden von Teschen im Mai 1779 musste der Wiener Hof auf seine ursprünglichen Ansprüche verzichten. Damit endete ein Krieg ohne große Schlachten – aber Friedrich durfte sich gleichwohl als Sieger fühlen.

Auch ohne große Gefechte ging dieser Krieg zulasten der Soldaten: Binnen sechs Monaten starben über 9000 preußische Soldaten aufgrund mangelnder Hygiene und ordentlicher ärztlicher Versorgung. Die wenigsten Männer wurden in die Lazarette eingeliefert, weil sie verwundet waren, sondern wegen Entkräftung und Erkrankung. Und viele starben entlang der Marschstraßen, bevor sie überhaupt ärztlich behandelt werden konnten. Für Friedrich war diese Erfahrung der Anlass, in den kommenden Jahren die Ausbildung und den Einsatz der Feldschere zu verbessern und den Auftrag zur Ausarbeitung eines Feldlazarettreglements zu geben.[8]

Sehr viel folgenreicher als dieser Erbfolgekrieg war für die Entwicklung Preußens allerdings einige Jahre zuvor ein diplomatischer Paukenschlag gewesen: 1772 verständigten sich Preußen, Österreich und Russland auf die Teilung Polens. Sie verleibten sich entlang der jeweiligen Grenzen mehr oder weniger große Landstriche ein. Dieser Übergriff bedeutete für Preußen eine nachhaltige Veränderung seines Staatsgebiets: Es erhielt das bislang polnische Westpreußen, wodurch die territoriale Lücke zwischen Ostpreußen und Pommern geschlossen wurde. Die preußische Herrschaft erstreckte sich jetzt zumindest zwischen Elbe und Memel über ein zusammenhängendes Terrain.

Für Friedrich ging mit dem Erwerb Westpreußens ein lang gehegter Traum in Erfüllung. Für Polen hingegen bildeten die Ereignisse des Jahres 1772 erst den Auftakt zu den später so genannten polnischen Teilungen: 1793 und 1795 teilten Russland, Preußen und Österreich schließlich das Land vollständig unter sich auf, die einst mächtige polnisch-litauische Adelsrepublik wurde damit von der politischen Landkarte getilgt.

Friedrich brachte für den polnischen Nachbarn keine sonderliche Sympathie auf. So nannte er Polen einmal die »elendeste Nation Europas«, die ihr Dasein lediglich der Eifersucht der Nachbarmächte verdanke.[9] Was die Stellung der Nachbarmächte zueinander anging, traf er damit den Kern: Als sie sich schließlich einigten, geschah dies zum Schaden Polens. Übrigens profitierte Friedrich selbst in persönlicher Hinsicht von dieser ersten polnischen Teilung: Er brauchte sich nicht mehr mit dem von seinem Vater einst aus Rücksichtnahme gegenüber Polen gewählten Titel »König in Preußen« begnügen, er nannte sich jetzt selbstbewusst und in jeder Hinsicht souverän »König von Preußen«.

»Polnisch-Preußen wird besser nicht durch Waffen erobert, sondern im Frieden verspeist, in der Weise einer Artischocke, Stück für Stück.«

(Friedrich im Jahr 1752 – bereits 20 Jahre vor der ersten polnischen Teilung)[10]

Das bisherige »Polnisch-Preußen« ließ Friedrich in »Westpreußen« umbenennen und erklärte umgehend, in diesem Gebiet werde fortan alles besser. Eine gerechtere, effizientere und damit letztlich den Wohlstand fördernde Verwaltung sollte her. Und tatsächlich mischte sich der König in den ihm noch verbleibenden 14 Jahren seiner Regentschaft in die inneren Angelegenheiten Westpreußens intensiver ein als in die jeder anderen Provinz. Unverkennbar war seine Verachtung des polnischen Adels. Dieser Geringschätzung entsprachen seine Maßnahmen, mit denen diese Adligen zum Verkauf ihrer Güter gedrängt wurden, woraufhin anschließend zumeist Beamte aus Berlin oder Ostpreußen zur Verwaltung der Provinz eingesetzt wurden. Friedrich wollte am Beispiel Westpreußen zeigen, wie er sich eine effiziente Provinz vorstellte: Mit massiven Investitionen wurden Städte saniert, durch die Trockenlegung von Sümpfen und das Abholzen von Wäldern neues Acker- und Weideland gewonnen und ein neuer Kanal gebaut, der den Schiffsverkehr zwischen Oder und Weichsel ermöglichte. Wieder regelte er selbst einige Details, die doch für die Entwicklung des Gebiets von Bedeutung sein sollten: den Anbau von Obstbäumen, die Bereitstellung von Saatgut oder den Bau von Deichen.[11]

Abgesehen von den konkreten wirtschaftlichen und politischen Folgen dieser Einverleibung Westpreußens hinterließen die Annektierung und Durchdringung der neuen Provinz mit den preußischen Ordnungsvorstellungen deutliche Spuren – und zwar gleichermaßen auf polnischer wie auf preußischer Seite: Die Denunzierung der ökonomischen Bedingungen des Landes als »polnische Wirtschaft« – bei Friedrich findet sich der älteste Nachweis dieser abfälligen Bemerkung[12] –, die Assoziierung der polnischen Gesellschaft mit Misswirtschaft und Faulheit wirkten für preußische Beobachter wie die ideale Negativfolie für die Stilisierung der eigenen Tugenden. Gegen die vermeintlichen polnischen Untugenden ließen sich die erwünschten preußischen Tugenden ideal entwerfen – die Preußen erschienen in dieser Konstruktion als durchdacht, geordnet und effektiv.[13] Die bewusste Ausgrenzung der katholischen und polnischen Eliten war an der Tagesordnung.[14] Übrigens findet sich bei Friedrich in diesen wie anderen Zusammenhangen wiederholt die Vorstellung von den russischen »Barbaren«: »Die Barbaren sind in vollem Anmarsch auf unsere Grenze«, schreibt der König während des Siebenjährigen Krieges einmal seinem Vertrauten d'Argens.[15] Und nach 1763 erklärt Friedrich angesichts der Zerstörungen in den preußischen Provinzen, er und seine Preußen »haben nicht so barbarisch Krieg geführt« wie die Russen (»und nur einige Häuser in den von uns belagerten Städten zerstört«).[16]

Mit Friedrich wurde also die Vorstellung von der angeblich typisch polnischen Faulheit populär. Und diese Faulheit galt ihm generell als Feind allen Fortschritts. Persönlich nutzte er das, um im Kontrast dazu seinen eigenen Fleiß als allgemeine Tugend herauszustellen. 1768 griff er zur Feder und pries in seiner Schrift *Lob der Trägheit* ironisch die Faulheit, welche die Menschen lehre, »die weiche Watte und die Daunenbetten unseres Lagers den Mühen und Anstrengungen der rasenden Liebhaber des Ruhmes« vorzuziehen.[17] In der Tradition des Erasmus von Rotterdam und seines *Lobes der Torheit* wollte Friedrich ähnlich wie der große Humanist ein für ihn zentrales Thema der menschlichen Existenz fassen – indes gelang ihm das literarisch weit weniger überzeugend. Zudem bemerkt der Leser die Absicht des gestrengen Preußen, dessen tief protestantisch eingefärbtes Arbeitsethos viel Schwere der Anforderung, aber wenig Leichtigkeit der Lebenskunst zuließ, sofort.

Sich selbst verlangte Friedrich ohne Frage einiges ab. Um seine Arbeitsleistung zu organisieren, hatte er sich einen festen Tagesablauf auferlegt. An diesem hielt er ebenso strikt fest wie an seiner Jahreseinteilung, der er sich lange Zeit unterwarf. So war etwa für alle berechenbar, dass sich der König vom Oktober bis in den April im Potsdamer Stadtschloss aufhielt, während er die anderen Monate für den Aufenthalt in Sanssouci nutzte oder auch das Neue Palais bezog. In den Sommermonaten pflegte Friedrich noch vor dem Morgengrauen aufzustehen, nämlich zwischen drei und vier Uhr (dafür ging er aber gewöhnlich auch schon vor zehn Uhr abends schlafen), im Winter selten nach vier Uhr. Noch im Bett ließ er sich die eingegangenen Briefe reichen, nach dem Ankleiden erschienen ein Adjutant und ein Feldwebel, um Rapport zu erstatten – im Winter war es dann etwa fünf Uhr. Übrigens musste einer der Offiziere Friedrich auch über jeden in Potsdam ankommenden und jeden passierenden Reisenden Bericht erstatten. In den ersten Jahren seiner Regentschaft durfte nachts kein Fremder ohne Erlaubnis des Königs ein Stadttor passieren, weshalb dieser in seinem Bemühen, alles stets selbst zu kontrollieren, denn auch öfter geweckt werden musste. Früh aufstehen musste übrigens auch, wer dem König Neujahrsgrüße überbringen oder zum Geburtstag gratulieren wollte – sein Gefolge wie die Stabsoffiziere der Garnison mussten sich dann bereits um vier Uhr morgens versammeln.[18]

So berechenbar der Ablauf eines Tages im Leben Friedrichs war (dieser endete wenn möglich gegen 18 Uhr mit einem Konzert, in dem er selbstverständlich oft genug die erste Flöte spielte), so festgelegt waren auch seine Aufenthalte außerhalb von Potsdam. So reiste er – bei fast immer gleichbleibenden Tagesabläufen – zu den Inspektionen seiner Regimenter nach Berlin oder Küstrin, nach Magdeburg oder Schlesien. Bei diesen Reisen entstand das Bild vom sich selbst gegenüber anspruchslosen Herrscher: Friedrich kam erkennbar mit wenig aus, als Nachtquartier reichte ihm ein Zimmer mit Bett, Tisch und Armstuhl. Eine solche Unterkunft fand er oft bei Pfarrern, die er dafür selbstverständlich bezahlte. Spartanisch erschien auch jener schlichte, mit einem Strohdach versehene Fachwerkbau, den er sich nach dem Erwerb Westpreußens in dem Dorf Mockrau zwischen Marienwerder und Graudenz errichten ließ: Hier residierte er über zehn Jahre jeweils im Juni, wenn er seine Inspektionen in der neuen Provinz unternahm.[19]

Im Unterschied zu anderen Regenten seiner Zeit verzichtete Friedrich in seinen Residenzen weitgehend auf das übliche höfische Zeremoniell. Dies bedeutete nicht, dass er ein abgeschottetes Leben führte. Es ist zu Recht darauf hingewiesen worden, dass er als König – ob er wollte oder nicht – eigentlich immer und überall von Menschen umgeben war. Zahlreiche Bedienstete waren um ihn herum, das war im heimischen Schloss nicht anders als bei seinen Feldzügen. Und auch wenn er es persönlich lieber vermieden hätte, so gab es doch Festivitäten, die auch

Friedrich in seinem Kalender berücksichtigen musste: Jedes Jahr verbrachte er beispielsweise die gut drei Wochen zwischen dem Neujahrstag und seinem Geburtstag im Berliner Stadtschloss, wo er in dieser Zeit – Pflicht ist Pflicht – zu seinem Leidwesen selbst Maskenbälle und Kostümfeste über sich ergehen lassen musste. Dabei dürfte sich der König keine große Mühe gegeben haben, sein Unbehagen über solche Arten von Festivitäten zu verbergen. Und so kam während seiner Anwesenheit in Berlin die Geselligkeit in der Stadt und in den verschiedenen Residenzen weitgehend zum Erliegen. Friedrich, der weiterhin glanzvolle Auftritte und steife Etikette verschmähte, wirkte in diesen Jahren wie eine höfische Spaßbremse. In Anwesenheit dieses alten, kränkelnden und bekanntermaßen uncharmanten Regenten trübte sich die Stimmung nachhaltig ein – von Scheu und Kälte war in seiner Umgebung die Rede, sogar von regelrechter Furcht.[20]

> *»Die vierzig Personen, die im Vorzimmer bei schönster Laune*
> *waren, waren, sobald der König eintrat, nur noch vierzig Bildsäulen.*
> *Warum flößt die Macht mehr Furcht als Liebe ein?«*
> (Ein Beobachter über das gesellschaftliche Klima am Hofe)[21]

Fast unnötig hinzuzufügen, dass er das Tanzen – nach der Rückkehr aus dem Siebenjährigen Krieg – spöttisch als »Körperbewegung« abtat, die wohl der Jugend Spaß mache. Ihm selbstverständlich aber nicht.[22] Kein Wunder auch, dass der von ihm bestimmte Lebensstil in Sanssouci zu einem guten Teil militärisch geprägt war. In dieser Atmosphäre wurde der König wohl geachtet, aber Sympathie für ihn nahm nicht überhand. Sein Auftreten verbreitete eher Kälte und schuf Distanz.[23] Friedrich war sich seiner Wirkung auf seine Mitmenschen anscheinend bewusst, er selbst sprach einmal über die »Ungenießbarkeit meines Alters«[24] – knapp über 50 Jahre war er da! Und nicht nur seine Miesepetrigkeit stieß den Menschen um ihn herum übel auf, sondern auch seine Nachlässigkeit in äußerlichen Dingen und der Zustand seiner unmittelbaren Umgebung. Gerade was seine Kleidung anbelangt, legte er daheim eine gewisse Gleichgültigkeit an den Tag.

> *»Der gleiche Zynismus findet sich in allem, was seine Person betrifft;*
> *sein Wagen, sein Bett, sein Schlafzimmer sind von unglaublicher*
> *Unsauberkeit. Er wechselt das Hemd nicht täglich [...]; bisweilen*
> *geht er sogar gestiefelt ins Bett.«*
>
> (Tagebuchaufzeichnung des Generals Guibert im September 1773)[25]

Friedrichs Beharren auf dem Tragen eines alten blauen Soldatenrocks – dessen Revers mit Spuren von spanischem Schnupftabak befleckt war – hat ein Kenner der preußischen Geschichte einmal als Ausdruck für »die Selbstunterordnung des Monarchen unter die von ihm repräsentierte politische und gesellschaftliche Ordnung« bewertet.[26] Das mag auch zutreffen, sicherlich dürfte hier zugleich aber auch eine gewisse Alterserscheinung Raum gegriffen haben: Hier ließ sich jemand gehen, der niemanden hatte, der ihn daran zu hindern wagte. Das erschreckende Erscheinungsbild, das Friedrich mit seinem Äußeren abgab, stand in eklatantem Missverhältnis zu dem von ihm selbst formulierten Anspruch, seine Herrschaftsaufgaben mit Würde zu versehen.[27]

> *»Er war von kleinem Wuchs und ging sehr gebückt an einem*
> *Krückstock. Er trug einen ziemlich abgenutzten blauen Rock,*
> *eine Weste von gelbem Tuch, sehr weite und schmutzige Stiefel,*
> *die ihm bis über die Knie gingen. Ferner trug er eine ziemlich*
> *schlecht frisierte Perücke mit einem langen Zopf und einen einfachen*
> *Hut mit Federn, die vom Alter grau geworden waren. So kleidete*
> *er sich das ganze Jahr außer bei großen Festlichkeiten an seinem*
> *Hofe. Er verbrauchte viel Tabak, und Gesicht und Kleidung waren*
> *immer davon bedeckt.«*
>
> (Der Marquis von Bouillé über seinen Besuch beim alten Friedrich)[28]

Nicht erst im Alter verzichtete Friedrich übrigens darauf, sich porträtieren zu lassen – nach seiner Thronbesteigung hat er keinem Maler mehr Modell gesessen. Für die später entstandenen Bildnisse des Königs mussten die Künstler bei Truppenparaden oder öffentlichen Veranstaltungen aus respektvoller Distanz Gesicht und Körper Friedrichs skizzieren. Das musste reichen, um sich daraus später ein vollständiges Bild zu machen.[29]

Seine Verwandten machten inzwischen um Sanssouci lieber einen weiten Bogen. Nur selten bekamen sie den König jetzt zu Gesicht. Dann kam übrigens auch die Königin in den zweifelhaften Genuss seiner Gesellschaft: Wenn Friedrich sich – gewöhnlich in den ersten Wochen eines Jahres – in Berlin aufhielt, pflegte er regelmäßig auch einmal bei Elisabeth Christine zu dinieren, die im Stadtschloss über eine eigene Suite und eigenes Personal verfügte. Aber bei diesen dem König erkennbar unangenehmen Zusammenkünften wünschte er, sich wenigstens nicht mit ihr unterhalten zu müssen. Die Konversation mussten dann die übrigen Tischgenossen übernehmen.[30]

Auch bei der Kommunikation mit den großen Regenten seiner Zeit war Friedrich wie erwähnt zurückhaltend. Zu ihnen hatte er selbst nie persönlichen Kontakt, zuweilen lehnte er entsprechende Angebote zu solchen Gipfeltreffen ab. Das galt beispielsweise für Offerten seitens Maria Theresias oder des englischen Königs Georg II., der zugleich sein Onkel war. Erst 1769 sollte es immerhin zu einem Zusammentreffen mit Kaiser Joseph II. kommen. So erscheint der preußische König im Rückblick unter den Monarchen als ein einsamer Mensch. Nach Theodor Schieder war er gar ein als »unheimlich geltender Gemiedener und geradezu Verfemter«[31].

Dass er ein Verfemter war, scherte Friedrich indes nicht sonderlich. Im Gegenteil, er nahm die Regenten seiner Zeit nicht von dem ihm eigenen Spott aus, sondern lästerte besonders lustvoll über sie – was diese (das musste Friedrich wissen) selbstverständlich über kurz oder lang auch erfuhren. Friedrich war dies einerlei, manchmal wünschte er sogar genau dies. So reizte er den französischen König Ludwig XV. und dessen mächtige Mätresse Madame de Pompadour, verhöhnte die Zarin Elisabeth als mannstolle Branntweintrinkerin und schmähte nach Herzenslust auch seinen Verwandten Georg II. Dieser nannte Friedrich daraufhin wahlweise einen boshaften Schurken, einen schlechten Verwandten oder schlicht den gefährlichsten und bösartigster Fürsten Europas.[32] Ein intaktes Verwandtschaftsverhältnis sieht anders aus...

Gleichwohl war die Familie für Friedrich von dynastischer Bedeutung – schließlich musste dem kinderlosen Regenten die Regelung der Nachfolge ein besonderes Anliegen sein. Als möglicher Thronfolger galt zunächst der jüngere Bruder Friedrichs, August Wilhelm. Der zum »Prinzen von Preußen« Erklärte wurde allerdings unter der Herrschaft des großen Bruders nicht glücklich. Vielleicht hatten sie anfangs ein einigermaßen funktionierendes Verhältnis, das aber gerade unter den Bedingungen des Siebenjährigen Krieges schweren Schaden nahm. Friedrich hielt dem Bruder massives Versagen während des böhmischen Feldzugs vor, demütigte ihn und enthob ihn seines Kommandos. Sein Leben, so kommentierte es einer seiner Biografen einmal zutreffend, endete tragisch »im Zusammenhang eines für das Haus Hohenzollern keineswegs ungewöhnlichen Familienzwistes«: Der erst 36-jährige August Wilhelm, der unter schweren Depressionen litt, starb 1758.[33]

Damit rückte dessen 13-jähriger Sohn Friedrich Wilhelm, zu dessen Vormund zunächst Friedrichs Bruder Heinrich ernannt wurde, in den Mittelpunkt der Nachfolgeüberlegungen. Dieser Kandidat war ein intelligenter, vielseitig interessierter, aber schon in frühen Jahren zu Übergewicht neigender Mann (was ihm später den Spitznamen »Dicker Wilhelm« eintrug). Und doch fehlte es ihm wohl an politischer Zielstrebigkeit und aus Sicht Friedrichs in hohem Maße an Arbeitseifer und Konzentrationsvermögen.[34] Friedrich Wilhelm jedenfalls zog aus dieser Einschätzung seine

Konsequenzen und hielt zum Onkel respektvollen Abstand, weil er dessen Rügen und zahlreiche Ratschläge wohl nicht unmittelbar erleben wollte. Der zeigte sich pessimistisch darüber, was Friedrich Wilhelm einst als König mit seinem politischen Erbe anstellen werde: Wenn dieser erst mit seiner »Schlaffheit« und Verschwendungssucht die Herrschaft übernehme, werde ihn letztlich der österreichische Herrscher »über den Löffel balbieren«: Binnen 30 Jahren, so die düstere Prognose des »Alten Fritz«, werde weder von Preußen noch vom Hause Brandenburg mehr die Rede sein. Österreich werde sich ganz Deutschland untertan gemacht haben.[35] Wie wir heute wissen, irrte sich der kluge Friedrich an diesem Punkt allerdings gründlich.

»Da sitzt er nun, der alte Mann,
Phlegmatisch, schweigsam, herzenskalt;
Fängt er einmal zu sprechen an,
So gähnt ein jeder Hörer bald [...]
Die Jugend geht im Irrtum dahin;
Kaum lernt man erkennen, kaum schärft sich der Sinn,
Da kommt die Mühsal, da kommen die Leiden,
Und es dauert nicht lange, da heißt es scheiden.«
(Der 65-jährige Friedrich an Voltaire im Sommer 1777)[36]

Friedrich, so hat es ein Historiker einmal treffend beschrieben, alterte schnell und unattraktiv.[37] Er selbst nahm sich in diesem Zustand von seinem Spott nicht aus – ein »altes Gerippe«, ein »alter hinfälliger Schwätzer« sei er nur noch, schrieb er einige Tage nach seinem 56. Geburtstag, »den man auf dem kürzesten Wege ins Jenseits schicken muß«[38]. Er glaubte nicht an ein langes Leben:

»Unserer armen Familie scheint kein langes Leben beschieden zu
sein. Meiner Ansbacher Schwester geht es sehr schlecht; meine
Braunschweiger Schwester und ich haben fast keine Zähne mehr;

meine Schwedter Schwester ist wassersüchtig; die arme Amalie kann
sich trotz ihrer Aachener Kur nicht erholen; mein Bruder Heinrich
ist ein Hypochonder; mein Bruder Ferdinand ist nur hin und wieder
gesund – kurz, ich glaube, in zehn Jahren ist keiner von uns mehr
am Leben [...].«

(Friedrich 1764 in einem Brief an seine Schwester Ulrike – da hatte
der König allerdings noch 22 Jahre zu leben)[39]

Friedrichs Krankheitsbild war vielfältig. Ausschlaggebend für seine
Leiden war seine ungesunde Ernährung, von der er sich nicht zuletzt aufgrund seiner eigenen medizinischen Kenntnisse nicht trennen wollte. Infolgedessen litt er unter Koliken von Niere, Leber
und Milz, an permanenten Verdauungsstörungen, an Hämorrhoi-
den und vor allem zahlreichen Gichtanfällen. Schon als 15-Jähri-
ger erkrankte er an Gelbsucht, mit 28 Jahren an einer hartnäckigen
Form der Malaria, wegen der er später häufig von Fieberanfällen,
Kältezittern und Schwindelanfällen heimgesucht wurde.[40]

»Die linke seite unter den Riben hinterwertz-zu Macht mihr das
meiste zu tuhn. Die Nihren Seindt viel Schuldt; und dan-unt-Wan
dann Schwilt die Miltz auf, dann tuht mihr der lincke arm so weh,
als wann ich einen Flus daran hätte. Und dann so Kömtz mihr
dan-untwan, als wenn ich Sticken wollte, und des Nachts Eben-so.«

(Der erst 35-jährige Friedrich klagt über seinen schlechten
Gesundheitszustand)[41]

Schon vor dem Siebenjährigen Krieg war er oft und ernstlich
krank,[42] und im Alter wurde er von Krankheiten regelrecht geplagt – besonders von seinen schweren Gichtanfällen. Noch immer
aß er gegen den Rat der Ärzte übermäßig viel, was weder für die
Gicht noch die zunehmenden Stoffwechselerkrankungen vor-
teilhaft war. Aber wer sein Leben lang so unter Krankheiten litt
wie Friedrich, der musste auch zu Ärzten ein ganz besonderes
Verhältnis haben. Sein anfänglich wohl vorhandenes Vertrauen in

die ärztliche Heilkunst (so waren Pockenerkrankungen 1718 und 1724 ordentlich behandelt worden) war später restlos ruiniert. Es wurde darüber spekuliert, ob möglicherweise eine Geschlechtskrankheit falsch behandelt wurde, die dann wiederum seine Fortpflanzungsfähigkeit zerstört habe.[43] Sicher ist, dass Friedrich sich zeitlebens intensiv mit medizinischen Fragen auseinandersetzte, auch Selbstmedikation betrieb und nur, wenn ihm seine eigenen Therapien nicht weiterhalfen, einen Mediziner hinzuzog. Allerdings wurde er regelmäßig, auch wenn keine Beschwerden auftraten, zweimal im Jahr zur Ader gelassen.[44] Anzeichen dafür, dass Friedrich auf dubiose Heiler hereingefallen wäre, wenn seine Leiden ihm zu heftig zusetzten, gibt es nicht; vielmehr spottete er über »die tierische Elektrizität, den Einfluss des Mondes und dergleichen Quacksalbereien«[45].

Auch in medizinischen Fragen entwickelte Friedrich die Neigung, es selbst im Detail besser zu wissen als die Experten. So setzte er dem Kaffee, den er morgens in größeren Mengen zu trinken pflegte, zuweilen Senfkörner zu. Der König war der Ansicht, dies sei das beste Mittel zur Vorbeugung von Schlaganfällen[46] – dass die Reduzierung seines Kaffeekonsums vermutlich sehr viel wirksamer gewesen wäre, kam ihm dagegen nicht in den Sinn. Der selbst ernannte medizinische Experte lästerte genüsslich über die ärztliche Unfähigkeit – es war nicht leicht, neben dem König Mediziner zu sein. Und selbstverständlich erteilte Friedrich auch Menschen in seiner Umgebung – gefragt oder ungefragt – medizinische Ratschläge und mischte sich in die Behandlung ihm nahestehender Personen ein.[47]

Wenn man so will, hielt Friedrich seine Krankheiten mit einer Mischung aus Trotz und Durchhaltewillen aus. Ganz sicher wollte er sich von seinen vielfältigen Beschwerden seine kulinarischen Gewohnheiten nicht nehmen lassen. Allen anderen predigte er gerne die Vorzüge zeitgemäßer Diät und gesunder Ernährung. Er behauptete sogar, er habe selbst erfolgreich Diät gehalten. Das war aber weitgehend geschwindelt: Friedrich liebte pikante und stark gewürzte Speisen, von denen er bis zu zehn verschiedene beim Mittagessen zu sich nahm, wenngleich nicht in übermäßigen Mengen. Ungarnwein, Bergerac, ein guter Moselwein und eine Flasche Champagner rundeten für ihn den Genuss ab. Dass Friedrich gerne Obst aß, war seiner Gesundheit letztlich auch nicht förderlich, weil er Kirschen, Feigen oder Pfirsiche wiederum in unmäßigen Mengen verspeiste.[48]

Friedrich speiste also gerne gut – was zeigt, dass er nicht der entsagende Fürst war, der sich selbst nie etwas gönnte, weil er Tag und Nacht nur an das Wohlergehen seines Volkes gedacht hätte. Was das Essen anging, wurde er wohl nicht unzutreffend als regelrechter Genussmensch bezeichnet.[49] Er suchte täglich selbst anhand des Küchenzettels aus, was er auf dem Tisch haben wollte. Anschließend markierte er die Speisen, die ihm gemundet hatten, zuweilen kamen der Haushofmeister und der Chefkoch Noël an den Tisch, um ein persönliches Lob des Regenten zu erheischen. Zudem muss es vor allem dem alten Friedrich eine besondere Freude gewesen sein, sehr genau die Küchenrechnungen zu prüfen. Erschienen ihm die Ausgaben für Lebensmittel im Einzelfall zu hoch, ergänzte der gleichermaßen misstrauische wie nicht immer gerecht urteilende König die Rechnungen mit einem Kommentar wie »Impertinent gestohlen!«[50]. Und einen Küchenschreiber wollte er wegen vermeintlicher Diebstähle eingekerkert haben, obwohl die Justiz ihn für unschuldig hielt.[51]

> »Mein Namensgedächtnis schwindet, meine geistige Frische läßt nach; meine Beine sind wackelig; ich sehe schlecht – kurz, ich habe Beschwerden wie kein anderer. Aber diese ganze Prozession von Krankheiten und Gebrechen raubt mir meine Heiterkeit nicht, und ich werde mich mit lachendem Antlitz begraben lassen.«
> (Der 68-jährige Friedrich im August 1780 gegenüber einem Freund)[52]

Friedrich hatte seine im Grunde robuste Konstitution zu einem guten Teil durch seine unvernünftige Lebensweise ruiniert.[53] Die letzten Monate verbrachte er in Sanssouci, es war ein qualvolles Dahinsiechen. Ein Arzt, der ihn im Juni 1786 erstmals zu Gesicht bekam, fand ihn bereits in denkbar schlechtem Zustand vor: Das Gesicht sei blass, mager und von »weißgelber Blässe« gewesen, zudem fand er »den Leib sehr stark und die Beine bis ganz oben an die Lenden so fürchterlich geschwollen, als nur irgend Beine geschwollen sein können«. Trotzdem wollte der König seine Ess- und Trinkgewohnheiten auch jetzt nicht ändern – weshalb der Arzt Potsdam unverrichteter Dinge wieder verließ.[54]

»Das Alter muß der Jugend weichen, damit jede Generation ihren Platz findet. Und wohl erwogen, was ist das Leben? Es besteht darin, daß man seine Mitbürger sterben und zur Welt kommen sieht.«
(Friedrich in seinem letzten datierten Brief eine Woche vor seinem Tod an seine Schwester Charlotte)[55]

Längst konnte er nachts, wenn er ohnehin vor Schmerzen, Atembeklemmungen und Hustenanfällen kaum Schlaf fand, nicht mehr ausgestreckt im Bett liegen, sondern verbrachte die meiste Zeit – auch tagsüber – im Lehnstuhl.[56] In den frühen Morgenstunden des 17. August 1786 starb Friedrich im Alter von 74 Jahren.

Für seine Beisetzung hatte Friedrich beizeiten vorgesorgt: Auf der östlichen Terrassenseite von Sanssouci hatte er bereits 1744, während am Schloss noch gearbeitet wurde, eine Gruft anlegen lassen, die seine Ruhestätte werden sollte und in deren Nähe zu seinen Lebzeiten elf seiner geliebten Hunde beigesetzt worden waren. Friedrich plante, sich »in beispielloser Zurückgenommenheit und in völligem Widerspruch zum Begräbniszeremoniell der fürstlichen Häuser seiner Zeit bestatten zu lassen«[57]. Doch sein Wunsch, am vorher bestimmten Platz und abseits des zeremoniellen Treibens beigesetzt zu werden, wurde ihm nicht erfüllt! Mit Friedrichs Tod endete eben auch seine Macht über den eigenen Körper: Statt in Sanssouci wurde er an der Seite seines Vaters (ausgerechnet!) in der Gruft der Garnisonkirche in Potsdam beigesetzt.

Ein Denkmal entsteht

Am Morgen des 17. August 1786 verbreitete sich die Nachricht vom Tod des Monarchen. Die Menschen in Potsdam und Berlin nahmen die Nachricht ohne allzu große Trauer auf. Nur wenige Untertanen nutzten die Gelegenheit, am Sarg des Toten vorbeizudefilieren, der im Audienzsaal des Stadtschlosses aufgebahrt war. 46 Jahre nach der Thronbesteigung Friedrichs beleuchteten viele Berliner ihre Häuser – allerdings nicht aus Trauer, sondern aus Freude! In einer allgemeinen Atmosphäre der Erleichterung machte auch der pietätlose Ausspruch die Runde: »Gott sei Dank, das alte Ekel ist endlich tot.«[1] In ihrer großen Mehrheit hatten die Preußen schon seit einigen Jahren genug vom alten König und seiner Herrschaft gehabt – eher pflichtgemäß wurde ihm noch Respekt entgegengebracht. Beliebt war er schon längst nicht mehr.

> *»Jedes Gesicht zeigt Erleichterung und Hoffnung, nicht ein Bedauern, nicht ein Seufzer, nicht ein Wort des Lobes. Das also ist das Ergebnis aller seiner Siege und seines Ruhms, einer Regierung von beinahe der Dauer eines halben Jahrhunderts, erfüllt mit großen Ereignissen. Jedermann ersehnte sich ihr Ende und begrüßte es, als es da war.«*
> (Der französische Gesandte Graf Mirabeau über die Stimmung in Berlin nach Friedrichs Tod)[2]

Die öffentlichen Reaktionen auf das Ende seiner Regentschaft waren allerdings gemischt – und damit längst nicht so eindeutig, wie es Graf Mirabeau der Nachwelt ins Stammbuch schreiben wollte: In Preußen gab es Erleichterung über das Ende dieser Regentschaft, aber auch Betroffenheit und aufrichtige Trauer. Gleichwohl stellt sich angesichts solcher Äußerungen die dringende Frage, wie dieser König schließlich doch als einer der Großen in die deutsche Geschichte eingehen sollte. Wie konnte aus Friedrich später wie selbstverständlich »der Große« werden?

In den Territorien des Heiligen Römischen Reichs waren die Reaktionen auf Friedrichs Tod durchaus unterschiedlich: In Bayern beispielsweise genoss Friedrich seit dem als »Kartoffelkrieg« bezeichneten Bayerischen Erbfolgekrieg, in dem er das Land gegen österreichische Ambitionen in Schutz genommen hatte, noch den Nimbus des Retters. In anderen deutschen Ländern dominierte nach der Todesnachricht ein zwar ehrfurchtsvoller, aber doch zurückhaltender Ton. Dass sich in Österreich sowohl in der Öffentlichkeit als auch am Hofe die Trauer in ausgesprochen engen Grenzen hielt, ist angesichts der jahrzehntelangen Konfliktgeschichte mit Friedrich naheliegend. Kaiser Joseph II. bedauerte in brüskierender Offenheit weniger das Dahinscheiden Friedrichs als vielmehr die Tatsache, dass dessen Tod »30 Jahre zu spät« eingetreten sei (dies wäre ansonsten 1756 gewesen, zu Beginn des Siebenjährigen Krieges).[3]

Politisch war im Sommer 1786 jedoch die Frage entscheidend, wie sich ein Thronwechsel in einem der europäischen Machtzentren – denn zu einem solchen war Preußen unter Friedrich zweifelsohne aufgestiegen – auf das Staatensystem des Kontinents auswirken würde. Vor allem der fragilen Beziehung zwischen Preußen und Österreich galten nicht nur in Berlin und Wien, sondern auch in den übrigen europäischen Hauptstädten die Sorgen und Hoffnungen. Deutlich spiegelte die Londoner Börse die allgemeine Nervosität wider: Allein aufgrund des Gerüchts von Friedrichs Tod kam es dort schon vor dem 17. August 1786 zu einem Kursverfall der Wertpapiere – panische Börsianer sind also nicht erst eine Erscheinung unserer Zeit.[4]

Auffallend an den ersten Tagen und Wochen nach Friedrichs Tod ist der Umstand, wie schnell eine Kommerzialisierung des verstorbenen Herrschers einsetzte: Unzählige Friedrich-Bildnisse wurden nun annonciert und vertrieben, Anekdotensammlungen und Abgüsse der Totenmaske kamen in Umlauf, und lebensecht modellierte Friedrich-Wachsfiguren wurden schon im Herbst 1786 zu begehrten Sammel- und Ausstellungsobjekten. Am 9. September, drei Wochen nach der Beisetzung, wurde das prunkvolle Leichenbegängnis in der Potsdamer Garnisonskirche zelebriert. Tausende Schaulustige versammelten sich zu diesem Anlass, um den Trauerzug auf seinem Weg zwischen Kirche und Stadtschloss zu sehen – und bezahlten an geschäftstüchtige Hausbesitzer schon einmal zehn oder mehr Taler für einen der begehrten Fensterplätze. Es herrschte eine Mischung aus Bewunderung, Neugierde und Sensationslust, die »nun mit Friedrich-Devotionalien aus Papier und Wachs befriedigt wurde«[5] – wenngleich solche kunsthandwerklichen Gebilde schon zuvor in deutschen Bürgerhäusern zu finden waren.[6]

Dieser Sensationslust waren zu einem guten Teil auch noch die 1788 und 1790 erschienenen Schriften geschuldet, in denen erstmals angebliche »charakterliche Mängel« Friedrichs öffentlich thematisiert wurden. Darin ging es um sein Verhältnis zu Frauen und auch sein Sexualleben. Zunächst ließ sich ein Geograf namens Anton Friedrich Büsching über Friedrichs Ablehnung der »Frauenzimmer« aus und erklärte leichter Hand, dass dieser sich das entgangene sinnliche Vergnügen eben »durch den Umgang mit Mannspersonen« verschafft habe. Der Arzt Johann Georg von Zimmermann bot kurz darauf dem begierigen Publikum noch mehr, indem er einen angeblich vorgenommenen chirurgischen Eingriff als »grausamen Schnitt« bezeichnete, der kurz nach der Heirat nötig gewesen und letztlich zur Zeugungsunfähigkeit des Königs geführt habe. Eifrige Friedrich-Verehrer wehrten sich daraufhin energisch gegen diese ihrer Meinung nach üble Nachrede, und bald kursierte in Berlin eine Gegenschrift, in der sogar die Leichenschau inklusive intimer Details am Körper des Verblichenen zum Thema wurde. So wurden gar Ärzte zitiert, die den königlichen Leichnam gewaschen hatten und nun erklärten, dass Friedrichs »äußerliche Geburtsteile gesund und nicht verstümmelt« gewesen seien.[7] Von solchen Details und ihrem historischen Wahrheitsgehalt einmal völlig abgesehen – es wird deutlich, dass der private Friedrich schon kurz nach seinem Tod zu einer öffentlichen Figur avanciert war.

In den ersten Jahren nach Friedrichs Tod standen die erwähnte Sensationslust, aber auch aufrichtige Bewunderung und politische Distanzierung nebeneinander. Zu den begeisterten Anhängern zählte beispielsweise der Astronom und Direktor der Berliner Sternwarte, Johann Elert Bode, der an die antike Tradition erinnerte, Sternbilder nach Helden und Königen zu benennen – und 1787 die Einführung eines neuen Sternbilds vorschlug, das er »Friedrichs Ehre« nannte.[8]

> *»Dort, wo in der Nachbarschaft die Sterne einer ganzen königlichen Familie des grauesten Altertums, des Cepheus, der Kassiopeia und Andromeda, funkeln, wo die Sterne des Musenpferdes und des Schwans glänzen. Hier formiere ich, nach einer geringen Abänderung, aus 76, zum Teil erst kürzlich von mir beobachteten Sternen dies neue Friedrichsgestirn, welchem ich den deutschen Namen Friedrichs Ehre beilege.«*
>
> (Der Astronom Johann Elert Bode über sein neues Sternbild)[9]

Trotz aller Bemühungen war diesem Versuch, Friedrich einen Platz am Firmament zu sichern, kein lang anhaltender Erfolg beschieden; nach einigen Jahrzehnten verschwand diese Bezeichnung.[10] Auch ein Versuch, den »Großen Bären« nach Friedrich zu benennen, setzte sich bekanntlich nicht durch.[11] Neben solchen Bewunderern gab es Zeitgenossen, die demonstrativ auf Distanz gingen zu Friedrich und seiner Regentschaft. Der Archäologe Johann Joachim Winckelmann dachte »mit Schaudern an dieses

Land«, in dem die Künste seiner Ansicht nach nicht hätten gedeihen können.[12] Und Friedrich Schiller, den ein Freund zu einem epischen Gedicht über den König bewegen wollte, lehnte nach langjähriger Bedenkzeit ab, weil er sich für die Person des Königs nicht erwärmen konnte.

> *»Friedrich II. ist kein Stoff für mich, und zwar aus einem Grunde, den Du vielleicht nicht für wichtig genug hältst. Ich kann diesen Charakter nicht lieb gewinnen, er begeistert mich nicht genug, die Riesenarbeit der Idealisierung an ihm vorzunehmen.«*
>
> (Friedrich Schiller an den sächsischen Juristen Christian Gottfried Körner im November 1791)[13]

Die politische Kritik wurde mit der Zeit immer lauter. Ein ehemaliger Mitarbeiter des Königs, nun Kabinettsrat in Diensten des Nachfolgers Friedrich Wilhelms II., prangerte in einer Denkschrift offen den Regierungsstil Friedrichs an, der »allein und ohne Ratgeber aus seinem Kabinett« den gesamten Staatsapparat bis ins Detail hinein selbst regieren wollte. Diesen Punkt hatte kurz vor Friedrichs Tod schon der spätere preußische Reformer und Staatsmann Freiherr vom Stein kritisiert. Diese Friedrich'sche »Selbstregierung« sei kontraproduktiv gewesen, erklärte er, weil »alle Tätigkeiten den Anstoß von oben« gebraucht hätten und es deshalb nirgends »Selbständigkeit« und »Selbstgefühl« gegeben habe. Und der junge Hegel bezeichnete 1802 Friedrich gar als »Zerstörer des Reiches«, weil der König sich ausschließlich um die Interessen Preußens gesorgt, das Wohl eines ganzen Deutschland aber nicht im Blick gehabt habe.[14]

Und je mehr man sich aus patriotischer Begeisterung ein vereintes Deutschland herbeisehnte, desto mehr erschien Friedrich als Übel. Als einer seiner schärfsten Kritiker tat sich in diesem Zusammenhang Ernst Moritz Arndt hervor: Das deutsche Volk, so notierte er 1805, könne sich an diesem König wenig erfreuen, schließlich habe keiner »uns so sehr geschadet«[15].

*»Auf Deutschland selbst wirkte der König nur verderblich […].
Österreichs Größe war nicht allein wegen der Kaiserwürde, sondern wegen der Verhältnisse des übrigen Europas auch Deutschlands
Größe und Sicherheit. Alle einzeln zu schwach, einem kühnen
Angreifer und Eroberer widerstehen zu können, fanden in Österreichs Macht den Stützpunkt und Vereinigungspunkt, und solange
das Reich und so mächtige Kaiser nicht zwiespältig waren, durften
die Fremden daran nicht denken, Deutschlands Grenzen zu schmä-
lern. Dieses Band, das einzige wirkliche, welches die mancherlei
deutschen Staaten zusammenknüpfte, zerriss Friedrichs hoher Geist,
und wusste kein neues zu knüpfen, wodurch das zerrissene ersetzt
würde […]. Es ist nichts lächerlicher, als ihm [Friedrich] patriotisch
deutsche Ideen beilegen zu wollen.«*

(Ernst Moritz Arndt über den »Reichsverderber« Friedrich)[16]

Wie Hegel meinte Arndt, dass Friedrich Deutschland nur geschadet habe, weil dieser nur Preußens Gloria mehren wollte, aber für
ein Deutschland kein Gefühl entwickelt habe. Sein politisches
Argument gegen Friedrich ergänzte Arndt übrigens durch seinen
Verdacht, eine Wurzel des politischen Übels liege wohl darin, dass
Friedrich früh »die Lust der Liebe« verloren habe. Als Mann habe
er die Frauen nicht geliebt, später dann als Mensch nicht einmal
mehr die Menschen.[17] Friedrich Verhältnis – oder genauer: sein
Nicht-Verhältnis – zu Frauen wurde schon früh Bestandteil im
politisch-publizistischen Kampf um das Andenken Friedrichs und
seinen Platz in der Geschichte.

Die Auseinandersetzung mit Friedrich wurde schließlich unter neuen Vorzeichen geführt, nachdem Napoleon in Berlin auf-
getreten war. Dieser hielt bekanntlich nach dem Sieg über die
preußische Armee im Oktober 1806 feierlich Einzug in die Stadt.
Preußen erlebte eine Niederlage, die im kollektiven Gedächtnis
als bisher denkbar größte Demütigung ihren Platz finden sollte.
In der Hauptstadt des geschlagenen Feindes sonnte sich der französische Imperator im Glanze seines Erfolges, ließ sich am Bran-

denburger Tor den Schlüssel der Stadt überreichen und bezog standesgemäß Quartier im königlichen Schloss. Auch besuchte er Potsdam, wo er sich laut Augenzeugenberichten aus Bewunderung für Friedrich dessen Wohnung zeigen ließ. Dabei fand er – ob in der Bibliothek oder im angrenzenden Schreibzimmer, ist ungewiss – den Degen des Königs, der auch bei der Aufbahrung und der Beisetzung Friedrichs zu sehen gewesen war, betrachtete ihn voller Anerkennung und soll ausgerufen haben:

> *»Wenn der König noch lebte, der diesen Degen getragen hat, würden wir uns nicht hier befinden.«*
>
> (Napoleon 1806 im Potsdamer Stadtschloss)[18]

Gegen diesen Herrscher, so soll der berühmte Besatzer erklärt haben, hätte selbst er keine Chance gehabt. Eine bloße Koketterie, die letztlich eher auf die eigene vermeintliche Größe abzielte als auf die Anerkennung eines anderen Regenten – was die deutsche Nachwelt später hartnäckig anders verstehen wollte …

Manche Insignien der friderizianischen Regentschaft, so heißt es in den Quellen, hätten zu diesem Zeitpunkt achtlos im Potsdamer Schloss herumgelegen, wodurch sich der französische Imperator geradezu eingeladen gefühlt habe, sich an diesen Stücken zu bedienen: Nicht nur der königliche Degen, sondern auch ein Orden und zwei Fahnen aus dem Besitz Friedrichs seien von Napoleon – sozusagen als historisches Andenken sowie als Ausweise seines Sieges über Preußen – nach Paris geschickt worden.[19]

Das alte Preußen war untergegangen; nach dem Zusammenbruch des Landes infolge der Schlachten von Jena und Auerstedt 1806 war die Notwendigkeit von Reformen augenfällig geworden. Freiherr vom Stein brachte dies auf den Punkt, als er eben auch die negativen Nachwirkungen der friderizianischen Regierung aufzeigte – das Land sei nur für Korporale und Kalkulatoren gemacht, verfüge über keine gebildete bürgerliche Oberschicht, aber dafür über ein höheres Beamtentum, das allenfalls »Briefträgertugenden« entfalte.[20] Reformen taten not – und eine politische Abkehr vom alten Preußen schien mit einer Abkehr von Friedrich einherzugehen.

»Du redest von einem Friedrich dem Großen: hat er vor tausend Jahren gelebt? Oder warum ist keine Spur mehr von ihm in Deutschland vorhanden?«

(Aus einem Briefwechsel zwischen dem Historiker und Staatsmann Johannes Müller und seinem Bruder 1809)[21]

In den folgenden Jahren blieb die Erinnerung an den preußischen König zunächst geprägt von der napoleonischen Präsenz; auch das Gedenken anlässlich des 100. Geburtstags Friedrichs 1812 fiel nach dem Empfinden eines königstreuen Betrachters »zusammen mit dem Tiefstand der Erniedrigung Preußens«[22]. Wenige Wochen nach diesem Geburtstag, am 24. Februar 1812, musste sich das geschwächte Preußen erneut Frankreich beugen: Auf diesen Tag datiert die Offensiv- und Defensivallianz, die Napoleon von Preußen verlangt hatte und angesichts der militärischen Kräfteverhältnisse gegenüber Preußen auch mühelos durchsetzen konnte. Preußen musste für den bevorstehenden Krieg zwischen Frankreich und Russland 20 000 Soldaten und zahlreiche Geschütze zur Verfügung stellen, zudem wurde das Land zum Auf- und Durchmarschgebiet der Armeen Napoleons.[23]

In dieser Situation war den meisten Preußen nicht zum Feiern zumute, andere wollten sich durch öffentliche Inszenierungen wohl nicht den Unmut Napoleons zuziehen. So wurde nur in kleinem Rahmen gefeiert. Die Akademie der Wissenschaften in Berlin zum Beispiel schwieg zwar nicht völlig zum Geburtstag – so hörten bei der entsprechenden Sitzung am 30. Januar 1812 die Mitglieder in der Eröffnungsrede zwar einige Worte, die dem Friedrich-Jubiläum galten –, doch dann wendete man sich den übrigen Beiträgen der Sitzung zu (etwa über die Bedeutung des »Nickel-Metalls« oder den »Mythus der Sündfluth«). Und der

Berliner Hof wagte sich öffentlich lediglich mit einer vergleichsweise knappen Bemerkung des Hofpredigers hervor. Immerhin versammelten sich in der Berliner Börsenhalle preußische Veteranen, um den alten Kriegskameraden Friedrich zu ehren – ganze 121 ins Alter gekommene Soldaten hatten ihr Kommen zugesagt, von denen dann 13 krankheitshalber fernbleiben mussten.[24]

Nur kurze Zeit später, nach den Siegen über Napoleon – 1813 in der Völkerschlacht bei Leipzig, dann 1815 bei Waterloo –, begann in Preußen eine neue Zeit. Auch für die Beschäftigung mit Friedrich: Das Epochenjahr 1815 war mit der Erfahrung der Überwindung der napoleonischen Bedrohung ein so massiver mentaler Einschnitt, dass die friderizianische Zeit als vordergründig historische Zeit verstanden wurde. Mochte zuvor das Sprechen über Friedrich noch so etwas wie eine zeitgenössische Auseinandersetzung gewesen sein, so wurde er mit dem Beginn einer neuen Zeit ebenfalls sehr viel stärker als geschichtliche Persönlichkeit betrachtet und gewertet.[25] Und diese geschichtliche Figur wird nun zugleich noch stärker als zuvor politisch – wobei die Erinnerungsfigur Friedrich von den politischen Lagern im Vormärz denkbar unterschiedlich beurteilt und instrumentalisiert werden sollte.

Zu den prominenten Kritikern zählte der preußische König Friedrich Wilhelm IV., der von 1840 bis 1861 regierte. Er unterstrich seine ablehnende Haltung gegenüber seinem Vorgänger auch demonstrativ dadurch, dass er es stets vermied, ihm den Beinamen »der Große« zuzusprechen.[26] Seine Abneigung ging so weit, dass man bei Hofe eine Gesamtausgabe von Friedrichs Schriften zu verhindern versuchte. Nur weil Alexander von Humboldt seinen ganzen, schon zu diesem Zeitpunkt beachtlichen Einfluss nutzte, kam das Vorhaben doch noch in Gang.[27] Seine Abneigung gegen Friedrich hielt Friedrich Wilhelm IV. allerdings nicht davon ab, dessen Namen zu benutzen, wenn es ihm angebracht erschien. So lobte er beispielsweise die preußische Armee als würdig, »das Heer des großen Königs zu heißen«[28].

Friedrich Wilhelm IV. konnte zwar versuchen, auf Distanz zu Friedrich zu gehen – aber schon das Jahr seiner Thronbesteigung machte das unmöglich, fiel es doch zusammen mit dem 100. Thronjubiläum Friedrichs. Und dieses Jubiläum – das ja in einem ganz anderen politischen Kontext stattfand als der 100. Geburtstag Friedrichs 1812, also nicht mehr unter den Vorzeichen napoleonischer Fremdherrschaft – sollte der politischen Erinnerung an den einstigen Preußenkönig neue Impulse verleihen, die letztlich zu einer gedächtnispolitischen Neuausrichtung führten. Einen entscheidenden Anlass dafür gaben freilich andere, nämlich die Franzosen, indem sie in diesem Jahr 1840 Napoleons sterbliche Überreste von St. Helena nach Paris überführten, um ihnen im Invalidendom eine ehrenvolle Ruhestätte zu geben. Das war ein enormer Schub für den Napoleon-Mythos – und damit zugleich ein Anreiz für Preußen, »dagegenzuhalten«[29]. Jetzt stand offensichtlicher denn je die Frage im Raum: »Wer war größer: Friedrich oder Napoleon?«

In diesem geschichtspolitischen Wettstreit kam einer Buchveröffentlichung überragende Bedeutung zu: Der in Berlin arbeitende Maler und Grafiker Adolph Menzel orientierte sich seit einiger Zeit an den Illustrationen einer französischen Napoleon-Darstellung, weil er selbst für die Illustration eines neuen Friedrich-Buchs von Franz Theodor Kugler (*Geschichte Friedrichs des Großen*) angefragt worden war. Dergestalt inspiriert, versah er anschließend Kuglers Werk mit so vielen neuartigen Zeichnungen, dass er damit ein ganz neues Bild vom Preußenkönig entwarf, das sich als ungemein wirkungsvoll erweisen sollte. Für Menzel persönlich bedeutete diese Arbeit übrigens seinen künstlerischen Durchbruch – fortan galt er als der führende Interpret und Zeichner der friderizianischen Epoche. Menzel und Kugler, so urteilte jüngst der Politikwissenschaftler Herfried Münkler, hätten mit ihrem Gemeinschaftsœuvre eine Brücke geschlagen »zwischen dem vergangenen und dem gegenwärtigen Preußen« und damit »aus Friedrich einen Volkshelden gemacht«. Ihr Erfolg war so gewaltig, dass hinter der literarischen Gestalt die historische – so Münkler – bald verblasste.[30]

Das Jahr 1840 brachte darüber hinaus eine wahre Flut von Friedrich-Aufsätzen und -Büchern. Viele Autoren sahen nun eine Zeit gekommen, in der man ihm wieder mehr Anerkennung zugestehen müsse. Dieser Wunsch war der Gegenwart geschuldet: Gegen die Unfreiheit dieser Jahre, geprägt von der Restauration in Preußen, wurde nun der angeblich so freie Geist des Herrschers ins Feld geführt, was ihn in gewisser Weise zu einem Instrument der mehr oder weniger offenen Kritik an der aktuellen preußischen Regierung machte. Sogar Ernst Moritz Arndt, der in jungen Jahren Friedrich noch als »Reichsverderber« geschmäht hatte, wünschte sich nun für die Stärke und den Ruhm eines neuen Deutschland einen »König von Friedrichs Art«[31].

1840 – und dies war für die inszenierte Erinnerung an Friedrich von bleibender Bedeutung – fiel auch die Entscheidung, dem König nun ein angemessenes Denkmal zu setzen, und zwar in Berlin. Jetzt sollte ein zentrales Monument her. In der Provinz aufgestellte Denkmale, die es schon gab (seit 1793 beispielsweise in Stettin), genügten nicht. Der Wunsch nach einem Berliner Denkmal war alt, schon kurz nach Friedrichs Tod (der verfügt hatte, dass ihm zu Lebzeiten kein Denkmal gesetzt werden dürfe)[32] befasste sich die Königlich-Preußische Akademie der Künste mit einem solchen Plan. Und auch sein Nachfolger Friedrich Wilhelm II. unterstützte diese Absicht, die Akademie veranstaltete einen entsprechenden Wettbewerb. Die Vorschläge, die abgegeben wurden, bestanden vor allem aus plastischen Entwürfen, die eine Standfigur mit schlichtem Sockel oder eine Reiterfigur mit durchaus aufwendigerem, geschmucktem Postament vorsahen. Dabei ließen die Ideen für ein Reitermonument immer wieder das römische Vorbild des Marc Aurel erkennen, der auf seinem Pferd gleichermaßen als Wohltäter seiner Untertanen wie als machtvoller Herrscher erscheint, der dem Volk entgegenreitet.[33]

Doch das Vorhaben geriet schon bald ins Stocken – und dies übrigens nicht zum letzten Mal; zu Recht sollte die Entstehung dieses Denkmals einmal als Geschichte einer Unzahl von Verzögerungen und Behinderungen bezeichnet werden.[34] Zunächst war es König Friedrich Wilhelm III. (der 1797 den Thron und damit die Denkmalspläne von seinem Vater geerbt hatte), der – formal aus Kostengründen – das Vorhaben stoppte. Dringendere Staatsgeschäfte müssten zuerst erledigt werden:

»Das dem Könige Friedrich II. zu errichtende Denkmal muß vorderhand und bis dringendere Staats-Bedürfnisse befriediget sind, noch ausgesetzt bleiben. Der Ruhm dieses Fürsten lebt noch in seinen Werken vor unsern Augen und kann diesen Aufschub ertragen.«

(Friedrich Wilhelm III. 1797 zum Planungsstopp des Friedrich-Denkmals)[35]

Dann ließen die militärische Niederlage Preußens, die französische Besatzungszeit und die Befreiungskriege die Denkmalspläne notgedrungen ruhen, und schließlich fehlte der politische Wille. Friedrich Wilhelm III. verweigerte sich dem Ansinnen, wollte kein Geld für das Erinnern an Friedrich ausgeben – und ließ stattdessen zwischen 1815 und 1830 lieber Denkmäler für Bülow, Scharnhorst und Blücher in Berlin, das Nationaldenkmal auf dem »Kreuzberg« und das Luther-Denkmal in Wittenberg errichten.[36]

Dass in den 1820er-Jahren doch wieder Bewegung in die Denkmalsangelegenheit kam, war denn auch keine politische Entscheidung, sondern resultierte zu einem guten Teil aus dem materiellen – und künstlerischen – Interesse einer Privatperson, nämlich des Bildhauers Christian Daniel Rauch, der den Zuschlag zur Realisierung des Denkmals erhalten sollte. Rauch gedachte »in seiner wachsenden Werkstatt ein möglichst großes und kostspieliges Denkmal auszuführen«. Dafür hatte er sich mit Schinkel zusammengetan. In den Vorarbeiten, die beide ablieferten, präsentierte Rauch erstmals die Grundidee, Friedrich inmitten seiner tüchtigsten Feldherren darzustellen.[37]

So kam die Sache wieder in Schwung, und schließlich beendete ein Antrag der brandenburgischen und niederlausitzischen Stände an Friedrich Wilhelm III. 1829 die lange Untätigkeit. Jetzt tat der König so, als sei er für diese Erinnerung geradezu dankbar, schließlich sei es »längst Meine Absicht gewesen, dem Könige Friedrich II. hier in der Hauptstadt der Monarchie ein Denkmal zu errichten«. Doch wieder verstrichen Jahre, mal stritt man über die Form (lieber eine Säule oder doch lieber ein Reiterbild?), dann wieder übers Geld − und schließlich hatte man das anvisierte Stichdatum für die Enthüllung des Denkmals verpasst: Eigentlich sollte es zum 100. Jahrestag der Thronbesteigung Friedrichs im Jahr 1840 fertig sein. Diese Gelegenheit war nun vertan, und so reichte es nur zu einer feierlichen Grundsteinlegung. Friedrich Wilhelm III., der das Denkmal so lange erfolgreich verzögert − aber letztlich nicht verhindert − hatte, konnte dabei nicht mehr anwesend sein; schon schwer erkrankt, sollte er eine Woche später sterben. Das geplante Denkmal konnte er nicht mehr in Augenschein nehmen. »Fast wäre man geneigt zu sagen«, meinte ein Biograf, »daß er es am Ende erreicht hat, bei der Enthüllung eines Denkmals für seinen Großonkel nicht dabei sein zu müssen.«[38]

Die Erinnerung an Friedrich blieb in der ganzen Zeit zwischen dem Wiener Kongress und dem Revolutionsjahr 1848 politisch geteilt. Die Beurteilung seiner Person und seiner Herrschaft entschied sich in diesem Zeitraum entlang der Auseinandersetzung zwischen Restauration und Revolution: Welcher der beiden politischen Zustände konnte als historische Fortführung − oder gar Vollendung − seiner Regentschaft verstanden werden? Für die Liberalen war die Antwort klar: Sie priesen Friedrich als Bahnbrecher eines neuen Zeitalters, das im Geiste der Freiheit stünde, denn sie sahen in ihm vor allem den aufgeklärten Philosophen von Sanssouci − beziehungsweise wollten ihn partout so sehen.[39]

»Als Schöpfer einer neuen protestantischen, aber durchaus nicht kirchlichen europäischen Hauptmacht kämpfte Friedrich, gestützt auf seine eigene Geistesüberlegenheit, auf seine Kriegserfahrung, auf das Wohlwollen eines Volkes, für dessen Wohlfahrt und Ruhm er angestrengter arbeitete als je ein besoldeter Diener, gegen den Haß der alten Höfe, deren lächerlichen Prunk er verlachte, gegen die Pfaffen, die er verachtete, gegen die Feudalaristokratie, denen er demokratisch die Wahrheit sagte.«

(Der Historiker Friedrich Christoph Schlosser in seiner *Geschichte des 18. Jahrhunderts*, einem der meistgelesenen liberalen Geschichtswerke im Vormärz)[40]

Damit hielten die liberalen Kräfte – und dies geschah keineswegs ohne Absicht – dieses vermeintliche Vorbild einer Herrscherpersönlichkeit auch dem jeweiligen preußischen König vor, und dies besonders Friedrich Wilhelm IV. So sah sich dieser, nicht zuletzt in jungdeutschen Dramen, mit einem historischen Gegenentwurf seiner selbst konfrontiert, der unverkennbar liberale Züge trug. Vor diesem Hintergrund wird verständlich, warum Friedrich Wilhelm IV. 1844 eine Kabinettsorder erließ, in der Theaterstücke, »in welchen verstorbene Mitglieder Meines Königlichen Hauses die Szene betreten«, nur mit seiner ausdrücklichen Genehmigung aufgeführt werden durften:[41] Er dürfte die berechtigte Sorge gehegt haben, dass Vergleiche zwischen ihm und dem nun ständig herbeizitierten Friedrich angestellt würden. Zuweilen begegneten sich die beiden in politischen Karikaturen – wobei Friedrich Wilhelm IV. stets das Nachsehen hatte. 1842 wurde er einmal als tumber – und offensichtlich betrunkener – Nachfolger dargestellt, der ach so gerne in die Fußstapfen Friedrichs treten würde, aber ständig danebentritt. Und 1848, nachdem er die Krone der Nationalversammlung abgelehnt und somit sein eigenes Versprechen gebrochen hatte, zeigte eine Karikatur, wie er Friedrich gegenüber nichts als Seifenblasen produzierte, die als »königliche Versprechen« deklariert waren.[42] In welcher Situation auch immer – Friedrich Wilhelm IV. hatte schwer an der Erinnerung an diesen Vorgänger zu tragen, den die Öffentlichkeit längst zur Messlatte herrschaftlichen Handelns gemacht hatte.

> *»Friedrich II., der Große und Einzige, König von Preußen 1740–86, der Begründer des Ansehens, welches Preußen zu einer der großen Mächte Europas erhoben hat, der klügste und gewaltigste Feldherr im Kriege, der weiseste und gerechteste Fürst im Frieden, ein Freund und Kenner der Wissenschaften und Künste.«*
>
> (Eintrag im *Brockhaus Bilder-Conversations-Lexikon* 1838)[43]

Ganz anders als die Liberalen beurteilten die Konservativen in diesen Jahren den historischen Friedrich: Zwar konnten sie sich nicht frei machen von einem gewissen Respekt vor einem Mann, der Preußen »groß« gemacht hatte. Aber letztlich konnten sie ihr Unbehagen gegenüber dem in ihren Augen so »unchristlichen« Aufklärer nicht überwinden – ganz abgesehen davon, dass sie die liberale Hochschätzung Friedrichs als vorgeblichen Vorkämpfers einer neuen Freiheit verschrecken musste.[44] So gingen die preußischen Konservativen in der Mehrheit auf Distanz zum historischen Friedrich. Sie prangerten immer wieder die »heidnisch-materialistischen« Züge seiner Regentschaft an und stellten die angeblichen Verfehlungen, die seine aufklärerische Haltung nach sich zog, in den Vordergrund. Er habe dem Land ein bedenkliches Erbe hinterlassen, hieß es. Preußen müsse also befreit werden von der friderizianischen Tradition, forderte etwa der einflussreiche preußische Konservative Ernst Ludwig von Gerlach. Und die Macht der konservativen Kräfte im Lande war deutlich zu spüren: Der Historiker Friedrich von Raumer wurde 1847 zum Austritt aus der Akademie der Wissenschaften gedrängt, nachdem er zum 135. Geburtstag Friedrichs diesen seinem Publikum als »großen Erzieher Preußens« anempfohlen hatte – weil auch Friedrich Wilhelm IV. bei der Rede zugegen war, konnte sie als bewusster Affront gegen ihn verstanden werden.[45]

Der König selbst brachte schließlich seine Abgrenzung von Friedrich deutlich zum Ausdruck, als er 1848 die von der Nationalversammlung angebotene deutsche Kaiserkrone ablehnte, an der ihn bekanntlich der »Ludergeruch der Revolution« störte. Sein machtbesessener Vorgänger Friedrich, so ließ er erklären, hätte wohl ohne viel Federlesens das für ihn anrüchige Herrschaftssymbol angenommen – er selbst sei aber moralischer und anständiger, weshalb für ihn so ein Schritt nicht in Frage komme.

> *»Wenn ich ein Friedrich II. wäre, so würde ich annehmen; aber das ist nicht mein Charakter. Ich fühle, daß ich nicht gemacht bin, eine solche Rolle zu spielen; ich habe keinen inneren Beruf dazu.«*
> (Friedrich Wilhelm IV. bei der Ablehnung der Kaiserkrone 1848)[46]

Noch immer war von offizieller Seite stets von »Friedrich II.« die Rede – von »Friedrich dem Großen« sprach man nicht. Und doch war eine Ehrung nicht mehr recht zu verhindern, und das Denkmal nahm Gestalt an: Friedrich Wilhelm IV. hatte die letzten Vorschläge Rauchs genehmigt. Dieser hatte sich wahrlich Großes vorgenommen. Abgesehen von dem hoch über allem hinwegreitenden Friedrich mussten vier lebensgroße Eckreiter modelliert werden, sechs weitere Reliefreiter und schließlich noch 21 große stehende Männerfiguren. Später kamen die aufwendigen Reliefs an den vier Seiten hinzu. So entstand ein formidables Geschichtswerk, die Inszenierung eines königlichen Lebenswerkes und die Verherrlichung eines Monarchen. Übrigens fand sich auf einem Relief immerhin auch eine Darstellung Friedrichs nach der verlorenen Schlacht bei Kolin von 1757 – und zeigte einen nachdenklichen, erschöpften Herrscher, der sich auf einem Baumstamm ausruht.

> *»Ich kann Ihnen sagen, daß mich eine nie gekannte Erschöpfung ergriffen hat, die es mir unmöglich machen würde, eine ähnliche Aufgabe weiterzuführen, ich bin geistig fertig, ermüdet an Leib*

und Seele, Perücke, Kleid und Stieffel ohne Unterbrechung seit
9 Jahren durchgemacht zu haben!«

(Rauch in einem Brief an einen Freund Ende 1848)[47]

Rauchs Durchhaltevermögen und viele fleißige Hände in seiner
Werkstatt sorgten schließlich dafür, dass 75 Jahre nach dem Tod
Friedrichs und langjährigen Vorarbeiten das Denkmal 1851 endlich enthüllt werden konnte. Friedrich ritt im wahrsten Sinne des
Wortes hoch zu Ross – das Denkmal ragte über 13 Meter in die
Höhe. Nicht nur wegen der Größe war er gut zu erkennen: Er
trug seine historische Uniform samt Auszeichnungen und Ehren,
auf dem Kopf seinen charakteristischen Dreispitz – und in der
rechten Hand den im Alter unverzichtbaren Krückstock. Es gibt
wohl wenige große Herrscher Europas, die man später mitsamt
ihrer Gehhilfe auf ein Denkmal hievte…

Auf den Reliefs an den Seiten wurden Szenen aus Friedrichs
Leben wiedergegeben, wobei (vermeintliche) Realität und längst
wirksamer Mythos eine zwanglose Verbindung eingingen. Zugleich traf sich am Sockel zugleich so ziemlich alles, was unter
Friedrich gesellschaftlich Rang und Namen hatte. So fanden hier
nicht nur die vier personifizierten Kardinaltugenden ihren Platz
(Tapferkeit, Gerechtigkeit, Weisheit und Mäßigung), sondern auch
zahlreiche Feldherren, Staatsbeamte, Künstler und Gelehrte; hier
findet sich Prinz August Wilhelm (der Bruder Friedrichs) ebenso
wie der Oberst Heinrich Sigismund von der Heyde, der im Siebenjährigen Krieg die Festung Kolberg gegen russische Truppen
verteidigt hatte – aber eben auch Lessing oder Kant. Allerdings
waren die Plätze für die Zivilisten, die allesamt auf der wenig repräsentativen hinteren Schmalseite des Sockels verewigt wurden
(also unter dem Hinterteil des Pferdes), begrenzt. Und so gibt
es auch eine Liste derjenigen, die fehlen – prominent angeführt
wird sie von Voltaire.[48]

Am 31. Mai 1851 wurde das Standbild feierlich enthüllt, am
III. Jahrestag der Thronbesteigung Friedrichs. Das Denkmal mar-

166

kierte städtebaulich zugleich den westlichen Beginn jenes Abschnitts der Siegesstraße, auf der sich ab dem Alten Palais potenzielle Siegeszüge zu Paradefronten entfalten konnten. Selbstverständlich gefiel das Denkmal nicht allen Betrachtern, und die Berliner bemerkten auch sofort, dass man ein solches Monument auch zu einer Art politischer Litfaßsäule umfunktionieren konnte – und begründeten damit eine ganz eigene Denkmalstradition:

»*Montag, den 2. Juni 1851*
Mittags, da es wärmer geworden war, ging ich mit Ludmilla unter die Linden, das Friedrichsdenkmal zu besehen. Die Erzmassse, die Höhe, der allgemeine Umriß, machen schon aus der Ferne eine mächtige Wirkung; wie es auch sei, Berlin hat eine große Zierde mehr. Im Uebrigen ist mein Urtheil nicht geändert; das Pferd ist besser gelungen, als der Reiter, dessen Hermelinmantel eine Geschmacklosigkeit ist und in der Hauptansicht – von der Universität her – einen Wulst macht, der den König pucklich aussehen läßt; dann ist das Gewühl am Fußgestell zu bunt, und zieht in seiner Mannigfaltigkeit die Augen mehr an, als der König; das Fußgestell ist schön, das Einzelne vortrefflich gearbeitet, das Ganze überladen.«
(Der Schriftsteller und Diplomat Karl August Varnhagen von Ense)[49]

»*Alter Fritz steig du hernieder*
Und regier die Preußen wieder,
Laß in diesen schlechten Zeiten
Lieber Friedrich Wilhelm reiten!«
(Anonymer Zettel, angeheftet am Friedrich-Denkmal kurze Zeit nach der offiziellen Enthüllung 1851)[50]

Auch wenn die Sticheleien sich in solchen Verslein gegen die Nachfolger richteten, so blieb auch Friedrich selbst umstritten. Dabei unterzogen nur wenige in diesen Jahrzehnten Preußen und mit ihm Friedrich so lustvoll beißender Kritik wie Karl Marx. Mit Blick auf die preußische Geschichte bemerkte er 1856 gegenüber Friedrich Engels, »etwas Lausigeres hat die Weltgeschichte nie produziert«; »kleinliche Löffeldiebstähle«, Bestechungen oder Erbschaftsschleichereien – »auf solche Lumperei läuft die preußische Geschichte hinaus«. Irgendwelche militärischen Leistungen konnte Marx beim besten Willen nicht erkennen: Preußen »hat sich keine einzige mächtige slawische Nation unterjocht, brachte es nicht einmal fertig, in 500 Jahren Pommern zu bekommen, bis schließlich durch ›Austausch‹«. Eroberungen im eigentlichen Sinne habe das Land nie gemacht – mit Ausnahme Schlesiens. »Weil dies ihre einzige Eroberung ist, heißt Friedrich II. wohl der ›Einzige‹!«[51]

Doch ungeachtet der Marx'schen Kritik – Friedrich »der Einzige« wurde sukzessive zu »dem Großen«. Dieser Beiname war schon zu Lebzeiten des Königs aufgekommen. Bereits als Kronprinz belegte ihn Voltaire mit der Bezeichnung »grand prince« (und in euphorischer Stimmung sogar mit »grand homme«), die er allerdings vor allem mit Erwartungen verknüpfte, wonach der künftige Herrscher sich als Vorkämpfer der Aufklärung auf dem Thron auszeichnen werde. Und schon kurze Zeit nach der Thronbesteigung nannte er ihn schließlich »Frédéric le Grand«. Ein Franzose also erhob Friedrich zum »Großen« – aber die Preußen machten diesen Namen schließlich populär. Belegt ist die Verwendung dieses *Epitheton ornans* für das Jahr 1745, als Friedrich nach dem Frieden von Dresden nach Berlin zurückkehrte. Nach den Siegen von Hohenfriedeberg, Soor und Kesselsdorf wurde er triumphal empfangen (zu diesem Zeitpunkt – anders als 1763 nach der Heimkehr aus dem Siebenjährigen Krieg – entzog er sich nicht der öffentlichen Ehrung), und das »Vivat Fridericus Magnus!« habe die Runde gemacht. Wie sich Friedrich selbst zu diesem Beinamen verhielt, muss offen bleiben. Ein Biograf sprach davon, er habe ihn »als ein Erkennungszeichen des Ruhms schweigend akzeptiert«; dass er schon 1745 bei der ersten Proklamation selbst die Hand im Spiel hatte, »ist unwahrscheinlich, wenn nicht auszuschließen«.[52]

Zu dem reichen Schatz an Erinnerungen, Anekdoten und

literarischen Friedrich-Bildern jener Jahrzehnte, die die Etablierung dieses Beinamens maßgeblich stützten, trug auch das seinerzeit übliche Bittschriftenwesen bei. »Die Bittschrift« lautet auch der Titel eines berühmten Gemäldes von Menzel aus dem Jahr 1849. Es zeigt den König ohne großes Gefolge beim Ausritt, während sich am Wegesrand ein junges Bauernpaar – sie ihm eifrig Mut zuredend – anschickt, dem Herbeireitenden ein Anliegen vorzutragen.[53] Das Motiv bittstellender Untertanen hatte der Künstler schon einige Jahre zuvor in Kuglers *Geschichte Friedrichs des Großen* dargestellt. Die Illustration zeigt zwei Paare (eines wirkt eher bäuerlich, das andere eher bürgerlich – sie sollen die Gesamtheit des preußischen Volkes repräsentieren), die unter einem Baum warten. Von einem nicht weit entfernten Torbogen aus winkt ihnen ein Bediensteter aufmunternd zu. Schon wenige Momente später werden ihm diese Paare, so darf der Betrachter erwarten, ihre Bittschriften überreicht haben, oder aber sie werden zu ihrem König höchstselbst geleitet worden sein, der sich dann ihr Ansinnen anhören wird.[54]

> *»Die Tradition nennt einen der Bäume vor dem Potsdamer Schlosse als vorzugsweise den, unter welchen die Bittsteller traten, um vom Könige bemerkt zu werden. Jener hieß daher der Baum der Gnade.«*
> (Adolph Menzel über das Motiv der Bittschrift)[55]

Menzel griff mit seinen Illustrationen zwei Aspekte auf, die für die Nachwirkung Friedrichs von Bedeutung wurden: Zum einen verstärkte er maßgeblich das Bild vom Herrscher, der stets eine persönliche und geradezu väterliche Fürsorge für seine Untertanen an den Tag legte. So sei es diesen möglich gewesen, sich jederzeit mit Bitten direkt an den König zu wenden. Zum anderen wird in diesen und anderen Darstellungen eine enge Verbundenheit zwischen Friedrich und seinen Untertanen – und damit ein harmonisches Einverständnis mit der Politik des Monarchen – suggeriert.[56]

Menzel gab damit unmittelbar nach der Revolution von 1848/49 einen Kommentar zu der Enttäuschung ab, die in der Bevölkerung über Friedrich Wilhelm IV. herrschte, der nicht zuletzt durch die Begründung seiner Ablehnung der Kaiserkrone seine Distanz zum Volk demonstriert hatte. Indem der Maler den verblichenen König Friedrich für das bittstellende Bauernpaar eintreten ließ, profilierte er diesen implizit als Schutzinstanz gegenüber dem Adel – und appellierte zugleich an den aktuellen König von Preußen, sich zum Bündnispartner der Liberalen zu machen.[57] Das Motiv des Bildes war auch deshalb denkbar aktuell, weil es den Betrachter zugleich an die vielen politischen Petitionen denken ließ, die von verschiedenen Vereinigungen und Versammlungen an Friedrich Wilhelm IV. herangetragen wurden, mal demütig und hoffnungsvoll, bald auch zunehmend selbstbewusst, aber in aller Regel erfolglos.[58] Ein gütiger König, ein väterlicher Herrscher sah anders aus: eben so wie einst Friedrich.

Adolph Menzel gelang etwas, was wohl nur wenige Künstler für sich beanspruchen können: Er ersetzte eine historische Gestalt durch seine Bilder von der historischen Gestalt. Unterstützt durch seine detailgetreue Wiedergabe von Menschen, Uniformen und Waffen aus der friderizianischen Zeit, gewannen seine Darstellungen eine Authentizität, die eine solch enorme Erzählkraft entwickelten, dass neben Menzels Darstellungen schließlich sogar »die zeitgenössischen Bilder des Königs als fremd erschienen«[59]. Und Menzels Motiv von der Bittschrift und dem gütigen König fand in den Folgejahren etliche Nachahmer. So erschien etwa 1890 ein Holzstich mit dem Titel »Die Bittschriftenlinde«[60], und im Jahr 1910 fand das Motiv sogar Eingang in das damals populäre Geschichtsgenre der Sammelbilder (in diesem Falle einer Schokoladenfabrik in Wittenberg).[61] Und noch heute ist das Motiv präsent – erwähnt sei eine 19-teilige Zinnfigurengruppe, die unter dem Titel »Bittschriftenlinde zu Potsdam, Luxusbemalung«, vertrieben wird (für 298 Euro).[62]

In der Erinnerung fanden die legendären Bittschriften schließlich einen festen Ort: Vor dem Potsdamer Schloss, und zwar vor dem Eckfenster des Königs, stand ja tatsächlich eine Linde, die als »Bittschriftenlinde« in die Überlieferung einging. Über die tatsächliche Pflanzung und Nutzung einer solchen Linde gibt es allerdings keine verlässliche Nachricht, wenngleich man annehmen kann, dass der Baum – der ursprünglich wohl zu einer Vierergruppe gehörte – zu Lebzeiten Friedrichs vor dem Potsdamer Stadtschloss gepflanzt wurde, möglicherweise schon wenige Jahre nach seiner Thronbesteigung. Der ursprüngliche Zweck dieser Linde (wie der drei weiteren) bestand vermutlich in erster Linie darin, den Anblick der gegenüberliegenden recht schlichten Häuser aus der Zeit des Soldatenkönigs etwas zu verschönern.[63] Nur einer dieser Bäume überstand das 19. Jahrhundert, und dieser wurde dann als »Bittschriftenlinde« bezeichnet. Genau unter ihr, so ging nun die Geschichte, hätten sich Hilfesuchende mit ihren Eingaben eingefunden, um diese direkt dem König vorzutragen oder ihm übergeben zu lassen. Diese Vorstellung hatte durchaus reale Wurzeln, schließlich war das Bittschriftenwesen (das sogenannte Supplikenwesen) eine traditionelle und weit verbreitete, also keineswegs nur unter Friedrich ausgeübte Rechtspraxis.[64]

»Wir haben den glaubwürdigen Bericht aus der Familienüberlieferung Tiecks, daß der Vater des Dichters, ein Berliner Seilermeister und Vorsteher der Innung, unter dieser Linde mit einer Abordnung des Gewerks Aufstellung genommen habe, um eine Bittschrift zu überreichen. Der König ließ sogar den Vater Tieck in sein Schreibzimmer heraufholen, um einen Vortrag über die Sachlage – es handelte sich um die Beibehaltung der Innung – anzuhören.«
(Späterer Bericht über ein Bittgesuch unter der Linde)[65]

Die Geschichten rund um die Bittschriftenlinde waren zugleich fester Bestandteil des Bemühens, den legendären Volksglauben zu nähren, wonach Friedrich stets darum bemüht war, dem einfachen Untertan zu seinem Recht zu verhelfen. Unverzichtbar für die Genese dieses volkstümlichen Friedrich-Bilds sind zudem die immer zahlreicher werdenden Anekdoten und Legenden, die sich seit seinem Tod verbreiteten. Zu den Erinnerungen früherer Weggefährten gesellten sich schließlich auch Berichte aus der Welt des Aberglaubens: groteske Erzählungen und märchenhafte Beschreibungen. Eine der kursierenden Geschichten besagte, dass Friedrich einst im Besitz der Krone eines sagenhaften Schlangenkönigs gewesen sein soll. In einer anderen hieß es, er sei gegen feindliche Kugeln gefeit gewesen, weil ihn zwei Zauberbücher beschützt hätten. Zudem fand der König dem Volksaberglauben zufolge auch nach seinem Tod keine Ruhe: Seither gehe er um, hieß es. Er reite auf seinem nunmehr kopflosen Pferd aus der Gruft in der Potsdamer Garnisonkirche hervor, um zur Mitternacht seine Runde durch seine ehemalige Residenzstadt zu drehen. 1863 – mehr als sieben Jahrzehnte nach seinem Tod – soll er dann in ganz anderer Gestalt erschienen sein: nämlich mit Augen wie glühenden Kohlen und mit seinem Krückstock winkend.[66] Und selbstverständlich war Friedrich auch Gegenstand des erstaunlich weit verbreiteten Geisterglaubens und Spiritismus jener Zeit, weil es besonders attraktiv erschien, gerade mit seinem Geist ins Gespräch zu kommen. Öffentlich wurde beispielsweise schon wenige Jahre nach seinem Tod, dass ein Magier in Berlin sowohl Friedrich als auch – naheliegenderweise – Voltaire vor Zuschauern erscheinen ließ, die sich allerdings über die schlechte Qualität der Wiedergabe beschwerten,[67] was aber wohl naturgemäß zum Wesen einer Geisterbeschwörung samt entsprechender Erscheinung gehört.

Das volkstümliche Friedrich-Bild, das sich zeitgleich mit und zuweilen durchaus losgelöst von den Auseinandersetzungen um das politische Verdienst und das staatspolitische Erbe entwickelte, leistete also der Verklärung des Herrschers maßgeblich Vorschub. Sein Bild wurde geradezu »gemütlich verklärt«,[68] es entstand eine fast ein wenig plüschig anmutende Atmosphäre von Nähe und

Vertrautheit zwischen dem Betrachter und der historischen Gestalt, die zumindest Letztere nie im Sinn gehabt haben dürfte. Man kannte sich und mochte sich – so glaubte man. Und auch der Name für diesen so vertraut daherkommenden Herrscher wurde fester Bestandteil dieses Bilds: der »Alte Fritz« (jene Bezeichnung, die schon zu Lebzeiten des Königs die Runde gemacht hatte). In einer Mischung aus Respekt und aufdringlicher Kumpanei nahm man nunmehr den »Alten Fritz« in die Gemeinschaft auf. Wenn man einen Ort dieser Figur in der mentalen Innenausstattung der preußischen Gesellschaft benennen wollte, es wäre wohl die Wand des bürgerlichen Wohnzimmers. Preußische Tugenden und persönliche Untadeligkeit schauten auf die bitte ach so schön braven Untertanen herab – und die schauten mit leuchtenden Augen zu vergangener Größe hinauf.

»Friedrich der Große« und der »Alte Fritz« bildeten nun gemeinsam – sozusagen als Paar – einen Mythos. In staatspolitischer Hinsicht war Friedrich zum Vorbild für Herrschertugenden und politische Klugheit geworden – und ihm fühlte man sich nun auch emotional verbunden, Menzels Menschenfreund im Bild sei Dank. Der König war zu einem Denkmal geworden – was sein Standbild Unter den Linden dokumentierte – und zum Leitbild preußischer Staatsführung. Doch erst 1870/71, als sich ein neues Deutsches Reich zu Glanz und Größe aufschwang, schaffte es Friedrich, über Preußens Grenzen hinaus zu einem wirklich deutschen Mythos zu werden. Zugleich fand er sich aber auch inmitten eines regelrechten Bürgerkriegs der Erinnerungen wieder …

Im Bürgerkrieg der Erinnerungen

Die Jahre der Weimarer Republik sind einmal treffend »Bürgerkrieg der Erinnerungen« genannt worden, gekennzeichnet durch Teilkulturen, die entlang der politischen Lagergrenzen unversöhnlich neben- und gegeneinander standen und sich dabei höchst unterschiedlicher, miteinander konkurrierender Erinnerungsorte bedienten.[1] Doch dieser Kampf um die Erinnerungen reicht in die Jahrzehnte vor der Republik zurück: Schon seit Jahrzehnten war in Preußen – und nicht nur dort – der Alltag zunehmend geprägt von einer Segmentierung der Gesellschaft und vor allem von der Ausgrenzung der vermeintlichen »Reichsfeinde«: Als solche galten dem preußisch-protestantischen Staat – allen voran – die zunehmend an Bedeutung gewinnenden Sozialdemokraten, sodann die argwöhnisch beobachteten und schließlich als ultramontane Helfer des Papstes im Kulturkampf verfolgten Katholiken. Zudem hatten die vielen Antisemiten im Land die Juden als innere Feinde ausgemacht. Entlang der Konfliktlinien um diese »Reichsfeinde« bildeten sich eigene Erinnerungsmilieus, und bald schon machten sich beispielsweise Sozialisten wie Katholiken ein ganz eigenes – und jeweils anderes – Bild von Friedrich und seinem Preußen.

Am Anfang dieses Bürgerkriegs der Erinnerungen stand die Reichsgründung von 1871. Sie veränderte Preußen, weil sie die Position des bisherigen preußischen Königs änderte, der nun als Kaiser einem Bund regierender Fürsten vorstand – und sie veränderte auch den Blick auf die preußische Geschichte und auf

König Friedrich. Mit der Reichsgründung wurde dieser sozusagen nachträglich »befördert«: Wenn man so will, erklomm Friedrich in dem Moment, in dem Wilhelm I. zum deutschen Kaiser aufstieg, den Ehrenthron eines »vorzeitigen« Reichsgründers.

»Die Geschichte des Hauses Hohenzollern ist nunmehr des neuen Deutschen Reiches Vorgeschichte, in der Preußen eine europäische Machtstellung errang. Friedrich der Große steht nun wirklich da als dieses Reiches Gründer.«

(Aus einer Rede anlässlich einer Feier der Königlich-Preußischen Akademie der Wissenschaften am 26. Januar 1871 – acht Tage nach der Proklamation des kleindeutschen Reiches)[2]

Das offizielle Kaiserreich empfand auf der Stelle tiefe Zuneigung zu Friedrich – und zeigte sie, wo und wann es nur konnte. Die der preußischen Vorherrschaft ergebenen Historiker führten deshalb jetzt eine Debatte um die für sie wichtige Frage, warum Friedrich denn nun offiziell als »der Große« in der Geschichte zu gelten habe. Heinrich von Treitschke (1834–1896), der sich als Haus- und Hofschreiber des preußischen Staates hervortat, fühlte sich bei der Betrachtung des Königs – und das war bei Treitschke als denkbar großes Lob gemeint – an Gustav Adolf erinnert, den protestantischen Helden des Dreißigjährigen Krieges. Friedrich sei wie dieser »mitten durch die großen Mächte« hindurch seines Weges geschritten und habe so die Deutschen gezwungen, »wieder an die Wunder des Heldentums zu glauben, er war ein Deutscher«[3]. Dies war ein rückwirkender Eindeutschungsversuch, und dieser war erkennbar eher den politischen Intentionen der Gegenwart denn der Achtung der historischen Realitäten geschuldet.

Für die Konflikte des Kaiserreichs war es zugleich entscheidend, dass Treitschke und andere den Preußenkönig nicht einfach zum Deutschen, sondern genau genommen zum Kleindeutschen erhoben: Sein großes Verdienst für die preußisch-deutsche

Politik sei es gewesen, sich von jeder Form der Fremdherrschaft und Abhängigkeit ferngehalten zu haben – gemeint war vor allem die Loslösung von Wien, dem österreichisch dominierten Reich. Kurz: »Gegen die kaiserliche Bande« im Kampfe erfolgreich bestanden zu haben, das sei Friedrichs Geschenk an die Nachwelt gewesen. »Dass fremde Nationen auf deutschem Boden die Herren spielen sollten, erschien ihm wie eine Beleidigung seiner persönlichen Ehre und des erlauchten Blutes in seinen Adern«, tönte es aus den Schriften von Treitschke.[4] Der Historiker zeigte sich beeindruckt von dem machtbewussten Friedrich, dem doch erstmals gelungen sei, was das Alte Reich nie geschafft habe: dem Ausland entschlossen die Stirn zu bieten.[5] Das imponierte einem wie Heinrich von Treitschke, das imponierte vielen stolzen wilhelminischen Bürgern, deren neues Reich mit reichlich Säbelrasseln und überbordendem Patriotismus in seine Gründerjahre gehen sollte. Der französische Erzfeind war geschlagen, Deutschland hatte einen Kaiser aus Preußen, und als Vorbild für diese neue Zeit schritt Friedrich voran – das gefiel.

Treitschkes Berliner Kollege Johann Gustav Droysen (1808 bis 1884), der eigentliche Begründer der preußisch-kleindeutschen Schule in der deutschen Geschichtswissenschaft, sprach mit Blick auf die Lebensleistung des Preußenkönigs gerne von »Friedrich dem Einzigen« (und verwendete damit also genau jene Bezeichnung, über die zuvor Karl Marx so gelästert hatte). Ihm müsse das historische Verdienst zugesprochen werden, sich frühzeitig und nachhaltig gegen Österreich zur Wehr gesetzt beziehungsweise jene »Netze zerrissen« zu haben, »welche die habsburgische Politik über das Reich gesponnen« habe.[6] Friedrich galt auch Droysen mithin als Vorkämpfer für die deutsche Einheit, wie sie 1870/71 schließlich vollzogen wurde.[7] Den Weg dahin bereitete der Sieg über Österreich bei Königgrätz, eine Schlacht, die geradezu als »die Vollendung der friderizianischen Außenpolitik« zu gelten habe. Endlich, so Droysen, habe sich Preußen »wieder Friedrichs des Großen würdig« erwiesen.[8]

1 Reiterbildnis Friedrichs des Großen (1773). Daniel Chodowieckis Radierungen und Gemälde vermittelten das Bild eines Monarchen, auf dessen Schultern »Lasten von Jahren und Thaten, von Sorgen und Entwürfen« zu liegen schienen (Johann Caspar Lavater).

2 Der ungeliebte Vater: Friedrich Wilhelm I. (1729). Zwischen ihm und Friedrich häuften sich schon früh die Streitereien.

3 Die geliebte Mutter: Sophie Dorothea (1737). Friedrich erlebte bei ihr früh die Begeisterung für die französische Kultur.

4 Eine lebenslange innige Beziehung pflegte Friedrich zu seiner drei Jahre älteren Schwester Wilhelmine, der späteren Markgräfin von Brandenburg-Bayreuth – beide wie ihre Eltern oben porträtiert vom preußischen Hofmaler Antoine Pesne (1714).

5 Der 24-jährige Kronprinz Friedrich als »König im Wartestand«, von Antoine Pesne bereits mit dem Kommandostab versehen (1736).

6 Friedrich wird nach seinem gescheiterten Fluchtversuch vom eigenen Vater dazu gezwungen, 1730 in der Festung von Küstrin der Hinrichtung seines Freundes und Helfers Hans Hermann von Katte von einem Fenster aus zuzusehen.

7 Die glücklichsten Jahre seines Lebens verbrachte Friedrich nach eigenen Worten auf Schloss Rheinsberg (Kupferstich von Johann Conrad Krüger, 1773), wo er von 1736 bis 1740 seinen persönlichen Musenhof genoss und die Formen höfischer Geselligkeit erprobte.

8 Friedrich heiratete sie 1732 auf Befehl seines Vaters: Elisabeth Christine, Prinzessin von Braunschweig-Bevern (Porträt von Pesne, 1739). Nach der Thronbesteigung schob Friedrich die ungeliebte Gemahlin in das Schlösschen Niederschönhausen ab.

9 Das »Flötenkonzert von Sanssouci« (1852) von Adolph Menzel, der mit seinen Bildern maßgeblich zur späteren Verehrung des Königs beigetragen hat. Friedrich II. spielte passabel Querflöte und trat auch als Komponist von Flötensonaten hervor.

10 Glänzende Intellektuelle unter sich: Voltaire besucht Friedrich in seinem Arbeitszimmer im Potsdamer Stadtschloss (Kupferstich von Pierre Charles Baquoy). Über rund 40 Jahre hinweg unterhielten beide einen regen Gedankenaustausch, der auch mehrere persönliche Treffen und einen dreijährigen Aufenthalt des Philosophen am preußischen Hof einschloss.

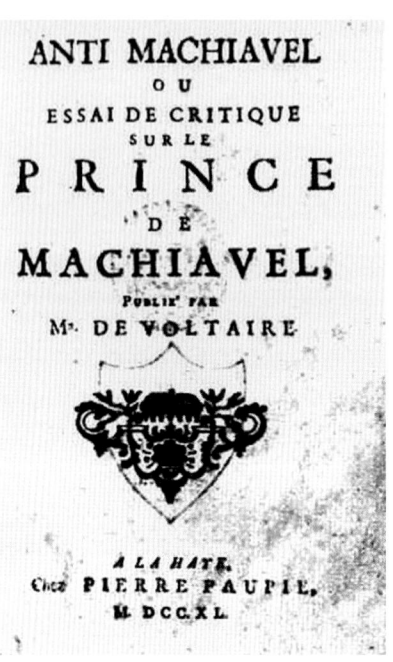

ANTI MACHIAVEL
OU
ESSAI DE CRITIQUE
SUR LE
PRINCE
DE
MACHIAVEL,
PUBLIÉ PAR
Mr. DE VOLTAIRE

A LA HAYE,
Chez PIERRE PAUPIE,
M. DCC. XL.

11 Der *Antimachiavel* war Friedrichs bedeutendste politische Schrift während seiner Rheinsberger Jahre. Das mit Blick auf die baldige Thronbesteigung verfasste Werk erschien 1740 unter anonymer Autorschaft, herausgegeben von Voltaire, gleich in zwei Auflagen.

13 *Rechts oben:* »General-Carte der gesamten Königlichen Preußischen Länder«, mit Ansichten von Berlin, Breslau, Königsberg und einem Porträt Friedrichs II. (Kupferstich von Johann David Schleuen, um 1760). Die Karte zeigt die Ausdehnung des stark zersplitterten Preußen.

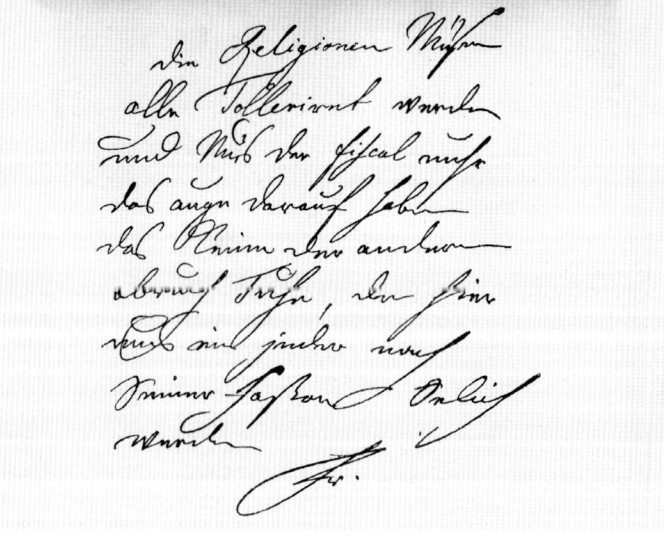

12 Die Handschrift der Aufklärung – Vermerk Friedrichs unmittelbar nach seiner Thronbesteigung 1740: »die Religionen Müsen alle Tolleriret werden […] den hier mus ein jeder nach Seiner Faßon Selich werden.«

14+15 »Wenn man zwey Weiber [...] am Halse hat, muss man wohl schlimm aussehen«: Friedrichs Erzfeindinnen Maria Theresia von Österreich (links) und Zarin Elisabeth (Porträts von Martin van Meytens d. J., 1743, und Alexej P. Antropow, 1750).

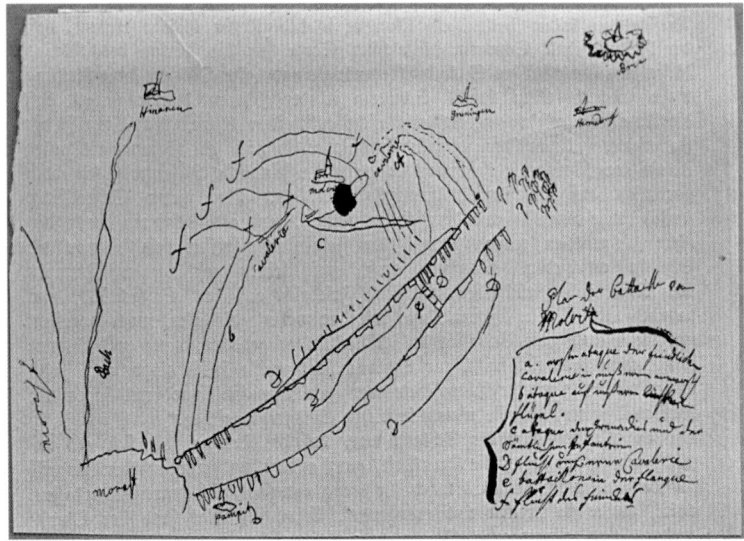

16 Friedrichs nachträglich angefertigte Planskizze zur Schlacht von Mollwitz südöstlich von Breslau, bei der die Preußen am 10. April 1741 im Ersten Schlesischen Krieg – wenn auch unter hohen Verlusten – gegen die Österreicher siegten.

17 Als preußische Soldaten 1757 nach dem Sieg von Leuthen ihren König erblickten, sollen sie den Choral »Nun danket alle Gott« angestimmt haben, der seitdem als »Choral von Leuthen« vaterländische Karriere machte (Holzstich nach Gemälde von W. Camphausen, 1864).

18 »Sire! Wollen Sie die Batterie allein erobern?«, lautet der Originalkommentar zu dieser Illustration der Schlacht von Kolin (nach Richard Knötel, 1895), in der »Friedrich versucht […] an der Spitze seiner Getreuen […] der Schlacht eine günstige Wendung zu geben«.

19 »Einzug Friedrichs des Großen in Berlin am 30. März 1763.« Anders als auf der zeitgenössischen Radierung von J. L. Rugendas verlief die Rückkehr nach sechsjähriger Abwesenheit nicht triumphal: Friedrich fuhr in der Dämmerung auf einem Umweg allein zum Schloss.

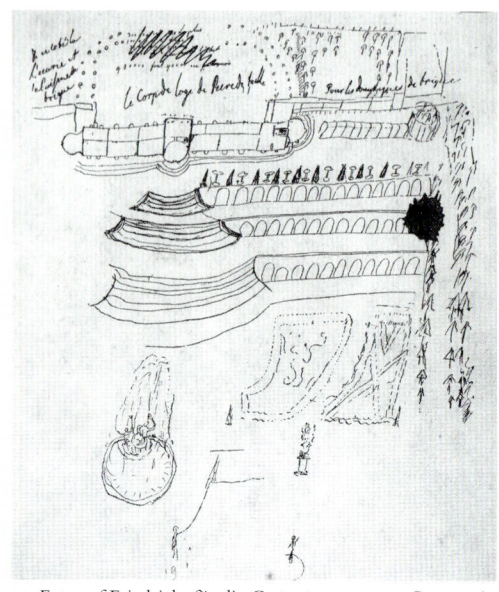

20 Entwurf Friedrichs für die Gartenterrassen von Sanssouci (1744). Der König bestimmte die Gestalt des von Knobelsdorff geplanten Rokoko-Ensembles maßgeblich mit.

21 Friedrich im Kreis der Tafelrunde von Sanssouci. Kopie von J. Tietze nach dem ver- brannten Original von Adolph Menzel (1850).

22 In der prächtigen Bibliothek von Schloss Sanssouci konnte Friedrich seiner Leiden- schaft für Bücher frönen.

23 Adolph Menzels Gemälde »Die Bittschrift« von 1849 zeigt ein junges Bauernpaar, wie es zur Überreichung einer Bittschrift an den heranreitenden Friedrich herantritt. Mit solchen Bildern verstärkte der Maler die Legende vom fürsorglichen, väterlichen »Alten Fritz«.

24 An der Südseite des Potsdamer Stadtschlosses stand noch bis 1950 eine Linde, die als »Bittschriften-Linde« in die Volksüberlieferung eingegangen ist (Aufnahme von 1912). Hier sollen sich Hilfesuchende mit ihren Eingaben an den König gewandt haben.

25 Tod Friedrichs II. in Sanssouci. In den frühen Morgenstunden des 17. August 1786 starb der preußische König nach wochenlangem qualvollen Leiden in seinem Lehnstuhl (kolorierter Kupferstich von Peter Haas, um 1800).

26 Napoleon im Jahr 1806 am Grab Friedrichs in der Potsdamer Garnisonkirche (Stich von L.M. Fontaine, nach 1806). Der Imperator verstand dies als Ehrerbietung gegenüber dem preußischen König, der nach der Niederlage Preußens zum Mythos werden sollte.

27 Das Rauch'sche Reiterstandbild Friedrichs des Großen Unter den Linden war im 19. Jahrhundert ein symbolisch hoch aufgeladener Ort. Der zeitgenössische Holzstich von A.V. Rößler zeigt eine Fahnenweihe 1894 in Gegenwart von Kaiser Wilhelm II.

28 Der Schauspieler Otto Gebühr wurde in der Weimarer Republik in den damals populären Friedrich-Spielfilmen zum Publikumshelden und Dauerdarsteller des preußischen Königs. Im Bild eine Szene aus dem Film *Fridericus Rex* aus dem Jahr 1923.

29 »Was Ihr ererbt von Euren Vätern habt, erwerbt es, um es zu besitzen!« Mit diesem abgewandelten Goethe-Wort vereinnahmten die Nationalsozialisten auf dieser Propagandapostkarte auch Friedrich für ihre Bewegung.

Was Ihr ererbt von Euren Vätern habt, erwerbt es um es zu besitzen!

30 Zu DDR-Zeiten fristete das Reiterstandbild Friedrichs von 1950 bis 1961 ein erbärmliches Dasein – zerlegt hinter einem Bretterverschlag im Park von Sanssouci. Erst 1980 konnte Friedrich wieder umziehen an seinen angestammten Platz Unter den Linden.

31 »Ohne feierlichen Pomp« wollte Friedrich einst beerdigt werden. Bei der endgültigen Beisetzung in der bereits zu seinen Lebzeiten vollendeten Gruft in Sanssouci am 17. August 1991 gab es dann doch einen letzten großen Rummel, samt Bundeswehroffizieren als Totenwache.

32 Spuren des Geschichtstourismus oder später Dank für Friedrichs Rolle als Ernährer? Neben Blumen finden sich heute immer auch Kartoffeln auf Friedrichs Grabplatte im Schlosspark Sanssouci.

33 So blieb Friedrich der Nachwelt im Gedächtnis: Altersporträt von Anton Graff (1781).

Und selbstverständlich schrieben die führenden Historiker des Landes Friedrich retrospektiv zutiefst nationale Motive zu, so etwa bei der Annektierung Westpreußens. Diese erschien geradezu als ethnische Notwendigkeit, weil in diesem Gebiet ein beträchtlicher Anteil deutschsprachiger Untertanen des polnischen Staates lebte. Dass dem mit Vorliebe französisch parlierenden Friedrich in Wahrheit nichts ferner gelegen hatte als so etwas wie ein »nationaler« Auftrag zur Vereinigung der Deutschen in einer Nation, blieb im Begeisterungstaumel des Kaiserreichs unbeachtet.[9]

Die skizzierten historischen Positionen waren nicht nur an den Universitäten populär, sondern prägten zunehmend auch das Geschichtsbild im Lande. Das galt auch für die Militärgeschichte dieser Zeit: Das Kaiserreich hatte einen spezifischen Umgang mit den vergangenen Kriegen geerbt, der eine offene Auseinandersetzung über die Kriege und Feldzüge großer Herrscher und Heerführer bewusst ausklammerte; diese waren praktisch immun gegen jede kritische Nachfrage. Friedrich erschien darüber hinaus als Feldherrngenie, um das ein eigenständiger Kult entstand – vor allem konservative Kreise unterstützten diesen, da Friedrich darin zum aristokratischen Gegenpol zum populistischen Napoleon aufgebaut wurde.[10] Diese Wahrnehmung vom großen Schlachtenlenker war eng verbunden mit dem in bürgerlich-intellektuellen Kreisen ohnehin weit verbreiteten Geniegedanken. Dieser machte es möglich, eine Vielzahl von irritierenden militärischen Operationen des Regenten als Geniestreiche zu werten – ein »Genie der Tat« war hier am Werk, um mit dem Philosophen Wilhelm Dilthey zu sprechen.[11] Nun wurde aus Schlachtenglück schlicht eine brillante Idee – was man nicht erklären oder nachvollziehen konnte, musste schlicht dem Genie geschuldet sein. Aus diesem Blickwinkel hatte Friedrichs Originalität im Denken und Handeln – also seine Genialität – ihn immer wieder über seine Widersacher triumphieren lassen.[12]

Friedrichs militärische Fehler, seine Fehleinschätzungen und

Niederlagen hatten somit in der Betrachtung keinen Platz. Dies gilt in besonderem Maße für die offizielle Militärgeschichte, was Hans Delbrück erleben musste, der 1896 Treitschkes Nachfolge an der Berliner Universität antrat. Im sogenannten »Strategiestreit«, in dem er sich kritisch mit den klassischen Ansichten der Militärgeschichtsschreibung und damit auch Friedrich auseinandersetzte, wurde ihm versuchter Denkmalsturz vorgeworfen – so wie es überhaupt für die Militärs ein ungeheuerlicher Vorgang war, dass ein »ziviler Professor« Einspruch in solchen Dingen wagte.[13]

Der protestantisch-preußischen Machtelite passte Friedrich in den Zeiten des Kulturkampfes gut in ihre antikatholische Polemik. Sie unterstrich nicht nur das Protestantische des Preußenherrschers, sondern begründete ihre Ängste vor einer »schwarzen Internationalen« unter Führung des Papstes mit Friedrich und dessen Erfahrungen. Schließlich wusste niemand besser als dieser, um erneut Heinrich von Treitschke und seine offiziöse preußische Geschichtsschreibung zu zitieren, »wie alle Helfershelfer des römischen Stuhles insgeheim an der Vernichtung der neuen protestantischen Großmacht arbeiten«[14]. Friedrich stieg in dieser Sichtweise zum Schutzpatron selbst erklärter Kulturkämpfer auf. Und indem er als strahlendes Gegenbild zum römisch-deutschen Kaisertum des 1806 untergegangenen Reiches gefeiert wurde, erschien die lange Herrschaft der Habsburger über dieses Reich zwangsläufig als »undeutsch«, weil gegen die eigentlichen (jetzt von Preußen wahrgenommenen) deutschen Interessen gerichtet. Diese Haltung brachte allerdings nicht nur die Habsburger in Misskredit, sondern auch die ehemaligen Herrscher aus den Häusern der Wettiner, der Welfen oder Wittelsbacher.[15]

Gerade die akademischen Lobeshymnen auf den angeblich kleindeutschen und in den Schlesischen Kriegen gegen die Österreicher militärisch so erfolgreichen Friedrich mussten allerdings im Wettstreit der Erinnerungen auf Widerspruch stoßen – zumal bei den Katholiken im Lande. Für sie war die Reichsgründung von 1871 unter Ausschluss des katholischen Österreich schließlich eine politische Niederlage gewesen, die angesichts des Kulturkampfes mental besonders schwer wog. Wenn also Friedrich nun zur Galionsfigur des protestantisch-kleindeutschen Lagers stilisiert wurde, musste seine Popularität bei den Katholiken naturgemäß sinken.

Die konfessionelle Spannung prägte auch die Geschichtswissenschaft jener Zeit – dafür stehen das Auftreten und die Reaktion auf die Werke des Historikers Onno Klopp (1822–1903). Der im Erwachsenenalter zum Katholizismus konvertierte Klopp, der nach der Annexion des Königreichs Hannover durch Preußen (1866) ins Exil in das katholische Österreich ging, hatte 1860 mit seiner Darstellung *Friedrich II. und die deutsche Nation* heftig die Gemüter erregt (selbstverständlich sprach der Preußen-Skeptiker nicht von »Friedrich dem Großen«) und sich zum Wortführer der großdeutsch-katholischen Kritik am Kurs der preußischen Monarchie gemacht.[16]

In der zweiten Auflage seines Werkes, die 1867 erschien, also nach der Annexion Hannovers durch Preußen, verschärfte sich Klopps Ton noch einmal, indem er den Regenten jetzt offen als Begründer einer Tradition brutaler Eroberungspolitik brandmarkte und ihn selbst »zu einer von Ehrgeiz, Eroberungssucht und Heimtücke getriebenen Gestalt dämonischen, ja geradezu mephistophelischen Charakters« erklärte.[17] Zugleich diagnostizierte er einen »Fridericianismus«, der bis in die Gegenwart hinein die preußische Politik negativ beeinflusse. Dieser Fridericianismus wirke gewissermaßen wie ein politischer Giftstoff, der dem preußischen Staat einst von Friedrich injiziert worden sei und ihn letztlich dauerhaft krank gemacht habe.[18]

»Es ist nach außen das Streben der Eroberung, welches keine Grenze findet an einem moralischen Wollen, sondern lediglich an dem physischen Können. Es ist nach innen das Prinzip des militärischen Absolutismus, als der steten Bereitschaft zum Eroberungskriege.

*Es ist endlich nach beiden Seiten hin dasjenige der Täuschung über
den eigentlichen Zweck und der Verhüllung desselben durch das
Vorgeben anderer Bestrebungen.«*

(Onno Klopp über den von ihm diagnostizierten »Fridericianismus«)[19]

Nur wenige Autoren wagten sich in der Ablehnung Friedrichs
so weit vor – gerade die Katholiken in Preußen (Klopp arbeitete
ja nun vom Wiener Exil aus) trugen ihre Kritik dosierter, zuweilen diplomatischer vor. Exemplarisch dafür steht der Friedrich-
Artikel im katholischen *Herder Conversations-Lexikon*. Es wird zwar
die Irreligiösität des Königs hervorgehoben, aber zugleich daran
erinnert, dass dieser sich nicht an den damaligen Jesuitenverfol-
gungen beteiligt, das Kirchenvermögen nicht angegriffen und
sich auch nicht mit der »protestantischen Intoleranz« gemein-
gemacht habe.[20] Eine solche Erläuterung konnte jeder Leser als
Kritik am Antikatholizismus der durch den konfessionellen Konflikt geprägten Gegenwart verstehen.

Die Skepsis in katholischen Kreisen hielt sich das ganze 19. Jahrhundert hindurch. So erinnerte sich der spätere Rektor der Universität Köln, Heinrich Lehmann, einmal an die preußenkritische
Stimmung, die herrschte, als er 1891 als Schüler in die – katholische – Stadt am Rhein kam. Am dortigen Gymnasium entbrann-
ten nach dem Geschichtsunterricht in seinem Freundeskreis heftige Debatten, »in denen gegen die Idealisierung Friedrichs des
Großen« Einspruch erhoben und »die Bismarcksche Kulturpolitik
scharf verurteilt wurde«. Lehmann hatte sogar noch den Ausspruch
eines Mitschülers in den Ohren, wonach sich nur die Rheinlän-
der (und mithin wohl die Katholiken) als wahre Deutsche fühlen
dürften – die Preußen hingegen seien »Obotriten, Wenden, Slaven
und dergleichen, die ihren Staat durch Raub und Gewalt zusam-
mengestohlen haben«[21]. Katholizismus und Preußentum waren so
wenige Jahre nach dem offiziellen Ende des Kulturkampfes eben
noch keine stabile Symbiose eingegangen. Und das offizielle Friedrich-Bild hatte es im katholischen Milieu schwer.

Ansonsten wurde gerade im preußischen Schulunterricht der Heroisierung des Königs der Weg bereitet. Hier gedachte man auch der runden Geburtstage Friedrichs – allen voran im Jahr 1912, in dem man seinen 200. Geburtstag beging. Ernst Jünger erinnerte sich an diese Schülererfahrung besonders, weil in seiner Schule in Hameln deshalb gleich ein Doppeljubiläum zelebriert wurde: Zusammen mit Friedrichs Wiegenfest (24. Januar) wurde der Geburtstag Kaiser Wilhelms II. (27. Januar) gefeiert.[22]

Aber auch im Schulalltag war Friedrich präsent. So nahm er auf den seinerzeit modernen sogenannten »schulischen Wandbildern« großen Raum ein: Aufbauend auf dem didaktischen Motiv der Anschaulichkeit, die Geschichte möglichst lebendig und lebensnah machen sollte, wurden vor allem die persönlichen Eigenschaften des Königs in den großformatigen Darstellungen gepriesen. Friedrich wurde nicht nur mit allen Attributen eines guten Herrschers, sondern auch mit zahlreichen Tugenden eines guten Menschen dargestellt: bescheiden und freundlich, versöhnlich und nie ehrverletzend, mutig und unerschrocken, besonnen und zuversichtlich, klug, verständnisvoll, hilfreich und verantwortungsbewusst.[23] Rückblickend verwundert es ein wenig, dass anstatt von »Friedrich dem Großen« in den Schulen nicht gleich von »Friedrich dem Guten« gesprochen wurde.

»Es wurde im Laufe seines Unterrichts der Name Plato 14 203 mal, der Name Friedrich der Große 22 641 mal, der Name Karl Marx keinmal genannt.«

(Der Schriftsteller Lion Feuchtwanger über seinen Geschichtsunterricht im Kaiserreich)[24]

Friedrich passte also wie kaum eine andere historische Gestalt als politische Symbolfigur in das neue kleindeutsche Reich. Und so fand es Kaiser Wilhelm I. gleichermaßen angeraten wie geschmackvoll, seinem verdienten Reichskanzler Otto von Bismarck zum Weihnachtsfest 1872 eine Nachbildung des Rauch'schen

Friedrich-Reiterstandbilds in Bronze zu schenken. Bismarck zeigte sich hocherfreut über diese kaiserliche Gabe – keineswegs nur aus Pflichtgefühl. Vielmehr erinnerte er in seinem noch am Heiligen Abend verfassten und sehr persönlich gehaltenen Dankschreiben daran, dass schon sein Großvater dem großen Friedrich einst im Siebenjährigen Krieg gedient habe. Diese Treue sei also gute Tradition in seiner Familie und gelte also auch für ihn selbst: Auf allen Wegen, »wie Friedrich II. und Eure Majestät sie nach Gottes Rathschluß gegangen sind«, seien die Bismarcks stets an ihrer Seite.[25]

Einen besonderen Verehrer fand Friedrich schließlich auch in Wilhelm II. Früh und gerne verglich sich dieser mit seinem berühmten Vorgänger auf dem preußischen Thron, ja, er sah sich ausdrücklich als Nachkömmling Friedrichs. Er wolle und könne jederzeit auch militärisch in die Fußstapfen seines Ahnherrn treten, erklärte der bereits als 27-jähriger Prinz selbstbewusst auftretende Wilhelm dem in dieser Hinsicht etwas zurückhaltenderen Bismarck. Der bemerkte wohl, dass da jemand machtpolitisch bereits vernehmlich mit den Hufen scharrte, und ahnte vielleicht schon, dass dieser seine ganz persönliche Geschichtspolitik betrieb.

»Indem ich hiermit meinen Brief schließe, wünsche ich Ew. D. ein gutes Neues Jahr, möge es Ihnen beschieden sein, das Land in Ihrer gewohnten weisen Fürsorge fortzuleiten, sei es zum Frieden, sei es zum Kriege. Falls das Letztere sich ereignen sollte, mögen Sie nicht vergessen, daß hier eine Hand und ein Schwert bereit sind von einem Manne, der sich wohl bewußt ist, daß Friedrich der Große sein Ahnherr ist und drei mal soviel allein bekämpfte, als wir jetzt gegen uns haben; und der seine 10 Jahre militairischer Ausbildung nicht umsonst hart gearbeitet hat.«

(Prinz Wilhelm zum Jahreswechsel 1887/88 an Otto von Bismarck – ein halbes Jahr vor Antritt seiner Regentschaft)[26]

Ohne Frage wäre Wilhelm gerne ein zweiter Friedrich geworden. Aber er ahnte es vermutlich selbst – und seine Umgebung
wurde sich dessen im Lauf seiner Regentschaft immer sicherer –,
dass er das Format dazu nicht hatte. Die Heroisierung Friedrichs
hatte ja auch zur Folge gehabt, dass die nachgeborenen Herrscher
Preußens sich an ihm messen lassen mussten. Und welcher Nachfolger hätte gegen den immer stärker werdenden Mythos wirklich
eine faire Chance gehabt? Selbst größere Geister als Wilhelm II.
hätten sich da schwergetan. Der Kaiser sei nicht »ein so arbeit-
samer und konsequent denkender« Regent, wie es einst Friedrich
gewesen sei, bemerkte etwa ein ihm nahestehender Militär 1896.
Und ein anderer Wegbegleiter notierte 1891, dass er nicht als Re-
spektsperson erschien: »Wenn er dann plötzlich seine Autorität
ausüben will, wie der Große Kurfürst oder Friedrich der Große,
wird die Sache nicht ernst genommen.«[27]

Doch Wilhelm II. hielt weiter – und demonstrativ – an der
Würdigung seines Vorgängers fest. Das wurde etwa eindrucksvoll deutlich an dem Platz Friedrichs auf der sogenannten Siegesallee im Tiergarten in Berlin, dem wohl persönlichsten Kunstpro-
jekt Kaiser Wilhelms, bei dem er diesen Prachtboulevard bis 1901
mit insgesamt 33 Denkmalen brandenburgischer und preußischer
Herrscher ausschmücken ließ. Bei der jeweiligen Einweihung
eines Denkmals ließ es sich der Kaiser nicht nehmen, nicht nur
die Gäste der Veranstaltung persönlich auszuwählen, sondern sich
auch selbst passend zur jeweiligen Epoche zu kleiden – ganz so,
als ob es sich bei solchen Anlässen um eine persönliche Begegnung mit den marmornen Fürsten der Vergangenheit handelte.
Manche dieser Ahnen grüßte Wilhelm II. sogar militärisch. Und
vor Friedrich dem Großen soll er sogar eine Minute lang salu-
tiert haben.[28] Sollte diese Anekdote nicht der Wahrheit entspre-
chen, so wäre sie zumindest gut erfunden – weil sie die tiefe und
zuweilen skurril anmutende Friedrich-Verehrung des Regenten
treffend illustriert.

Für dieses Denkmal an der Siegesallee hatte Wilhelm II. sich allerdings viel Arbeit gemacht: Bei der Auswahl des Kostüms, für das ausschließlich auf Originalstücke zurückgegriffen wurde, hatte der Kaiser den Bildhauer stundenlang praktisch beraten – das heißt, er hat ihm in unterschiedlichen Friedrich-Kostümen Modell gestanden. Das hatte übrigens Folgen für die Physiognomie der Friedrich-Figur, in der der Künstler auch die Gesichtszüge Wilhelms anklingen lassen musste.[29]

Allerdings musste Wilhelm zugleich erleben, dass seine Verehrung für Friedrich nicht überall geteilt wurde, etwa in den USA. Dabei hatte es der preußische König und deutsche Kaiser nur gut gemeint: Weil sein Bruder – Prinz Heinrich – bei seinem Besuch in den Vereinigten Staaten 1902 so freundlich aufgenommen worden war, schenkte der Monarch dem amerikanischen Volk ein bronzenes Duplikat der Friedrich-Statue von der Berliner Siegesallee. Das beschenkte Volk allerdings wusste nicht so recht, was es – in seinem demokratischen Land – mit diesem Bildnis eines absolutistischen Herrschers anfangen sollte. Höflich bedankte man sich also – und stellte Friedrich dann zu anderen historischen Größen wie Napoleon, Cäsar oder Alexander dem Großen vor das Hauptgebäude des neuen Army War College bei Washington. Doch die Kritik verstummte auch danach nicht, wenngleich nur wenige so weit gingen wie jene Unbekannte, die kurz nach der Enthüllung das Denkmal mit einer Bombe in die Luft sprengen wollten. 1918 wurde der bronzene Friedrich dann tatsächlich entfernt, tauchte zehn Jahre später wieder für einige Zeit dort auf, ehe er schließlich an weniger prominentem Ort, auf einem Armeegelände in Pennsylvania, seinen endgültigen Standort fand.[30]

Bei so viel Begeisterung für Friedrich verwundert es nicht, dass Wilhelm II. begann, wie ein absolutistischer Herrscher nach dem Muster Friedrichs zu denken und zu handeln – aber auch so konnte er nicht darüber hinwegtäuschen, dass er das Staatsschiff eigentlich nicht so recht auf Kurs halten konnte.[31] Friedrich war aufgrund seiner Heroisierung sozusagen tagespolitisch präsent:

Jede Aussage über ihn – ein neues lobendes oder auch mal ein kritisches Buch eines Historikers – war letztlich, ob gewollt oder nicht, zugleich ein Urteil über die Legitimität der monarchischen Staatsordnung im Allgemeinen und die Leistungsfähigkeit Preußens und die seines aktuellen Herrschers im Besonderen.[32] Wer also Friedrich und sein Preußen lobte, stützte auch Wilhelm II. und seine auf Preußens Dominanz im Deutschen Reich gebaute Herrschaft. Und umgekehrt musste Kritik an Friedrich eben immer auch als Kritik an den gegenwärtigen politischen Verhältnissen verstanden werden – weshalb das offizielle Preußen auf eine solche besonders nervös reagierte.

Wenn man so will, musste Wilhelm II. an einem Punkt auch erkennen, dass er gegen den Mythos Friedrich zuweilen schlicht machtlos war. So hatte sich der Kaiser entschlossen, seinen Vor-Vorgänger und Großvater Wilhelm I. mit dem Titel »der Große« zu schmücken. 1895 hatte er einen entsprechenden öffentlichen Vorstoß unternommen,[33] und noch 1913 findet sich in einer Beschreibung des Friedrich-Standbilds der Hinweis, dieses stünde »vor dem Palais des Kaisers Wilhelm des Großen«[34]. Doch den jahrelangen – und von durchaus erheblichen publizistischen Anstrengungen begleiteten – Bemühungen zum Trotz konnten die vermeintlichen Verdienste Wilhelms I. bei Deutschlands Einigung und seinem Aufstieg zur Weltherrschaft nicht ausreichend ins öffentliche Bewusstsein gerückt werden, um dieses *Epitheton ornans* durchzusetzen. Über allen stand weiterhin Friedrich, der unbestritten als derjenige galt, der den Grundstein für Preußens Ansehen in der Welt gelegt hatte.[35] Er war der »Große« – und neben ihm konnte es keinen zweiten »Großen« geben, jedenfalls keinen jüngeren.

Friedrich war um die Jahrhundertwende erfolgreich imperialistisch-kleindeutsch angestrichen – und dementsprechend geschichtspolitisch deformiert worden. Wie sehr das Friedrich-Bild damals in die machtpolitische Realität des Deutschen Reiches eingepasst worden war, zeigte sich 1912, als der 200. Geburtstag des Königs gefeiert wurde. Überall regte »es sich zu Ehren des Hohenzollernfürsten«, hieß es in entsprechenden Jubelschriften, »der das Königreich Preußen zu einer Großmacht erhob und die Einheit Deutschlands unter Preußens Führung vorbereitete«.[36]

Das offizielle Preußen gab sich und dem großen König die Ehre − allen voran bei der Geburtstagsfeier in der Potsdamer Hof- und Garnisonkirche, zu der selbstverständlich auch der Kaiser mit seinen Söhnen erschien.[37] Der Hof war also angetreten und lauschte der Predigt des Feldprobstes, der sich über Jesaja 44 äußerte: »Wenn sie gleich Alle zusammentreten, müssen sie dennoch sich fürchten und zuschanden werden.«[38] Für die versammelten Geburtstagsgäste mochte diese Predigtstelle durchaus Sinn ergeben haben − in ihrer Zeit der wachsenden Unkirchlichkeit schienen die Worte des Propheten über die Ausgießung des Geistes Gottes und seine strengen Worte an alle, die sich bislang noch zu ihren Götzen bekannt hätten, sicher passend. Wer allerdings einen Blick zurück auf das »Geburtstagskind« und seine Versuche wirft, sich zwischen traditionellem Christentum, der Aufklärung und auch der Freimaurerei zu positionieren, könnte diese Predigerworte durchaus auch als üble Nachrede auf einen Verstorbenen interpretieren. »Außer mir gibt es keinen Gott«, heißt es ja beim Propheten Jesaja, und: »Es gibt keinen Fels außer mir, ich kenne keinen.« In solchen salbungsvollen Momenten des festlich herausgeputzten Hofstaats wünschte man sich rückblickend den despektierlichen Zwischenruf eines Spötters vom Zuschnitt Friedrichs − der sich zwar vielleicht nicht als sein eigener Gott, aber zweifelsohne (und irgendwie zu Recht) als sein eigener Fels verstanden hatte.

Wilhelm II. ließ es sich nicht nehmen, nach dem vormittäglichen Festgottesdienst die Gruft aufzusuchen und vor dem Sarg Friedrichs − wie es hieß, »in stillem Gebete« − niederzuknien. Dann schlossen sich die weiteren Programmpunkte der Geburtstagsfeierlichkeiten an, zu denen etwa eine Parade im Lustgarten samt Ansprache des Kaisers an seine Truppen ebenso zählte wie eine Festsitzung der Königlich-Preußischen Akademie der Wissenschaften im Berliner Schloss. Als Höhepunkt galt die Abendveranstaltung, bei der im Königlichen Opernhaus zu Berlin das Werk *Der große König* aufgeführt wurde. Dafür waren drei Lebensstationen Friedrichs ausgesucht worden: zunächst der Aufbruch von Rheinsberg, dann der Moment vor der Schlacht von Hohenfriedberg sowie das Bild vom »königlichen Greis am Abend seines tatenreichen Lebens auf der Terrasse von Sanssouci«[39].

Interessant ist rückblickend nicht nur der Blick auf die Bühne und somit die Inszenierung (in ihr sehen wir Friedrich als Schöpfer eines nach Weltgeltung verlangenden Preußen-Deutschland, also gleichsam in der Rolle des Vollenders der wilhelminischen Geschichtspolitik), sondern auch der in den Zuschauerraum. Dieser zeigt, wie sich die einflussreichen Gruppen der wilhelminischen Gesellschaft um ihren verehrten Helden versammelten: Das Opernhaus, so berichtete eine Tageszeitung, »war mit einem ganzen Farbenrausch von Offizieren geschmückt«, blaue, rote und weiße Uniformen bestimmten überwiegend das Bild, rechts von der kaiserlichen Loge waren die Professoren und Akademiker platziert, links die Würdenträger Berlins.[40] Die hier versammelte Gesellschaft genoss auf der Bühne als Schauspiel ebenjene Werte, denen sie sich selbst verpflichtet fühlte – hier ging es um »ihren« Friedrich. Hier ging es um ihr Preußen. Hier ging es um sie selbst.

> *»Der Mann, der keinen Feierabend kennt,*
> *Der schlichte Mann im Preußenrock,*
> *Im Dreispitz und den Krückstock in der Hand.*
> *Doch mit dem Krückstock in der starken Hand*
> *Diktierte er der Welt: Respekt vor mir! –*
> *Und gab uns, was wir brauchten: eignen Herd*
> *Und Lust am Leben und das stolze Wort:*
> *Du bist ein Preuße!«*

(Aus der Festvorführung *Der große König* zum 200. Geburtstag Friedrichs 1912 im Opernhaus zu Berlin)[41]

Unweit des Opernhauses erstrahlte derweil im abendlichen Berlin das Friedrich-Standbild Unter den Linden: feierlich illuminiert und mit zahlreichen Kränzen geschmückt, bewacht von vier besonders groß gewachsenen Grenadieren in Uniformen aus der Zeit des Preußenkönigs.[42] Ein Betrachter sprach anschließend von einem »magischen Zauber«, der von dieser, also der Denkmalsinszenierung ausging: »die ganze, in stillem Frieden liegende nächtliche Umgebung« – und mittendrin der angestrahlte Held.[43] Wer in einer kalten Winternacht Unter den Linden flaniert und sich den heute üblichen Großstadtlärm einmal wegdenkt, vermag durchaus nachzuvollziehen, wie sehr hier im Zentrum der preußischen Macht beim Betrachter eine feierliche, vielleicht sogar friedliche Stimmung entstehen konnte.

Der Wunsch nach Glorifizierung der Vergangenheit vertrug sich übrigens in diesen Jahren bestens mit der Faszination eines neuen Mediums: des Films. Das aufkommende Kino machte nämlich nicht zufällig Friedrich zum frühen Leinwandhelden. Schon 1896 – die erste öffentliche Filmvorführung in Berlin war gerade erst ein Jahr her – wurde ein Streifen mit dem Titel »Der alte Fritz« gezeigt, 1910 folgte »König und Page«, 1911 »Der große König und sein Kammerhusar« und 1912 »Fridericus als Ehestifter«.[44] Wiewohl Friedrich hier in Alltagssituationen auftrat, so galt doch grundsätzlich: Friedrich – zumindest die Erinnerung an ihn – war eine ernste, weil staatstragende Sache. Nur selten gab es Gelegenheit zu despektierlichem Lachen; etwa dann, wenn sich Joachim Ringelnatz als einer der glänzendsten Spötter über den Umgang mit einer dieser Größen ausließ:

»Die Schnupftabaksdose

Es war eine Schnupftabaksdose,
Die hatte Friedrich der Große
Sich selbst geschnitzt aus Nußbaumholz.
Und darauf war sie natürlich stolz.

Da kam ein Holzwurm gekrochen.
Der hatte Nußbaum gerochen.
Die Dose erzählte ihm lang und breit
Von Friedrich dem Großen und seiner Zeit.

Sie nannte den alten Fritz generös.
Da aber wurde der Holzwurm nervös
Und sagte, indem er zu bohren begann:
›Was geht mich Friedrich der Große an!‹«

(Joachim Ringelnatz 1911)[45]

Durchaus in Übereinstimmung mit der weltpolitischen Lage des Jahres 1912, war die Erinnerung an Friedrich jetzt zunehmend durch eine Konzentration auf das Militärische und die Machtpolitik geprägt. Zwar wusste selbstverständlich noch niemand, dass zwei Jahre später der Erste Weltkrieg ausbrechen sollte, aber die Staaten Europas – oder sagen wir besser: ihre Führer – sahen einen Waffengang längst als eine strategische Möglichkeit; manch einer mochte ihn sogar als politische Chance begreifen. Auch Wilhelm II. war machtbewusst genug, um Deutschlands Stärke im Wettstreit der Nationen auch militärisch zu denken; die Aufrüstung der deutschen Flotte war dafür ein nicht nur symbolhafter Ausdruck. Und so war auch seine Erinnerung an Friedrich von Motiven der Machtpolitik bestimmt: »Die Stärke der Staaten«, so zitierte der deutsche Kaiser den Preußenkönig, »beruht auf den großen Männern, die ihnen zur rechten Zeit geboren werden« – und ließ diesem Ausspruch jenen Kranz folgen, den er am 24. Januar 1909, dem Geburtstag Friedrichs, an dessen Reiterstandbild Unter den Linden niederlegen ließ.[46] Keine Frage: Hier fühlte sich jemand in der Nachfolge eines großen Mannes selbst als großer Mann.

»Welche Männer ragen denn am höchsten in der Geschichte der Nation – wen umfängt der Herzschlag der Deutschen mit heißester Liebe? Etwa Goethe, Schiller, Wagner, Marx? Oh nein, sondern Barbarossa, den großen Friedrich, Blücher, Moltke, Bismarck – die harten Blutmenschen! Sie, die tausende von Leben hinopferten, sie sind es, denen aus der Seele des Volks das weichste Gefühl, eine wahrhaft anbetende Dankbarkeit entgegenströmt.«

(aus einem Geburtstagsartikel der *Berliner Post* am 28. Januar 1912)[47]

Der »Blutmensch« Friedrich passte dem offiziellen Kaiserreich gut in eine säbelrasselnde Politik. Wie sehr der Mythos des Kriegsherrn Friedrich präsent war, zeigt eine Äußerung Wilhelms II. aus dem Jahr 1899. England, so legte er damals einem Vertrauten dar, hätte eigentlich längst in den Krieg ziehen müssen, weil die Chancen auf einen Sieg besser denn je gestanden hätten. Nun aber habe sich das Blatt zugunsten Deutschlands gewendet: »Er sagte, daß wir nie wieder eine solche Gelegenheit haben werden«, erinnert sich der Gesprächspartner, »und daß die Situation ganz genau war wie die von Friedrich dem Großen am Anfang des 1. Schlesischen Krieges.«[48] Eine Komponente aus der fatalen Kriegslogik Friedrichs galt hier als Vorbild: der rücksichtslose Griff zur Waffe, wenn nur eine günstige Gelegenheit Aussicht auf Beute versprach.

Auch die prestigeträchtige Flotte bediente sich des historischen Friedrich: 1912 wurde ein neues Schlachtschiff nach ihm benannt, die »SMS Friedrich der Große«. Sie fungierte als Flaggschiff der Hochseeflotte – und fuhr damit in gewisser Weise an der Spitze der imperialen Ansprüche des Deutschen Kaiserreichs. Das passte insofern, als dass Friedrich der Große inzwischen keineswegs als Stifter einer neuen menschenfreundlichen Staatsordnung in die Geschichte eingegangen war (vielleicht hatte er das als Kronprinz oder junger König noch selbst erhofft), sondern eben als Kriegsfürst.[49] Längst hatten Historiker und Militärs Friedrichs Lebensgeschichte dazu benutzt, vor allem die Bedeutung von militärischem Führertum, von Heldenmut und Opferbereitschaft als quasi nationale Eigenschaften herauszustellen. Und nun schien keine Zeit besser als die viel gerühmte friderizianische Epoche mit ihrer Vielzahl an Schlachten dafür geeignet, im Volk eine kriegerische Gesinnung lebendig zu erhalten: »Erfolgreiche Bajonettangriffe und kühne Reiterattacken«, so beschrieb es unlängst der Historiker Peter-Michael Hahn, »angeführt von friderizianischen Heldengestalten, boten ausreichend Gelegenheit, Pflichtgehorsam, Selbstlosigkeit und Todesverachtung in allen Varianten zu beschreiben. Der Krieg als ein notwendiges persönliches Opfer, das man mit Freude und Dankbarkeit für Kaiser und Volk zu erbringen hatte, ließ sich nicht schöner erzählen.«[50]

Friedrich wurde so zu einem mentalen Wegbereiter für eine Kriegsbegeisterung, die sich dann nach dem ersten Massensterben in den Schützengräben im Spätsommer 1914 wieder abkühlen sollte – auch die schönste politisch-mythische Erzählung vom alten König macht eben in aller Regel den Tod nicht leichter. Für die Berliner begann übrigens der Erste Weltkrieg in gewisser Weise direkt unter den Blicken ihres alten Königs: Bei seinem Denkmal Unter den Linden verlas am 31. Juli 1914 ein Leutnant der Grenadiergarden vor dem Standbild eine Proklamation des Kommandeurs der Berliner Garnison, in der dieser sich zum Inhaber aller Befehlsgewalt in der Stadt erklärte.[51] Und wie um den militärischen Geist des einstigen Preußenkönigs beschwören zu wollen, wurde das Denkmal demonstrativ mit Kanonen umstellt.[52]

Mit der Erinnerung an Friedrich wurden jetzt nicht nur allgemeine Stimmungen erzeugt, sondern auch konkrete Operationen legitimiert, etwa der Überfall auf Belgien. Er sei selbst ein Soldat aus der Schule Napoleons und Friedrichs des Großen, schleuderte jedenfalls Kaiser Wilhelm II. – der aufgrund seiner körperlichen Behinderung selbstverständlich ohne Not in keine Armee der Welt eingezogen worden wäre – kurz vor Kriegsbeginn dem verdutzten belgischen König Leopold II. entgegen. Dieser wollte sich mit seinem neutralen Königreich nicht auf ein Bündnis mit Berlin auf Kosten Frankreichs einlassen. Daraufhin steigerte sich der deutsche Regent in einen seiner berüchtigten Wutanfälle hinein und verwies eben auch auf Friedrich: Dieser habe ebenfalls einen Krieg begonnnen, indem er seinen Feinden zuvorgekommen sei.[53] Auch er, Wilhelm, könne als Nachfolger des großen Königs deshalb jederzeit in das neutrale Belgien einmarschieren – was deutsche Truppen dann am 4. August 1914 ja auch völkerrechtswidrig taten.

> *»Die sächsische Grenze?! Aber Sachsen war ja neutral! Sachsen spielte ja gar nicht mit!! – Das war ganz einerlei, – Friedrich fiel am 29. August mit sechzigtausend Schnurrbärten in Sachsen ein. Von dem Lärm, der sich über diesen unerhörten Friedens- und Völkerrechtsbruch erhob, macht man sich keine Vorstellung. Oder doch, es ist wahr, ja, neuerdings macht man sich wieder eine Vorstellung davon [...]. Tat Friedrich dem Buchstaben nach unrecht, brach er eine Neutralität, die auf dem Papiere stand und deren Verrat nicht auf dem Papiere stand, so handelte er in bitterster Notwehr.«*

(Thomas Mann 1915 über das vermeintliche geschichtliche Vorbild, in ein neutrales Land einzumarschieren)[54]

Friedrich war zu einem militärhistorischen Argument für einen zum Waffengang wild entschlossenen Kaiser mit Weltgeltungsanspruch geworden. Die vorherrschende Erinnerung an Friedrich hatte den Glauben genährt, dass es nur eines Feldherrn seines Zuschnitts bedurfte (und das zu sein glaubte Wilhelm II. ja zuweilen von sich), um mit einem verwegenen Plan einen ganzen Krieg zu entscheiden – auch gegen eine noch so große Übermacht von Feinden. Und wenn nichts mehr ginge, dann hülfe ein Wunder, vergleichbar dem Mirakel des Hauses Brandenburg (das doch nichts anderes als ein Zufall gewesen war).[55] Ein Wunder werde den Truppen schon zu Hilfe kommen, wenn sie und ihre Führung nur ebenso beherzt wie einst Friedrich auf »alles oder nichts« setzten, wenn man nur volle Risikobereitschaft mit allerletzter Anstrengung verbinde. So die Vorstellung. Dabei wurde allerdings ignoriert, was für ein miserabler Außenpolitiker Friedrich im Grunde gewesen war, ebenweil er gegebenenfalls alles auf eine Karte setzte und das Schicksal des ihm anvertrauten Staates vom Ausgang einer einzigen Schlacht abhängig machte. Nur dank einer in der Tat unerhörten Portion Glück und dank der Unfähigkeit seiner Gegner erhielt er letztlich nie die eigentlich fällige Quittung für seine außenpolitischen Fehler.[56]

Nie schien Friedrich den Deutschen so nahe wie zu Beginn des Ersten Weltkriegs. Professionelle Historiker halfen mit, die Vergangenheit der Gegenwart denkbar nahezubringen. So verglich etwa der Berliner Historiker Otto Hintze nun den »Existenzkampf« des historischen Friedrich mit dem des gegenwärtigen Wilhelm II. gegen »eine Welt von Feinden«. So wie einst im Siebenjährigen Krieg der König, so kämpfe derzeit der Kaiser um die Existenz seines Staates.[57] Ebenso Thomas Mann, der 1915 mit seinem Essay *Friedrich und die große Koalition* das eindrucksvollste Beispiel dafür ablegte, wie sehr nun die Zeit des Preußenkönigs mit der jetzigen gleichgesetzt wurde: Den Siebenjährigen Krieg bezeichnete er gleich im dritten Satz seiner Darstellung als Krieg, »dessen Wiederholung oder Fortsetzung wir heute erleben«[58].

> *»Es ist sein Kampf, den wir zu Ende führen, den wir noch einmal zu führen haben. Die Koalition hat sich ein wenig verändert, aber es ist sein Europa, das im Haß verbündete Europa, das uns nicht dulden, das ihn, den König, noch immer nicht dulden will.«*
>
> (Thomas Mann über den Ersten Weltkrieg als Erfüllung der Friedrich'schen Politik)[59]

Mann stilisierte den deutschen Soldaten mit diesem Essay den großen Friedrich für ihre Gegenwart hoch, erinnerte sie daran, wie er sieben Jahre lang umherzog und »bataillierte«, wie er gewann und auch verlor, sich danach aber »zitternd« wieder aufrich-

tete, um wieder einen neuen Schlachtenplan auszuprobieren –
und endlich zu siegen. Das war Literatur für den Krieg. Nicht
nur ein »Abriß für den Tag und die Stunde«, wie Mann selbst es
im Untertitel nannte, sondern schlicht Propaganda. Propaganda
für den Tag.

> »Immer im schäbigen Waffenrock, gestiefelt, gespornt und den
> Uniformhut auf dem Kopf, atmend jahraus, jahrein im Dunst seiner
> Truppen, in einer Atmosphäre von Schweiß, Leder, Blut und Pulver-
> dampf, ging er, zwischen zwei Schlachten, zwischen einer trostlosen
> Niederlage und einem unglaubhaften Triumph, in seinem
> Zelt hin und her und blies auf der Flöte, kritzelte französische
> Verse oder zankte sich brieflich mit Voltaire.«

(Thomas Mann über den Soldaten Friedrich)[60]

Was den Ersten Weltkrieg anbelangt, kam es bekanntermaßen
völlig anders. Die Begeisterung für den Krieg – die ohnehin viel
begrenzter ausfiel, als dies später immer wieder erzählt wurde –
schwand in dem Maße, wie die jungen Männer massenhaft in
den Schützengräben starben. Und wer von den Militärs letztlich
noch auf ein wie auch immer geartetes Wunder gewartet hatte –
es kam nicht. Doch die von Friedrich – und im Nachklang von
den Nachgeborenen mit militärischen Ambitionen – in vielen
Varianten propagierte Alternative »glanzvoller Sieg oder völlige
Niederlage« blieb über die Kriegsjahre hinweg in den Köpfen
der Verantwortlichen. Als im Januar 1918 Prinz Max von Baden
den General Erich Ludendorff fragte, was denn geschehen müsse,
wenn die deutsche Frühjahrsoffensive nicht zum Erfolg führen
werde, fiel die Antwort genau gemäß dieser Logik aus: Dann
müsse Deutschland eben zugrunde gehen.[61]

Das Kriegsende brachte die große Ernüchterung – und das
Ende der Monarchie. Im Reich wie in den Ländern verschwan-
den die gekrönten Häupter binnen wenigen Tagen. Und der große
und beliebte Friedrich? Er wurde sozusagen unfreiwilliger Augen-

zeuge des temporeichen Entkrönungsspektakels, beispielsweise im Berliner Stadtschloss. Dort wurden am 24. Dezember 1918 sieben bei Schießereien ums Leben gekommene Matrosen ausgerechnet im Speisezimmer der kaiserlichen Familie eingesargt. Sie wurden entlang des Esstischs aufgebahrt – und über ihnen prangte das Deckengemälde des Prachtsaales, welches eine Huldigung Friedrichs durch Preußen darstellte.[62]

Das Reiterstandbild Friedrichs Unter den Linden überstand den Ersten Weltkrieg, und auch die Revolution von 1918/19 fügte ihm keine nennenswerten Schäden zu. Während das nicht weit entfernte Brandenburger Tor in den Straßenkämpfen des Spartakusaufstands zum Stützpunkt wurde und wie viele andere Gebäude im Zentrum der Stadt durchaus in Mitleidenschaft gezogen wurde, zählte man beim Friedrich-Denkmal, als man 1924 zur Restaurierung schritt, zwar sage und schreibe 128 Einschusslöcher, aber es war insgesamt gleichwohl nur leicht beschädigt.[63] Die »SMS Friedrich der Große« hatte seit der Skagerrakschlacht von 1916 den Rest des Krieges in heimischen Gefilden abgewartet und wurde nach der Niederlage von der eigenen Besatzung im Juni 1919 versenkt.

Doch die Erinnerungsfigur Friedrich ging nicht unter – der Mythos blieb weitgehend intakt. Die deutsche Niederlage bedeutete keine wirkliche Wende in der Geschichte des Friedrich-Bildes; weiterhin wurden Werke leidenschaftlicher Anhänger des Regenten ebenso publiziert wie kritische oder polemische Schriften. Wenn man so will, so hat es unlängst ein Friedrich-Biograf erklärt, war zu diesem Zeitpunkt die Bandbreite des Friedrich-Bildes bereits ausgemessen.[64]

Aus heutiger Sicht mag es absurd erscheinen, wie nach den Jahren 1914 bis 1918 die Erfahrungen des Krieges in großen Teilen der Weimarer Gesellschaft gleichwohl als Höhepunkt nationalen Lebens zum intellektuellen Rüstzeug gehörten. Die verdrängte Niederlage ermöglichte auch die weitere Hochschätzung der angeblich so preußischen Tugenden, die mit dem Militär verbunden wurden: Unterordnung, Opferbereitschaft oder die Hingabe für die (kämpfende) Gemeinschaft.[65]

»Der deutsche Generalstab und die deutsche Armee stellten bisher die vollendetste Krieges- und Siegesmaschine dar, die die Geschichte kennt. [...] Das ethische Rückgrat dieser Institution war ein zur Natur gewordener Siegeswille: dieses willenbildende Ethos war ja gegeben für einen Staat, der stets unter ungünstigsten Lebensbedingungen gegen weit überlegene Gewalten sich hatte behaupten müssen, von Friedrich dem Großen bis zu den Befreiungskriegen, und schließlich bis zu der alles übergipfelnden Leistung des Weltkrieges.«

(Der Historiker Hermann Oncken 1919)[66]

Mit der Erinnerung an Friedrich wehrten sich viele Kriegsbegeisterte zugleich gegen die Einführung einer Demokratie: Eine Oktroyierung der »egalitären Demokratie« würde doch den Untergang der »herkömmlichen deutschen Kultur« bedeuten, die mit Namen wie Goethe, Luther oder Friedrich dem Großen verbunden war. So notierte es jedenfalls Thomas Mann, der sich bis in die letzten Kriegstage hinein das »Erlebnis« Friedrich nicht hatte austreiben lassen wollen.[67]

Rasch und nachhaltig wurde die Erinnerung an Friedrich nach 1918 vorzugsweise zu einer Domäne der Rechten und Republikgegner. So schmückte die Deutschnationale Volkspartei (DNVP) ihre Wahlplakate während der Weimarer Republik wiederholt mit dem Brustbild des Königs, um damit die gleichermaßen vage wie attraktive Idee eines führungsstarken und erfolgreichen Machtstaates zu propagieren.[68] »Rettet mein Preußen«, rief er etwa zum preußischen Landtagswahlkampf im April 1932 von einem DNVP-Plakat.[69]

Auch jene Intellektuellen der »Konservativen Revolution«, die von der inneren Geschlossenheit der Nation und der Verwirklichung einer spezifisch deutschen Gesellschaftsform träumten, die deutlich gegen die Idee des westlichen Verfassungsstaats gerichtet war, hatten das Vorbild Friedrich im Blick. Etwa Oswald Spengler, der 1919 in seiner Schrift *Preußentum und Sozialismus* das System einer Kriegswirtschaft mit einem sozialromantisch stilisierten Herrschaftsverständnis Friedrichs des Großen in Verbindung brachte.[70]

> *»Der deutsche, genauer preußische Instinkt war: die Macht gehört dem Ganzen. Der einzelne dient ihm. Das Ganze ist souverän. Der König ist nur der erste Diener seines Staates (Friedrich der Große). Jeder erhält seinen Platz. Es wird befohlen und gehorcht. Dies ist, seit dem 18. Jahrhundert, autoritativer Sozialismus, dem Wesen nach illiberal und antidemokratisch, soweit es sich um englischen Liberalismus und französische Demokratie handelt.«*
>
> (Oswald Spengler über das Wesen der »deutschen Revolution« und ihre preußischen Traditionen 1919)[71]

Den Anhängern der »Konservativen Revolution« war die Zeit des Soldatenkönigs und Friedrichs das, was für die Völkischen die germanische Vorzeit war,[72] die Projektion einer idealen Gesellschaft mit einem charismatischen Herrscher an der Spitze. Und alle vereinte die Ablehnung der verhassten Weimarer Demokratie. Auch zahlreiche Freimaurer machten hier übrigens keine Ausnahme: Indem sich die nationalen Großlogen auf die preußische Geschichte beriefen und sich mit Vorliebe in die Tradition Friedrichs II. stellten, »distanzierten sie sich ausdrücklich vom System der Weimarer Republik und seinen Repräsentanten«, mit denen sie nicht in Verbindung gebracht werden wollten«[73].

Solchen Geschichtsbildern und -interpretationen wurden selbstverständlich auch antifriderizianische, also konkurrierende geschichtspolitische Instrumentalisierungen entgegengesetzt. Die deutlichste Kritik an Friedrich kam dabei aus dem sozialistischen Lager. 1922 hatte der Schriftsteller Kurt Kerstan sein vernichtendes Urteil über *Fridericus Rex und die Krise des Absolutismus* gefällt. Darin kam er nicht nur zu dem Ergebnis, dass Friedrich nie dem

Aufbau eines neuen deutschen Reiches Vorschub geleistet habe –
wie es die preußische Gründungslegende nach 1871 wollte –,
sondern dass sein ganzer Staat von vornherein dem Untergang
geweiht gewesen sei. Überhaupt sei es angemessener, den Blick
auf das Leben der Proletarier zu richten, für deren Bildung und
sozialen Aufstieg Friedrich bewusst nichts getan habe.[74]

> *»Wir werden von jenem Volke sprechen, das sechsundvierzig lange*
> *Jahre unter Friedrich II. gelitten hat; wir sehen, wie aufständische*
> *Weber vor die ersten preußischen Sondergerichte gezerrt werden, wie*
> *sich armselige bekümmerte Kinder in Manufakturen abrackern; ja,*
> *wir müssen alle diese Menschen aufsuchen, die ihr ganzes Leben lang*
> *ärger gelitten haben als ihr vielgerühmter König selbst; von ihnen*
> *verkündet kein Epos, von ihrem Elend spricht man kaum, ihre*
> *Schmerzen hat der Ruhm weggeblendet.«*

(Kurt Kerstan 1922 über das Leben unter Friedrich)[75]

Für eine solche Sicht der Dinge hatte der marxistische Historiker Franz Mehring mit seiner 1893 erschienenen Darstellung
Die Lessinglegende entscheidende Vorarbeit geleistet. Mehring,
der neben Karl Liebknecht und Rosa Luxemburg zum führenden Mitglied des Spartakusbunds aufstieg und Mitbegründer der
USPD wurde, rüttelte mit seinem Friedrich-Bild an der markan-
testen historischen Stütze des Hohenzollernthrons.[76] Dabei ent-
lastete er den Preußenkönig allerdings auch in gewisser Weise:
Indem er die ökonomischen Rahmenbedingungen als entscheidenden Motor der historischen Entwicklung in den Vordergrund
rückte, relativierte er zugleich die Einflussmöglichkeiten des In-
dividuums und damit die Bedeutung des Regenten – und das in
jeder Hinsicht. Aus dieser Perspektive erschien Friedrich weder
als gewissenloser Eroberer noch als genialer Anführer, sondern als
Oberhaupt eines Staates, dessen auswärtige Politik wegen seiner
ökonomischen Voraussetzungen »von selbst gegeben« gewesen sei
und »sich gewissermaßen auch von selbst« durchgesetzt habe.[77]

Friedrich Engels hatte Mehrings Werk als wichtigen Beitrag zur Zerstörung der preußischen Legende bewertet und ihm in einem Brief attestiert, dass die Auflösung der monarchisch-patriotischen Legenden vielleicht keine notwendige Voraussetzung »der Beseitigung der die Klassenherrschaft deckenden Monarchie« sei, »aber doch einer der wirksamsten Hebel dazu«.[78]

Hatte Mehring also der Kritik an Preußen Vorschub geleistet, so war seine Darstellung doch nicht für eine wirkliche Verdammung Friedrichs geeignet. Vielmehr kehrte Mehring sogar – so wie vor ihm liberale und nach ihm andere sozialdemokratische Autoren – die positive, nämlich die aufklärerische Seite Friedrichs hervor und betonte seine Bedeutung für die Herausbildung einer freiheitlich-toleranten Gesinnung in Deutschland.[79] Anschlussfähig an diese Erinnerung an den Aufklärer Friedrich – den die politische Rechte der Weimarer Republik aus naheliegenden Gründen am liebsten vergessen gemacht hätte[80] – waren jene Polemiken, die auf den konservativen und rechten Nationalstolz zielten, der sich inzwischen fest mit Friedrich verband. So traf Carl von Ossietzky kurz nach dem Ersten Weltkrieg mit seinem Spott ins Herz nationaler Befindlichkeit, als er den Rechten im Lande vorhielt, der gute Friedrich habe sich ja gar nicht als Deutscher gefühlt und sei deshalb für ihre patriotischen Kundgebungen schlechterdings nicht zu gebrauchen:

>*»Er würde euch bitter enttäuschen, wenn er wiederkäme. Denn er fühlte sich wahrlich nicht als Deutscher. Seine Bildung war französisch; die deutsche Sprache verschaffte ihm Bauchgrimmen. Er würde euch nicht passen, denn er war aufgeklärt [...]. Nein, ein deutschnationaler Säulenheiliger war er nicht. Aber ein ganzer Kerl, der sich weder vor Gott noch vor dem Teufel fürchtete und vorurteilsfrei genug war, bald mit dem einen, bald mit dem anderen zu paktieren. [...] Respektiert seinen Schlaf und bemüht ihn nicht zu einem Werk, das er verachtet hätte.«*

(Carl von Ossietzky 1921 in der *Berliner Volks-Zeitung*)[81]

In der linken Publizistik hatte sich schon zu Beginn der Republik eine eigenständige kommunikative Strategie der politischen Auseinandersetzung entwickelt: Mit der historischen Figur Friedrich ließ sich über dessen bürgerliche, konservative und rechte Bewunderer der Gegenwart nämlich trefflich spotten. Ihnen wurde mehr oder weniger politische Dummheit unterstellt – man brauche sie nur mit dem klugen Kopf des Preußenkönigs zu vergleichen. Und dies taten sie häufig und gern. Eine frühe argumentative Vorlage für diese Strategie stammte ebenfalls von Franz Mehring: sein Hinweis nämlich, dass Friedrich »im allgemeinen viel vernünftiger als seine Bewunderer war«[82]. Carl von Ossietzky knüpfte daran mit seinem Spott später ebenso an wie Kurt Tucholsky anlässlich des ersten Kinofilms über den »Fridericus Rex«:

>*»Fridericus, unser König, den der Lorbeerkranz ziert,*
>*du wirst für eine kolossale Pleite plakatiert.*
>*Dreh still dich im Grabe, verbirg dein Gesicht:*
>*Sie haben deinen Krückstock. Deinen Kopf haben sie nicht.«*
>
>(Kurt Tucholsky 1922 in seinem Gedicht »Fridericus Rex« in der *Weltbühne*)[83]

Auch abseits der politischen Schlachten erfuhr das Friedrich-Bild in der Weimarer Zeit eine entscheidende Prägung, und zwar durch die populäre Unterhaltungskultur. Es lässt sich durchaus sagen, dass der Preußenkönig zu einer historischen Pop-Figur dieser bewegten Jahre avancierte. So feierte beispielsweise der Schriftsteller Walter von Molo mit seinem 1918 erschienenen und bis Mitte der 1930er-Jahre immer wieder neu aufgelegten Roman *Fridericus*, in dem er den Titelhelden in heroischer Idealisierung als kämpferisches Genie agieren ließ, einen großen Erfolg, dem andere Autoren nacheiferten. Gegen solche für das breite Publikum verfasste Schriften – es gab auch mehrere Theaterstücke – hatten Friedrich-kritische Werke zu dieser Zeit einen schweren Stand.[84]

Und schließlich verlieh das Kino der Legende des großen

Königs zusätzlichen Schwung. Die Frage, ob Friedrich denn nun der »Große« gewesen sei, stand hier gar nicht erst zur Diskussion – sie war von vornherein positiv beantwortet. Binnen weniger Jahre schritt (beziehungsweise ritt) Friedrich mehrfach als Held par excellence über die Leinwände: Als *Fridericus Rex. Ein Königsschicksal* (1922/23) und als der *Alte Fritz* (1927) war er zu sehen, es folgten *Das Flötenkonzert von Sanssouci* (1930), *Die Tänzerin von Sanssouci* (1932) und schließlich *Der Choral von Leuthen* (1933). Das Publikum sparte bei den Aufführungen nicht mit Emotionen: Zuweilen wurde frenetisch gejubelt, wenn die preußischen Truppen und ihr – wieder einmal siegreicher – Feldherr auf der Leinwand erschienen.[85] Ohne Frage, hier applaudierte eine gerade im Weltkrieg besiegte Nation gleichermaßen wehmütig wie wehleidig dem vermeintlichen Sieger der Vergangenheit.

Und dieser Sieger bekam nun ein Gesicht, das mit seiner Mischung aus heroischem Trotz und unbeugsamem Selbstvertrauen offensichtlich die mentalen Bedürfnisse und politischen Sehnsüchte der Zeitgenossen traf: Otto Gebühr.[86] Der 1877 in Kettwig geborene Schauspieler war nach ersten kleineren Engagements ans Deutsche Theater in Berlin gekommen und bald für den Stummfilm entdeckt worden. Der Durchbruch gelang ihm 1920 mit dem Film *Die Tänzerin Barberina*, in dem er erstmals den Preußenkönig mimte. Die äußerliche Ähnlichkeit mit Friedrich tat sein Übriges – und so wurde Gebühr zum Publikumshelden und Dauerdarsteller des Königs. Für das Publikum war er schlicht Friedrich der Große. Und weil Letzterer nicht mehr greifbar war, musste sein Mime ran: Gebühr konnte man in diesen Jahren sogar für private Feiern und Veranstaltungen buchen. Was konnte es für eine bierselige patriotische Runde der Weimarer Zeit Schöneres geben als den überraschenden Besuch des »leibhaftigen« Preußenkönigs. Keine Tänzerin aus keiner noch so großen Torte hätte für solche Gesellschaften ein größeres Vergnügen sein können...[87]

Der Schauspieler machte mit seiner Paraderolle auch Politik, etwa wenn er einer Einladung des rechtsnationalen Frontkämpferbundes »Stahlhelm« folgte, der zu einem »Vaterländischen Winterhilfe-Abend« geladen hatte; ein Gruppenbild zeigt den majestätischen Leinwand-Friedrich in sichtlich erfreuter Männerrunde, zu der bizarrerweise auch Kronprinz Wilhelm und zwei weitere Prinzen aus dem Hause Hohenzollern zählten.[88] Solche eigentümlichen Verwischungen von Realität und Fiktionalität, von echten Prinzen und gemimtem König, zeigen nur umso deutlicher, dass es bei diesen Geschichtsfilmen nicht nur – und vielleicht nicht einmal in erster Linie – um die Vergangenheit, sondern um die Gegenwart ging: Friedrich und sein Preußen erschienen in der beruhigenden Entrücktheit des dunklen Kinosaals vielen als ein ersehnter Gegenentwurf zur Weimarer Republik: Potsdam statt Weimar, Absolutismus statt Demokratie, starker Führer statt Volkes Wille – das war die Botschaft der Filme. Und in der großen Publikumsresonanz spiegelte sich die Präsenz der historischen Figur: »In weiten Teilen der Weimarer Öffentlichkeit«, so urteilte unlängst der Politikwissenschaftler Heiko Luckey zutreffend, »wurde Friedrich der Große nicht als tote, den Historikern zu überlassende Persönlichkeit aus der Vergangenheit, sondern als durchaus lebendige, durch sein Vorbild in den Lauf der Gegenwart einwirkende Figur aufgefasst.«[89]

Besondere aktuelle Brisanz erfuhr dabei der im Dezember 1930 erstmals in den Kinos gezeigte Friedrich-Film *Das Flötenkonzert von Sanssouci*. Dies weniger, weil es der erste Tonfilm über den Preußenkönig war, sondern weil er kurz nach der deutschen Premiere des US-amerikanischen Antikriegsfilms *Im Westen nichts Neues* aufgeführt wurde, einer Produktion, die für heftige öffentliche Empörung vor allem in rechten und nationalsozialistischen Kreisen sorgte. *Das Flötenkonzert von Sanssouci* erschien einer breiten Öffentlichkeit – und den entsprechenden politischen Kreisen – da als willkommenes patriotisches Gegenstück. Dement-

sprechend gab es Lob bei der Rechten (Goebbels zeigte sich
»ganz ergriffen«) und scharfe Kritik bei der Linken. [90]

*»Wie sehr muß das Volk eines Halts entbehren, daß es ihn in einem
solchen Glanzkriegsstück zu entdecken glaubt! [...] Die Massen
sind irregeleitet, und möchten doch richtig geführt werden. Wenn es
nicht gelingt, ihrem Sehnen gute, menschenwürdige Ziele zu geben,
werden ihre Explosionen fürchterlich sein.«*

(Der Schriftsteller und Filmwissenschaftler Siegfried Kracauer anlässlich
der Premiere des Films *Das Flötenkonzert von Sanssouci*)[91]

Insgesamt zeichneten die Filme das Bild eines heroischen Königs,
der aus der Sicht der politischen Rechten für sein Preußen bereits das vollzogen hatte, »was man in der eigenen Gegenwart
noch vermisste und von einer Regierung der nationalen Führung
erwartete«[92]. Friedrich erscheint damit aus der Rückschau zum
geschichtspolitischen Steigbügelhalter eines Adolf Hitler deformiert. In diesem Sinne erhob der NS-Ideologe Alfred Rosenberg
Friedrich zu einem »Leitstern« für die nationalsozialistische Bewegung. In ihm, so Rosenberg in seiner berüchtigten Darstellung
Der Mythus des 20. Jahrhunderts im Jahr 1930, vereinten sich »alle
jene Charakterwerte, nach deren Herrschaft heute wieder sehnsüchtig seitens der Besten des Deutschtums gerungen« werde:
persönliche Kühnheit, unerbittliche Entschlusskraft, Verantwor-
tungsbewusstsein, durchdringende Klugheit und ein Ehrbewusst-
sein, »wie es noch nie so mythisch groß zum Leitstern eines ganzen Lebens auserkoren worden war«[93].

Die Nationalsozialisten hatten sich der historischen Gestalt
Friedrichs früh und mit großer Intensität bemächtigt und sie gezielt auf die Bedürfnisse der eigenen Ideologie zugeschnitten.[94]
Anfangs stand dabei noch die Hoffnung mit im Vordergrund, dass
etwas vom großen Ruhm des Königs auf ihre zunächst recht be-
scheidende »Bewegung« abfallen werde. Und so war es für die großen und kleinen Anhänger der NS-Bewegung von Bedeutung,

dass ihr selbst ernannter Führer schon während seiner Landsberger Festungshaft von seinem »Helden von Sanssouci« schwärmte, um im gleichen Atemzug die Politiker der Weimarer Republik zu denunzieren:

> »Solange zum Beispiel die geschichtliche Erinnerung an Friedrich den Großen nicht erstorben ist, vermag Friedrich Ebert nur bedingtes Erstaunen hervorzurufen. Der Held von Sanssouci verhält sich zum ehemaligen Bremenser Kneipenwirt ungefähr wie die Sonne zum Mond; erst wenn die Strahlen der Sonne verlöschen, vermag der Mond zu glänzen. Es ist deshalb auch der Haß aller Neumonde der Menschheit gegen die Fixsterne nur zu begreifen.«
>
> (Adolf Hitler in *Mein Kampf*)[95]

Die Erinnerungsfigur Friedrich war im Verlauf der Republikjahre längst zu einem »Muster autoritärer Herrschaft« geworden,[96] mit dem sich alle demokratischen Partizipationsversuche als unhistorisch und mithin als dem »preußisch-deutschen Wesen« fremd diffamieren ließen. Der König war in den Händen der Anti-Republikaner ein Instrument zur Distanzierung und Denunzierung geworden, zu einer Ermutigung im Kampf gegen die Demokratie und ihre Vertreter. Kritische Stimmen konnten sich dagegen kaum durchsetzen. Und so hatten es die Nationalsozialisten, die gezielt das deutschnationale Friedrich-Bild bedienten und sich damit zu selbst erklärten Nachfolgern seiner Herrschaft aufschwangen, nicht schwer, diese Figur nach 1933 zu einer der Galionsfiguren ihres neuen Regimes zu machen: Friedrich wurde nun von Staats wegen zum großen König der Nazis.

Der große König der Nazis

Das Geschichtsbild der Nationalsozialisten wird immer noch gerne als etwas eigentümlich Fremdes geschildert, als eine Vorstellungswelt, die dem geschichtlichen Denken der Deutschen nach 1933 eigentlich fremd gewesen und deshalb auch fremd geblieben sei. Dabei handelt es sich allerdings um einen funktionierenden Distanzierungsreflex, um die deutsche Geschichte rückwirkend vom Zugriff der braunen Schmuddelkinder reinzuwaschen. In der Sache erscheint dies ja auch leicht: Aus heutiger Perspektive wirkt eben vieles skurril an den Geschichtsbüchern jener Zeit, und angesichts der zuweilen plumpen Geschichtsklitterungen und ideologischen Verbiegungen historischer Tatsachen und Entwicklungen möchte man nur zu gerne den Versicherungen Glauben schenken, das alles sei vielleicht in der Schule gelehrt oder auf Propagandaveranstaltungen gepredigt worden – aber geglaubt hätten die Deutschen so etwas selbstverständlich nicht.

Doch wir sollten bei Friedrich – und auch bei vielen anderen historischen Gegenständen, aber die stehen hier nicht zur Debatte – lieber vom Gegenteil ausgehen: Das Bild, das die NS-Propaganda von Friedrich dem Großen zeichnete, war am Ende der Weimarer Republik eben nicht »weit weg« von der Einschätzung eines Großteils der deutschen Bevölkerung, sondern absolut mehrheitsfähig. Denn die Nationalsozialisten bauten auf den Erinnerungen auf, die schon die geschichtspolitischen Debatten der demokratischen Jahre beherrscht hatten, und formten daraus geschichtspolitisch eben genau das, was sie zur Stützung der

Diktatur brauchten. Friedrich war schon vor 1933 ein Riese in der deutschen Erinnerungslandschaft, und geradezu zwangsläufig nahm er deshalb im »Dritten Reich« eine Ausnahmestellung ein: Keine andere Gestalt der deutschen Geschichte wurde in populären Medien und in der nationalsozialistischen Propaganda auch nur annähernd so oft behandelt wie dieser Preußenkönig.[1] Denn mit ihm hatte das Regime das gesamte »preußische Beispiel« in der Hand, um den eigenen Machtanspruch historisch abzusichern.

Die Ursache für diese (Fort-)Entwicklung ist naheliegend: In der Weimarer Zeit galt der Preußenkönig für die große Mehrheit der Deutschen als Repräsentant einer glorreichen Zeit der Stärke und Sicherheit, die angesichts einer immer negativer beurteilten Gegenwart umso glanzvoller erscheinen musste. Wenn man so will: Geschichte als Opium des Volkes. Es war naheliegend, dass die Nationalsozialisten 1933 dieses mit der historischen Erinnerung gepaarte Sehnen nach Sicherheit propagandistisch aufgriffen und mit der politischen Sehnsucht nach einer eigenen charismatischen Führerfigur verknüpften.

Das entscheidende Auftaktereignis für diese Indienstnahme war der sogenannte »Tag von Potsdam«. An diesem 21. März 1933 inszenierte die soeben ins Amt gehobene Regierung Hitler anlässlich des Staatsakts zur Reichstagseröffnung symbolisch die Versöhnung zwischen dem alten Preußen und dem neuen nationalsozialistischen Staat. Das neue Regime erklärte sich zum legitimen Nachfolger des preußischen Konservativismus, und in der Garnisonkirche – wo der »Soldatenkönig« Friedrich Wilhelm I. und neben ihm sein Sohn Friedrich beigesetzt waren – wollte sich jetzt in dieser Tradition der »Führer« Adolf Hitler inszenieren.

Als personifiziertes Bindeglied zwischen der Gegenwart und der Vergangenheit diente den Nationalsozialisten dabei der greise Reichspräsident Hindenburg, der, obwohl Oberhaupt einer deutschen Republik, in der Uniform eines preußischen Generalfeldmarschalls erschien. Er sollte, so hat es ein Betrachter rückblickend interpretiert, »das mythische Charisma des großen Königs auf den zum Reichskanzler ernannten Weltkriegsgefreiten übertragen«[2]. Nach dem Staatsakt, den der französische Botschafter passend als »Potsdamer Komödie« bezeichnete, legten die Akteure an den Gräbern der preußischen Könige Kränze ab.[3] Die konnten sich naturgemäß nicht dagegen wehren – und die Nazis fühlten sich vom Mantel der Geschichte umfangen, beziehungsweise: Sie vernahmen zustimmende Klopfzeichen aus der Vergangenheit...

»Erst nach Jahren, wenn das Vergangene so weit zurückgeglitten ist, daß es unverrückbar festzustehen scheint, werden wir erfassen, was wir miterleben durften: Die Geburt des neuen Deutschland. Durch die alte Potsdamer Garnisonkirche geistert ein riesiger Schatten. Und ein Krückstock klappert hart auf die Steinfliesen, man hört ihn deutlich.«

(Aus einer NS-Festschrift zum »Tag von Potsdam«)[4]

Hindenburg wurde in dieser Inszenierung am 21. März 1933 mit quasi priesterlichen Aufgaben versehen. So wurde der Händedruck zwischen ihm und Hitler nicht nur der symbolische Ausdruck von gegenseitiger Wertschätzung (was überdies bei beiden im Grunde genommen gar nicht der Fall war). Vielmehr war diese öffentliche Geste »vor dem Hintergrund der religiösen Wertvorstellungen der Zeitgenossen«, so urteilte ein Historiker einmal zutreffend, eher »Weihe und an die kirchliche Eheschließung erinnernde Gemeinschaft«. Und ihre tiefere Begründung verdankte sie »den besonderen Gnaden der Wallfahrtsstätte«: Die Anwesenheit des toten Friedrich machte die Veranstaltung zu einer national-religiösen Pilgerveranstaltung. Als Hindenburg aus der Gruft wieder heraufstieg, erhob er – wie zu Beginn der Feierlichkeiten – seinen Marschallstab und grüßte die Anwesenden in der Kirche.[5] Auch musikalisch war die Erinnerung an Friedrich geradezu aufdringlich dominant. Als sich der »Ersatzkaiser« Hindenburg nun auch noch in seiner Funktion als »Ersatzbischof« auf den Weg machte, den ihm zugewiesenen Sitz unmittelbar vor Altar, Kanzel und Gruft einzunehmen, spielte der Organist »Nun danket alle Gott« – den »Choral von Leuthen«.[6]

Die Potsdamer Garnisonkirche war zu diesem Zeitpunkt eben auch deshalb ein besonderer Ort für jeden preußischen Summus Episcopus gewesen, weil hier die Grablege der Vorfahren war – die Kirche hatte also unter allen Kirchen Preußens eine besondere Heiligkeit: Ihre Besucher waren Pilger, und die sterblichen Überreste der beiden Könige waren Kultobjekte. Und dies lange vor den und also nicht erst für die Nationalsozialisten. Sie setzten lediglich – propagandistisch geschickt – fort, was sich für »anständige« Preußen ohnehin gehörte. Die Kirche war schließlich schon vorher zum Gedenkort für die beiden preußischen Könige Friedrich Wilhelm I. und seinen Sohn Friedrich ausgebaut worden. Diese Funktion kam auch in der Architektur zum Ausdruck: Direkt über der Krypta mit den Särgen thronte die Kanzel; die Treppe hinauf zur Kanzel führte über die Decke der Gruft, deren Eingang für jeden Kirchenbesucher beim Blick auf die Kanzel deutlich erkennbar war. Untypisch für die protestantische Lehre, entwickelte sich in der Garnisonkirche nahezu eine Art Reliquienverehrung. Im Mittelpunkt stand bald vor allem Friedrich – zu ihm pilgerte, wer Gutes, wer wahrhaft Preußisches im Sinn zu haben glaubte. Zahlreiche Berühmtheiten nutzten die öffentliche Wirkung ihrer Wallfahrt in seine Gruft – etwa Friedrich Wilhelm II., seine Königin Luise und Zar Alexander I. anlässlich ihrer dortigen Zusammenkunft zur Bekräftigung des preußisch-russischen Bündnisses gegen Napoleon.[7]

Welche Rolle die neuen Machthaber dem preußischen König in ihrer Sicht auf die Welt zudachten, bezeugt eine Postkarte, die die Nationalsozialisten wenige Wochen später zum 20. April 1933 anlässlich des 44. Geburtstags Hitlers unters Volk brachten. Sie zeigte drei Männer in einer Reihe und pries sie als Retter des deutschen Volkes: Friedrich, Bismarck und Hitler. Der Preußenkönig habe »den Grundstein für das spätere Deutsche Reich gelegt«, hieß es dort, und Hitler »den Geist von Potsdam wieder entdeckt und Bismarcks Werk, den ›Einheitsstaat‹, vollendet«[8].

»Was der König eroberte, der Fürst formte, der Feldmarschall verteidigte, rettete und einigte der Soldat.«

(Motto der populären Postkarte, die Adolf Hitler als Nachfolger von Friedrich, Bismarck und Hindenburg zeigte)

Auch das Friedrich-Denkmal Unter den Linden wurde nun in die Aufmärsche und Fackelzüge der neuen Machthaber gezielt eingebunden. Stellvertretend für die unterschiedlichen Propagandaveranstaltungen steht ein Auftritt Hermann Görings, der in seiner Funktion als preußischer Ministerpräsident dort im September 1933 einen Kranz niederlegte – als Zeichen der angeblichen Auferstehung des Friedrich'schen Preußentums.[9]

»Als sich dann in jenem denkwürdigen deutschen Frühling in Potsdam das ganze Volk unter Adolf Hitlers Führung zusammenfand, als es gleichsam an der Grabesstätte des großen Königs einen stillen Schwur der Treue und Einigkeit ablegte, da wurde es jedem Deutschen zur Gewissheit, dass Friedrich der Große auch ein unsterblicher Vorkämpfer unseres heutigen Deutschen Reiches war.«

(Aus einer Handreichung für den Schulunterricht 1936)[10]

Aber was hier »auferstand«, war keineswegs das alte Preußen. Das sahen die wirklichen Preußenfreunde ebenso wie die Nationalsozialisten. Diese wollten ja ein neues, ein anderes Deutschland, das zwar Anleihen aus der Vergangenheit bezog, diese aber zugleich überwinden wollte. Und so sahen sich die Nationalsozialisten frei darin, mit der von ihnen adaptierten Geschichte zu machen, was sie wollten. Ihren Vorstellungen musste sich fortan eben auch der erinnerte Friedrich beugen. Auch er lebte nun gewissermaßen in einer Diktatur, auch er hatte sich unterzuordnen, selbst als ein politisches Leitbild. Denn gerade ein solches hatte es in einer Diktatur schwer: ein uneingeschränktes, höchstes Vorbild konnte es nämlich nicht geben, da diese Rolle für Adolf Hitler selbst reserviert war. Und so lassen sich ab etwa 1935 erste Tendenzen einer Korrektur am nationalsozialistischen Friedrich-Bild erkennen: Nicht mehr Hitler hatte sich vor Friedrich zu verneigen – wie dies beim »Tag von Potsdam« noch symbolisch vollzogen worden war –, sondern die Konstruktion des großen Königs hatte sich Hitler und der Diktatur unterzuordnen. Friedrich galt demnach zwar als Begründer des durch Hitler zu Perfektion und historischer Größe geführten Staates,[11] aber dieser war zu seiner Zeit eben ein noch unvollkommener gewesen. Friedrich war ein Vorkämpfer – Hitler aber der Vollender der wahren deutschen Sache. Es bewegte sich ganz in dieser Logik, wenn Hermann Göring im Oktober 1936 im Berliner Sportpalast Friedrich schließlich als ersten »Nationalsozialisten auf dem preußischen Thron« bezeichnete.[12]

> »Keine Persönlichkeit der deutschen Geschichte steht unserer Zeit näher als Friedrich der Große. Er stellte sich selbst in einem heroischen Leben voller Kampf und Arbeit schwerste Aufgaben und gestaltete durch ihre Lösung deutsches Schicksal. Dank seinem überlegenen Geist und seiner ehernen Tatkraft konnte das kleine Preußen zu der führenden deutschen Großmacht emporsteigen [...]. Preußen ist festgefügtes Fundament für den gewaltigen Bau des Großdeutschen Reiches geworden, das heute durch das schöpferische Genie und die überragende Staatskunst unseres geliebten Führers als Heimat aller Deutschen seine herrlichste Vollendung gefunden hat.«
>
> (Hermann Göring 1940)[13]

Auch Historiker beteiligten sich daran, diesen neuen Friedrich dem Nationalsozialismus entsprechend völkisch auszustatten. Victor Klemperer rieb sich erschrocken die Augen, als er 1936 die Zeitung aufschlug und sich mit der offenkundigen Entdeckung der »nordischen Seele Friedrichs des Großen« konfrontiert sah:[14]

»Johannes Kühn aber, den ich immer für einen intakten Menschen und ernstlich denkenden Kopf hielt, der Professor für Geschichte Johannes Kühn hat in der Sonntagsnummer der »Dresdner N[eueste] N[achrichten]« (16. August) einen kurzen Artikel zum 150. Todestag Friedrichs des Großen. Darin nennt er ihn auf 100 Zeilen zweimal mit Nachdruck ›einen nördlich-germanischen Menschen‹. Seine Philosophie sei zeitübernommen und belanglos; dahinter stehe der germanische Glaube an ein Höheres und Jenseitiges.«

(Victor Klemperer 1936 über die regimetreue Geschichtserzählung des Historikers Johannes Kühn)[15]

Ebenfalls 1936, im 150. Todesjahr Friedrichs, erschien die Friedrich-Biografie des Freiburger Historikers Gerhard Ritter. Das Werk (das 1941 eine zweite Auflage erlebte) steht dabei durchaus stellvertretend für die Arbeit der gesamten Disziplin: Eine entscheidende Modifikation der Friedrich-Forschung fand nicht statt, auch weil das herrschende Geschichtsbild der deutschen Historiker in weiten Teilen mit dem spezifisch nationalsozialistischen Geschichtsbild (wenngleich von einem geschlossenen Konzept nur schwer zu sprechen ist) weitgehend deckungsgleich war.[16] Es ist vermutet worden, dass Ritter sich mit seiner Darstellung möglichen ideologischen Vereinnahmungsversuchen der Nazis entziehen wollte, was ihm allerdings nur bedingt gelang.[17] Zumindest war sein Buch für die Kreation eines spezifisch nationalsozialistischen Friedrich wenig nützlich.

Ganz anders verlief indes die Entwicklung in der populären Friedrich-Literatur. Hier fand nach 1933 eine gezielte politische Einfärbung Friedrichs statt. Beim Preußenkönig wurde bewusst nach spezifisch »nationalsozialistischen« Tugenden und einer möglichst direkten Verbindung zu Adolf Hitler gesucht. Dabei musste Friedrich – entsprechend der erwähnten gewünschten

Unterordnung unter die Person des Diktators – notwendigerweise wie die unvollkommene, die fehlerhafte Version des »Führers« erscheinen. Jetzt ging es um mehr als nur um »Zucht« und »Ordnung« und damit um die vermeintlichen preußischen Tugenden: Friedrich erschien zwar als genialer Führer, aber das Ziel war jetzt die Schaffung der »Volksgemeinschaft« und die darin notwendige Unterordnung des Einzelnen.[18]

> *»Friedrichs pflichtgeweihtes Menschen- und Königtum ist ein erhabenes Vorbild, wie der einzelne sich bewußt sein soll, um der Gemeinschaft willen zu leben, ihr als Glied und Werkzeug zu dienen […]. Es gehört dazu die Fähigkeit zu persönlicher Hingabe an den Zweck des großen Ganzen, jene Hingabe, die durch das Gefühl zu einer heiligen Gemeinschaft belohnt wird.«*
>
> (Oskar Fritsch 1928 in seiner Darstellung *Friedrich der Große unser Held und Führer*, die als erste nationalsozialistische Interpretation des Preußenkönigs gilt)[19]

Eine Umformung des Königs zum logischen Steigbügelhalter Hitlers gelang aber nur in einer vergleichsweise überschaubaren Anzahl von Büchern und Broschüren. Neben diesen Versuchen behielten diejenigen Beschreibungen ihre Gültigkeit und ihren Einfluss, in denen das traditionelle konservative Friedrich-Bild dominierte. Oft wurden auch lediglich einzelne Aspekte seines politischen Werks herausgelöst und publizistisch in einem aktuellen, nationalsozialistisch geprägten Kontext dargestellt. Dies gilt etwa für seine Agrar- oder Kolonisationspolitik, die vor dem Hintergrund der propagandistisch hochaufgeladenen Siedlungspolitik als »Neubildung deutschen Bauerntums« die nationalsozialistische »Blut und Boden«-Politik begleitete.[20]

Ein perfekt deutsches Antlitz trug Friedrich aus Nazi-Perspektive aber leider nicht. Da war zu viel »Welsches« in seiner Vita und seiner Person. Man bedenke allein die Mutter, Sophie Dorothea, die tendenziell als undeutsch dargestellt wurde. Sie habe den jungen Kronprinzen fehlgeleitet, und erst die nach dem Flucht-versuch verhängte Strafe des Vaters habe Friedrich wieder auf den rechten Weg gebracht. Und auch für seine Zeit als König während seiner Aufenthalte in Sanssouci findet sich der Vorwurf, er habe dort »im Kreis seiner Franzosen« gelebt. Deshalb sei er, so erklärte beispielsweise Wilhelm Schäfer, einer der wichtigsten Schriftsteller des NS-Staates, »ein Fremdling im eigenen Land« geworden, »verzaubert in fremdes Wort und Werk und fremde Wertschätzung« – woraus ihn erst seine Rolle als Kriegsherr end-gültig befreit habe.[21] Davon, dass Friedrich durch den Umgang mit Voltaire »sich selbst und das geistige Leben des Staates an der verehrten Kultur Frankreichs schulen« wollte, wie dies noch einige Jahre zuvor in einem Schulbuch der Weimarer Zeit stehen konnte,[22] war nun selbstverständlich nicht mehr die Rede.

Wenn also der historische Friedrich Facetten aufzuweisen hatte, die nicht in die nationalsozialistische Ideologie passen woll-ten, so galt es ihn nachträglich möglichst von diesen »Flecken« zu »säubern«. Das führte zwangsläufig zu gewissen argumentativen Verrenkungen: Friedrich habe zwar zugegebenermaßen franzö-sisch gesprochen, so hieß es jetzt, aber entschieden deutsch ge-dacht und gehandelt (was immer das im Einzelfall genau heißen sollte). Und Voltaire habe er im Grunde verachtet (was angesichts des langen Zeitraums der Freundschaft schwer zu belegen war). Außerdem sei er Antisemit gewesen (was sich durch judenfeind-liche Äußerungen des Königs plausibel machen ließ, wiewohl dies ihn aber zu Unrecht mit dem Antisemitismus national-sozialistischer Prägung in einen direkten Zusammenhang setzte) und überdies auch damals schon erklärtermaßen ein Antimar-xist[23] (was eine außerordentliche Leistung Friedrichs darstellte, schließlich wurde Karl Marx erst Jahrzehnte nach Friedrichs Tod geboren).

In einer Hinsicht waren solche mehr oder weniger absurden Interpretationen nicht in gleichem Maße nötig, nämlich immer dann, wenn es um die militärischen Leistungen Friedrichs ging.

Für die Verehrung des Feldherrn war im Kaiserreich und der Weimarer Republik ja in ausreichendem Maße Vorarbeit geleistet worden, die deutsche Militärgeschichtsschreibung hatte Generationen von Schülern und Studenten mit ihren Interpretationen des genialen Schlachtenlenkers versorgt. Im Geschichtsunterricht des »Dritten Reiches« fanden diese Vorstellungen einen festen Platz. Vielen Deutschen, so etwa dem späteren DDR-Historiker Fritz Klein, blieb aus ihrer Kindheit und Jugend die Erinnerung an einen Friedrich, der als »herrlicher Kriegsheld« zu ebenjenen Leitbildern zählte, »die immer wieder beschworen wurden«[24]. Und so trugen auch die Geschichtslehrer ihren Teil bei zur Kriegsvorbereitung der jungen Generation.

> *»Anregungen zur unterrichtlichen Stoffgestaltung [...]. Deshalb kennzeichnen wir durch farbige Papierpfeile (Gegner rot!) den Vormarsch der feindlichen Armeen, unterstützen dadurch bildmäßig die kindlichen Vorstellungen und steigern zugleich die innere Anteilnahme. Wenn so zum ersten Pfeil ein zweiter und dritter kommt, wenn immer gefahrdrohender mehr als ein halbes Dutzend Gegner nacheinander aufmarschieren, wenn außerdem der Lehrer mit wenig Worten den bunten Zug der Regimenter, die ratternden Geschütze und flinken Schwadronen lebendig werden läßt, wenn er endlich daran erinnert, daß im Kriege dem eroberten und besetzten Gebiet die ganze Last der Verpflegung fremder Truppen auferlegt wird, dann rückt die Gefahr für das von allen Seiten bedrohte Preußen so greifbar nahe, daß die Entrüstung über diesen Vernichtungswillen aus der mitbangenden Schülerschar heraus Worte findet.«*
>
> (Handreichung für den Geschichtsunterricht aus dem Jahr 1936)[25]

Für Hitler selbst war Friedrich zweifelsohne ein Vorbild, das beispielhaft für »das überlegene Gute der Vergangenheit« stand.[26] Schon für die Zeit vor 1933 lässt sich sein Interesse für den Preußenkönig nachweisen. Wenngleich in seinen ersten Auftritten nach dem Ersten Weltkrieg entsprechende Äußerungen noch inhaltlich unscharf waren, so wird darin doch schon erkennbar, was ihn bis zu seinem Lebensende mit Friedrich verband: Es waren vor allem die Attribute der (staatsmännischen) Größe und der Heldenhaftigkeit.[27] In ihnen spiegelten sich die Sehnsüchte des in jungen Jahren gescheiterten Adolf Hitler. Und auch wenn sich in dem ideologischen Durcheinander des Nationalsozialismus vielerlei historische Vorbilder finden, die zu passenden oder unpassenden Gelegenheiten herbeizitiert wurden (diese unfreiwillige Ahnenreihe reichte bekanntlich von Armin dem Cherusker über Martin Luther bis zu Otto von Bismarck): Für Adolf Hitler war und blieb Friedrich die einzige der historischen Bezugsfiguren, »die in völlig ungetrübtem, strahlendem Licht genialischer Vollkommenheit erscheint, erhaben über alle Form von Kritik«[28].

Schon um 1923, in München, zählte Franz Kuglers *Geschichte Friedrichs des Großen* zu Hitlers bevorzugten Bücherschätzen, und vieles spricht dafür, dass er das darin vermittelte kleindeutschborussische Klischee der Verehrung des »Alten Fritz« undifferenziert – und ungetrübt von irgendwelcher fachhistorischen Zusatzlektüre – übernommen hat.[29] Später umgab sich Hitler gerne mit Friedrich-Devotionalien. Auf seinem Berghof auf dem Obersalzberg soll in einem seiner Privatzimmer ein Schrank gestanden haben, der einst dem König gehört hatte; und in der 1939 eingeweihten neuen Reichskanzlei in Berlin stellte sich Hitler unter anderem eine weiße Marmorfigur in sein Arbeitszimmer, die Friedrich hoch zu Ross zeigte.[30]

Für Adolf Hitler war Friedrich mehr als ein historisches, nämlich ein konkretes politisches Vorbild. Und er war auch mehr als lediglich ein taktisches Instrument – der Preußenkönig diente ihm allzeit als eine Stütze seines Selbstbewusstseins.[31] Mehr und mehr verglich er sich mit ihm – auch in Situationen, die es zu beherrschen galt. Etwa im November 1939, als er zu zahlreichen seiner Generäle sprach, um sie von der Notwendigkeit eines unverzüglichen Angriffs im Westen zu überzeugen. Er erinnerte sie in diesem Moment daran, dass einst auch die Berater des Preußenkönigs diesen im Siebenjährigen Krieg verzagt zur Kapitulation bewegen wollten. Alles habe daraufhin von Friedrich abgehangen, doch dieser setzte sich mit seiner Entscheidung zum Waffengang durch – und hatte schließlich Erfolg. »Preußen verdankt seinen Aufstieg dem Heroismus *eines* Mannes«, fügte Hitler in diesem wie in anderen Momenten hinzu – und zielte damit unüberhörbar auf sich selbst und den von ihm selbst zugeschriebenen Heroismus.[32]

Die breite deutsche Öffentlichkeit erhielt Zugang zum historischen Friedrich – neben dem Geschichtsunterricht – wie schon in der Weimarer Republik vor allem durch das Kino. Hier bauten die Nationalsozialisten unmittelbar auf den Produktionen der Vorjahre auf, und so konnte Friedrich im »Dritten Reich« regelrecht zum Star des Geschichtsfilms werden. Niemand fand mehr Beachtung, über Friedrich entstanden die Filme *Der alte und der junge König* (1935), *Fridericus Rex* (1936) sowie *Der große König* (1942), gedreht von Veit Harlan. Dieser war ein ungeheurer Publikumserfolg – rund 19 Millionen Zuschauer sollten diesen Film mitten im Krieg sehen.[33]

Doch vor den eigenen NS-Produktionen stand noch ein filmisches Erbe: *Der Choral von Leuthen* war noch im letzten Jahr der Weimarer Republik gedreht worden (wieder mit Otto Gebühr in der Rolle des Königs), nach dem *Fridericus*-Roman von Walter von Molo. Seine Uraufführung hatte der Streifen am 3. März 1933, also fast zeitgleich mit den Reichstagswahlen vom 5. März, bei denen die NSDAP zwar 44 Prozent der Stimmen erzielte, aber damit die angestrebte absolute Mehrheit verpasste. In unmittelbare zeitliche Nähe zum Filmstart fielen der »Tag von Potsdam« (21. März) sowie das sogenannte Ermächtigungsgesetz vom 27. März 1933, mit dem die Nationalsozialisten ihre Macht schließlich absicherten. *Der Choral von Leuthen* kam den Nationalsozialisten also überaus gelegen – hier hatten sie ein Filmbeispiel, das ihre Ansprüche auf unbeschränkte Macht an historischem Anschauungsmaterial aufs Schönste zu belegen schien.

Friedrich sammelt in diesem Film die verzagten, die zweifelnden und mutlosen Soldaten zur entscheidenden Schlacht – und wird als vergötterter Führer gezeigt. Das Charisma des Preußenkönigs, so suggerierte der Film, könne als stimulierendes Beispiel über die Zeit fortwirken und so auch den im Gegenwartsjahr 1933 noch Zaudernden und Verzagten Mut machen, sich hinter ihrem »Führer« zu scharen, der doch auch mit dem Anspruch angetreten sei, das deutsche Volk zu einen und es nach den schier endlosen Streitereien der Weimarer Zeit in eine neue, eine bessere Zeit zu führen.[34]

»Wenn Friedrich der Große auch nur im Bilde erschien, donnerte zumeist der Applaus los, den gleichen Effekt hatte das Vorbeiziehen der preußischen Formationen mit ihren zerfetzten alten Fahnen.«
(Aus einer Rezension nach der Premiere des *Chorals von Leuthen*)[35]

Doch noch hatten die neuen Machthaber nicht zu einem eigenständigen Friedrich-Bild gefunden. Dies zeigt sich eindrücklich an Kinoproduktionen wie *Der alte und der junge König* (1935) und *Fridericus*, der 1937 in die Kinos kam. Mal scheint das volkstümliche Bild vom »Alten Fritz« zu dominieren, dann wieder gibt es Versuche der unmittelbaren politischen Instrumentalisierung. Insgesamt drängt sich angesichts dieser Filmproduktionen der Eindruck auf, dass die NS-Propaganda bis zum Ausbruch des Zweiten Weltkriegs offensichtlich nicht genau wusste, was mit Friedrich anzufangen war. Das Potenzial, das in dieser historischen Figur schlummerte, wurde jedenfalls bis 1939 nicht annähernd genutzt.[36]

Sehr viel konkreter wurde die Indienstnahme Friedrichs dann aber nach dem Überfall auf Polen 1939; nun wurde er tatsächlich zum großen König der Nazis. Jetzt kam es innerhalb der nationalsozialistischen Propaganda zu einer Renaissance der angeblich typischen »preußischen« Werte: Tugenden wie Gehorsam, Pflichtgefühl, Opferbereitschaft und Autoritätsglaube wurden jetzt zunehmend herausgestellt.[37] Filmischer Höhepunkt dieser Bemühungen war der Streifen *Der große König*, der 1942 Premiere hatte. Dieser war unter akribischer Aufsicht des Propagandaministeriums entstanden; schon Ende 1939 hatte Goebbels entsprechende Gespräche geführt, ehe er im April 1940 das Projekt in die Hände des Regisseurs Veit Harlan legte, der mit seinem antisemitischen Machwerk *Jud Süß* gerade seine Eignung als NS-Propagandist eindrucksvoll unter Beweis gestellt hatte. Goebbels' Hoffnungen waren groß, er wollte jetzt einen neuen, nationalsozialistischen König auf die Leinwand bringen, keinesfalls »den Gartenlauben-Friedrich von Gebühr«[38]. Jetzt sollte es dramatischer werden, jetzt sollte es um das berüchtigte »Alles oder nichts« gehen. »Der große König« war von Beginn als Durchhaltefilm für ein Land konzipiert, dessen Menschen noch nicht recht ahnten, was in diesem Krieg noch auf sie zukommen sollte.

> *»Deutschland ist in einer furchtbaren Krisis. Wir leben in einer*
> *Epoche, die alles entscheiden und das Gesicht Europas verändern*
> *wird. Vor ihrer Entscheidung muss man furchtbare Zufälle bestehen.*
> *Aber nach ihrer Entscheidung klärt sich der Himmel auf und wird*
> *heiter. Und wie groß auch die Zahl meiner Feinde ist, ich vertraue*
> *auf meine gute Sache und auf die bewährte Tapferkeit der Truppen,*
> *vom Marschall bis zum jüngsten Soldaten. Die Armee greift an!«*
>
> (Friedrich, gespielt von Otto Gebühr, zu Beginn des Films
> *Der große König*)[39]

Der Film behandelte die letzten Jahre des Siebenjährigen Krieges und war in allen Facetten eine gegenwartsbezogene Produktion – mehr noch, als es auch jeder andere Geschichtsfilm selbstverständlich ist. Die Uraufführung war am 22. August 1942; die deutschen Soldaten sahen sich zu diesem Zeitpunkt an allen Fronten einem immer mächtiger werdenden alliierten Gegner gegenüber. Längst war klar, dass dies kein normaler Krieg mehr war, längst waren alle bekannten Dimensionen von Krieg gesprengt. Und unablässig machte die NS-Propaganda klar, dass es ein Zurück nicht geben könne. *Der große König* war die filmische Form dieser Klarstellung: Mit aller Vehemenz argumentierte er gegen jegliche Friedenshoffnungen. Als nach der verlorenen Schlacht von Kunersdorf die preußischen Generäle Frieden schließen wollen, da setzt sich ihr König über diesen Anfall von Schwäche hinweg und sagt, der Kampf muss fortgesetzt werden, auch wenn ich an der Spitze meiner Truppen »abgeschlachtet« werde.[40]

Doch war der Film mehr als eine Durchhalteparole in bewegten Bildern. Er war zugleich eine ernste Drohung: Als Friedrich in dieser Inszenierung auf eine Delegation von besorgten Bürgern trifft, die aus der Heimat angereist sind, um ihn um einen Friedensschluss zu bitten, reagiert er scharf: »An dem Sieg zu zweifeln, das ist Hochverrat!« So war es Realität im »Dritten Reich«: Die Verfolgung von vermeintlichen »Verrätern«, von »Defätisten« oder »Wehrkraftzersetzern« gehörte zum Alltag des Zweiten Weltkriegs.[41] Der Film-Friedrich wiederholt an anderen Stellen diese Warnung an potenzielle Verräter, und auch andere Protagonisten schließen sich ihm an:

> *»Geschimpft darf werden, die Soldaten schimpfen auch, und dass der Krieg ihnen allen zum Halse raushängt, das ist ganz in Ordnung […]. Aber an dem Sieg zu zweifeln, das ist Hochverrat!«*
> (General Moritz von Anhalt-Dessau in *Der große König*)[42]

Der große König, mit einem Budget von nahezu fünf Millionen Reichsmark die bis zu diesem Zeitpunkt teuerste Produktion des NS-Films, spielte eine Million Reichsmark Gewinn ein und war finanziell also ein Erfolg. Doch was war sein propagandistischer Effekt? Wie kam er bei der Bevölkerung an? Darauf geben die »Meldungen aus dem Reich« Hinweise, die geheimen Lageberichte des Sicherheitsdienstes der SS. Zwar wurde darin von den Berichterstattern beteuert, der Film habe eine »außerordentliche und nachhaltige Wirkung erzielt«, doch zugleich wurden auch negative Reaktionen dokumentiert.[43]

> »Gegenüber der begeisterten Zustimmung, die der Film in fast allen Bevölkerungskreisen gefunden hat, treten die kritischen Stimmen zahlenmäßig zurück [...]. Wie mehrfach gemeldet wird, hätten Frauen den Film mit der Begründung abgelehnt, es käme ›zuviel vom Krieg‹ vor, und der Film bedeute eine zu starke Nervenbelastung [...]. Zur Tendenz des Films wird von der einen Seite geäußert, daß die Parallelen zwischen der Lage Preußens von damals und der Deutschlands von heute ›allzu grob‹ gezeichnet seien, ja, daß die Tendenz ›plump aufgetragen‹ werde.«
>
> (Aus den geheimen Lageberichten der SS im Mai 1942 über die Reaktionen auf Der große König)[44]

Für Hitler war es mit Blick auf den historischen Friedrich allerdings keineswegs »zuviel Krieg«. Wie einst der Preußenkönig, so erklärte der Diktator im August 1939, so sei auch er gewillt, alles auf eine Karte zu setzen und überall dort in vorderster Linie persönlich zu kämpfen, wo es »besonders heiß« hergehe. Dieses Versprechen löste der ehemalige Weltkriegsgefreite zwar bekanntermaßen nie ein, doch von solchen großspurigen Friedrich-Vergleichen hielt ihn das nicht ab. Ein Historiker hat diesen Umgang mit dem historischen Vorbild bereits für den Zeitpunkt des Kriegsbeginns zutreffend als »beginnende Autosuggestion durch historische Parallelen« bezeichnet.[45] Durchaus lässt sich sagen, dass sich der Diktator jetzt mehr denn je in einer Welt wähnte, in der die Regeln des großen Preußenkönigs galten. »Heute haben sie ein friderizianisches Deutschland vor sich«, gab Hitler wenige Tage nach dem Überfall auf Polen von Danzig aus dem Ausland zu verstehen.[46]

> »Ich habe zu wählen zwischen Sieg oder Vernichtung. Ich wähle den Sieg. Größter historischer Entschluß, zu vergleichen mit dem Ent-

schluß Friedrichs des Großen vor dem 1. Schlesischen Krieg. Preußen verdankt seinen Aufstieg dem Heroismus e i n e s Mannes. Auch dort waren die nächsten Berater geneigt zur Kapitulation. Alles hing von Friedrich dem Großen ab.«
(Hitler vor Befehlshabern der Wehrmacht im September 1939)[47]

Die gezielte Indienstnahme Friedrichs für die Kriegspropaganda war weithin eine selbstständige Leistung des Reichspropagandaministers Joseph Goebbels.[48] So wählte er zu Hitlers 54. Geburtstag im Jahr 1943 den Vergleich mit dem Preußenkönig, was laut einem Bericht des Geheimdienstes »allgemein dem Empfinden und der persönlichen Stellungnahme der Volksgenossen zum Führer entsprochen« habe.[49] Bei anderer Gelegenheit schilderte Goebbels Hitler wie Friedrich in vergleichbarem Heldenkampf für das eigene Volk gegen mächtige Feinde, der sie Krisen und Katastrophen überstehen und schließlich als ruhmreiche Sieger erscheinen ließ.[50]

Hatte der Beginn des Krieges eine Renaissance Friedrichs und eine Schwerpunktsetzung auf die militärischen Aspekte seiner Regentschaft bedeutet, so musste diese historische Reminiszenz in dem Moment an zusätzlichem Gewicht gewinnen, in dem die Kriegsrealität eben nicht nur Siege, sondern erste und schließlich erhebliche Niederlagen brachte. Je länger der Weltkrieg – und damit in der geschichtspolitischen Inszenierung: der Siebenjährige Krieg der Gegenwart – dauerte, desto mehr rückte das »Mirakel des Hauses Brandenburg« ins Zentrum der Erwartungen: Je aussichtsloser der Krieg wurde, je spürbarer auch in den Städten die Folgen des Krieges wurden, desto wichtiger wurde der Verweis auf das historische Wunder-Ereignis.

Diesen Übergang illustrieren zwei Äußerungen von Theodor Vahlen, Präsident der Preußischen Akademie der Wissenschaften und ein früher und überzeugter Anhänger der NS-Bewegung.[51] Dieser feierte am 25. Juni 1940 den deutsch-sowjetischen Nichtangriffspakt – der im Jahr zuvor zur Besetzung und Teilung

Polens geführt hatte und kaum zwei Jahre später durch den Überfall auf die Sowjetunion 1941 Makulatur werden sollte – als Wiederbelebung der historischen Verbindung mit Russland: »200 Jahre nach dem Regierungsantritt Friedrichs des Großen«, so erklärte der Mathematiker und SS-Brigadeführer, »beschert uns staatsmännische Weisheit eine Wiederbelebung und Erstarkung dieser alten [...] Freundschaft.«[52]

Dem Präsidenten der Akademie fiel es nicht schwer, auch unter außenpolitisch veränderten Vorzeichen, wieder mit König Friedrich für Adolf Hitler zu agitieren. Als er 1943 den Geburtstag des Königs für einen erneuten Ausflug in das Reich der historischen Vergleiche zum Anlass nahm, hatten deutsche Soldaten längst die zuvor noch verbündete Sowjetunion überfallen und standen jetzt vor der großen Wende: Drei Tage später sollte die 6. Armee in Stalingrad kapitulieren. Theodor Vahlen hielt diese Aussicht nicht von seiner Durchhalterede mit historischen Argumenten ab. Er erinnerte angesichts der ausweglos erscheinenden Lage an den Siebenjährigen Krieg und an den letztlich erfolgreichen Durchhaltewillen Friedrichs. »Wir sind das Volk des großen Königs, und wir sind das Volk des Führers, das verpflichtet, das erfüllt uns mit Stolz und mit unbeirrbarer Siegesgewissheit.«[53] Friedrich war zum festen Bestandteil der nationalsozialistischen Kriegspropaganda geworden – was der Kinofilm *Der große König* vorbereitet hatte, war längst propagandistische Wirklichkeit geworden.

»Friedrich (bedeutungsschwer): Die Preußen sind geflohen.

Heinrich: Sie sind am Unmöglichen gescheitert.

Friedrich (auffahrend): Was soll das heißen? ...

Heinrich: Diese Stellung war nicht zu nehmen. Nie und nimmer, auch nicht von den Preußen. Hättest du stattdessen –

Friedrich (wütend): Hättest, hättest, hättest ... Hätten die Bernburger gehorcht! Nichts weiter als gehorcht! Dem Befehl ihres Königs gehorcht! Sie wären stehen geblieben an dieser Stellung! Sie hätten sich zusammenschießen lassen! Sie hätten eine Mauer von Leibern, von Preußenleibern aufgebaut! ... Aber damit konnte ich nicht rechnen, mein lieber Bruder, dass meine Preußen fliehen! Daran sind wir verblutet in Kunersdorf. Dafür hat heute Preußen zu zahlen, dass ein paar Soldaten ihr Leben höher achteten als das Leben von Preußen.«

(Dialog aus dem Kinofilm *Der große König*)⁵⁴

Solche propagandistischen Vorgaben sollten im Lauf des Krieges für die deutschen Soldaten bittere Realität werden: Sie sollten sich schlicht für Deutschland zusammenschießen lassen. Als Heinrich Himmler im Winter 1944/45 an der Ostfront mit dem Oberbefehl über eine neu gebildete »Heeresgruppe Weichsel« betraut wurde, fiel sein erster Tagesbefehl an seine Truppenkommandeure ganz in diesem Sinne aus. Darin drohte er allen Soldaten, die seiner Ansicht nach in direkter Linie vom »Alten Fritz« abstammten, mit standrechtlicher Erschießung für den Fall, dass sie den Feind nicht samt und sonders töteten oder in die Flucht schlügen.⁵⁵ Wer versagt, wird selbst erschossen – dies war für den Führer der SS die Lehre aus dem friderizianischen Vorbild.

Je kritischer das Kriegsgeschehen wurde, desto intensiver wurden in der Argumentation mit Friedrich die vermeintliche Standhaftigkeit und Beharrungskraft des Königs (und damit seiner Truppen) in den Vordergrund der Propaganda gestellt. Als General Heinz Guderian im Dezember 1941 Adolf Hitler nach einem Durchhaltebefehl für die Ostfront die sinnlosen Opfer eines solchen Vorgehens vorhielt, fragte der oberste Befehlshaber zurück, ob er denn glaube, dass die Grenadiere Friedrichs gern gestorben seien.⁵⁶ Nach der Niederlage von Stalingrad, die viele Deutsche als mögliche Wende des Kriegs verstanden, empfahl Propagandaminister Joseph Goebbels, neben den Ansprachen

Cäsars und Napoleons den Appell Friedrichs vor der Schlacht von Leuthen als Vorbild für die Formulierung der Berichte des Oberkommandos der Wehrmacht zu nehmen.[57] Doch wer wollte wirklich glauben, dass Stalingrad »nur« ein neues Kunersdorf war? Inwieweit Soldaten und Zivilisten der Rhetorik aus dem Hause Goebbels Glauben schenkten, muss leider dahingestellt bleiben.

> *»Vielleicht sind wir erst jetzt in die friderizianische Epoche dieser gewaltigen Entscheidung eingetreten. Kolin, Hochkirch, Kunersdorf, alle drei Namen bedeuten schwere Niederlagen Friedrichs des Großen, wahrhaftige Katastrophen, in ihrer Wirkung weit schlimmer als alles, was sich in den letzten Wochen an der Ostfront abspielte. Aber auf Kolin folgte ein Leuthen, auf Hochkirch und Kunersdorf ein Liegnitz, ein Torgau und ein Burkersdorf – zuletzt der endgültige Sieg.«*
>
> (Die Reichspropagandaleitung nach der Niederlage von Stalingrad 1943)[58]

Wohl auch, um die Loyalität der in weiten Teilen immer noch vom klassischen preußisch-militärischen Ehrenkodex geprägten Wehrmachtsführung zu sichern, setzte die NS-Propaganda weiter auf die vermeintlich preußischen Tugenden, die an der Person Friedrichs besonders deutlich wurden. Wohl nicht ohne Erfolg: Dass der vermeintliche »preußische Geist« der Diktatur, der nur eine leere Parole eines kritik- und geistlosen totalen Gehorsams geworden war, mit dem preußischen Geist, in dem sie selbst einst noch erzogen worden waren, nichts mehr zu tun hatte, wollte längst nicht allen führenden Militärs aufgehen.[59]

Der Mythos Friedrich und die damit verbundene Hoffnung auf eine Wende oder eben ein Wunder hatte aber nicht nur Hitler ergriffen. Im April 1945 soll General Theodor Busse nach dem letzten Frontbesuch Hitlers im brandenburgischen Schloss Freienwalde angesichts der inzwischen drastischen Hinfälligkeit des Oberbefehlshabers keineswegs erschrocken, sondern durchaus anerkennend gesagt haben: »So habe ich mir immer Friedrich den Großen nach Kunersdorf vorgestellt.«[60] Solche Begeisterung für Friedrich/Hitler war kein Einzelfall. Ein besonderes Beispiel dafür legte der Oberst (und spätere General) Walter Warlimont ab. Dieser soll nach der berüchtigten Ansprache Hitlers vor den Führern der Wehrmacht am 22. August 1939, in der er die »Entvölkerung« Polens und die Schaffung deutschen Lebensraums im Osten angekündigt hatte, erklärt haben, der »Führer« habe wie Friedrich der Große zu seinen Offizieren gesprochen.[61] Angesichts solcher Berichte ist es nicht grundlos, die Symbolfigur Friedrich als propagandistische Waffe in der Hand der Nationalsozialisten mit dafür verantwortlich zu machen, dass in einer militärisch längst aussichtslos gewordenen Lage der endgültige Zusammenbruch trotzdem immer weiter hinausgeschoben wurde.[62]

Doch die Anrufung des historischen Helden hatte durchaus seine Grenzen, zumal bei den »wieder ins Reich zurückgekehrten« Deutschen. Dies galt bereits für die 1938 »angeschlossenen« Österreicher, wie sich an verschiedenen Reaktionen auf den Film *Der große König* zeigte: Viele von ihnen gaben sich offenbar nicht darüber erfreut, wie das historische Österreich in diesem Film behandelt wurde – das »Herausstreichen des Preußentums« wurde jedenfalls in den Stimmungsberichten des Sicherheitsdienstes als Ursache für alpenländische Verärgerung genannt.[63] Ein Land der einig' Volksgenossen war dieses »Dritte Reich« also keineswegs – an solchen unterschiedlichen Geschichtsbildern wird dies deutlich.

Auch aus dem Elsass, das 1940 während des Feldzugs gegen Frankreich besetzt und der deutschen Verwaltung unterstellt worden war, wurden Bedenken gegen die dominant auf Preußen ausgerichtete Interpretation der Vergangenheit laut: In aller Regel werde an Bismarck oder aber eben an Friedrich den Großen angeknüpft, hieß es in einem weiteren geheimen Lagebericht des Sicherheitsdienstes. Im Elsass »wie in anderen wieder zum Reich zurückgekehrten Gebieten« habe man oft den Eindruck, dass die NS-Publizisten mit anderen Epochen der Reichsgeschichte »viel zu wenig vertraut seien«, denn diese würden kaum erwähnt. Gerade für das Elsass, so verlautete es in diesem Bericht weiter, könne man bei der Suche nach den historischen Spuren des Deutschtums doch auf die Zeit der Staufer oder auch die Zeit des Humanismus zurückgreifen. Wenn »in Veröffentlichungen die Vorstellung erweckt wird, als habe die deutsche Geschichte mit Friedrich dem Großen erst angefangen«, und somit die stolze ältere Vergangenheit dieser Region vernachlässigt werde, verstärke man zweifelsohne die bereits bestehenden »inneren Widerstände«.[64]

Und wie auch beim »großen König« wussten die Lageberichte aus dem »Dritten Reich« auch zu vermelden, dass die Begeisterung für die historische Parallele zwischen dem Siebenjährigen Krieg unter Friedrich und dem Zweiten Weltkrieg tendenziell eher eine männliche zu sein schien. Vor allem von Frauen, so meldete man 1943 nach Berlin, wurde »zum Ausdruck gebracht, daß man einen leichten Liebesroman vorziehe, daß die heutige Zeit ohnehin genug Schweres bringe und daß dem jetzigen Abdruck des Romans eine ›Propagandatendenz‹ zugrunde liege«[65]. Doch das monierte »zuviel Krieg« blieb das vorherrschende Signum des Alltags – auch samt dem historischen Friedrich.

»*Die Stadtteile sanken, die Häuser fielen und brannten, nach den Angriffen wurden die Leichen an den Füßen über die Straßen in die Wohnungen geschleift. Kein Wasser tagelang, kein Licht, kein Gas [...]. Und immer weiter die Propaganda und Kolberg und der Alte Fritz und die Führergelöbnisse.*«

(Gottfried Benn über den Alltag des Krieges – und die Präsenz des Preußenkönigs)[66]

Das symbolträchtige Berliner Friedrich-Standbild Unter den Linden war inzwischen auch materialiter in Bedrängnis geraten –

durch die Luftangriffe der Alliierten. Zahlreiche andere Denkmäler wurden deshalb abgebaut und an vermeintlich sicherere Orte transportiert, bei diesem Denkmal jedoch verfuhr man (wie auch bei den Standbildern der preußischen Generäle an der Neuen Wache) anders: Man ließ es an Ort und Stelle und schützte es durch eine massive Ummauerung vor Splittern und Einschlägen – Friedrich erhielt sozusagen seinen persönlichen Bunker. Niemand wackelte ernsthaft am »Denkmal Friedrich«. Eher als dass man ihn weghaben wollte, sehnten ihn manche mehr denn je herbei.

»Alter Fritze, steig' hernieder
und regier' die Preußen wieder.
Laß – in diesen schweren Zeiten –
Lieber Adolf Hitler reiten.«

(Handgeschriebenes Gedicht, das 1943 am Morgen nach einem schweren Luftangriff auf Berlin am Friedrich-Standbild hing)[67]

Nur wenige kamen auf die Idee – und hatten Gelegenheit, sie zu äußern –, dass Friedrich in seiner Funktion als historisches Vorbild nicht ein Teil der Lösung, sondern selbst ein entscheidender Teil des Problems war. Entschiedene Kritik an Preußen, die eine ebenso entschiedene Kritik am »Dritten Reich« war, blieb äußerst selten und wurde kaum publik, blieb meistens privat.

»Ein Volk, das Friedrich II. einen Großen nennt, wie klein muß es
sein? Das Volk hat gegen Napoleon um seine Freiheit gekämpft und
hat dafür die preußische Sklaverei gewählt. Ich weiß, wie beschränkt
die menschliche Freiheit ist. Aber der Mensch ist im Wesentlichen
frei, und seine Freiheit macht ihn zum Menschen. Freiheit und
Armut sind menschlich, Versklavung und Überheblichkeit sind
preußisch.«

(Hans Scholl im Sommer 1942 in seinen privaten Aufzeichnungen)[68]

In den Kreisen des preußisch-militärischen Widerstands war es Usus, sich eine Zukunft *mit*, aber nicht *ohne* Friedrich, sprich »Preußen«, zu erträumen. Beispielhaft dafür steht Graf von der Schulenburg, einer der bedeutendsten Repräsentanten des 20. Juli: Er konstruierte sich eine idealisierte friderizianische Tradition, die er dann in die Zukunft projizierte. So nährte sich eine Utopie, in der die gesellschaftlichen Gegensätze in einer eigentümlichen Identität von Staat und Volk aufgehoben werden.[69] Es blieb, wie wir wissen, eine Utopie.

Zumindest bei den Mitgliedern der Wehrmachtsführung schien die Erinnerung an Friedrich womöglich auch mit der Aussicht auf persönlichen Nutzen verbunden gewesen zu sein. Nach dem erfolgreichen Frankreich-Feldzug 1940 führte Adolf Hitler zur Belohnung nicht nur neue höchste Dienstgrade in seiner Armee ein, sondern verband diese auch mit der Aussicht auf eine üppige finanzielle Einmalzahlung und die Verteilung von Grundbesitz. Wenn der Krieg nur erst erfolgreich beendet sei, werde er bei der Verteilung von Land nicht kleinlich sein, erklärte der Diktator nach der Erinnerung eines Militärs: »Viele Erbgüter des Adels seien auf diese Art und Weise entstanden, und gerade Friedrich der Große sei in dieser Hinsicht sehr großzügig gewesen.«[70] Mag der historische Vergleich zwischen Friedrichs Kriegen und Hitlers Vernichtungskrieg zwar höchst instabil sein – die Aussicht auf fette Beute erfreute die Militärs zu allen Zeiten.

Die NS-Führung wurde zum Kriegsende mit Blick auf den historischen Friedrich mehr denn je vom »Wunder«-Glauben erfasst, von der sicher geglaubten Erwartung, dass sich ein »Mirakel des Hauses Brandenburg« wiederholen werde. Das zeigen die Reaktionen auf den Tod des US-Präsidenten Franklin D. Roosevelt am 12. April 1945. Hitler erreichte diese Nachricht bereits tief im sogenannten Führerbunker, derweil sein Reich längst in Schutt und Asche lag. Goebbels erinnerte Hitler an den Tod der Zarin Elisabeth im Siebenjährigen Krieg, der damals Friedrich dem Großen den Sieg und sein Königreich gerettet hatte. Die Geschichte, so jedenfalls der Propagandaminister, sei dabei, sich zu wiederholen. Und Hitler, den sein Propagandaminister telefonisch von der Neuigkeit unterrichtete, soll im Bunker der Reichskanzlei mit überstürzten Worten gerufen habe: »Hier haben wir das Wunder, das ich immer vorhergesagt habe. Wer hat nun recht? Der Krieg ist nicht verloren.«[71]

»*Im Siebenjährigen Krieg kamen die Russen bis nach Berlin. Aber Friedrich der Große hat trotzdem weitergekämpft.*«
(Angeblicher Ausspruch Hitlers im April 1945)[72]

»*Schau, du bist ganz schmutzig. Den Rock kannst du aber nicht mehr anziehen. Du musst dem Alten Fritz nicht alles nachmachen und auch so unappetitlich rumlaufen wie er.*«
(Eva Braun zu Hitler in dem Kinofilm *Der Untergang* von 2004)

Übrigens soll Goebbels, um den deprimierten Hitler im April 1945 etwas aufzurichten, im Bunker tief unter Berlin aus Thomas Carlyles Friedrich-Darstellung vorgelesen haben. Und zwar – das wäre in der Tat dem Anlass angemessen gewesen – insbesondere das Kapitel über die hoffnungslose Lage im Winter 1761/62 und die unverhoffte Rettung durch den Tod der russischen Zarin und schließlich das Wunder des Hauses Brandenburg.[73] Hitler, so behauptete jedenfalls sein Vorleser Goebbels, habe bei dieser Stelle Tränen in den Augen gehabt.[74] Wenn es nicht um Millionen Menschen ginge, die bis zu diesem Zeitpunkt bereits getötet worden waren, ließe sich diese Szenerie wohl als unerträglicher Kitsch bezeichnen.

Wie schon im Ersten Weltkrieg wirkte sich die einst von Friedrich vorgelebte Maxime »Sieg oder Niederlage«, nach der man alles auf eine Karte setzen und dafür selbst das ganze Volk mit in den Abgrund reißen durfte, auch im Zweiten Weltkrieg fatal aus – nur diesmal noch totaler und noch vernichtender als je zuvor. Es war die deformierende Erinnerung an Friedrich, die mit zu der Vorstellung beitrug, man könne die Welt mit dieser Art von Politik ungestraft herausfordern. »Es war«, so formulierte es der Historiker Karl Otmar von Aretin einmal zutreffend, »der böse Geist von Sanssouci, der hier eine schreckliche Wirkung zeitigte.«[75]

Friedrich der Große begleitete Hitler – bildlich und sinnbildlich – bis an dessen persönliches Ende. In den Privaträumen seines Bunkers gab es nur einen einzigen Wandschmuck: ein Porträt Friedrichs des Großen,[76] wohl die Kopie des bekannten Gemäldes von Anton Graff aus dem Jahr 1764.[77] Angeblich soll Hitler das Bild im Angesicht des Untergangs seinem Chefpiloten vererbt haben, der es aus dem Rahmen genommen und mitgenommen haben will. Das deutsche Volk hatte Hitler bekanntlich schon »abgeschrieben«, es verdiente aus seiner Sicht nicht, weiter zu existieren. Aber das Fortleben von Friedrich im Bild, das wollte er gesichert sehen![78] Hitler vererbt im Bunker das Bildnis des verehrten Friedrich: ein kleiner, ein symbolischer Akt, der für die große Geschichte unwichtig ist – aber über den Akteur und sein unseliges Handeln viel aussagt.

Das Ende des »Dritten Reiches« musste auch für die geschichtspolitische Konstruktion Friedrichs von Bedeutung sein. Preußen (und mithin Friedrich als sein populärster König) waren fester Bestandteil des nationalsozialistischen Geschichtsbilds geworden. Und die Kontinuitätslinie, die die Nationalsozialisten gezogen und gepflegt hatten, machten sich nach 1945 auch die Sieger zu eigen: Sie verurteilten einen deutschen Militarismus, zu dessen entscheidenden Förderern sie auch diesen Preußenkönig zählten, die Vernichtungskriege des »Dritten Reiches« sahen sie als blutige Vollendung seiner Regentschaft.

Es mag ja aus heutiger Sicht stimmen, dass es seitens der Alliierten ein historisches Missverständnis war, Preußen und das Preußentum zu schnell und zu umfangreich mit der Entstehung und Stabilisierung der NS-Herrschaft in Verbindung zu bringen[79] – aber ebenso wenig kann dies aus heutiger Sicht verwundern: Friedrich wurde von Hitler und seinen Getreuen immer wieder ins Feld geführt, wenn es um ihre Politik und ihre Verbrechen ging. Dass die Alliierten, deren Armeen und deren Zivilbevölkerung unter den deutschen Soldaten gelitten hatten, am Kriegsende gerade diesen Preußenkönig in einer großen geschichtspolitischen Geste liebevoll rehabilitieren würden – das wäre geradezu widersinnig gewesen. Hatte nicht Hitler selbst wenige Tage nach Kriegsausbruch den anderen Mächten zugerufen, sie hätten es jetzt mit einem »friderizianischen Deutschland« zu tun, und ihnen also einen langen und unerbittlichen Krieg prophezeit? Aus Sicht der Alliierten stand Friedrich auf der Seite der Verbrecher. Ihnen galt er als einer der ersten Militaristen eines entfesselten Deutschland. Und aus ihrer Sicht der Dinge hatten sie durchaus recht.

»Friedrich II.« reitet in den Sozialismus

*»Nicht nur der Schutt der zerstörten Städte, auch der reaktionäre
Schutt der Vergangenheit muß gründlich hinweggeräumt werden.«*

(Aus dem Aufruf der Kommunistischen Partei Deutschlands im Juni
1945)[1]

*»Der Staat Preußen, der seit jeher Träger des Militarismus
und der Reaktion in Deutschland gewesen ist, hat in Wirklichkeit
zu bestehen aufgehört. Geleitet von dem Interesse an der Aufrecht-
erhaltung des Friedens und der Sicherheit der Völker und erfüllt von
dem Wunsche, die weitere Wiederherstellung des politischen Lebens
in Deutschland auf demokratischer Grundlage zu sichern, erläßt
der Kontrollrat das folgende Gesetz:*
Artikel 1
*Der Staat Preußen, seine Zentralregierung und alle nachgeordneten
Behörden werden hiermit aufgelöst.«*

(Gesetz des Alliierten Kontrollrats vom 25. Februar 1947)[2]

Wie es die Deutschen nach 1945 mit dem Friedrich'schen Erbe
halten würden, war in den ersten Monaten nach dem Ende der
Diktatur noch nicht klar. Sicher war nur, dass Friedrich wie
viele andere nationale Helden der Vergangenheit seine Funktion als Deutungsgröße eingebüßt hatte. Der Preußenkönig war
für die unmittelbaren Gegenwartsfragen mit einem Schlag bedeutungslos geworden. Zugleich bildete er als historische Persönlichkeit ein geschichtliches wie politisches Problem. Wenn

man so will: Niemand wollte ihn so richtig, aber er war ja nun einmal da. Dies galt gerade für die Sowjetische Besatzungszone (SBZ), zu deren Territorium nun einmal der Großteil der ehemals preußischen Lande gehörte und wo sich die neuen Herren anschickten, die Idee einer sozialistischen Gesellschaft in die Tat umzusetzen.

Doch auch wenn jetzt mit dem Sozialismus alles anders werden sollte, Friedrich war nicht einfach »weg«. Die Geschichtswissenschaft vermag heute sehr genau nachzuzeichnen, dass alte Erinnerungsgrößen nicht einfach vergessen werden – und oft genug existiert neben einem öffentlichen Erinnern zugleich ein privates, eine Art »Familiengedächtnis«.[3] Im Falle Friedrichs bedeutet dies, dass die Ergebnisse einer über Generationen hinweg geleisteten Memorialarbeit nun kaum mit einem Mal aus den Köpfen der Deutschen verschwinden konnten. Mochte er auch in der Tagespolitik nicht mehr dazu dienen, aktuelle Entscheidungen – etwa in auswärtigen Angelegenheiten oder im Hinblick auf die Rolle des Staates – zu begründen, so büßte er doch seinen so überaus prominenten Platz in der deutschen Erinnerungslandschaft erst allmählich ein. Der »Erinnerungsriese« Friedrich war auch nach 1945 erst einmal präsent – für die einen war dies ein Ärgernis, für die anderen vielleicht ein stiller Trost in Zeiten nationaler Not.

Zunächst gab es auch unter sozialistischen Vorzeichen offiziell vorsichtige Bemühungen um eine »sachliche Darstellung der positiven Leistungen Friedrichs II.«, wie es die Richtlinien für den Unterricht in deutscher Geschichte aus dem Jahr 1946 forderten. Dabei dachte man beispielsweise an die »Abschaffung der Leibeigenschaft auf den Domänen«, die »Ansiedlung von Einwanderern« oder die »Fürsorge für die neuerworbenen Gebiete«.[4] Doch zumeist taten sich die Vordenker in Ostdeutschland schwer, einen solchen »sachlichen« Umgang zu praktizieren, und das war ja auch durchaus schwierig nur kurze Zeit nach dem Ende von Diktatur, Völkermord und Weltkrieg. Friedrich hatte schließlich geschichtspolitisch in der Reihe der Täter gestanden – eine rasche Rehabilitation war da nicht zu erwarten.

Stellvertretend für das sich durchsetzende neue Friedrich-Bild steht der publizistische Erfolg des Buches *Der Irrweg einer Nation*, das der Schriftsteller Alexander Abusch noch während seiner Emigration 1945 beendete. Zwischen 1946 und 1960 wurde es in Ostdeutschland in acht Auflagen verlegt und prägte das Geschichtsbild einer ganzen Generation. Abusch, der als Remigrant in die DDR kam und dessen politische Karriere ihn schließlich bis in das Amt des Kulturministers führte,[5] konnte an dem Preußenkönig nichts Gutes finden. Positive Leistungen gab es für ihn nicht darzustellen: Gut, Friedrich habe »im hohen Alter ein paar Wälder pflanzen« und »einige Moore austrocknen lassen«,[6] aber im Wesentlichen müsse er gesehen werden als der geistige Wegbereiter Bismarcks, vor allem aber Hitlers. Er sei »der Begründer der späteren Aggressionsmethoden« gewesen, so Abusch, »unstreitig ein Lehrmeister Wilhelm II. und Hitlers«, und seine Strategie des »Zuvorkommens« finde sich bei den deutschen Überfällen des Ersten und Zweiten Weltkriegs wieder.[7] Von diesem »aggressiven Despoten«[8] könne man nichts lernen.

»Die Maßlosigkeit seiner Eroberungsträume, die in keinem Verhältnis zu seiner materiellen Macht standen, trieben Friedrich, sein Land mit den eisernen Klammern des Pflichtgesetzes zu umspannen. Der preußische Zwang jener Zeit war ein primitiver Vorläufer des ›totalen Krieges‹ der Nazis im 20. Jahrhundert.«

(Alexander Abusch in *Der Irrweg einer Nation* über Friedrich)[9]

Aber so einfach ließ sich eine »geschichtspolitische Vollbremsung« in Sachen Friedrich nicht vollführen. Zwar war er unbedingt als eine Galionsfigur der Rechten und Nationalisten zu verurteilen, aber noch konnte man sich von den besseren Seiten des Königs nicht trennen. An den frühen Bemühungen um einen Lehrplan Ende der 1940er-Jahre lässt sich erkennen, dass die entsprechenden Vorgaben noch nicht widerspruchsfrei in eine marxistische Gesamtinterpretation der Geschichte passten. So wurde zwar jede Heroisierung Friedrichs abgelehnt, aber »seine Bemühungen auf dem Gebiet der Innenkolonisation, des Handels und Verkehrs, der Rechtspflege unter den besonderen Umständen seines Landes sollen nicht bestritten werden«. Und sogar mit einer pauschalen Verurteilung des preußischen Militarismus tat man sich noch schwer: »Wenn ein Staat ein starkes Heer hat, ist er nicht gleich ein militaristischer Staat.«[10] Heute wirkt eine solche Formulierung wie eine Verbeugung der jungen DDR vor der militärischen Macht der Sowjetunion, deren Präsenz im Alltag des sozialistischen Deutschland denkbar massiv war.

Die Gleichgültigkeit gegenüber dem mit Friedrich verbundenen historischen Erbe – oder waren es Abnabelungsschwierigkeiten? – wird beispielhaft deutlich am Umgang mit dem zentralen materiellen Relikt seiner einstigen Verehrung: dem Denkmal Unter den Linden in (nunmehr Ost-)Berlin. Denn dort stand Friedrich ja immer noch. Durch die Ummauerung aus der NS-Zeit geschützt gegen Bomben und Granaten, hatte das Reiterstandbild tatsächlich den Weltkrieg samt Luftangriffen und Straßenschlachten heil überstanden. Anfangs scherte man sich nicht um dieses Gebilde, wohl weil man in der Stadt ganz andere Sorgen hatte. Erst in einem zweiten Schritt besann man sich, dass sich die Deutschen doch inmitten ihrer zum großen Teil zerstörten Städte noch immer in einer Erinnerungslandschaft befanden, die nach zwölf Jahren Diktatur über weite Strecken tief nationalsozialistisch eingefärbt war. Und so gab es bald auch in Berlin erste Anregungen für eine »Entschlackung« des Denkmalbestandes, wobei zunächst die originär nationalsozialistischen Schöpfungen in den Blick gerieten.[11]

Das Friedrich-Standbild blieb in den ersten Monaten nach der Kapitulation erst einmal unangetastet – wenngleich es früh Forderungen nach seiner Beseitigung gab, etwa im Februar 1946 von einem KPD-Stadtrat im Berliner Magistrat.[12] Dieser Vorschlag hatte Anhänger, aber auch Gegner. Letztere behielten zunächst die Oberhand – der königliche Reiter könne »vorerst in seiner Ummauerung verbleiben«, vermeldete 1947 eine Ostberliner Zeitung. Über die Gründe der Rücksichtnahme gegenüber dem – eingemauerten und damit unsichtbaren – Königsdenkmal ist viel spekuliert worden. Nicht von der Hand zu weisen sind Vermutungen, dass die in diesen Jahren alles beherrschende Sowjetische Militäradministration sich gegen die Entsorgung gesperrt haben könnte: Preußische Generäle und Heerführer – allen voran Friedrich – genossen nämlich selbst bei sowjetischen Militärs hohes Ansehen. Noch Jahrzehnte später, so haben Augenzeugen berichtet, verharrten Offiziere und Soldaten der Roten Armee andächtig vor dem Denkmal und legten dort gelegentlich sogar Blumen nieder.[13]

Ob nun auf sowjetisches Drängen oder weil auch die Ostberliner Führung in der unmittelbaren Nachkriegszeit schlicht andere Sorgen hatte: Das Friedrich-Denkmal verblieb jedenfalls zunächst Unter den Linden, wo es sich – praktischerweise mit einer vergleichsweise glatten (Mauer-)Oberfläche versehen – in besonderer Weise als Ersatz für eine politische Litfaßsäule eignete. Politische Parolen hatten Konjunktur und brauchten Platz: »Die großen Betriebe der Kriegsverbrecher gehören in die öffentliche Hand!«, stand dort etwa 1947 zu lesen, als die Verstaatlichung ein aktuelles Thema war. Und 1950 diente der verkleidete Sockel anlässlich des Pfingsttreffens der »Freien Deutschen Jugend« als Fundament für den entsprechenden Fahnenschmuck und die angemessenen sozialistischen Losungen.[14]

»Ganz in der Nähe der Universität, an der Spitze der Lindenpromenade, steht das noch vom Luftschutzbunker umgebene Reiterstandbild Friedrichs II. Rein als Kunstwerk betrachtet, ist nichts gegen das Denkmal zu sagen. Man hat daher dem demokratischen Magistrat den Vorschlag gemacht, es in einer Umgebung aufzustellen, in die es stilgerecht passt, nämlich in Sanssouci.«

(Aus der Ostberliner Täglichen Rundschau im Februar 1950)[15]

Doch 1950 kam dann das Aus für Friedrich Unter den Linden. Ein wirklich großartiges Kunstwerk sei das Reiterstandbild, so hieß es offiziell – aber leider am falschen Platz. Also rückten die neuen Machthaber an – in diesem Fall tatsächlich die in der offiziellen Staatsbezeichnung jetzt aufgeführten Arbeiter –, und im Juli des Jahres (vorausgegangen war ein entsprechender Beschluss der Berliner Stadtverordnetenversammlung) hievte ein Kran den stolzen Reiter mitsamt seinem Ross vom Sockel.[16] Dabei wird man im Nachhinein den Eindruck nicht los, das Denkmal sei für die Nachgeborenen zu diesem Zeitpunkt gewissermaßen eine Nummer zu groß, zu schwergewichtig gewesen: Nicht nur, dass die Drahtseile bei der Demontage unerwünschte Abdrücke in der Bronze hinterließen und dass die seitliche Lagerung beim Transport zu Verformungen führte (eigentlich hätte man doch nach 1945 mehr Erfahrung mit der Demontage von Denkmälern haben dürfen). Sinnfälliger noch ist der Umstand, dass der mit dem Vorhaben betraute Volkseigene Betrieb »Abräumung und Erdbau« augenscheinlich nicht gerade eines seiner stabilsten Fahrzeuge an diese Geschichtsbaustelle geschickt hatte – es musste jedenfalls schon auf dem nahen Alexanderplatz vor den Augen vieler Schaulustiger mit einem Achsenbruch unter der historischen Last kapitulieren.[17]

An dieser Stelle mag ein Einschub zum Thema »Denkmalsumzüge« erlaubt sein: Denkmäler erscheinen denkbar massiv und unverrückbar. Dabei sind sie in Wirklichkeit oft erstaunlich mobil; immer wieder wurden und werden die Monumente der Vergangenheit an einen neuen Platz expediert. Gerade nach 1945 ging es vielen früher verehrten Helden so, nicht nur Friedrich. Andere Herrscher der Hohenzollern, die einst entlang der Siegesallee thronten, wurden beispielsweise 1954 im Garten von Schloss Bellevue vergraben – sicherheitshalber. Ab 2012 sollen sie in der Zitadelle Spandau einen neuen, vielleicht endgültigen Platz finden. So ein Umzug kann also dauern: So kehrte erst im Jahr 2010 der bayerische König Ludwig I. auf seinen Platz auf dem

Regensburger Domplatz zurück, den er 1936 verlassen musste. Ein Denkmal ist also vor den Nachgeborenen nie sicher…

Das Friedrich-Denkmal kam dann jedenfalls doch noch in Sanssouci an. Von einer »stilgerechten« Platzierung, wie in der *Täglichen Rundschau* in Aussicht gestellt, ließ sich aber wahrlich nicht sprechen: Dort lag das in mehrere Teile zerlegte Denkmal zunächst herum, eingefasst von einem jämmerlich anmutenden Bretterzaun – hinter ihm sollten die Geschichtstrümmer den DDR-Bürgern erst einmal verborgen bleiben. Mehr als zehn Jahre blieb es bei dieser provisorischen Zwischenlagerung. Und ausgerechnet als Ostberlin 1961 eine Mauer erhielt, fiel für Friedrich zumindest dieser Bretterzaun: Im Schatten des »antiimperialistischen Schutzwalls« erwachte das Denkmal neu, wurde wieder zusammengesetzt und fand seinen Platz im Hippodrom des Parks von Sanssouci. Das war eine ziemlich versteckte Stelle am Rande der großen Anlage, überhaupt nicht zu vergleichen mit dem einstigen Standort Unter den Linden, aber immerhin: öffentlich zugänglich.[18] Nach offizieller Sprachregelung hatte man einen Ort gefunden, der »nach Ansicht der Fachleute am besten geeignet ist, das Kunstwerk wirkungsvoll sichtbar zu machen, ohne dabei das Bildnis Friedrichs II. zu glorifizieren«[19]. Nun ja.

Aber selbst der vergleichsweise abgelegene neue Standort des Reiterstandbilds scheint nicht unumstritten gewesen zu sein – schließlich gab es in Staat und Partei zahlreiche Kritiker des Preußenkönigs, die sich für das Denkmal auch eine ganz andere Verwendung vorstellen konnten: nämlich die Einschmelzung und anschließende Weiterverwendung des Metalls. Hans Bentzien, zwischen 1961 und 1966 Kulturminister der DDR, berichtete vor einigen Jahren von einer angeblichen Anweisung des SED-Bezirkssekretärs, in diesem Sinne dem Standbild den Garaus zu machen. Nur dank einer List und einer gefälschten Schrottbescheinigung habe man damals dem bereits anrückenden »Schrottbeauftragten des Magistrats« ein Schnippchen schlagen können.[20]

Wenngleich Potsdam im Jahr 1950 also ein Stück Friedrich-

Geschichte erhalten hatte, büßte die Stadt in diesem Jahr gleichzeitig ein mit ebenfalls vielen Erinnerungen an Friedrich behaftetes Stück Geschichte (und Legende) ein – und dies endgültig: Die im volkstümlichen Friedrich-Bild so bedeutsame »Bittschriftenlinde« vor dem im Krieg beschädigten Potsdamer Schloss wurde jetzt beseitigt. Schon seit Längerem hatte dieser einst mächtige Baum seine alte Pracht verloren und glich mehr einem Gerippe, und die Kampfhandlungen zum Ende des Krieges hatten wohl für weitere Beschädigungen gesorgt. Rückblickend ist die Beseitigung der Linde allerdings als bewusster politischer Akt interpretiert worden: als ein weiterer Schritt der DDR-Führung in der konsequenten Verdrängung der Geschichte der königlichen Residenzstadt. So heißt es bis heute in aller Regel. Allerdings ist fraglich, inwieweit der Baum damals überhaupt noch zu erhalten war.

Wenn man so will, blieb der Rauch'schen Friedrich-Figur durch ihren Umzug nach Potsdam ein Anblick erspart, der ihr drastischer als jeder andere den sich aktuell vollziehenden Bruch mit den unerwünschten preußischen Traditionen der Vergangenheit vor Augen geführt hätte: nämlich der des im September 1950 begonnenen Abrisses des Berliner Stadtschlosses. Von der bundesrepublikanischen Öffentlichkeit als Frevel gebrandmarkt – und selbst in der DDR von kritischen Stimmen begleitet –, führte diese Abrissaktion in Westberlin übrigens zu einer konservatorischen Gegenreaktion: Dort fand man sich nun in dem Entschluss bekräftigt, mit dem eigenen bedeutenden Hohenzollernpalast – dem Charlottenburger Schloss – anders umzugehen und ihn trotz schwerer Kriegsschäden zu erhalten und schließlich wiederherzustellen.[21]

Die Entsorgung des zentralen Friedrich-Denkmals war also sinnbildlich für den bei Gründung der DDR eingeschlagenen geschichtspolitischen Kurs. Dieser, sprich: die insgesamt kritische Betrachtung der preußischen Geschichte und König Friedrichs als ihres bekanntesten Vertreters, wie sie maßgeblich von Alexander Abusch geprägt worden war, hielt bis weit in die 1960er-

Jahre hinein an. Für die Gründer der DDR trugen Preußen und Friedrich eine erhebliche historische Verantwortung für den Weg in den Nationalsozialismus; im Rückgriff auf die sozialistischen Klassiker erschienen Friedrich und sein Preußen als ein »Verhängnis für die deutsche Geschichte«.[22]

Diese Grundannahme der DDR-Geschichtswissenschaft war die eine Quelle der Friedrich-Kritik – die andere war (so hat es ein Betrachter rückblickend einmal treffend formuliert) der »ideologische Nahkampf mit den westdeutschen Historikern«[23]. Der Wettstreit der politischen Systeme in Deutschland Ost und West machte nämlich auch die Interpretation der Vergangenheit zu einer politischen Disziplin. Wer denn nun das bessere Gesellschaftsmodell habe – das sollte sich eben auch im Umgang mit der ja eigentlich gemeinsamen Geschichte erweisen.

Dies zeigt sich eindrucksvoll an der Beschäftigung mit dem »preußischen Militarismus«. In den Lehrplänen für die Schulen in der DDR setzte sich nun die Tendenz durch, die preußische Geschichte vor allem mit Blick auf den Militarismus Friedrichs zu interpretieren; im Mittelpunkt standen bald die »volksfeindliche« Politik Brandenburg-Preußens sowie die mit dem »Militarismus« verbundene »Ausbeutung« und »Unterdrückung« der Volksmassen. Bis Anfang der 1970er-Jahre ging es in diesem Sinne um »Brandenburg als Militärkolonie«, um »militärische Despotie«, um »Untertanengeist«, »Kadavergehorsam« und »Säbelrasseln«.[24] Und Friedrich galt als Hauptvertreter dieses reaktionären und militaristischen Preußentums. Wenn die Schüler das verstanden hatten, sollten sie für den nächsten Schritt gerüstet sein – nämlich kraft der erworbenen historischen Erkenntnisse das »revanchistische« Westdeutschland in seiner Rückwärtsgewandtheit als Feind zu identifizieren.[25] Auch wenn reaktionäre Geschichtsschreiber behaupteten, Friedrich habe für das deutsche Volk Nützliches geleistet, so hieß es 1970 in einer Anleitung für den Geschichtsunterricht in den 7. Klassen, müsse man zeigen, dass der »junkerlich-preußische Militarismus« in Wirklichkeit »den weiteren

Verlauf der deutschen Geschichte ungünstig beeinflusst« habe.[26] Und die negativen Seiten dieses Militarismus lebten in der heutigen Bonner Republik weiter:

> *Der Militarismus ist auch heute noch nicht überall besiegt. So gibt es in Westdeutschland schon wieder Militaristen, die andere Länder und Völker erobern und unterdrücken wollen. Finde Beispiele für die Bestrebungen in Westdeutschland und vergleiche sie mit den einzelnen Punkten des preußischen Militarismus!«*

(Aufgabe aus einem DDR-Geschichtsbuch für die Klasse 7 der Oberschule aus dem Jahr 1960)[27]

> *Ein Schwerpunkt der Erziehung ist darin zu sehen, daß die Schüler eine parteiliche Einstellung gegen den preußischen Militarismus gewinnen und daß sie die Verachtung und Empörung gegenüber den preußischen Junkern auch auf jene Kräfte übertragen, die heute in der BRD deren Erbe angetreten haben, gleichfalls aggressive Ziele verfolgen, das Wirtschaftsleben in den Dienst der Aufrüstung stellen und skrupellos die physische Vernichtung des eigenen Volkes einkalkulieren.«*

(DDR-Lehrplan für den Geschichtsunterricht 1975)[28]

Die DDR war aus dieser Perspektive das bessere Deutschland, weil sie die Lehren der Vergangenheit erkannt hatte. Die positiven und fortschrittlichen Traditionen der deutschen Geschichte beanspruchte der Arbeiter-und-Bauern-Staat für sich selbst, die negativen sah man im anderen deutschen Staat weiterleben, der dann zwangsläufig zu einem reaktionären, militaristischen Gebilde heranreifen musste.[29] Wer Geschichte so verstand, wurde in dieser Logik zum selbstverständlichen Mitkämpfer gegen einen westdeutschen Imperialismus.

Ironie der Geschichte ist dabei der Umstand, dass der SED-Staat selbstverständlich vom militärischen Vorbild Preußen besonders gern und besonders gut lernen wollte. Was hatte das Land einst militärisch so erfolgreich gemacht? Antworten erhoffte man sich auch aus geheim zu haltenden Dissertationen, die man in Auftrag gab und die sich etwa mit der »Entwicklung des Lazarettwesens Preußens in Kriegs- und Friedenszeiten« oder der »Entwicklung der berufspraktischen Ausbildung von militärärztlichen Kadern in Preußen« beschäftigten.[30] Auch hinsichtlich der Legitimation der Streitkräfte wurde ausdrücklich auf die positiven Traditionen Preußens verwiesen – die NVA verkörperte danach alle positiven Erfahrungen der deutschen und preußischen Militärgeschichte.[31] Rückblickend erscheint es befremdlich, dass die DDR einerseits das friderizianische Militärsystem als militaristisch brandmarkte, aber zugleich die Gesellschaft in einer Weise militarisierte, dass es jedem strammen Preußenfreund Entzücken bereitet hätte – wenn es nicht ausgerechnet inmitten eines sozialistischen Staates stattgefunden hätte.

Aber nicht nur bei der NVA waren Preußen und Friedrich positiver besetzt, als es der offiziellen Sicht auf die Geschichte entsprochen hätte. Es gibt vorsichtige Hinweise darauf, dass DDR-Schülern die verordnete Gleichsetzung von reaktionärem Preußentum und westdeutschem Militarismus dann doch zu schlicht erschien. Darauf deuten Umfrageergebnisse hin. Danach war das Thema Preußen sowohl Ende der 1950er- als auch noch Mitte der 1960er-Jahre bei den Schülern positiv besetzt – und dies in einer Zeit, als in der Schule eigentlich kein Preuße gut wegkam, es sei denn, es handelte sich um die Reformer von 1807.[32]

Nun stand das friderizianische Preußen auf dem Territorium der DDR ja im wahrsten Sinne des Wortes herum: Rheinsberg und Sanssouci zum Beispiel konnte man schwerlich übersehen. Da galt es für die offizielle DDR-Sprachregelung, Friedrichs Wirken entweder in seiner vermeintlich reaktionären Tendenz sichtbar zu machen (wie beim Schloss Sanssouci) oder seinen Platz in der Geschichte eines Orts geringer erscheinen zu lassen, wie in Rheinsberg. In der offiziellen Erinnerung erhielt Friedrich im letzteren Fall Konkurrenz: Stellvertretend dafür ist ein Hochglanzfotoband über die DDR aus dem Jahr 1978, darin eine doppelseitige Abbildung mit dem Hinweis: »Schloß Rheinsberg – bekannt geworden durch Tucholskys Novelle«[33]. Kein Wort hingegen über Friedrich!

> *»Friedrich II. setzte ohne Rücksicht auf die Not der Bevölkerung Geld, Material und Arbeitskräfte in Sanssouci ein. So entstand dort eine besonders schöne Anlage, die heute endlich dem Volk gehört.«*
> (Aus einem DDR-Geschichtsbuch für die Klasse 6 von 1952)[34]

Doch Ende der 1970er-Jahre tat sich etwas im Staate: Für manche Betrachter fiel das Urteil über Friedrich nun »plötzlich« etwas milder aus – jedenfalls sollte nun eine Zeit anbrechen, in der dem Regenten etwas aufgeschlossener gegenübergetreten wurde. Einen wichtigen Schritt in diesem Wandel markierte die Biografie *Friedrich II. von Preußen* der ostdeutschen Historikerin Ingrid Mittenzwei. Zwar bildete diese Darstellung im Wesentlichen eine Fortschreibung der bisherigen Thesen im Sinne des Historischen Materialismus, doch gab es darin auch Neuerungen, und die waren stellvertretend für das veränderte Preußenbild in der DDR – wohl auch deswegen war das Buch offenkundig von der Staats- und Parteiführung zuvor abgesegnet worden.[35] Das Werk fand in beiden deutschen Staaten Anerkennung: In der DDR war es bald nach seinem Erscheinen 1979 vergriffen, und auch in der Bundesrepublik wurde es verlegt – bis 1983 bereits in der dritten Auflage.

Was auch im Westen sehr genau – eben als die »differenzierte« Herangehensweise – wahrgenommen wurde, war die Einlösung der von Mittenzwei selbst aufgestellten Forderung, mit Friedrich einen exponierten Vertreter der »Ausbeuterklasse« als partiell »fortschrittlich« zu verstehen.[36] Für den Preußenkönig bedeutete dies nach Ansicht der DDR-Historikerin, dass dieser zwar Bestehendes konservieren wollte und also »Barrieren gegen das neue Zeitalter« errichtete, dass er aber dies – und das sei eben die viel beschworene Dialektik der Geschichte – nicht ohne »Anpassungsfähigkeit und Flexibilität« erreichen konnte.[37] Zudem, so Mittenzwei, könne man auch aus sozialistischer Sicht keine direkte Linie der Kontinuität zwischen Friedrich und dem deutschen Imperialismus sowie schließlich dem Nationalsozialismus ziehen. Diese teilweise »Entschuldung« des Preußenkönigs überraschte und sollte in der geschichtspolitischen Praxis der DDR konkrete Folgen haben.

> *»Friedrich II. hat nie nationale Ziele verfolgt. Das ist seit langem erwiesen. Insofern gab es auch keine einfache Fortführung friderizianischer Politik durch den Junker Bismarck und keine einfache Linie, die von Friedrich II. über Bismarck später zu Hitler führte, wie nach dem Zweiten Weltkrieg mitunter festgestellt wurde.«*
>
> (Die DDR-Historikerin Ingrid Mittenzwei im Jahr 1979)[38]

Mittenzweis Buch belegte in gewisser Weise eine Neuausrichtung der DDR-Geschichtsinterpretation, die sich entlang der theoretischen Begriffe von »Erbe« und »Tradition« vollzog. Als »Erbe« verstand die offizielle Geschichtsschreibung zunächst einmal die gesamte deutsche Geschichte in, wie es hieß, »ihrer ganzen Widersprüchlichkeit«. Davon müsse jedoch die »Tradition« unterschieden werden: Diese umfasse nur einen Teil des Erbes, nämlich genau den, auf dem die DDR ruhe, den sie bewahre und fortführe. Zu diesem Erbe rechnete man selbstverständlich alle Traditionen der Arbeiterklasse und ihrer Partei sowie sämtliche revolutionären und progressiven Elemente der Vergangenheit.[39] Man mag diesen neuen Kurs für eine angenehme Methode halten, sich mehr oder weniger nach Lust und Laune die Rosinen aus dem historischen Kuchen zu picken: Was einem schmeckt, nimmt man eben, den schäbigen Rest sollen die anderen essen – die DDR-Geschichtsschreibung sprach allerdings lieber von »differenzierter Aneignung des historischen Erbes«[40].

Die SED verstand dieses Vorgehen als Beginn einer modernen

und angemessenen Auseinandersetzung mit Geschichte. Schon zu Beginn der 1970er-Jahre hatte die Partei entsprechende Positionen vorbereitet. In einer bezeichnenden Anmaßung traf der später als Chefideologe der Partei geltende Kurt Hager 1971 die Feststellung, die DDR sei »der einzig rechtmäßige Erbe des Besten, was das deutsche Volk in seiner langen, wechselvollen Geschichte« hervorgebracht habe. Sie – nämlich die DDR – sei der Fortsetzer aller großen Leistungen der Vergangenheit.[41] Mehr noch: Weil eben alles »Bleibende, Positive, Progressive« nach Ansicht der SED »zu den Traditionen der sozialistischen deutschen Nation« zähle,[42] sei die DDR nichts weniger als »die Krönung des jahrhundertelangen Kampfes aller progressiven Kräfte des deutschen Volkes für Demokratie, Humanismus und gesellschaftlichen Fortschritt«.[43]

»Die DDR ist heute die staatliche Verkörperung der besten Traditionen der deutschen Geschichte.«

(Erich Honecker 1973)[44]

Die SED reklamierte in diesem Sinne den Aufbau der »sozialistischen Nation« für sich – und für die »sozialistische Nationalkultur«[45] brauchte man die Geschichte als Absicherung. Dementsprechend fiel der Geschichtswissenschaft und dem Geschichtsbetrieb allgemein die Aufgabe zu, möglichst massenwirksam ein sozialistisches Nationalbewusstein in der gewünschten »Nation neuen Typs« zu schaffen. Und so erging im Oktober 1980 vom Politbüro aus ein Beschluss über den sogenannten »Zentralen Forschungsplan« der Geschichtswissenschaften für die Jahre 1981 bis 1985, in dem auch die Erarbeitung einer neuen Darstellung der deutschen Geschichte vorgesehen war.[46] Vielleicht ging manchen die neue Zuwendung zu Preußen und seiner Geschichte ein wenig zu weit, jedenfalls bremste ausgerechnet die Friedrich-Biografin Mittenzwei 1983 allzu große Hoffnungen: Die preußische Geschichte werde keineswegs umgeschrieben, erklärte sie, vielmehr müsse man sich daran erinnern, dass das Verhältnis der revolutionären Arbeiterklasse zu ihr immer kritisch war – und das »wird auch so bleiben«[47]. Da machten sich einige augenscheinlich Sorgen über eine zu weitgehende Öffnung…

Die Erbe-Tradition-Konzeption zielte nicht nur nach innen, sondern auch nach außen: Es ging immer auch darum, die Abgrenzung zur Bundesrepublik erkennbar und historisch nachvollziehbar zu machen.[48] Die Problematik der Traditionen, so verlautete in der DDR, zähle schlicht »zu den Hauptfeldern der Auseinandersetzung zwischen marxistisch-leninistischer Geschichtsauffassung und bürgerlicher Geschichtsideologie«[49]. Die Neuausrichtung der Sicht auf Friedrich war deshalb von Beginn an erklärtermaßen auch eine geschichtspolitische Offensive gegen den Klassenfeind in Westdeutschland. Ja, es könnte sogar sein, dass die Entwicklung eines neuen Preußenbilds in der DDR von der Entwicklung in der Bundesrepublik maßgeblich angestoßen wurde.[50] Jedenfalls wurden die westdeutschen Forschungen zum Thema Preußen sowie die publizistischen Beiträge von der DDR-Geschichtswissenschaft intensiv beachtet. Selbstverständlich kam man dabei zu der aus eigener Sicht beruhigenden Erkenntnis, dass der Klassenfeind trotz aller Bemühungen erfolglos bleiben müsse – denn schließlich sei von den »bürgerlichen Klassenpositionen« aus keine wirkliche historische Analyse möglich.[51]

> »Den politischen und ideologischen Inspirationen von systematisch und langfristig angelegten Forschungen wie spektakulären Schauveranstaltungen geht es letztlich darum, dem imperialistischen Staat BRD ein historisches Fundament zu schaffen und der sozialistischen Deutschen Demokratischen Republik gewissermaßen nur eine Außenseiterrolle in der deutschen Geschichte zuzuweisen.«
> (Der DDR-Historiker Gustav Seeber 1983)[52]

Ingrid Mittenzwei glaubte 1978 in der BRD eine reaktionäre Neuauflage einer Friedrich-Verehrung erkannt zu haben, die unter anderem das Ziel verfolge, »linksgerichtete junge Leute zu disziplinieren«. Dazu verbreiteten die westdeutschen Massenmedien Legenden um den Preußenkönig, die leider auch manche DDR-Bürger erreicht hätten. »Da darf man sich nicht einfach mit der Widerlegung alter und neuer Legenden begnügen«, so die Historikerin, »da bedarf es eines eigenen, nämlich materialistisch dialektischen Bildes von der preußischen Geschichte.«[53] Man sieht, die Arbeiten an dem neuen Preußenbild, an dem die DDR-Historiografie ab Ende der 1970er-Jahre werkelte, dienten auch der Errichtung einer Art antiimperialistischen Schutzwalls gegen westliche Interpretationen.

Der Schwenk in Sachen Friedrich lenkte in der DDR auch wieder den Blick auf das entschwundene, aber auch nach rund drei Jahrzehnten nicht vergessene Reiterstandbild, das einst Unter den Linden seinen Platz gehabt hatte. Jetzt stand es, wie in einem Dornröschenschlaf, im Park von Sanssouci, wurde aber Ende der 1970er-Jahre – durch offizielle und halboffizielle Äußerungen – »wiederentdeckt«. Zunächst wurde die künstlerische Seite des Monuments gepriesen. In den Zeitungen des Landes hieß es, »wir würdigen in dem Reiterstandbild das großartige Kunstwerk, das Rauch dem persönlich hochbegabten Herrscher Friedrich II. gesetzt hat«[54]. Und SED-Chefideologe Kurt Hager bekannte, dass das Verdienst des Bildhauers Rauch doch eigentlich »die ihm gebührende Würdigung« erfordere.[55]

Hier wurde der Rückkehr des Reiterstandbilds argumentativ der Weg geebnet, wenngleich die Rede vom künstlerischen Wert des Denkmals mehr schlecht als recht verbarg, dass das eigentliche Interesse selbstverständlich dem Preußenherrscher galt. Ergänzend fanden sich jetzt auch Stimmen, wonach der jetzige Standort in Potsdam dann doch nicht so geeignet sei, wie 1961 behauptet worden war – die Diskrepanz zwischen der architektonischen Monumentalität und »dem landschaftlichen Rahmen« sei einfach für eine dauerhafte Lösung zu groß, hieß es im Jahr 1978.[56] Die neue Wertschätzung für Friedrich wurde kurze Zeit später zusätzlich sichtbar angesichts eines semantischen Ritterschlags von ganz oben: Erich Honecker höchstselbst nannte den Preußen- könig tatsächlich »den Großen« – das hatte in der offiziellen Spra- che des Regimes schon lange keiner mehr gewagt:

> »Vielleicht kommt in absehbarer Zeit das Standbild Friedrichs des Großen von Rauch hinzu. Das wäre sozusagen die Abrundung des wiederaufgebauten Linden-Forums im Zentrum Berlins. Das alles sollte niemanden überraschen.«

(Erich Honecker im Juli 1980 in einem Interview)[57]

Die Rückkehr Friedrichs brauchte dann tatsächlich nur wenige Monate: Im September 1980 rückten die Baumaschinen an, um Unter den Linden die Voraussetzungen für die Ankunft des gro- ßen Reiters zu schaffen. Da während seiner Abwesenheit der Aufbau des Sozialismus auch in der Verlegung von Fernwärme- leitungen unter dem ursprünglichen Standort des Denkmals sei- nen Ausdruck gefunden hatte, kam dieser nun nicht mehr in Frage. So rückte der Reiter – dem man einst vorgeworfen hatte, er würde zu ostentativ gen Osten reiten – schließlich noch einige Meter weiter in östliche Richtung. Mit reichlich Beton gegen die Erschütterungen des Straßenverkehrs geschützt (immerhin wurde die Prachtstraße ja bei manch einer Parade mit schwerem Gerät befahren), schien das Denkmal nun sicher genug. Eine eigent- liche Restaurierung wurde nicht vorgenommen,[58] lediglich offen- sichtliche Beschädigungen wurden beseitigt; so mussten der Säbel Friedrichs sowie die Finger einiger Figuren nachgegossen und ersetzt werden.[59]

Auch nach der Rückführung des Denkmals wurde diese offi- ziell »kulturhistorisch« begründet, nämlich zwecks »Abrundung des Forums Unter den Linden«[60]. Sicherlich: Es musste der um internationale Anerkennung ringenden DDR immer auch darum gehen, das Erscheinungsbild ihrer Hauptstadt zu verbessern, denn viel zu lange war der Kern des alten Berlin für alle Welt sichtbar von den Trümmern und Schäden des Krieges geprägt – auch drei Jahrzehnte nach Kriegsende war er noch mit ausgebrannten Gerippen einstmals bedeutender Bauwerke und Monumente übersät. So hatte das Regime die ehemalige Preußische Staatsbibliothek als Deutsche Staatsbibliothek teilweise wiedererrichtet sowie das Zeughaus für die Einrichtung eines Museums der deutschen Geschichte wiederaufgebaut. Unterstrichen wurde die historische Verbindung zwischen Preußen und der DDR – allerdings »unter auffälliger Weglassung all dessen, was der Westen (auch der Westen Berlins) an geschichtsträchtigen Vorgängen zu bieten hatte«[61]. Dass Friedrich wieder Unter den Linden ritt, hatte primär mit den Bemühungen um die historische Untermauerung einer eigenständigen DDR-Identität zu tun – »kulturhistorische Gründe« kamen lediglich hinzu.

Dass niemand überrascht sein dürfe, wenn eines Tages das Friedrich-Denkmal zurückkehre, war indes leicht gesagt, wenn man wie Erich Honecker an den Hebeln der Macht saß. Für andere im Lande bedeutete der Wandel im Umgang mit dem König und Preußen dann doch eine ziemliche Umstellung – manch einer, der sein Geld mit der Geschichte verdiente und gerade mitten in einem Projekt steckte, musste seine Arbeit notgedrungen augenblicklich dem Kurswechsel anpassen. So etwa Albrecht Börner, der das Drehbuch für den Mehrteiler *Sachsens Glanz und Preußens Gloria* verfasste, den das Fernsehen der DDR Anfang der 1980er-Jahre produzierte. Eigentlich war vorgesehen, in einer der Folgen auch die Zerstörung des Brühl'schen Palais in Dresden durch preußische Truppen im Siebenjährigen Krieg darzustellen. Mitarbeiter des Zentralkomitees legten jetzt aber bei der Abnahme des Films ihr Veto ein gegen diese Szenen wie auch gegen einen ihrer Ansicht nach zu ausführlich dargestellten Spießrutenlauf, der das schwere Los eines einfachen Soldaten in friderizianischer Zeit veranschaulichen sollte.[62] Kritik an Friedrich war weiterhin erlaubt – aber der König sollte angesichts der neuen real existierenden Annäherung nicht zu sehr verdammt werden.

»Der Anlaß war die Wiederaufstellung des Rauchschen Reiterstand-
bildes von Friedrich Unter den Linden in Berlin. Die Genossen
hatten das Problem: Jetzt haben wir das berühmte Denkmal aus der
Versenkung geholt, haben damit sozusagen Friedrich für die DDR-
Geschichtsschreibung zumindest teilrehabilitiert, nun können wir ihn
doch nicht als einen Sadisten zeigen, der Kunstschätze in Dresden
zerstört.«

(Albrecht Börner über die Folgen des neuen SED-Kurses Anfang
der 1980er-Jahre)[63]

Der Wandel war aber auch frappierend: Jener Herrscher, der zu
Zeiten Ulbrichts in erster Linie als Erzmilitarist hingestellt worden war, wurde mit einigen Jahren Abstand zu einem unbestech-
lichen Staatsmann, zu einem Förderer der Künste oder sogar
zum Motor des gesellschaftlichen und wirtschaftlichen Fortschritts erklärt.[64] Und mehr noch: Gerade dieser Friedrich, nun
gerne dargestellt als der »erste Diener des Staates«, passte vor-
züglich in die SED-Doktrin vom sozialistischen Staat. Nicht von
ungefähr wirkte die DDR von außen immer mehr wie ein ro-
tes Preußen; bezeichnend war da die Forderung von Kurt Hager
aus dem Jahr 1983, die vermeintlichen »preußischen Tugenden«
in Zukunft näher zu ergründen. Er forderte sogar wissenschaftliche Forschungen zu gesellschaftlichen Normen wie Höflichkeit, Takt, Bescheidenheit, Zuverlässigkeit, Pünktlichkeit, Disziplin oder Ordnungssinn.[65] Die DDR als gelehriger sozialistischer
Enkel des großen Friedrich – sauber, ordentlich, diszipliniert…

Diese »Preußenwende« stieß nicht nur auf Überraschung,
sondern – wo möglich – auch auf vereinzelte Kritik und Spott.
In literarischer Form fand sich diese etwa in Hermann Kants
Bändchen *Bronzezeit* von 1986, in dem ein Buchhalter namens
Farßmann Geschichten erlebt, wie sie typisch waren für das »hie-
sige Leben eines heutigen Bürgers«. Beispielsweise macht sich der
brave Buchhalter über den inflationären Umgang mit Orden und
Ehrenzeichen im real existierenden Sozialismus lustig. Er selbst ist

sogar beruflich damit beschäftigt, arbeitet nämlich im VEB »Ordunez«, der für die Produktion ebensolcher Orden und Ehrenzeichen zuständig ist. Unordnung kommt in den Buchhalteralltag, als Farßmann eines Tages in einer Erzählung eines ehemaligen Arbeitskollegen über die erstaunliche Wahrheit des »Großen Reiters« stolpert:

> *»Das Erzählstück begann mit der Auskunft, auf dem heutigen*
> *Platz der Guten Taten habe Ecke Fortschrittsallee ganz früher ein-*
> *mal der Große Reiter gestanden, und es endete mit der Eröffnung,*
> *die obere Hälfte des Großen Reiters diene derzeit als Wandung un-*
> *seres Goldfischteiches, und aus dem unteren Teil sei im Erholungs-*
> *park vom VEB Ordunez die Pingpongstätte geworden. Zweigeteilt*
> *und kopflings, erfuhr ich, stecke die Hohlbronze, die ehedem ein ge-*
> *schätztes Standbild war, im Erdreich hinter der vormaligen Fabrik*
> *von Abzeichen-Herrmann und trage bei zur Reproduktion volks-*
> *eigener Arbeitskraft.«*
>
> (Aus Hermann Kants *Bronzezeit* von 1986)[66]

Hermann Kants Leser erfahren von einem großen Reiterdenkmal, das – »als Preußen per Dekret zernichtet worden war« – vom Sockel geholt, geteilt (die deutsche Frage lässt grüßen!) und letztlich auf das Gelände des Volkseigenen Betriebs verfrachtet worden war. Dort war es in Vergessenheit geraten, bis eben der wackere Hauptbuchhalter und Held der Erzählung es wiederentdeckte. Seit der Demontage hatten sich die politische Wetterlage und der Kurs der Staatsführung verändert, und so war auch dem zufälligen Entdecker klar, dass der aufgefundene Oberpreuße wieder an seinen alten Ort zurück müsse, ebenso wie der »entmannte Sockel«. Farßmann wird in dieser Geschichte zum Helden der sozialistischen Erinnerungsarbeit, und als Lohn – was konnte es in diesem autoritären Staat Schöneres geben – durfte er dann bei der Wiederaufrichtung des Denkmals neben »dem Höchsten aus dem Höchsten Bereich« Aufstellung nehmen.

»Sonnabends manchmal gehe ich für mich allein die Fortschrittsallee hinunter zum Platz der Guten Taten und lehne mich, wo es niemand sieht, an den wiederbemannten Sockel. Wenn wir das Wetter danach haben, steht der Große Reiter in ruhiger Wärme da, und es ist, als atme die Bronze.«

(Schlussszene von Kants *Bronzezeit*)[67]

Es gab nicht nur literarischen Spott über die neue Personenverehrung, sondern auch regelrechten Unmut über den Umgang mit Friedrich und dem preußischen Erbe – und dies nicht nur innerhalb der Historikerzunft. Bei der Aufstellung des Reiterstandbilds gab es bei einigen Genossen durchaus auch Proteste.[68] Und noch 1987 konnte sich der erklärte Marxist und DDR-Intellektuelle Wolfgang Harich nicht damit abfinden, dass an so »problematische Gestalten« wie Friedrich II. »großzügiger als früher« herangegangen werde.[69]

Angesichts des freundlicheren Umgangs mit dem (reitenden) Friedrich keimte übrigens auch in Potsdam neue Hoffnung auf, und zwar mit Blick auf die legendäre »Bittschriftenlinde«. Von ihr existierte zwar seit 1949 vor dem – inzwischen ja längst abgerissenen – Potsdamer Schloss nichts mehr, doch in einer DDR-Zeitung fand sich ein Bericht über den historischen Standort des Baums. Dieser sei »relativ leicht zu bestimmen«, hieß es, nämlich genau in einem »neu angelegten Blumenbeet«. Diese Lokalisierung (die wegen Abwesenheit des Schlosses und der Umgestaltung des Geländes keineswegs einfach war) war nicht das Ungewöhnliche an diesem Bericht, sondern der Hinweis, dass viele Potsdamer den Wunsch hegten, dass an diesem Standort wieder eine Linde gepflanzt werde. Und: »Das ware auf dem Beet ohne weiteres möglich.«[70] Doch die Hoffnungen blieben unerfüllt, die Neupflanzung musste dann doch des Endes des real existierenden Sozialismus harren: Erst 1993, zur 1000-Jahr-Feier Potsdams, stiftete eine Privatfirma eine Linde, die an dem historischen Ort eine neue Heimat fand. Unantastbar war der Baum den Pots-

damern aber augenscheinlich nicht, immerhin musste sie im Jahr
2008 für den Bau einer neuen Trambrücke zwischenzeitlich um-
gepflanzt werden.⁷¹ Nicht nur Denkmäler, auch Bäume müssen
halt zuweilen umziehen …

In der Bundesrepublik wurde die Wiederaufstellung des Friedrich-Denkmals Unter den Linden mit einer Mischung aus Ver-
wunderung, Spott, aber auch Entrüstung über die Indienstnahme
des hierzulande in weiten Kreisen noch immer hochgeschätzten
Königs durch den sozialistischen Staatskonkurrenten zur Kennt-
nis genommen. Der Spott war ein leichter Sieg – wer sich als
Westbesucher dem Denkmal näherte, konnte schließlich mühelos
erkennen, welche Schwierigkeiten DDR-Bürger mit der richtigen Annäherung an den Preußenkönig hatten.

> *»Touristengruppen kommen mit Führung. Alle blicken etwas ratlos*
> *zu ihm hoch […]. Auch bei der Aussprache seines Namens schien*
> *der Führer Mühe zu haben. Die strenge Art, wie er immer ›Frie-*
> *drich II.‹ sagte, fiel auf. Eine Frau aus der Gruppe sagte einmal:*
> *Friedrich der Große. Der Führer überhörte das. Er stellte sich taub.*
> *Ich hatte den Eindruck, dass er ideologisch noch nicht ganz auf der*
> *Höhe der maßgeblichen Sprachregelung war. Wie leicht kann man*
> *sich in der DDR versprechen?«*
>
> (Der Schriftsteller Horst Krüger über seinen Besuch am
> Reiterstandbild Friedrichs in Ostberlin 1983)⁷²

Ausländische Beobachter reagierten auf die Vorgänge in Ostberlin mit zum Teil noch harscherer Kritik als bundesrepublikanische. So brachte der britische Historiker Timothy Garton
Ash die Rehabilitierung Friedrichs mit einem in der DDR zu
beobachtenden aggressiven Nationalismus zusammen, der – genau wie dieses Reiterdenkmal – erklärtermaßen gegen Polen gerichtet sei. Ash berichtete in einem Beitrag für den *Spiegel* 1981
von den alltäglichen polenfeindlichen Äußerungen in der DDR,
die er als grobe nationalistische Vorurteile wertete und in denen

nicht selten Polen wieder als »Untermenschen« bezeichnet würden. Wenn man diese Haltung mit dem Auftreten der politischen
Führung in Zusammenhang setze – immerhin habe Erich Mielke
im Dezember 1980 angesichts vermeintlich konterrevolutionärer
Bestrebungen in Polen den Einmarsch im Nachbarland befürwortet –, so sei hier eine historische Kontinuität erkennbar, die
so gar nicht der offiziell propagierten Geschichtspolitik der SED
entspreche:

> *»Daraus kann man nur folgern, daß die DDR-Führung mehr als*
> *nur vorbereitet auf die Möglichkeit war, deutsche Soldaten wieder ein-*
> *mal nach Schlesien marschieren zu lassen – 240 Jahre nachdem das*
> *Heer Friedrichs des Großen in diese Richtung marschierte und nur*
> *41 Jahre nach dem Einmarsch von Hitlers Armee in Polen.«*
>
> (Der britische Historiker Timothy Garton Ash 1981)[73]

Ansonsten lästerte Ash ausgiebig über die selbst ernannten Hüter
des preußischen Erbes, die sich in Ostdeutschland jetzt fänden.
Er erinnerte an die vollständige Militarisierung des Lebens in der
DDR (inklusive Wehrkundeunterricht und Betriebskampfgrup-
pen) und sah die sozialistische Republik lediglich als unvollkom-
menen Versuch, etwas Großes zu kopieren: Die bekannten preußischen Tugenden wie Sparsamkeit, Ordnung, Disziplin, Fleiß
und Pünktlichkeit seien zwar zu Staatstugenden erhoben geworden. Aber sie seien hohl, weil sie letztlich nur Mittel zum Zweck
seien, um »eine künstliche Konstruktion zu bewahren und zu
stützen, ein Gebilde, das seine eigene Rechtfertigung ist«. Wirklich wichtige Eigenschaften fehlten dem kleineren Deutschland –
ganz im Unterschied zu Friedrichs Preußen: Von Toleranz könne
zum Beispiel nicht einmal ansatzweise gesprochen werden.[74]

Als die DDR nach 40-jährigem Bestehen allmählich ihrem
Ende entgegensteuerte, hatte Friedrich als Erinnerungsfigur jedenfalls ungewollt seinen Dienst getan. Er hatte dem real existierenden Sozialismus zwangsweise in einer doppelten Weise gedient:

einerseits durch die gezielte Indienstnahme für eine nationale Identität, indem man die vermeintlich guten Seiten des Herrschers, das positive Erbe für sich in Anspruch nahm. Dadurch fungierte Friedrich andererseits zugleich als direkte Abgrenzung gegenüber der verhassten Bundesrepublik, weil dort ja vorgeblich nur die negativen Seiten der preußischen Geschichte weiterlebten.[75] Ob die DDR-Bürger diesen Weg der positiven Aneignung des Preußenkönigs in breiter Front mitgegangen sind, muss offenbleiben. Sicherlich sahen einige die offizielle Zuwendung zu einem preußischen »Erbe« skeptisch, auch weil dieser Umgang mit der preußisch-deutschen Geschichte zu offensichtlich zur Stabilisierung und Legitimierung ihrer Staatsführung dienen sollte.

»Lieber Friedrich, steig' Du hernieder
und regier' uns wieder!
Laß' in diesen schlechten Zeiten
Lieber unsern Erich reiten!«

(Ostberliner Volksmund nach 1980 mit Blick auf das wiederaufgestellte Reiterdenkmal Unter den Linden)[76]

Ohne Frage aber lässt sich sagen, dass die preußische Vergangenheit – und mit ihr Friedrich – ungeachtet ihrer politischen Bewertung im Einzelnen in der DDR letztlich sogar einen deutlich höheren Stellenwert bei der Konstruktion einer nationalen geschichtlichen Identität gewann, als dies in Westdeutschland der Fall sein sollte.[77] Friedrich war unter sozialistischen Vorzeichen in sehr ausgewählter Weise wieder zum Leben erwacht und fungierte tatsächlich erneut als politische Identitätsfigur. Das hätte bei der Staatsgründung 1949 kaum jemand für möglich gehalten …

Der bundesrepublikanische König

*»Friedrich den Großen zu feiern? Bismarck zu feiern? Unmöglich
heute. Man würde zwar ihrer in der Stille gedenken, aber mit wie
viel Brechungen! Mit dem schauerlichen Ende des Dritten Reiches
droht auch unsere Nationalgeschichte, wie wir sie bisher sahen, in
Stücke zu zerbrechen.«*

(Der Historiker Friedrich Meinecke 1948)[1]

In Westdeutschland nahm die Auseinandersetzung mit Friedrich
nach 1945 naturgemäß einen anderen Weg als in der SBZ und
der frühen DDR. Hier wurden die vielfältigen Differenzen der
Erinnerungsarbeit früh erkennbar und zuweilen offen ausgetragen. Dabei überwogen unmittelbar nach Kriegsende die kritischen Einschätzungen; Friedrich wurde zu einer zentralen Figur
des politischen Irrwegs erklärt und damit sowohl für die historische Fehlentwicklung Preußens als auch Deutschlands verantwortlich gemacht. Eine solche Haltung entsprach den Urteilen,
die unmittelbar nach Kriegsende aus anderen Ländern zu hören
waren: Friedrich nahm auf der Liste der Sündenböcke der deutschen Geschichte einen prominenten Platz ein. Selbstverständlich
habe seine Regentschaft mehr oder weniger direkt in die NS-
Diktatur geführt: »Ohne den Stechschritt nicht die SA, ohne die
langen Kerls nicht die SS, ohne das Spießrutenlaufen nicht die
Konzentrationslager«, hieß es 1946 in einer von den Amerika-
nern geförderten Jugendzeitschrift.[2] Genannt wurde bei solchen
Äußerungen immer Preußen, gemeint war vor allem – wie wohl

auch beim Preußen-Verdikt der Alliierten 1947 – in erster Linie Friedrich.

In Westdeutschland differenzierten sich in diesen Jahren die kritischen Stimmen nicht nur nach politischen Lagern aus, sondern auch entlang der konfessionellen Grenzen. So gab es spezifisch katholische Einwände gegen den Preußenkönig, die unverkennbar in der Tradition der katholischen Vorbehalte aus der Zeit des Kaiserreichs standen: Sie richteten sich gegen die Machtpolitik Friedrichs sowie gegen seine vermeintlich antikirchliche und abendlandfeindliche Ideologie – das sogenannte »christliche Abendland« hatte soeben eine erstaunliche Renaissance erfahren, auch weil damit ein probates Motto der freien Welt im Kampf gegen den gottlosen Kommunismus zur Verfügung stand. Diese kritische Haltung in Kreisen des deutschen Katholizismus wies eine beachtliche Stabilität auf: 1986 diagnostizierte ein Historiker, dass Friedrich »in konfessionell gebundenen Kreisen des Rheinlands oder Westfalens« noch immer wenig populär sei.[3] Auch in Süddeutschland hatten es kritische Stimmen nach dem Zweiten Weltkrieg leichter – hier spielte das Unbehagen angesichts der dominierenden Rolle Preußens in der gesamtdeutschen Geschichtserzählung eine wichtige Rolle. Lediglich aus dem Umfeld der evangelischen Kirche (vor allem wo sie sich historisch mit Preußen verbunden fühlte) wurden Entlastungsargumente für den Preußenkönig vorgebracht; tatsächlich fanden sich die Verteidiger Preußens fast ausschließlich im evangelisch-preußischen Lager.[4] Aber diese Fürsprecher Friedrichs hatten es schwer…

»Friedrich der Große und Bismarck haben ja nicht nur aufgebaut, sondern auch zerstört, und der Aufbau des preußisch-deutschen Nationalstaates war eine ungeheure Tragödie, nicht bloß ein harmonisches Schauspiel, wie wir so lange geglaubt hatten.«

(Friedrich Meinecke 1946)[5]

Der große alte Historiker Friedrich Meinecke – immerhin schon 83 Jahre alt und von einem schweren Augenleiden geplagt – versuchte 1946 mit seinem Buch *Die deutsche Katastrophe* den Deutschen historisch-politische Orientierungshilfe zu geben, indem er die deutsche Geschichte kritisch hinterfragte. Auch die nationalen Heroen wie etwa Friedrich oder Bismarck verschonte er dabei nicht. Seine langfristige Wirkung auf die Öffentlichkeit blieb trotz mehrerer Auflagen und zeitweilig hoher Aufmerksamkeit in der Presse allerdings begrenzt, seine Empfehlung, das deutsche Volk möge seine Zukunft in der Hinwendung zu Goethe und der Bildung sogenannter »Goethe-Gemeinden« suchen, hatte keine praktischen Folgen. Und die deutsche Geschichtswissenschaft reagierte reserviert auf die generelle Aussage des Buches. Für seinen einflussreichen Kollegen Gerhard Ritter etwa drohte mit Meineckes Darstellung eine »Selbstverdunkelung« der deutschen Geschichte, die These eines Irrwegs war für ihn indiskutabel.[6]

Im politischen Alltag sah man dies oft genug anders. So forderte beispielsweise der hessische Kultusminister Erwin Stein (CDU) 1946, dass nun endlich mit einer Geschichtsbetrachtung Schluss gemacht werden müsse, »die in Friedrich dem Großen und Hindenburg große Helden der deutschen Geschichte sieht«. Solche Appelle schienen nötig, denn die über anderthalb Jahrhunderte andauernde Formierung der heroischen Erinnerung an Friedrich hinterließ im Alltag immer noch erkennbare Spuren: Steins Äußerung waren Blumenniederlegungen von Studenten am Sarkophag Friedrichs in Marburg vorausgegangen.[7]

Friedrich hatte schließlich auch in der jungen Bundesrepublik seine Anhänger – alte wie neue. Dazu trug der nationalkonservative Widerstand gegen den NS-Staat bei, der dem Nachkriegsdeutschland eine eigene Sichtweise auf Friedrich hinterlassen hatte. So hatte der erwähnte Historiker Gerhard Ritter wie andere die »ethisch-vernunftmäßigen Bindungen und Begrenztheiten machtstaatlichen Handelns« Friedrichs betont – wodurch schon ein gewisser Gegensatz zum totalitären NS-Staat kon-

struiert wurde.[8] Die Vorstellung, wonach das »wahre« Preußentum – und mit ihm der große König – mit den Nationalsozialismus eigentlich unvereinbar gewesen sei (was ja Jahre zuvor ganz
anders dargestellt und erlebt worden war), stand also in gewisser
Weise an der Wiege der Bundesrepublik. Im national-konservati-
ven Geschichtsbild, so der Historiker Edgar Wolfrum, waren das
Bismarck-Reich (und damit die guten preußischen Traditionen)
und der Nationalsozialismus »durch wasserdichte Schotten voneinander getrennt«[9]. Diese Überzeugung war die Grundlage für
eine Auseinandersetzung in den folgenden Jahren, die sich weder in vorbehaltloser Heroisierung noch in völliger Verdammung
erschöpfte. Die junge Bundesrepublik versuchte sich in der ihr
eigenen Nüchternheit dem Thema Friedrich und Preußen zu
nähern. In gewisser Weise wollte man den Monarchen in der Erinnerung so weit »zivilisieren«, dass er mit seinen – zugestande-
nen – Schwächen und seinen – sehr gern zitierten – Stärken zu
dem fleißigen, aufstrebenden jungen Staat passte. Es war der Versuch, so etwas wie einen »bundesrepublikanischen« König zu entwerfen – was erst nach Jahrzehnten von Erfolg gekrönt sein sollte.

Bei der Genese dieses bundesrepublikanischen Königs fühlt
man sich rückblickend an das zitierte »Familiengedächtnis« erinnert, das andere Erinnerungen zulässt als das öffentliche Gedächtnis:[10] Offiziell war Friedrich zunächst noch diskreditiert (hierfür
übrigens allein die Siegermächte des Weltkriegs verantwortlich
zu machen, wäre zu kurz gegriffen, was allein schon der Hinweis auf die traditionellen Vorbehalte im katholischen Rheinland
und in Süddeutschland belegt). Aber »daheim« – wenn man so
will: abseits des politisch korrekten Diskurses (wenngleich es diesen Ausdruck noch nicht gab) –, in einer Art »Familiengedächtnis«, verteidigte Friedrich souverän seinen Platz in der mentalen
Heldengalerie. Eine Umfrage im *Rheinischen Merkur* erbrachte im
Frühjahr 1955 das Ergebnis, dass bei den westdeutschen Jugendlichen in der Rubrik der historischen Gestalten Bismarck, Friedrich und Hitler die meisten Sympathien genossen.[11]

Offiziell blieb die junge Bundesrepublik vorsichtig reserviert und versuchte sogar die Höchststrafe der Nachwelt zu verhängen: die Nichtbeachtung. So zeigt der Blick auf das Jahr 1962, dass das Land den 250. Geburtstag Friedrichs weitgehend ignorierte. Diese »kühle Distanz«, die ein Historiker für diesen Vorgang diagnostizierte, zeigt die »deutliche mentale Befangenheit« gegenüber diesem Monarchen.[12] Die Zeitungen und Zeitschriften druckten keine ausführlichen Berichte, sondern lediglich »kurze Gedenkartikel«, wenngleich diese dann in ihrer Gesamtheit »gemäßigt positiv« ausfielen. Die publizistischen Gratulanten hoben darin zumeist jene Momente heraus, durch die sich das alte Preußen positiv vom NS-Staat unterscheide – keine zwei Jahrzehnte nach dem Ende von Diktatur und Weltkrieg noch immer das beherrschende Thema. Aus diesem Grund fanden auch die durch die NS-Zeit so massiv denunzierten »preußischen Tugenden« kaum Erwähnung. Was die Bedeutung Friedrichs und Preußens für die deutsche Gegenwart anbelangte, war deutliche Zurückhaltung spürbar. Auch wenn einige Kommentatoren zumindest die guten oder besseren Seiten dieser Vergangenheit erhalten wissen wollten, war sie für andere nun »endgültig Geschichte«.[13]

Doch interessanterweise schien diese öffentlich geübte Zurückhaltung gerade jenen zu nutzen, die ihr altes Friedrich-Bild noch aus früheren Zeiten in die junge Bundesrepublik hinübergerettet hatten und nun auch nicht den Willen verspürten, an ihren geschichtspolitischen Positionen Grundlegendes zu ändern, wenn man einmal von der notwendigen Entfernung spezifisch nationalsozialistischer Versatzstücke absieht. Für die Verteidiger eines solchen Geschichtsbilds waren die 1960er-Jahre eine gute Zeit: Anders als noch in den ersten Jahren unmittelbar nach dem Krieg gab es jetzt deutlich weniger bohrende, unangenehme Fragen nach den Wirkungen dieser historischen Gestalt auf den Verlauf der deutschen Geschichte. Der Preußenkönig konnte erstaunlich unangetastet in einem Raum der akzeptierten Erinnerungen verbleiben – ein wenig muss man rückblickend den Eindruck haben, Friedrich segelte im politischen Windschatten und »unter den altbekannten Markenzeichen historischer Größe in ferne Gefilde ab, um aus dem kritischen Blickfeld der Gesellschaft und der Wissenschaft zu treten«[14]. Noch immer verbanden sich mit dem sehnsüchtigen Blick auf Friedrich und das »gute« Preußen Hoffnungen für die deutsche Nation – auch dies zeigte der 250. Geburtstag des Königs 1962:

> »Dieses Preußen mit seiner Auffassung von Beamtenpflicht und Bürgerehre, von göttlicher Gnade und menschlicher Tapferkeit, ist 1947 durch Kontrollratsgesetz Nr. 46 abgeschafft worden [...]. Gewiß, man kann Verwaltungseinheiten auflösen, man konnte die Pervertierung der Gemeinschaft und jeglicher staatlicher Ordnung durch Hitler (die nichts mit Friedrich II. zu tun hat) ausmerzen, aber den wahren preußischen Geist, den ihm zugeordneten Stil, den kann man mit keinem Gesetz verbieten. Von der Frage, ob er überlebt, wird das Schicksal unseres Volkes als Nation abhängen.«
>
> (Marion Gräfin Dönhoff am 28. Januar 1962 in der Zeit)[15]

Noch immer war also in einigen Köpfen die Erinnerung an das alte Preußen verbunden mit einer – weitgehend diffusen – Heilserwartung. Diese Haltung war unmittelbar nach Kriegsende entstanden und hatte sich angesichts der Teilung Deutschlands in ihrer trostspendenden Wirkung erhalten. Man meinte, dass das »echte Preußentum« (der »wahre preußische Geist«, wie Dönhoff ihn nannte) die Katastrophe überstanden habe und dass das Erbe des guten Preußen für die Zukunft der deutschen Nation von entscheidender Bedeutung sei. Um die große Publizistin nicht in den Verdacht einsamer Anhängerschaft zu bringen, sei hinzugefügt, dass andere publizistische und politische Größen das preußische Vorbild in der Bundesrepublik noch bis in die 1980er-Jahre hinein priesen – einigen ist der untergegangene Staat ja selbst heute noch politischer oder moralischer Referenzpunkt für die verschiedensten Lebenslagen.

Einen wichtigen Impuls erfuhr die öffentliche Beschäftigung durch die Darstellung *Preußens Friedrich und die Deutschen* des *Spiegel*-Herausgebers Rudolf Augstein. Nicht ursprünglich geplant, aber dann doch bewusst rechtzeitig noch in dem politisch bewegten Jahr 1968 auf den Markt gebracht, wollte Augstein das Ergebnis seiner Recherchen (und man muss hinzufügen: seines schreiberischen Könnens) »auf beiden Seiten der nur physisch weggeräumten Barrikaden bekannt« machen. Die schon von seinem Geschichtslehrer bemühte Frage, ob Friedrich nun ein großer König gewesen sei, mochte Augstein nicht beantworten – er wollte lieber klären, was die jüngste Vergangenheit und die Gegenwart, »die beiden Weltkriege, die Vertreibung aus Ostdeutschland, die Amputation eines runden Viertels deutschen Staatsgebiets, die Teilung Rest-Deutschlands«, was das alles mit Friedrich zu tun hat.[16]

Rudolf Augsteins leidenschaftliches Werk war für viele Beobachter schlicht ein Akt der deutschen Selbstreflexion, der rund 20 Jahre nach dem Ende der Diktatur überfällig war. So jedenfalls kommentierte der Historiker und Journalist Karl-Heinz Janßen in der *Zeit* die Neuerscheinung – mit scharfem Intellekt und spitzer Feder sei Augstein drachenkämpferisch in die Schlacht gezogen, »um eine der wirksamsten und folgenreichsten Legenden deutscher Geschichte zu töten«[17]. Bis heute allerdings gibt es für das Buch nicht nur publizistisches Lob, sondern auch geschichtswissenschaftliche Schelte – stellvertretend sprach der Historiker Frank-Lothar Kroll von einer »ressentimentgeladenen Tendenzschrift«[18]. Fraglos zerlegte Augstein gezielt wie sorgfältig das traditionelle positive Friedrich-Bild, wollte weder preußische Pflichterfüllung noch aufklärerische Leistung gelten lassen. Er wollte sich und den Deutschen nicht länger »diese erhöhte Karikatur eines Staatsmannes« vorgaukeln lassen, der als Pflichtmensch nur für andere lebte.[19]

Entscheidend war – auch für das Publikum – die Frage nach der historischen Wirkung des Preußenkönigs, womit vor dem

Hintergrund von Diktatur und Weltkrieg der Krieger Friedrich besondere Beachtung fand. Für Augstein war der Monarch in dieser Rolle der »berühmteste Hasardeur seiner Zeit«[20]. Er habe für die Provinz Schlesien schlicht die Existenz des gesamten Staates aufs Spiel gesetzt. Und den Einmarsch der preußischen Armee in Sachsen zu Beginn des Siebenjährigen Krieges verglich Augstein mit Ereignissen des Ersten Weltkriegs – denn »wie die Deutschen 1914 behauptete auch er, im Einverständnis mit der rechtmäßigen Herrschaft zu handeln«[21]. Simple Kontinuitäten verbat sich Augstein indes:

> *»Friedrich II. von Preußen war wohl ein Ur-Ur-Ur-Urenkel der Maria Stuart, nicht aber ein Ur-Ur-Ur-Urgroßvater Hitlers. Er baute weder Autobahnen noch Konzentrationslager, er starb einen betagten, friedlichen Tod.«*
>
> (Rudolf Augstein 1968)[22]

Aber entschiedener und deutlicher als andere zuvor geißelte Augstein die traditionelle Geschichtsüberlieferung. Die bis in die Trümmer des Zweiten Weltkriegs gepflegte Vorliebe der Deutschen, sich immer an Friedrich zu orientieren und aufzurichten, war für ihn eine »Kontinuität des Irrtums«, von der man nun endlich lassen sollte.[23] Einige konnten tatsächlich zu diesem Zeitpunkt gut auf Friedrich verzichten. So trennte sich Helmut Schmidt, als er 1969 Bundesverteidigungsminister wurde, von einem Abguss einer Friedrich-Büste, die bei seinem Amtsantritt noch sein Ministerzimmer schmückte. Dass ein Bundeswehrgeneral dies entsetzt als »Abschied von der Geschichte« bezeichnete, zeigt die Aufgeregtheit, die in konservativ-militärischen Kreisen herrschte.[24] Nicht nur dort war Friedrich weiterhin eigentümlich präsent. Der angesehene Historiker Walter Bußmann beschäftigte sich 1973 mit dem Nachleben Friedrichs in der europäischen Geschichte und kam zu dem Ergebnis, dass der Preußenkönig »in die Reihe der unsichtbar gegenwärtigen Gestalten im Wechsel der politischen Geschicke« gehöre. Womit er vor allem auf die Antifriderizianer zielte: Gerade politische Katastrophen erweckten schließlich das Bedürfnis, eine einzelne historische Persönlichkeit oder auch einzelne Ereignisse der Vergangenheit für ein erlittenes Unglück verantwortlich zu machen. Und dieses Bedürfnis, so Bußmann, richte sich vornehmlich auf Friedrich.[25]

Wurde Friedrich just durch den Versuch, ihn zum Sündenbock der deutschen Geschichte zu machen, wieder zu einem heimlichen Idol verlorener nationaler Stärke? Ganz sicher war in den 1970er-Jahren eine Unzufriedenheit über eine allzu harsche Abrechnung mit Preußen deutlich spürbar. Und so kam es Ende dieser Dekade im Gegenzug zu einer regelrechten bundesrepublikanischen »Preußenwelle«. Den entscheidenden Anstoß dazu gab 1977 der Regierende Bürgermeister von Berlin, Dietrich Stobbe, als er eine große Ausstellung über Preußen anregte, die schließlich 1981 im Martin-Gropius-Bau eröffnet wurde.

Dieses Vorhaben war während der Vorbereitungszeit von öffentlichen Debatten begleitet, Befürworter und Gegner einer neuerlichen Auseinandersetzung mit der preußischen Vergangenheit beteiligten sich leidenschaftlich daran. Und – ob nun gewollt oder ungewollt – Friedrich wurde der mehr oder weniger heimliche Star dieser Ausstellung, auch weil nur ihm allein – unter allen Herrschern Preußens – eine eigene Abteilung gewidmet wurde.[26] Ihm und seinem Preußen wurde nun mit einer seltsamen Mischung aus Kritik und Empathie begegnet – man entschloss sich dazu, sich politisch von Preußen und den zentralen Merkmalen der Friedrich'schen Machtpolitik zu distanzieren, dafür aber mehr denn je die vermeintlich überzeitlichen preußischen Tugenden positiv herauszustellen.

»Preußische Tugenden! Ihr innerster Kern ist Pflichterfüllung; Pflichterfüllung freilich nicht – das ist eine sehr beliebte Verflachung – im Sinne von Fleiß, Zuverlässigkeit, Pünktlichkeit usf., sondern im Sinne

einer hingebenden Bereitschaft an eine Sache und ihren Wert,
ohne jeden Gedanken an vordergründigen eigenen Nutzen.«

(Dietrich Stobbe, SPD, 1977–1981 Regierender Bürgermeister
von Berlin)[27]

»Parteilichkeit ist kaum zu vermeiden. Warum auch? Wir sollten
lieber nicht allzu ausgewogene Absicherung walten lassen, das würde
den Sinn der Ausstellung nur vermindern. Der eigentliche Wert
Preußens liegt für uns heute nicht in seiner politischen Geschichte,
sondern in den Eigenschaften der Menschen, die als Preußen in
Preußen lebten.«

(Richard von Weizsäcker, CDU, 1981–1984 Regierender
Bürgermeister von Berlin, zur Ausstellungseröffnung 1981)[28]

Friedrich und sein Preußen erlebten eine Renaissance – und inhaltlich ließ sich Ende der 1970er-Jahre durchaus eine Wieder-
kehr alter, aus dem 19. Jahrhundert stammender Vorstellungen
beobachten.[29] Dies galt vor allem für die populären Geschichts-
darstellungen, die in diesen Jahren auf dem Buchmarkt erheblichen Erfolg hatten. Dazu zählte das Buch *Preußen ohne Legende*
von Sebastian Haffner, in dem dieser einen gleichermaßen sym-
pathisierend-melancholischen wie kritischen Blick auf das historische Preußen warf: Preußen sei tot, schrieb Haffner, und Tote
könnten nicht ins Leben zurückgerufen werden. Aber heute
könne man dafür aus der Distanz nicht nur die Eigentümlichkeit, sondern die »Einzigartigkeit dieses untergegangenen Staates«
betrachten und würdigen.[30] Was Friedrich anging, so bemühte
sich Haffner um ein ausgewogenes Urteil, aber seine Sympathie
für den »Zyniker« mit dem »mephistophelischen« Zug war doch
deutlich herauszulesen – übrigens, so Haffner an einer Stelle, gebe
es ja nicht wenige *Faust*-Leser, die Mephisto sympathischer fänden als Faust…[31]

»Den Titel ›der Große‹ hat er sich recht eigentlich erst in den langen und furchtbaren drei letzten Jahren des Siebenjährigen Krieges verdient, nicht durch Genie, aber durch Charakterstärke. Was Friedrich der Welt und der Nachwelt in diesen Jahren darbot, war das Schauspiel einer äußersten Standhaftigkeit, Zähigkeit und Unerschütterlichkeit bei völligem Fehlen jeder Hoffnung; einer unbegrenzten stoischen Leidensfähigkeit, ja Abgestorbenheit, an der jeder Schicksalsschlag abprallte. Dieser König, der als frivoles ›Schoßkind des Glücks‹ (sein Ausdruck) begonnen hatte, zeigte im Unglück die Haltung eines Indianers am Marterpfahl.«

(Sebastian Haffner über die »Charakterstärke« Friedrichs)[32]

Die Lobredner überschlugen sich, wenn es um Friedrich als den vornehmsten Träger der »preußischen Tugenden« ging. Bei Haffner war es der Indianer, der angeblich keinen Schmerz kennt (ein Irrglaube, der kleinen Jungen zuweilen heute immer noch vermittelt wird), bei Stobbe und anderen die Pflichterfüllung als Hingabe an eine größere Sache, bei Gräfin Dönhoff die »menschliche Tapferkeit«: Preußen schien in erstaunlichem Maße zu einer Erziehungsanstalt von Tugenden geworden zu sein, die auch für Bundesrepublikaner tauglich schienen.

Diese Hochschätzung war in gewissem Maße der Realität des geteilten Deutschland geschuldet. Die westdeutsche Öffentlichkeit fühlte sich fraglos von der DDR herausgefordert: Mit der Rückkehr des Friedrich-Reiterstandbilds Unter den Linden, die in den bundesrepublikanischen Medien aufmerksam beobachtet wurde, war man schließlich Zeuge eines ziemlich verwegenen geschichtspolitischen Akts geworden. Die Einverleibung des preußischen Königs in das Geschichtsbild der DDR erschien vor allem Konservativen und erklärten Preußenfreunden in Westdeutschland als dreist – mancher mochte sich regelrecht um eine eigene Galionsfigur der nationalen Identitätsstiftung betrogen fühlen. Und umgekehrt berief sich die DDR bei ihrer Wende auf die vermeintliche Wiederentdeckung Friedrichs durch die Bundesrepublik, der man nicht tatenlos zusehen dürfe. So lässt sich in diesem Ringen um die richtige Erinnerung tatsächlich einmal sagen, dass Konkurrenz das Geschäft belebte. Der Blick auf diesen König war hüben wie drüben gekennzeichnet vom Streben nach eigener Identitätsstiftung und nationalem Selbstverständnis.[33] Vom Wettstreit der Systeme profitierte die historische Figur Friedrich: Er kam beiderseits der Mauer zu neuen Ehren.

»Was auf deutschem Boden zuerst von Friedrich dem Großen für Preußen verwirklicht, die Schaffung eines modernen Staatswesens, das später zum vorbildlichen Rechtsstaat entwickelt wurde, ließ sich weder durch 1933 und 1939 noch durch 1945 und 1949 auslöschen. Diese Errungenschaften dienten meinem Vorfahren Wilhelm I. und seinem Kanzler Bismarck als Grundlage bei der Reichsgründung. Der Geist, der dieses Preußen-Deutschland durch viele Generationen getragen hat, ist nicht erloschen.«

(Louis Ferdinand Prinz von Preußen, Chef des Hauses Hohenzollern 1983)[34]

Dass in der Bundesrepublik der preußische Geist nicht »erloschen« sei, wollte aber längst nicht allen im Lande gefallen. Sollte die Bonner Republik etwa auf das Vorbild dieses absolutistischen Herrschers angewiesen sein? Der Historiker Rudolf von Thadden mahnte 1985 die Grenzen dieser Art von Identitätsstiftung an und wies darauf hin, dass die Bundesrepublik als demokratisches Staatswesen nicht des permanenten Verweises auf das preußische Vorbild bedürfe. Dieser Staat habe vielmehr »inneren Zusammenhalt und politische Substanz genug, um Sparsamkeit, Ordnungsliebe und Pflichtbewusstsein walten zu lassen, ohne dabei Preußen als Modell permanent strapazieren zu müssen«[35].

Dieser Einwand zeigt die neue bundesrepublikanische Popularität des Königs, die sich dann im öffentlichen Erinnern zu seinem 200. Todestag im Jahr 1986 eindrucksvoll zeigte. Jetzt schien es geradezu zwangsläufig, dass sich auch der Bundespräsident in

Sachen Friedrich zu Wort meldete. Richard von Weizsäcker tat es und nutzte die Gelegenheit, des »Alten Fritz 200 Jahre nach seinem Tod ohne Scheu mit Verehrung zu gedenken«. Der Bundespräsident sah den westdeutschen Staat in die Lage versetzt, gegen jede »Mythologisierung historischer Gestalten« gefeit zu sein – und gerade deshalb seien die Bundesbürger »aber auch frei zum unbefangenen Blick auf geschichtliche Größe«.[36] Vielsagend war auch das, was Weizsäcker bei dieser Gelegenheit nicht sagte: Er ging in seiner Betrachtung über den preußischen Raub des habsburgischen Schlesiens stillschweigend hinweg – stattdessen hielt er dem Preußen noch zugute, keinen »Quadratmeter über Schlesien hinaus« zu erwerben getrachtet zu haben. Eindeutig sollte hier Friedrichs annexionistische Politik von einer vermeintlichen Mäßigung in seinen politischen Zielen überdeckt werden.[37]

> »Wenn auch sein Staat Preußen von der Landkarte verschwunden ist – vieles von dem, was er geschaffen hat, wirkt 200 Jahre nach seinem Tode unter uns fort. Es gehört wahrlich nicht zum schlechtesten Teil der Hinterlassenschaft aus unserer Geschichte. Dies zu erkennen und zu würdigen, liegt in unserem ureigensten gegenwärtigen Interesse.«

(Bundespräsident Richard von Weizsäcker in seiner Ansprache zum 200. Todestag Friedrich des Großen 1986)[38]

Die konservative Konstruktionsleistung an einer Erinnerungsfigur, die sich als »bundesrepublikanischer König« bezeichnen ließe, war – deutlich erkennbar an den Äußerungen in diesem Jubiläumsjahr – weitgehend zum Abschluss gekommen. Nach Jahrzehnten harter Erinnerungsarbeit hatte sich die Republik für ein entschiedenes geschichtspolitisches Sowohl-als-auch entschieden, das die Sympathie für Friedrich salonfähig machte: Weil die historisch-kritische Pflicht geleistet war, gestattete man sich die Kür der offiziellen Huldigung. Die Ansprache des Bundespräsidenten ist hier durchaus beispielhaft, sie vereinte die zwei Säulen dieser

Erinnerungskonstruktion: die Betonung der Doppelgesichtigkeit (oder auch Widersprüchlichkeit) des preußischen Königs einerseits sowie seine Verdienste als Aufklärer und Reformer andererseits. Theodor Schieder hatte seine im Jubiläumsjahr erschienene einflussreiche Friedrich-Biografie mit dem Untertitel »Ein Königtum der Widersprüche« versehen und damit gleichermaßen eine weitverbreitete Vorstellung aufgegriffen wie der bundesrepublikanischen Erinnerung zusätzlich Halt gegeben.

Die »Widersprüchlichkeit« schien eine gerechte historische Beurteilung zu ermöglichen: Die persönlichen Schwächen der Person waren damit nicht ausgeklammert (was die Kritiker einband), seine Stärken ließen sich benennen (was seine Anhänger gnädig stimmte). Diese Konstruktion eröffnete wichtige geschichtspolitische Optionen. So konnte, wer wollte, Friedrich weiterhin für einen »Großen« halten.[39] Historiker, Sachbuchautoren, Ausstellungsmacher, der Bundespräsident − sie alle halfen mit, aus Friedrich das zu machen, was er schließlich am Ende der Bundesrepublik war: eine populäre Leitfigur im kollektiven Gedächtnis.[40] Gerade das Jubiläumsjahr 1986 zeigte Friedrich als zentrale Figur eines historischen Medienrummels, wie er bei großen Jubiläen anzuheben pflegt. Bücher und Zeitschriften beteiligten sich an seiner Würdigung, und das öffentlich-rechtliche Fernsehen übertrug live den offiziellen Festakt aus dem Westberliner Schloss Charlottenburg.[41]

Die Bemühungen um diesen bundesrepublikanischen König waren in den 1980er-Jahren also beachtlich − verloren dann aber an Vehemenz, als die deutsch-deutsche Konkurrenz um das rechte Erinnern an Friedrich wegfiel. Das Ende der DDR machte auch diesen Wettstreit überflüssig. Und was die geschichtswissenschaftlichen Aspekte anging, hatten sich die Historiker in Ost und West in den Jahren vor der Vereinigung ohnehin bereits allmählich angenähert. Ein niederländischer Beobachter kam kurz nach der Vereinigung sogar zu dem Ergebnis, dass die differenzierte Wertung der preußisch-deutschen Geschichte in der DDR »zu einer gewissen Konvergenz« in den Auffassungen zwischen DDR- und BRD-Historikern geführt habe. Es sei in gewisser Weise sogar eine Art »Wiedervereinigung« der Historiker beider Staaten am Vorabend der staatlichen Einigung zu beobachten gewesen.[42]

Tatsächlich hatten die unterschiedlichen Bemühungen um die Aneignung der positiven Seiten Friedrichs in DDR wie BRD im Dienste staatlicher Identitätsstiftung zu durchaus vergleichbaren Rehabilitierungen geführt. Die Tugenden des »Friedrich II.« befriedigten die geschichtspolitischen Bedürfnisse der Ostdeutschen ebenso wie die des »bundesrepublikanischen Königs« die entsprechenden Sehnsüchte vieler Westdeutscher. Auf unterschiedlichen Wegen war Friedrich in beiden Staaten erneut zu einem nationalen Tröster aufgestiegen – wohlwollend, wenngleich aber nicht unkritisch aufgenommen von der jeweiligen Geschichtsöffentlichkeit.[43]

All jene, die angesichts des kurzzeitigen nationalen Taumels bei der Vereinigung Sorgen hatten, auch Friedrich werde neben anderen Heroen der deutschen Nationalgeschichte wieder zu neuen, übertriebenen Ehren kommen, schienen sich 1991 kurzzeitig bestätigt zu sehen. In diesem Jahr wagte sich das vereinte Deutschland an den größten geschichtspolitischen Akt in Bezug auf den Preußenkönig, den es seit dem Zweiten Weltkrieg gegeben hat: seine »Heimholung« nach Potsdam. Friedrich wurde über zwei Jahrhunderte nach seinem Tod wieder – wenn man so will – in den geografischen Mittelpunkt seiner Regentschaft gerückt. Kein Geringerer als der Bundeskanzler Helmut Kohl stand Pate bei diesem spektakulären Vorgang.

»Ich habe als Philosoph gelebt und will als solcher begraben werden, ohne Gepränge, ohne feierlichen Pomp. Ich will weder geöffnet noch einbalsamiert werden. Man bestatte mich in Sanssouci auf der Höhe der Terrassen in einer Gruft, die ich mir habe herrichten lassen.«
(Friedrich in seinem Testament von 1769)[44]

Friedrichs Wunsch nach einer stillen Beisetzung auf der Terrasse seines geliebten Schlosses war bekanntlich unerfüllt geblieben – stattdessen war er an der Seite seines wenig geliebten Vaters in der Potsdamer Garnisonkirche bestattet worden. Nach der kriegsbedingten Auslagerung nach Marburg hatte 1952 der damalige Chef des Hauses Hohenzollern, Prinz Oskar von Preußen, den Weitertransport der sterblichen Überreste von Marburg auf die Burg Hohenzollern erreicht. Dort ruhte der Zinksarg im Stammschloss des Herrscherhauses bei Hechingen in Südwürttemberg – bis zum Sommer 1991. »Ohne feierlichen Pomp« wollte der König einst beigesetzt werden, jetzt gab es doch einen großen letzten Rummel, mit Bundeswehroffizieren als Totenwache, mit Heeresmusikkorps und medialer Öffentlichkeit – halt allem, was dazugehört. Einige sprachen von aufgesetzter Traditionspflege, andere sahen darin einfach nur das angemessene Zeremoniell für einen großen Herrscher.

> *»Dort hatte bereits das Defilee vor dem Sarkophag des königlichen Menschenverächters und Hundeliebhabers, den acht Offiziere flankierten, begonnen: der Kanzler voran; nun war gewöhnliches Volk zugelassen. In langer Reihe schoben sich, durch einen Zaun in Distanz gehalten, Tausende vorbei, unter ihnen ältere Personen, die das Schlangestehen seit Mangelzeiten gewohnt waren, als es noch um Kartoffeln oder Nylonstrümpfe ging.«*
>
> (Günter Grass in seinem Wende-Roman *Ein weites Feld*, in dem seine Helden die Beisetzung in Sanssouci verfolgen)[45]

Helmut Kohl musste sich – gerade weil er sich oft genug als gelernter Historiker für die heiklen Fragen der deutschen Geschichte in besonderem Maße für zuständig erklärt hatte – reichlich Spott gefallen lassen für die von ihm maßgeblich mitgestaltete Inszenierung. Wieder einmal, beeilte sich der *Spiegel* zu bemerken, bringe den Bundeskanzler die Geschichte in die Bredouille, »und wieder mit peinlichen Folgen«. Der Regierungschef habe extra seinen Urlaub am Wolfgangsee unterbrochen, um erneut den viel beschworenen Atem der Geschichte zu verspüren. Auch wenn Kohl seine Beteiligung an dem Spektakel und sein Interesse an der Person Friedrichs niedrig hänge, so zeige seine Beteiligung doch, dass er in Wirklichkeit wissentlich einem Autokraten huldige und sich dabei bewusst arglos gebe.[46] Der Vorwurf: Kohl täusche die Öffentlichkeit über seine historische Parteinahme für Friedrich.

Was die Wirkung dieses »Preußen-Fimmels« angehe, äußerte der *Spiegel* Bedenken. Einerseits würden diese und andere kuriose Hinwendungen zu Preußen wohl keine Renaissance einläuten, sehr wohl aber passten sie in das Bild einer »zumal in den neuen Bundesländern verunsicherten Bevölkerung, die an konservativen Leitbildern und Symbolfiguren Halt und Orientierung sucht«. Überdies warnten Historiker wie Hans Mommsen vor einer »aufgesetzten Traditionspflege«, aus der ein »verquerer deutscher Nationalismus« aufsteigen könne. Und Sebastian Haffner sah mit der Stippvisite des Kanzlers nach Sanssouci gar einen neuen »Tag von Potsdam« heraufziehen.[47]

»42 Prozent hätten es für besser gehalten, man hätte den uralten Fritz in Baden-Württemberg ruhen lassen, und etwa ebenso viele (40 Prozent) hätten es lieber gesehen, wenn er ›mit so wenig Aufwand wie möglich‹ überführt worden wäre […]. Im Streit, ob der Preußenkönig ›Friedrich II.‹ oder ›Friedrich der Große‹ genannt werden soll, gibt es keine Mehrheit. 23 Prozent sind für den schlichten, 37 Prozent für den reputierlichen Titel. Weiteren 37 Prozent ist es egal, wie man den König nennt.«

(Aus einer *Spiegel*-Umfrage anlässlich der Umbettung Friedrichs 1991)[48]

Die Furcht vor einer nationalen Preußen- und Friedrich-Renaissance war groß. Doch es kam anders, denn die Beisetzung Friedrichs in Sanssouci hatte eine unbeabsichtigte Wirkung. Rückblickend lässt sich nämlich konstatieren, dass der Preußenkönig hier in der Tat seine letzte »Ruhestätte« fand: Er erlebte keinerlei neue Auferstehung mehr. Stattdessen wurde er nun tatsächlich historisiert. Es lässt sich durchaus sagen, dass der zuvor mystisch abwesende König jetzt einen profanen Ort fand, wo Sanssouci-Besucher zwischen Erfrischungsgetränken und Potsdam-Souvenirs auch am Grab des großen Königs Station machen konnten. Einzigartig an diesem Ort ist sicherlich die Tatsache, dass die Nachgeborenen bei dieser Gelegenheit dem Herrscher bis heute nicht nur ab und an Blumen auf die Grabplatte legen, sondern immer wieder auch Kartoffeln. Ursprünglich wohl als Dank für die Rolle Friedrichs als Ernährer gemeint, wirken die Knollen auf dem Stein heute wie eine bizarre Geste eines profanen Geschichtstourismus.

Eine politische Wiedererweckung Friedrichs gab es seither nicht mehr, auch im »Preußenjahr 2001« nicht, das 300 Jahre nach der Erhebung zum Königreich begangen wurde. Zwar gab es auch zu diesem Anlass wieder Bedenken und Sorgen – so befürchtete der Historiker Hans-Ulrich Wehler eine allzu verständnisvolle Erinnerung, bei der man »die Schattenseiten der preußischen Geschichte verdrängen wird«[49], doch es zeigte sich, dass trotz des üblichen Jubiläumsrummels in den Medien keine politische Strahlkraft mehr von diesem König ausging. Die öffentliche Zuwendung reichte nie an die gezielte Indienstnahme in der DDR oder die stabilisierende Wirkung in der Bundesrepublik vor 1989 heran. Friedrich war tot – und blieb es bis heute.

Auch sein 300. Geburtstag im Jahr 2012 wird daran nichts mehr ändern können. Sicherlich wird es Sondersendungen, selbstverständlich jede Menge neue Bücher und Veranstaltungen geben, doch als politisch sinnstiftender König wird Friedrich die Bühne des demokratischen Landes nicht mehr betreten. Er ist seit seiner Beisetzung 1991 eingezwängt zwischen Geschichtstourismus und Jubiläumsmarketing – die »Stiftung Preußische Schlösser und Gärten Berlin-Brandenburg« sowie ein aus Repräsentanten aus Kultur, Politik, Wirtschaft und Wissenschaft zusammengesetztes

Kuratorium haben dazu, ganz professionell, eine renommierte Werbeagentur engagiert. Herausgekommen ist das Kunstwort »FRIEDERISIKO« als Verbindung von «Friedrich« und »Risiko«. So ambitioniert das Projekt »Friedrich 2012« ist, so zeigt das Bemühen doch, wie viel Werbesprache inzwischen nötig erscheint, um die Öffentlichkeit für Friedrich zu gewinnen.

> »FRIEDERISIKO: Friedrich und das Risiko
> Friedrich ist neu!
> Wir wollen ein klischeebefreites und differenziertes Bild
> von Friedrich zeigen!
> Friedrich ist aktuell!
> Der König suchte in der Krise seine Chance!
> Friedrich ist herausfordernd!
> Sein Handeln verpflichtet uns, die wissenschaftliche
> Auseinandersetzung mit dem König zu suchen!
> Friedrich ist motivierend!
> Die Beschäftigung mit Friedrich fordert uns heraus, sein Erbe zu
> erhalten und einer breiten Öffentlichkeit erfahrbar zu machen!«
>
> (Aus dem Jubiläumsprogramm der »Stiftung Preußische Schlösser und Gärten Berlin-Brandenburg«)[50]

Wenn es also tatsächlich nötig erscheint, Friedrich »einer breiten Öffentlichkeit erfahrbar zu machen«, so ist das ein deutliches Zeichen dafür, dass diese einstige Legende ebendieser Öffentlichkeit in seiner Bedeutung fremd geworden ist. Wenn man so will: Dieses Land konsultiert den König nicht mehr als politischen, moralischen oder militärischen Berater. Die Erinnerungsfigur stirbt jetzt eines ausgesprochen unspektakulären Todes – weil die Lebenden das Gedächtnis nicht mehr pflegen. Es stellt sich fortan eine Fremdheit ein, die sowohl Friedrich als auch uns ein Stückchen Freiheit zurückgibt: Ihm, um vor weiteren geschichtspolitischen Deformationen verschont zu bleiben, und uns, um die Probleme der Gegenwart mittels anderer Erfahrungen zu lösen.

Als sich der gerade zum Bundespräsidenten vorgeschlagene Christian Wulff 2010 mit seinem Plan, aus dem Schloss Bellevue eine intellektuelle Denkfabrik zu machen, ohne Argwohn, weil ungewollt, mit dem Preußenkönig verglich (»denken Sie an Friedrich den Großen und seinen Berater Voltaire«), wollten seine Kritiker zwar sofort »Zweifel an seiner Bescheidenheit« diagnostiziert haben.[51] Doch in Wirklichkeit zeigte die öffentliche Reaktion, dass das neue Staatsoberhaupt weder ernsthaft auf eine historisch-politische Leitfigur zurückgreifen wollte noch dass sich die Öffentlichkeit tatsächlich über einen Griff in die Mottenkiste der Geschichte aufregen konnte – dazu war Friedrich längst nicht mehr die geeignete Reizfigur. Niemand glaubt an seine politische Auferstehung, womöglich gar am Hofe des deutschen Bundespräsidenten. Friedrich ist als politische Deutungsgröße passé, er ist eine Attraktion für Touristen und Ausflügler in Potsdam geworden, ein noch immer sorgfältig poliertes Schmuckstück in den Bücherschränken des historisch interessierten Publikums, ein unverzichtbares Muss für ambitionierte Bildungsbürger – oder auch nur eine Referenzfigur, mit der Fußballreporter bei Live-Übertragungen Wortspiele machen:

»Und da ist Friedrich. Der Friedrich der Große in diesem Turnier!«

(ZDF-Reporter Béla Réthy während des Fußball-Weltmeisterschaftsspiels Deutschland – Argentinien 2010 über den in prächtiger Spiellaune auftretenden deutschen Verteidiger Arne Friedrich)

Was von Friedrich heute bleibt, ist weithin Geschichtsfolklore – ein Markt der unaufgeregten Unterhaltung. Wie sagte Marc Bloch? Selbst wenn die Geschichte zu nichts anderem zu gebrauchen wäre – wir dürfen ihr doch zumindest zugutehalten, dass sie in hohem Maße unterhaltsam ist. Wenn also Friedrich zu nichts anderem mehr zu gebrauchen ist, so bleibt er doch eine der unterhaltsamsten Figuren, die sich je in der deutschen Geschichte getummelt haben.

Friedrich. Der Große?

Jede Darstellung über Friedrich muss sich dem Publikum gegenüber früher oder später bekennen – darf man nun diesen König
zu Recht als »den Großen« bezeichnen oder nicht? Werfen wir
zunächst einen Blick auf die tatsächlichen oder vermeintlichen
Taten dieses Königs und auf seine Tugenden, die von der Nachwelt immer wieder gepriesen wurden und ihm diesen Beinamen
einbrachten. Dieses Lob lässt sich unterteilen in die Würdigung
der gesamten Persönlichkeit und die Herausstellung einzelner Aspekte seiner Herrschaft. Zunächst zum Lob der Person:
Stellvertretend für viele andere erklärte vor wenigen Jahren der
Friedrich-Biograf Johannes Kunisch, dass »es keinen unter den
Herrschern seiner Zeit und keinen unter den Preußenkönigen
gegeben hat, der mit einer solchen Fülle außerordentlicher Talente begabt war«[1]. Obschon der Vergleich mit nicht-preußischen
Herrschern noch diskutiert werden könnte, so trifft diese Aussage
für die übrigen Preußenkönige fraglos zu. Nach Friedrich waren
politisch oder intellektuell herausragende Persönlichkeiten wie er
auf dem preußischen Thron nicht mehr gesehen.

Dieser retrospektive Triumph Friedrichs über seine Nachfolger
fällt eindeutig aus: Sein direkter Nachfolger Friedrich Wilhelm II.
gilt mit seiner zehnjährigen Regentschaft weithin als Mann des
Übergangs, der aber verzagt der alten Zeit verhaftet blieb und
Preußen den neuen Herausforderungen gegenüber nicht öffnete.
Friedrich Wilhelm III. schließlich regierte über vier Jahrzehnte,
konnte es aber nur hinsichtlich dieser langen Regierungszeit fast

mit Friedrich aufnehmen. «Unfähig zu den Rebellionsversuchen des jungen Friedrich II.«, so das Urteil seines Biografen Thomas Stamm-Kuhlmann, »und in seiner Kronprinzenzeit nur zu missmutigem Murren gegen die Entschlüsse seines Vaters imstande, hat er die Mitte gesucht zwischen dem rastlosen Arbeitseifer seines Urgroßvaters und dem Zustand totaler Schlaffheit, zu der er seinem Naturell nach wahrscheinlich neigte.«[2]

Friedrich Wilhelm IV. (der zwischen 1840 und 1861 auf dem Thron saß) verspürte weder Neigung noch Talent zum Regieren eines Landes: Politik war ihm zuwider, er tat es nur aus Pflichtgefühl und gab als »Dicker Wilhelm« vielmehr den skurrilen, schwarmgeistigen König.[3] Und Wilhelm I., seit 1871 dann als preußischer König auf dem deutschen Kaiserthron, war und blieb stets eher Zuschauer als Akteur – bekanntlich war es während seiner Regentschaft für einen machtsicheren Bismarck egal, wer unter ihm Monarch war. Über den letzten gekrönten Hohenzollern – den 99-Tage-Kaiser Friedrich III. müssen wir an dieser Stelle ausnehmen – gute Worte zu verlieren, wird fast unmöglich: Rückblickend erscheint es fast so, als habe Wilhelm II. auch letzten Zweiflern die besten Argumente für die notwendige Abschaffung der Monarchie geliefert.

Also: Von seinen Nachfolgern hatte Friedrich hinsichtlich des Ruhms in der Nachwelt wenig zu befürchten, hier erschien er in der Tat »groß«. Fragt sich nun, welche einzelnen Aspekte seiner Herrschaft denn so nachahmenswert erschienen, dass sie der Nachwelt immer wieder als vorbildhaft vorgehalten wurden. Das waren weniger Einzelaspekte seiner Herrschaft als vielmehr seine persönlichen Fähigkeiten. In der Erinnerung an sie entfaltete vor allem das volkstümliche Friedrich-Bild seine Wirkung: Der »Alte Fritz« verfügte in seiner Arbeit mit Preußen gleichermaßen über Fleiß, über Disziplin und über Durchhaltevermögen. Er »kümmerte« sich um seinen Staat, er wollte – so die Grundannahme – stets nur das Beste für das Land. Wenn man so will, hatte die Erinnerung an dieser Stelle etwas Plüschiges: Wie kaum eine andere Figur stand Friedrich für den sehnsüchtigen Blick auf eine diffuse »gute alte Zeit«. Die war zwar nicht unbedingt gut und zumeist auch gar nicht besser gewesen – aber dieser Blick war zu verschiedenen Zeitpunkten der deutschen Geschichte wiederholt Balsam für die geschundenen oder auch nur wehleidigen Seelen der Gegenwart. Das lag selbstverständlich auch daran, dass die deutsche Geschichte genug dunkle Stunden hervorbrachte, in denen es sich trefflich nach einer helleren, verklärten Vergangenheit sehnen ließ. Friedrich eignete sich hier wunderbar als preußischer, bald als nationaler Tröster. Die Porzellanbüste oder die billige Kopie des »Flötenkonzerts von Sanssouci« waren die kleinbürgerlichen Trostpflaster für die großen Katastrophen wie die kleinen kollektiven Wehwehchen.

Politisch ohne Frage am weitreichendsten war die Wertschätzung der militärischen Erfolge Friedrichs: Der Siebenjährige Krieg wurde von Generationen zu einem Paradebeispiel soldatischer Tugenden verklärt. Friedrich habe schlicht »durchgehalten«, hieß es. Er habe sein Preußen gegen eine ganze Welt von Feinden verteidigt. Selbst sonst nicht zu Schwärmereien neigende Beobachter wie Sebastian Haffner kamen nicht umhin, Friedrichs Wirken in diesem Krieg als »seine eigentliche Großtat« zu bezeichnen, als eine Leistung, die letztlich »ans Wunderbare grenzte«.[4]

Es wäre zu vordergründig, die in diesem Zusammenhang genannten Tugenden wie Durchhaltevermögen, Fleiß oder Disziplin als bloße Sekundärtugenden zu denunzieren (wenngleich es zugegebenermaßen verlockend ist). Erstaunlich bleibt allerdings, dass mit Friedrich ausgerechnet ein militärischer Führer zum Vorbild aufstieg, der dafür zunächst eigentlich nicht das Zeug hatte: Der an ein Wunder grenzende Ausgang des Siebenjährigen Krieges war nur möglich, weil der preußische König eben nicht wie ein guter Feldherr Chancen und Möglichkeiten eines Feldzugs vorher sehr genau berechnete. Er war ein Hasardeur, er spielte alles oder nichts – er brauchte das »Wunder des Hauses

Brandenburg«, nämlich den Tod der russischen Zarin, um heil aus der Sache rauszukommen. Dieser Militär Friedrich hätte Preußen fast vernichtet. Aber diese Erkenntnis setzte sich bei den Nachgeborenen nicht durch – das Vergessen als gnädiger Akt des Erinnerns.

Die Einschätzung des Feldherrn zeigt auch, wie sehr Friedrich von der Nachwelt instrumentalisiert wurde. Es war die entscheidende Deformation eines Herrschers mit großen Fähigkeiten durch Nachgeborene mit deutlich weniger intellektuellem Vermögen: Sie suchten sich hier für ihre Taten ein passables Vorbild – was sich für die weitere deutsche Geschichte als verhängnisvoll herausstellen sollte. Drei Aspekte der Erinnerung an den Militär Friedrich sollten verheerend wirken. Erstens war dies die erwähnte Vorstellung von dem Erfolg einer »Alles oder nichts«-Strategie, die der selbst ernannte »Spieler« Friedrich schon während des böhmischen Feldzugs 1744/45 erkennen ließ. Entweder er führe endlich seine Truppen zur entscheidenden Schlacht, so die Maßgabe, oder es gehe eben alles unter, was preußisch sei. Diese Haltung war im Grunde nichts anderes als die Unfähigkeit, das Ende eines Krieges in mehr als nur zwei Alternativen denken zu können: einer gewonnenen Entscheidungsschlacht oder eben einer vollständigen Katastrophe. Und diese Haltung hat fraglos in hohem Maße zu einer Vergiftung der Köpfe deutscher Militärs beigetragen.

Der zweite Aspekt der Erinnerung an den Militär Friedrich schließt sich an diese Vorstellung von dem einen, alles entscheidenden Moment an und betrifft die Legende vom »Wunder des Hauses Brandenburg«. Nicht die Vorstellung, eine kriegerische Sache sei nur noch durch ein Wunder zu retten, richtete später viel Unheil an, sondern die Annahme, es werde ganz sicher ein solches kommen, wenn man nur hingebungsvoll genug kämpfe. Brandenburg wurde nach dieser Vorstellung ja keineswegs zufällig gerettet, sondern man meinte, es habe mit den spezifischen friderizianischen (preußischen) Tugenden das Wunder geradezu erzwungen, ja verdient. Dieser Glaube musste sich immer dann fatal auswirken, wenn deutsche Heerführer den richtigen Moment verpassten, einen Krieg zu beenden. Dies war im Ersten Weltkrieg so, und das wiederholte sich in sehr viel dramatischerer Weise dann im Zweiten Weltkrieg.

Der dritte Aspekt betrifft die Begründung eines Krieges. Mit einem Friedrich als Argument konnte man sehr viel besser auf unbequeme Erklärungen für einen Waffengang verzichten – das große Vorbild war der Erste Schlesische Krieg: ein Angriffskrieg, der ausschließlich um des eigenen Vorteils, nämlich der Annexion der attraktiven Provinz Schlesien, willen begonnen wurde. Hier öffnete sich der Raum für die Denkfigur der »günstigen Gelegenheit«. Wenn sich machtpolitisch und militärisch eine Gelegenheit bot, dann durfte und musste man sie ergreifen.

Dieses Motiv der »günstigen Gelegenheit«, der Glaube an ein verdientes Anrecht auf ein (militärisches) Wunder und derjenige an die Plausibilität einer Strategie des »Alles oder nichts« haben Deutschland nicht gutgetan. Sie stützten eine Mentalität des Durchhaltens, die sich vergleichsweise mühelos von den tatsächlichen militärischen und politischen Realitäten abkoppelte. Und darin wurden die Deutschen in zwei Weltkriegen tatsächlich Weltmeister, mit den bekannten Folgen für sich selbst und den Rest der Welt. Es passt gut zu dieser Konstruktionsleistung, dass mit der Berufung auf Friedrich zugleich eine spezifisch deutsche Tradition ihren Anfang nahm: die »Tradition der Verdächtigung des Pazifismus und die Einschätzung des Friedens als Element der Korruption und Dekadenz«[5].

Diese militärischen Aspekte der Erinnerung, die als Geschichtspolitik in Deutschland wirksam wurde, trugen zugleich entscheidend zur eigentlichen zentralen Erblast bei, die sich mit dem Namen Friedrich verbindet: die Vorstellung, dass an der Spitze des Landes nur ein starker Mann zu stehen brauche, dem man folgen müsse – und alles werde gut. Man müsse nur diesen »Zauberer gewähren lassen«, wie Golo Mann es beschrieben hat, solange er nur Erfolg habe.[6] Der Erfolg heilige schon die Mittel, heißt es in dieser Logik, man müsse dem starken Mann nur vertrauen und dürfe den Glauben an ihn nicht verlieren. Der Glaube, dass da einst ein preußischer König als starker Mann die Staatssache fest im Griff hatte und seine Macht zum Wohle seiner Untertanen nutzte, imponierte den Deutschen. Und sie prägte ihre Mentalität: Die Vorstellung vom starken Mann, der es schon richten werde, war fortan mehr als nur eine Projektionsfläche eines immer wieder durch Krisen in der Nationwerdung geschüttelten Landes – Friedrich war Vorbild und Maßstab. Und er eröffnete Möglichkeiten bei der Errichtung eines autoritären Staates.

An dieser Stelle wird deutlich, dass es sich in der retrospektiven Beschäftigung mit diesem preußischen König nicht lediglich um eine mehr oder weniger lose Aneinanderreihung von Missverständnissen handelte. Sicher: Das Bild von »Friedrich dem Großen« war über weite Strecken das Ergebnis eines Missverständnisses. Aber viel mehr war es zugleich Ergebnis eines Missbrauchs. Über mehr als zwei Jahrhunderte hinweg machten sich die Deutschen – aber selbstverständlich nicht nur sie – ihr eigenes Bild von Friedrich. Wenn man diesen Prozess des geschichtspolitischen Wandels überschaut, sieht man, wie sehr sich jede Zeit und jedes Regime gerade jenen Preußenkönig formte, den es gerade gebrauchen konnte. Und Friedrich war so facettenreich, dass sich jeder das herauspicken wollte, was ihm gerade gefiel: Die Liberalen vor der Revolution von 1848 feierten ihn als Apostel der Aufklärung und der Freiheit, das säbelrasselnde Kaiserreich nach 1871 konnte den Machtmenschen zum Vorbild erheben, und selbstverständlich machten die Nazis den Regenten mehr oder weniger zu einem der Ihren. Dass später sogar die DDR ihren Friedrich als historisches Erbe lieb gewann und noch heute viele selbst ernannte Preußen von friderizianischen Tugenden schwärmen, die die Welt heute angeblich wieder nötig hätte – das alles sind nur noch letzte Verzierungen auf einem Meisterwerk über zweihundertjähriger Geschichtspolitik.

Friedrich stieg in Preußen schließlich zum Heiligen auf. Und als solcher war er thematisch denkbar breit einzusetzen: Allen voran konnte man seine Tugenden allen Herrschern der Gegenwart als Ideal vorhalten; preußische Tugenden und Friedrichs persönliche Tugenden gingen dabei eine untrennbare Verbindung ein. Und ob es um preußische Polenpolitik, um die Frage »kleindeutsch« oder »großdeutsch« ging, um die Trockenlegung von Land, den Anbau von Kartoffeln, um Philosophie, Literatur oder die Frage, wie man einen Krieg gewinnt – Friedrich konnte als Vorbild dienen. Seine Interessen und Talente, die sich etwa auf Architektur und auf Musik bezogen, scheinen in dieser Erinnerung nie über den Rang des schmückenden Beiwerks hinausgekommen zu sein. Wie aus einem historischen Steinbruch holte man immer just jene Brocken heraus, die gerade gefielen. Andere blieben unbeachtet, weil geringer geschätzt. So wird etwa bis heute weitgehend ausgeblendet, dass sich Friedrich wohl treffend auch als »Intellektueller auf dem Thron« bezeichnen ließe. Und er war zweifelsohne der letzte preußisch-deutsche Herrscher, auf den diese Beschreibung zutrifft.

Die vermeintliche Größe Friedrichs ist also maßgeblich eine Zuschreibung der Nachwelt, mit der die Persönlichkeit Friedrichs nicht adäquat umrissen wird. Sie bezieht sich auf einen Mann, dessen Besonderheit nicht nur die Art und Weise war, wie er das Königsamt ausfüllte, sondern der auch als Persönlichkeit auffiel: Friedrich war sicher kein einfacher Mann, aber er war eben auch kein Langweiler. Er war intelligent und talentiert, machtbewusst wie risikofreudig, er hatte bei aller Rationalität höchst emotionale Momente, er konnte gleichermaßen charmant und unglaublich uncharmant sein. Er stellte ohne Frage etwas dar – er war der König. Und weil er der letzte wirklich absolutistisch auftretende König war und ihm überdies eine so lange Regentschaft beschert wurde, wuchs er in der Wahrnehmung der Nachgeborenen bald zum »Großen«.

Aus dieser geschichtspolitischen Umklammerung hat sich

Friedrich bislang kaum befreien können. Friedrich war uns Deutschen als »Friedrich der Große« über Generationen immer in gewisser Hinsicht vertraut, mal mehr, mal weniger. Das heißt aber auch, dass er sich von seiner Zeit immer weiter entfernte. Eigentlich wurde immer über »den Großen« verhandelt, der historische »Friedrich« selbst hatte sich dieser Erinnerungsfigur oft genug unterzuordnen. So wurde er in gewisser Weise Opfer seines eigenen – fremdgesteuerten – Nachruhms. Dass er nach seiner endgültigen Beisetzung in Sanssouci nun seine Ruhe tatsächlich gefunden, weil als Orientierungsgröße deutscher Politik endlich abgedankt, hat, ist in dieser Hinsicht seine – und unsere – große Chance. Wenn man so will, befreien wir damit die historische Figur zumindest teilweise vom geschichtspolitischen Ballast ganzer Generationen.

Wenn wir akzeptieren, dass uns Friedrich als außergewöhnlicher Mensch und Herrscher letztlich immer etwas fremd bleiben wird – was nicht heißt, ihn in seiner Zeit nicht verstehen zu wollen –, können wir im Prinzip von zwei Personen sprechen: vom Mensch und König »Friedrich«, der für uns immer ein wenig ein Fremder bleiben wird, und von »dem Großen«, der uns vertraut ist, weil die Deutschen über Generationen hinweg an diesem Erinnerungsbild gearbeitet und damit einen Mythos erschaffen haben, der Deutschland nicht gutgetan hat. Wer den Platz dieses preußischen Königs in der Geschichte angemessen beschreiben will, muss beide Personen in ihrer Gemeinsamkeit wie ihren Differenzen betrachten – und sie auf einen Namen bringen: Friedrich. Der Große.

Literatur

Abusch, Alexander: Der Irrweg einer Nation. Ein Beitrag zum Verständnis deutscher Geschichte, Berlin ⁷1951.

Alfter, Dieter (Hg.): Friedrich der Große. König zwischen Pflicht und Neigung, Bonn 2004.

Aretin, Karl Otmar von: »Friedrich – das gefährliche Vorbild«, in: Ders.: Friedrich der Große. Größe und Grenzen des Preußenkönigs. Bilder und Gegenbilder, Freiburg/Basel/Wien 1985, S. 149–152.

Aretin, Karl Otmar von: Nachruhm und Nachleben Friedrichs II. in Geschichte und Bildender Kunst, in: Friedrich der Große. Herrscher zwischen Tradition und Fortschritt. Konzeption und Redaktion: Erhard Bethke, Gütersloh 1985, S. 219–228.

Ash, Timothy Garton: Art. »Bei den roten Preußen. Wie ein Engländer die DDR erlebt (III)«, in: *Der Spiegel*, Nr. 47/1981, S. 196–208.

Assmann, Jan: Das kulturelle Gedächtnis. Schrift, Erinnerung und politische Identität in frühen Hochkulturen, München 1999.

Augstein, Rudolf: Preußens Friedrich und die Deutschen, Frankfurt/Main 1968.

Augstein, Rudolf: Art. »Von Friedrich zu Hitler?«, in: *Der Spiegel* Nr. 32/1986 (4. August 1986), S. 146–158.

Backschat, Friedrich: »Napoleon in Potsdam. Nach den Aufzeichnungen Tamantis«, in: *Mitteilungen des Vereins für die Geschichte Potsdams* N. F. 6 (1932), S. 105–112.

Badstübner-Gröger, Sibylle: »Aufgeklärter Absolutismus in den Bildprogrammen friderizianischer Architektur?« In: Fontius, Friedrich II., S. 29–71.

Bald, Detlef: Die Bundeswehr. Eine kritische Geschichte 1955–2005, München 2005.

Barclay, David E.: »Friedrich Wilhelm II. (1786–1797)«, in: Kroll, Preußens Herrscher, S. 179–196.

Bartel, Horst: »Erbe und Tradition in Geschichtsbild und Geschichtsforschung der DDR«, in: *Zeitschrift für Geschichtswissenschaft*, 29. Jg. 1981 (H. 5), S. 387–394.

Barth, Georg: »Pilgramsreuth. Ursprünge deutschen Kartoffelanbaus«, in: Bernd Herrmann / Christine Dahlke: Schauplätze der Umweltgeschichte (Werkstattbericht des Graduiertenkollegs 1024 Interdisziplinäre Umweltgeschichte), Göttingen 2008, S. 65–80.

Barthel, Konrad: Friedrich der Große in Hitlers Geschichtsbild (Frankfurter Historische Vorträge, H. 5), Wiesbaden 1977.

Baumgart, Peter: »Friedrich Wilhelm I. (1713–1740)«, in: Kroll, Preußens Herrscher, S. 134–159.

Baumgart, Winfried: »Friedrich Wilhelm IV. (1840–1861)«, in: Kroll, Preußens Herrscher, S. 219–241.

Behm, Britta L.: Moses Mendelssohn und die Transformation der jüdischen Erziehung in Berlin. Eine bildungsgeschichtliche Analyse zur jüdischen Aufklärung im 18. Jahrhundert (Jüdische Bildungsgeschichte in Deutschland, Bd. 4), Münster / New York 2002.

Bendikowski, Tillmann: »Lebensraum für Volk und Kirche.« Kirchliche Ostsiedlung in der Weimarer Republik und im »Dritten Reich« (Konfession und Gesellschaft, Bd. 24), Stuttgart 2002.

Bendikowski, Tillmann: »Vergesst das Erinnern. Warum wir in Zukunft mehr über das Vergessen reden müssen«, in: Die Zukunft der Erinnerung. Eine Wolfsburger Tagung (Schriften zur Unternehmensgeschichte von Volkswagen, Bd. 2), hg. von Manfred Grieger u. a., Wolfsburg 2008, S. 99–109.

Benn, Gottfried: Gesammelte Werke, hg. von Dieter Wellershoff, Bd. 3 (Vermischte Schriften, Autobiographische Schriften), Frankfurt/Main 2003.

Benninghoven, Friedrich / Börsch-Supan, Helmut / Gundermann, Iselin (Hg.): Friedrich der Große. Ausstellung des Geheimen Staatsarchivs Preußischer Kulturbesitz anläßlich des 200. Todestages König Friedrichs II. von Preußen, Berlin 1986.

Berg, Nicolas: Der Holocaust und die westdeutschen Historiker. Erforschung und Erinnerung (Moderne Zeit. Neue Forschungen zur Gesellschafts- und Kulturgeschichte des 19. und 20. Jahrhunderts, Bd. 3), Göttingen 2003.

Bismarck, Otto von: Gedanken und Erinnerungen, Stuttgart 1959.

Bismarck, Otto von: Gesammelte Werke. Neue Friedrichsruher Ausgabe (hg. von Konrad Canis, Lothar Gall, Klaus Hildebrand und Eberhard Kolb), Abteilung III: 1871–1898, Schriften Bd. 1: 1871–1873, Paderborn / München / Wien / Zürich 2004.

Bleek, Wilhelm / Mertens, Lothar (Hg.): Bibliographie der geheimen DDR-Dissertationen, 2 Bde., München / New Providence / London / Paris 1994.

Bloch, Marc: Apologie der Geschichtswissenschaft, oder: Der Beruf des Historikers (nach der von Étienne Bloch edierten französischen Ausgabe herausgegeben von Peter Schöttler), Stuttgart 2002.

Boberach, Heinz (Hg.): Meldungen aus dem Reich. Die geheimen Lageberichte des Sicherheitsdienstes der SS 1938–1945, 17 Bde., Herrsching 1984.

Bömelburg, Hans-Jürgen: »Friedrich II. als Erinnerungsort im deutschen und polnischen Bewusstsein: Preußische Geschichte und deutsch-polnische histoire croisée«, in: Friedrich300 – Colloquien, Friedrich der Große – eine perspektivische Bestandsaufnahme, 2008. URL: http://www.perspectivia.net/content/publikationen/friedrich300-colloquien/friedrich-bestandsaufnahme/boemelburg_erinnerungsort (Zugriff 7. Juli 2009).

Born, Karl Erich: Der Wandel des Friedrich-Bildes in Deutschland während des 19. Jahrhunderts, Diss. Köln 1953.

Brandt, Peter (Bearb.): Preußen. Zur Sozialgeschichte eines Staates (Preußen. Versuch einer Bilanz, Bd. 3), Reinbek 1981.

Breuer, Mordechai: »Frühe Neuzeit und Beginn der Moderne«, in: Deutsch-jüdische Geschichte in der Neuzeit (hg. von Michael A. Meyer unter Mitwirkung von Michael Brenner), Bd. 1: Tradition und Aufklärung 1600–1780, S. 85–247.

Brinks, Jan Herman: Die DDR zwischen Einheit und Abgrenzung. Höhepunkte aus der deutschen Geschichte als Paradigmen politischen Wandels. Luther, Friedrich II. und Bismarck, Diss. Groningen 1991.

Brockhaus Bilder-Conversations-Lexikon für das deutsche Volk, Ein Handbuch zur Verbreitung gemeinnütziger Kenntnisse und zur Unterhaltung, 4 Bde., Leipzig 1837–1941.

Burleigh, Michael: Die Zeit des Nationalsozialismus. Eine Gesamtdarstellung, Frankfurt/Main 2000.

Bußmann, Walter: »Friedrich der Große im Wandel des europäischen Urteils«, in: Pöls, Werner (Hg.): Wandel und Kontinuität in Politik und Geschichte. Ausgewählte Aufsätze zum 60. Geburtstag, Boppard 1973, S. 255–288.

Casanova, Giacomo: Liebe und Abenteuer. Aus der Geschichte meines Lebens, Köln 2004.

Clark, Christopher: Preußen. Aufstieg und Niedergang 1600–1947, München 2007.

Claudius, Matthias: Werke, Bd. 1, Hamburg ⁴1829.

Diesselhorst, Malte: Die Prozesse des Müllers Arnold und das Eingreifen Friedrichs des Großen (Göttinger rechtswissenschaftliche Studien 129), Göttingen 1984.

Dönhoff, Marion Gräfin: Art. »Preußens Erbe. Erinnerung an den Monarchen, der einen Staat prägte«, in: *Die Zeit,* Nr. 4 (28. Januar 1962).

Dollinger, Hans: Friedrich II. von Preußen. Sein Bild im Wandel von zwei Jahrhunderten, München 1986.

Driesch, Michaela van den: »Das Reiterstandbild Friedrichs II. und seine historischen Restaurierungen«, in: Ein Denkmal für den König. Das Reiterstandbild für Friedrich II. Unter den Linden in Berlin, hg. vom Landesdenkmalamt Berlin. Idee und Konzeption Klaus von Krosigk, Redaktion Frank Pieter Hesse / Gesine Sturm (Beiträge zur Denkmalpflege in Berlin 17), Berlin 2001, S. 43–63.

Dülmen, Andrea von: Frauenleben im 18. Jahrhundert, München 1992.

Eberan, Barbro: Luther? Friedrich »der Große«? Wagner? Nietzsche?...?...? Wer war an Hitler schuld? Die Debatte um die Schuldfrage 1945–1949, München 1983.

Eberle, Frank / Uhl, Matthias (Hg.): Das Buch Hitler. Geheimdossier des NKWD für Josef W. Stalin, zusammengestellt aufgrund der Verhörprotokolle des Persönlichen Adjutanten Hitlers, Otto Günsche, und des Kammerdieners Heinz Linge, Moskau 1948/49, Bergisch Gladbach 2005.

Ellwart, Ursula: Menzels Friedrichsbilder (1849–1860). Untersuchung zu ihrer zeitgenössischen Rezeption, Diss. Tübingen 1985.

Engel, Helmut: »›Auferstanden aus Ruinen‹. Aneignung einer Geschichtslandschaft in der DDR«, in: Engel, Helmut / Ribbe, Wolfgang (Hg.): Via triumphalis. Geschichtslandschaft »Unter den Linden« zwischen Friedrich-Denkmal und Schlossbrücke (Publikationen der historischen Kommission zu Berlin), Berlin 1997.

Entrup, Dorothee: Adolph Menzels Illustrationen zu Franz Kuglers »Geschichte Friedrichs des Großen«. Ein Beitrag zur stilistischen und historischen Bewertung der Kunst des jungen Menzel, Weimar 1995.

Fellien, Hermann: Art. »Wo stand die Bittschriftenlinde? Antwort auf eine Leserfrage«, in: *Brandenburgische Neueste Nachrichten*, 13. Januar 1979, S. 5.

Fest, Joachim C.: Hitler. Eine Biographie, Frankfurt/Main / Berlin ²1991.

Fontane, Theodor: Wanderungen durch die Mark Brandenburg, Zweiter Teil: Das Oderland, hg. von Gotthard Erler und Rudolf Mingau, Berlin / Weimar 1991.

Fontius, Martin: »Der Ort des ›Roi philosophe‹ in der Aufklärung«, in: Ders., Friedrich II., S. 9–27.

Fontius, Martin (Hg.): Friedrich II. und die europäische Aufklärung (Forschungen zur brandenburgischen und preußischen Geschichte, N. F., Beiheft 4), Berlin 1999.

Freitag, Werner: »Nationale Mythen und kirchliches Heil: Der ›Tag von Potsdam‹«, in: *Westfälische Forschungen* 41 (1991), S. 379–430.

Friedrich II.: Politische Correspondenz, hg. von Johann Gustav Droysen u. a., 13 Bde., Berlin u. a. 1879–1939.

Friedrich II.: Die Werke Friedrichs des Großen, hg. von Gustav Berthold Volz, 10 Bde., Berlin 1913.

Friedrich II.: Briefe Friedrichs des Großen, hg. von Max Hein, 2 Bde., Berlin 1914.

Gall, Lothar: Bürgertum in Deutschland, Berlin 1989.

Gehl, Walther: Geschichte für höhere Schulen (Oberstufe: Ein Hilfsbuch zu geschichtlichem Denken und Sehen, Heft 3: Von der Renaissance bis zur Französischen Revolution), Breslau ²1926.

Giebel, Wieland (Hg.): Die Tagebücher des Grafen Lehndorff. Die geheimen Aufzeichnungen des Kammerherrn der Elisabeth Christine, Berlin 2007.

Giersberg, Hans Joachim: »Kunstgenuß und Repräsentation. Friedrich als Bauherr«, in: Alfter, Friedrich der Große, S. 77–93.

Gillmann, Sabine / Mommsen, Hans (Hg.): Politische Schriften und Briefe Carl Friedrich Goerdelers, 2 Bde., München 2003.

Goethe, Johann Wolfgang von: Werke, Hamburger Ausgabe, Bd. 9: Autobiographische Schriften I, München ¹⁴2002.

Grass, Günter: Ein weites Feld. Roman, Göttingen ⁴1995.

Hachtmann, Rüdiger: »Friedrich II. von Preußen und die Freimaurerei«, in: *Historische Zeitschrift* 264 (1997), S. 21–54.

Haffner, Sebastian: Preußen ohne Legende, Hamburg ³1979.

Hager, Kurt: »Referat des Genossen Kurt Hager, Mitglied des Politbüros und Sekretär des Zentralkomitees der SED, Diskussion«, in: Die Gesellschaftswissenschaften vor neuen Aufgaben. Konferenz der Gesellschaftswissenschaftler der DDR am 18. Dezember 1980 in Berlin, Berlin 1981.

Hahn, Peter-Michael: Friedrich der Große und die deutsche Nation. Geschichte als politisches Argument, Stuttgart 2007.

Heinrich, Gerd: »Friedrich der Große. Zum Bild des Preußenherrschers nach zweihundert Jahren (1786–1986)«, in: Geschichte und nationale Identität (Gegenwartsfragen 53), 1986, S. 49–68.

Heinrich, Gerd: Friedrich II. von Preußen. Leistung und Leben eines großen Königs, Berlin 2009.

Herders Conversations-Lexikon, 5 Bde., Freiburg 1854–1857.

Herrmann, Otto: »Prinz Ferdinand von Preußen über den Feldzug im Jahre 1757«, in: *Forschungen zur brandenburgisch-preußischen Geschichte,* Bd. 31 (1918), S. 85–105.

Hinrichs, Carl: Der Kronprinzenprozeß. Friedrich und Katte, Hamburg 1936.

Hinrichs, Carl: Der allgegenwärtige König. Friedrich der Große im Kabinett und auf Inspektionsreise, Berlin 1940.

Historische Kommission zu Berlin: Art. »Friedrich der Große 1786/1986. Eine Standortbestimmung nach 200 Jahren«, *Informationen* N.F., Heft 12 (1987), S. 17–21.

Hitler, Adolf: Mein Kampf, München ⁷⁰¹⁻⁷⁰⁵1942.

Hoffmann, Arnd: Zufall und Kontingenz in der Geschichtstheorie. Mit zwei Studien zu Theorie und Praxis der Sozialgeschichte (Studien zur europäischen Rechtsgeschichte Bd. 184), Frankfurt/Main 2005.

Holmsten, Georg: Friedrich II. mit Selbstzeugnissen und Bilddokumenten, Reinbek ¹⁵2006.

Honecker, Erich: Aus meinem Leben, Frankfurt/Main u. a. 1980.

Jäger, Manfred: Kultur und Politik in der DDR 1945–1990, Leipzig 1994.

Janßen, Karl-Heinz: Art. »Fridericus Rex, ein König, kein Held. Eine deutsche Selbstreinigung, die seit 20 Jahren überfällig war«, in: *Die Zeit,* 20. September 1968 (Nr. 38).

Jessen, Hans (Hg.): Friedrich der Große und Maria Theresia in Augenzeugenberichten, Düsseldorf 1965.

Jungnickel, Dirk: »Sachsens Glanz und Preußens Gloria«. Werkstattgespräch mit Albrecht Börner zur Stoffentwicklung und Entstehungsgeschichte unter besonderer Berücksichtigung des Preußenbildes in der DDR, in: Der Wandel des Preußenbildes in den DDR-Medien (Schriftenreihe Medienberatung, H. 1), Bonn ²1997, S. 19–31.

Kämmerer, Jürgen: »Friedrich der Große im geteilten Deutschland. Zwei neue Friedrich-Biographien im Vergleich«, in: *Jahrbuch für die Geschichte Mittel- und Ostdeutschlands* 33 (1984), S. 158–173.

Kahlenberg, Friedrich P.: »Preußen als Filmsujet in der Propagandasprache der NS-Zeit«, in: Marquardt, Axel / Rathsack, Heinz (Hg.): Preußen im Film. Eine Retrospektive der Stiftung Deutsche Kinemathek (Preußen. Versuch einer Bilanz, Bd. 5), Reinbek 1981, S. 135–163.

Kania, Hans: Art. »Die Bittschriftenlinde – unbedingt echt«, in: *Potsdamer Tageszeitung,* 15. September 1941.

Kant, Hermann: Bronzezeit. Erzählungen, Berlin 1986.

Keisch, Claude: Landschaft, Revolution, Geschichte. Adolph Menzel *Die Bittschrift,* Berlin / Köln 2002.

Keisch, Claude: »Landschaft, Revolution, Geschichte. Menzel ›Die Bittschrift‹«, in: *MuseumsJournal* 2002, H. 3, S. 84 f.

Kershaw, Ian: Hitler 1889–1936, Stuttgart ²1998

Kershaw, Ian: Hitler 1936–1945, Stuttgart 2000.

Kittsteiner, Heinz Dieter: Das Komma von SANS, SOUCI. Ein Forschungsbericht, Heidelberg 2001.

Klee, Ernst: Das Personenlexikon zum Dritten Reich. Wer war was vor und nach 1945? Frankfurt/Main 2003.

Klein, Fritz: Drinnen und draußen. Ein Historiker in der DDR. Erinnerungen, Frankfurt/Main 2000.

Klemperer, Victor: Ich will Zeugnis ablegen bis zum letzten, 2 Bde., hg. von Walter Nowojski, Berlin ³1995.

Kleßmann, Eckart: Napoleon und die Deutschen, Berlin 2007.

Korff, Gottfried (Hg.): Ausstellungsführer (Preußen. Versuch einer Bilanz, Bd. 1), Reinbek 1981.

Koselleck, Reinhart: »Vom Sinn und Unsinn der Geschichte«, in: Müller, Klaus E. / Rüsen, Jörg (Hg.): Historische Sinnbildung. Problemstellungen, Zeitkonzepte, Wahrnehmungshorizonte, Darstellungsstrategien, Reinbek 1997, S. 79–97.

Koser, Reinhold: »Friedrichsfeier vor hundert Jahren«, in: *Hohenzollern-Jahrbuch* 15 (1911), S. 36–49.

Kotowski, Georg: »Preußen und die Weimarer Republik«, in: Dietrich, Richard (Hg.): Preußen. Epochen und Probleme seiner Geschichte, Berlin 1964, S. 145–170.

Krauß, Alexander H.: Die Rolle Preußens in der DDR-Historiographie. Zur Thematisierung und Interpretation der preußischen Geschichte durch die ostdeutsche Geschichtswissenschaft (Europäische Hochschulschriften, Bd. 544), Frankfurt/Main u.a. 1993.

Krauss, Marita: Heimkehr in ein fremdes Land. Geschichte der Remigration nach 1945, München 2001.

Krockow, Christian Graf von: Rheinsberg. Ein preußischer Traum, Leipzig 1992.

Kroener, Bernhard R.: »Die materiellen Grundlagen österreichischer und preußischer Kriegsanstrengungen 1756–1763«, in: Ders. (Hg.): Europa im Zeitalter Friedrichs des Großen. Wirtschaft, Gesellschaft, Kriege (Beiträge zur Militärgeschichte 26), München 1989, S. 47–78.

Kroll, Frank-Lothar (Hg.): Preußens Herrscher. Von den ersten Hohenzollern bis Wilhelm II., München 2000.

Kroll, Frank-Lothar: »Friedrich der Große«, in: François, Etienne / Schulze, Hagen (Hg.): Deutsche Erinnerungsorte, Bd. 3, München 2001, S. 620–635.

Kroll, Frank-Lothar: »Friedrich der Große als Gestalt der europäischen Geschichtskultur«, in: Geist und Macht. Friedrich der Große im Kontext der europäischen Kulturgeschichte, hg. von Brunhilde Wehinger, Berlin 2005, S. 185–198.

Kroll, Frank-Lothar: »Preußenbild und Preußenforschung im Dritten Reich«, in: Neugebauer, Wolfgang (Hg.): Das Thema »Preußen« in Wissenschaft und Wissenschaftspolitik des 19. und 20. Jahrhunderts (Forschungen zur brandenburgischen und preußischen Geschichte, N.F., Beiheft 8), Berlin 2006, S. 305–327.

Krüger, Horst: »Friedrich. Eine Reise durch Preußen«, in: Ders.: Tiefen deutscher Träume. Reisen in die Vergangenheit, München 1986.

Krumeich, Gerd: »Militärgeschichte für eine zivile Gesellschaft«, in: Cornelißen, Christoph (Hg.): Geschichtswissenschaften. Eine Einführung, Frankfurt/ Main 2000, S. 178–193.

Kühn, Hellmit (Hg.): Preußen – Dein Spree-Athen. Beiträge zu Literatur, Theater und Musik in Berlin (Preußen. Versuch einer Bilanz, Bd. 4), Reinbek 1981.

Kugler, Franz: Geschichte Friedrichs des Großen. Mit den berühmten Holzschnitten von Adolph Menzel (Gedenkausgabe zum 150. Todestag des großen Königs), Leipzig 1936.

Kuhlbrodt, Dietrich: »Preußische Filmästhetik und ihre Strategien«, in: Marquardt, Axel / Rathsack, Heinz (Hg.): Preußen im Film. Eine Retrospektive der Stiftung Deutsche Kinemathek (Preußen. Versuch einer Bilanz, Bd. 5), Reinbek 1981, S. 74–97.

Kumpf, Johann Heinrich: Petitionsrecht und öffentliche Meinung im Entstehungsprozeß der Paulskirchenverfassung 1848/49 (Rechtshistorische Reihe 29), Frankfurt/Main u.a. 1983 (Diss. jur. Frankfurt/Main 1982).

Kunisch, Johannes: Friedrich der Große. Der König und seine Zeit, München ⁵2005.

Kunisch, Johannes: »Thomas Manns Friedrich-Essay von 1915«, in: *Historische Zeitschrift,* Bd. 283 (2006), H. 1, S. 79–101.

Large, David Clay: Berlin. Biographie einer Stadt, München 2002.

Laudamus, Fiona: »Von der Einweihung 1851 bis zur Wiederaufstellung 1980«, in: Ein Denkmal für den König. Das Reiterstandbild für Friedrich II. Unter den Linden in Berlin, hg. vom Landesdenkmalamt Berlin. Idee u. Konzeption Klaus von Krosigk, Redaktion Frank Pieter Hesse / Gesine Sturm (Beiträge zur Denkmalpflege in Berlin 17), Berlin 2001, S. 36–42.

Lehnert, Uta: Der Kaiser und die Siegesallee, Berlin 1998.

Lozek, Gerhard: »Die Traditionsproblematik in der geschichtsideologischen Auseinandersetzung«, in: *Zeitschrift für Geschichtswissenschaft* 29 (1981), S. 395–398.

Luckey, Heiko: Personifizierte Ideologie. Zur Konstruktion, Funktion und Rezeption von Identifikationsfiguren im Nationalsozialismus und im Stalinismus, Göttingen 2008.

Machtan, Lothar: Die Abdankung. Wie Deutschlands gekrönte Häupter aus der Geschichte fielen, Berlin 2008.

Malms, Titus: »Das Freimaurertum Friedrichs des Großen. Zwischen Ideal und kritischer Distanz«, in: Alfter, Friedrich der Große, S. 53–73.

Mann, Golo: Deutsche Geschichte des 19. und 20. Jahrhunderts, Frankfurt/ Main 1992.

Mann, Thomas: Friedrich und die Große Koalition. Ein Abriss für den Tag und die Stunde, Stuttgart 1990.

Marx, Karl / Engels, Friedrich: Briefwechsel, Bd. 2: 1854–1860, Berlin 1949.

Mehring, Arndt Jubal: »Der Musiker. Vom Querpfeifer zum Dekorationsmusiker«, in: Alfter, Friedrich der Große, S. 33–51.

Meier, A.: Friedrich der Große (Der neue Stoff, Teil III), Stuttgart 1936.

Meinecke, Friedrich: Die deutsche Katastrophe. Betrachtungen und Erinnerungen, Wiesbaden ²1946.

Meinecke, Friedrich: »1848 – eine Säkularbetrachtung«, in: Oschilewski, Walther G. / Blanvalet, Lothar (Hg.): Berliner Almanach 1948, Berlin 1948, S. 44–78.

Melzer, Ralf: Konflikt und Anpassung. Freimaurerei in der Weimarer Republik und im »Dritten Reich«, Wien 1999.

Merckle, Kurt: Das Denkmal König Friedrichs des Großen in Berlin. Aktenmäßige Geschichte und Beschreibung des Monuments, Berlin 1894.

Merten, Detlef: Der Katte-Prozeß, in: *Schriftenreihe* der Juristischen Gesellschaft e.V. Berlin, H. 62 (1980), Berlin / New York 1980.

Messerschmidt, Manfred: »Nachwirkungen Friedrichs II. in Preußen-Deutschland«, in: Kroener, Bernhard R. (Hg.): Europa im Zeitalter Friedrichs des Großen. Wirtschaft, Gesellschaft, Kriege (Beiträge zur Militärgeschichte 26), München 1989, S. 267–288.

Meyers Großes Konversations-Lexikon, Leipzig ⁶1905–1909.

Meyers, Peter: Friedrich II. von Preußen im Geschichtsbild der SBZ/DDR. Ein Beitrag zur Geschichte der Geschichtswissenschaft und des Geschichtsunterrichts in der SBZ/DDR. Mit einer Methodik zur Analyse von Schulgeschichtsbüchern (Studien zur internationalen Schulbuchforschung, Bd. 35), Braunschweig 1983.

Mirow, Jürgen: Das alte Preußen im deutschen Geschichtsbild seit der Reichsgründung (Historische Forschungen 18), Berlin 1981.

Mittenzwei, Ingrid: Friedrich II. von Preußen. Eine Biographie, Köln ³1983.

Mittenzwei, Ingrid / Noack, Karl-Heinz: »Das absolutistische Preußen in der DDR-Geschichtswissenschaft«, in: Mittenzwei, Ingrid / Noack, Karl-Heinz (Hg.): Preußen in der deutschen Geschichte vor 1789 (Studienbibliothek DDR-Geschichtswissenschaft, Forschungswege, Bilanz, Aufgabe, Bd. 2), Berlin 1983, S. 11–51.

Mohler, Armin: Die Konservative Revolution in Deutschland 1918–1932. Ein Handbuch, Darmstadt ⁴1994.

Mommsen, Hans: Die verspielte Freiheit. Der Weg der Republik von Weimar in den Untergang 1918 bis 1933, Frankfurt/Main, Berlin 1990.

Mommsen, Hans: Alternative zu Hitler. Studien zur Geschichte des deutschen Widerstandes, München 2000.

Mommsen, Wolfgang J.: Bürgerliche Kultur und politische Ordnung. Künstler, Schriftsteller und Intellektuelle in der deutschen Geschichte 1830–1933, Frankfurt/Main 2000.

Montanari, Massimo: Der Hunger und der Überfluß. Kulturgeschichte der Ernährung in Europa, München 1993.

Münkler, Herfried: Die Deutschen und ihre Mythen, Berlin 2009.

Nettelbeck, Joachim: »Hungersnot in Pommern – Flucht vor preußischen Werbern«, in: Albrecht, Günter / Albrecht, Barbara (Hg.): Erlebte Geschichte. Von Zeitgenossen gesehen und geschildert. Von den Türkenkriegen bis zur Französischen Revolution, Berlin ²1990, S. 118–127.

Nippel, Wilfried: Johann Gustav Droysen. Ein Leben zwischen Wissenschaft und Politik, München 2008.

Nipperdey, Thomas: Deutsche Geschichte 1866–1918. Zweiter Band: Machtstaat vor der Demokratie, München 1992.

Noack, Karl-Heinz: »Friedrich II. und der altpreußische Militärstaat im Urteil der Geschichtsschreibung der BRD«, in: Mittenzwei, Ingrid / Noack, Karl-Heinz (Hg.): Preußen in der deutschen Geschichte vor 1789 (Studienbibliothek DDR-Geschichtswissenschaft, Forschungswege, Bilanz, Aufgabe, Bd. 2), Berlin 1983, S. 325–340.

Noël, Louis: »Friedrichs des Großen Tages- und Jahreseinteilung«, in: *Mitteilungen des Vereins für die Geschichte Berlins* 29 (1912), S. 22–25.

Ossietzky, Carl von: Sämtliche Schriften. Oldenburger Ausgabe, Bd. 1: 1911–1921, Reinbek 1994.

Petersilka, Corina: Die Zweisprachigkeit Friedrichs des Großen. Ein linguistisches Porträt (Beihefte zur Zeitschrift für romanische Philologie, Bd. 331), Tübingen 2005.

Petter, Wolfgang: »Zur Kriegskunst im Zeitalter Friedrichs des Großen«, in: Kroener, Bernhard R. (Hg.): Europa im Zeitalter Friedrichs des Großen. Wirtschaft, Gesellschaft, Kriege (Beiträge zur Militärgeschichte 26), München 1989, S. 245–268.

Pflanze, Otto: Bismarck. Der Reichskanzler, München 1998.

Pleschinski, Hans (Hg.): Voltaire – Friedrich der Große. Briefwechsel, München 2004.

Puschner, Uwe: »Der Tod Friedrichs des Großen und die deutsche Öffentlichkeit«, in: Fridericianische Miniaturen 4, hg. von Jürgen Ziechmann (Forschungen und Studien zur Fridericianischen Zeit, Bd. 5), Bremen 1997, S. 228–235 und 292–295.

Quantz, Johann Joachim: Versuch einer Anweisung die Flöte traversière zu spielen, Berlin 1752, Nachdruck München 1992.

Reichel, Peter: Der schöne Schein des Dritten Reiches. Faszination und Gewalt des Faschismus, Frankfurt/Main 1993.

Richter, Johannes (Hg.): Die Briefe Friedrichs des Großen an seinen vormaligen Kammerdiener Fredersdorf, Berlin 1926.

Richter-Reichhelm, Walter: »Erinnerungen an meine Dienstzeit an der Königlichen Hof- und Garnisonskirche in Potsdam aus den Jahren 1908–1914«, in: Die Hof- und Garnisonskirche zu Potsdam, hg. vom Gemeindekirchenrat, Potsdam 1933, S. 79–84.

Ringelnatz, Joachim: Das Gesamtwerk in sieben Bänden, hg. von Walter Pape, Zürich 1994.

Röhl, John C. G.: Wilhelm II. Der Aufbau der persönlichen Monarchie 1888–1900, München 2001.

Sabrow, Martin: »Potsdam als Erinnerungsort«, Vortrag Stadt Forum Potsdam, 29. November 2007, in: http://www.zzf-pdm.de/Portals_Rainbow/Documents/Sabrow/Potsdam_als_Erinerungsort.pdf (Zugriff 7. Juli 2009).

Sawicki, Diethard: Leben mit den Toten. Geisterglauben und die Entstehung des Spiritismus in Deutschland 1770–1900, Paderborn / München / Wien / Zürich 2002.

Schäfer, Wilhelm: Die dreizehn Bücher der deutschen Seele, München 1934.

Schieder, Theodor: Friedrich der Große. Ein Königtum der Widersprüche, Frankfurt/Main, Berlin 1986.

Schirmer, Lothar: »Friedrich der Große als Theaterheld«, in: Kühn, Spree-Athen, S. 229–249.

Schlenke, Manfred: »Nationalsozialismus und Preußen / Preußentum, Bericht über ein Forschungsprojekt«, in: Das Preußenbild in der Geschichte. Protokolle eines Symposions (vom 28. bis 30. November 1978), hg. von

Otto Büsch (Veröffentlichungen der Historischen Kommission zu Berlin, Bd. 50), Berlin / New York 1981, S. 247–264.

Schmidt, Eberhard: Rechtssprüche und Machtsprüche der preußischen Könige des 18. Jahrhunderts (Berichte über die Verhandlungen der Sächsischen Akademie der Wissenschaften zu Leipzig. Phil.-hist. Kl. 95,3), Leipzig 1943.

Scholl, Hans / Scholl, Sophie: Briefe und Aufzeichnungen, hg. von Inge Jens, Frankfurt/Main 1988.

Schütz, Brigitte: »Berlin und die USA«, in: Ethos und Pathos. Die Berliner Bildhauerschule 1786–1914 (eine Ausstellung der Skulpturengalerie der Staatlichen Museen Preußischer Kulturbesitz vom 19. Mai bis 29. Juli 1990 im Hamburger Bahnhof). Beiträge mit Kurzbiographien Berliner Bildhauer, hg. von Peter Bloch, Sibylle Einholz, Jutta von Simson, Berlin 1990, S. 109–140.

Schulze, Winfried: Deutsche Geschichtswissenschaft nach 1945 (*Historische Zeitschrift*, Beihefte NF, Bd. 10), München 1989.

Schwarz, Hans-Peter: Adenauer. Der Aufstieg: 1876–1952, Stuttgart 1986.

Schwilk, Heimo: Ernst Jünger. Ein Jahrhundertleben. Die Biografie, München / Zürich 2007.

Schwipps, Werner: Die königliche Hof- und Garnisonkirche zu Potsdam, Berlin 1991.

Showalter, Dennis: »Roi-Connétable und Kriegsherr Friedrich II. (1712–1786)«, in: Förster, Stig / Walter, Dierk / Pöhlmann, Markus (Hg.): Kriegsherren der Weltgeschichte, 22 historische Portraits, München 2008, S. 147–167.

Simson, Jutta von: »Geschichte des Denkmals. Die plastischen Entwürfe«, in: Mielke, Friedrich / Simson, Jutta von: Das Berliner Denkmal für Friedrich II., den Großen, Frankfurt/Main, Berlin, Wien 1975, S. 7–25.

Spengler, Oswald: Politische Schriften, München 1933.

Stach, Reinhard: »Friedrich der Große auf schulischen Wandbildern. Ein rezeptionsgeschichtliches Segment«, in: Fridericianische Miniaturen 3, hg. von Jürgen Ziechmann (Forschungen und Studien zur Fridericianischen Zeit 4), Oldenburg 1993, S. 247–267 und 306 f.

Stamm-Kuhlmann, Thomas: König in Preußens großer Zeit. Friedrich Wilhelm III., der Melancholiker auf dem Thron, Berlin 1992.

Stammler: Art. »Friedrich der Große«, in: Handwörterbuch des deutschen Aberglaubens, hg. von Hanns Bächthold-Stäubli unter Mitwirkung von Eduard Hoffmann-Krayer, Bd. 3, Berlin / Leipzig 1931. Neudruck Berlin 2000.

Stegmann, Werner von: Art. »Antimachiavel ou essai de critique sur ›Le Prince‹ de Machiavel«, in: Kindlers Neues Literatur Lexikon, Bd. 5, München 1996, S. 835 f.

Stegmann, Werner von: Art. »De la littérature allemande«, in: Kindlers Neues Literatur Lexikon, Bd. 5, München 1996, S. 836 f.

Stobbe, Dietrich: »Zur Aktualität Preußens«, in: Korff, Gottfried (Hg.): Ausstellungsführer (Preußen. Versuch einer Bilanz, Bd. 1), S. 19–22.

Thadden, Rudolf von: »Das Preußeninteresse in der Bundesrepublik und in der DDR: Ein Vergleich«, in: Preußen. Seine Wirkung auf die deutsche Geschichte, Stuttgart 1985, S. 324–328.

Treitschke, Heinrich von: Deutsche Geschichte im Neunzehnten Jahrhundert, 5 Bde., Leipzig 1927.

Treue, Wilhelm: Wirtschafts- und Technikgeschichte Preußens (Veröffentlichungen der Historischen Kommission zu Berlin, Bd. 56), Berlin / New York 1984.

Tuchman, Barbara: August 1914, Frankfurt/Main ³2007.

Tucholsky, Kurt: Gesammelte Werke, hg. von Mary Gerold-Tucholsky und Fritz J. Raddatz, Frankfurt/Main 2005.

Ueberschär, Gerd. R. / Vogel, Winfried: Dienen und verdienen. Hitlers Geschenke an seine Eliten, Frankfurt/Main 1999.

Varnhagen von Ense, Karl August.: Tagebücher, Bd. 8, Bern 1912.

Venohr, Wolfgang: Fridericus Rex. Friedrich der Große – Porträt einer Doppelnatur, Bergisch Gladbach 1988.

Wagner, Horst: »31. August 1763: Erstes Zahlenlotto in Berlin«, in: *Berlinische Monatsschrift*, August 1993, H. 8, Jg. 2, S. 74 f.

Walter, Thomas: Die »Neue Wache« in Berlin 1818–1993. Eine historische und gedächtnistheoretische Analyse, Magisterarbeit Bochum 1997.

Wehler, Hans-Ulrich: Deutsche Gesellschaftsgeschichte. Erster Band: Vom Feudalismus des Alten Reiches bis zur Defensiven Modernisierung der Reformära 1700–1815, München ⁴2006.

Wehler, Hans-Ulrich: Land ohne Unterschichten? Neue Essays zur deutschen Geschichte, München 2010.

Weizsäcker, Richard von: »Ansprache des Bundespräsidenten in Berlin zum 200. Todestag Friedrichs des Großen«, in: Geschichte und nationale Identität, hg. vom Kultusminister des Landes Schleswig-Holstein, Kiel 1986, S. 15–29.

Weizsäcker, Richard von, im Gespräch mit Gunter Hofmann und Werner A. Perger, Frankfurt/Main 1992.

Welzer, Harald / Moller, Sabine / Tschuggnall, Karoline: »Opa war kein Nazi«. Nationalsozialismus und Holocaust im Familiengedächtnis, Frankfurt/Main 2002.

Werner, Jürgen: Art. »›Friedrich. Der Große?‹ Die zwiespältige Haltung der DDR gegenüber dem Preußenkönig und seinem Erbe«, in: Berliner Zeitung, 25. November 2000.

Wienfort, Monika: Geschichte Preußens, München 2008.

Willms, Johannes: »Posthume Zeitgenossenschaft – Anmerkungen zur Rezeption Friedrichs II. von Preußen«, in: *Aus Politik und Zeitgeschichte* 36 (1986), Bde. 20–21, S. 27–38.

Wolff, Christoph: Johann Sebastian Bach, Frankfurt/Main 2005.

Wolfrum, Edgar: Geschichtspolitik in der Bundesrepublik Deutschland. Der Weg zur bundesrepublikanischen Erinnerung 1948–1990, Darmstadt 1999.

Wolfrum, Edgar: Geschichte als Waffe. Vom Kaiserreich bis zur Wiederver-einigung, Göttingen 2001.

Ziechmann, Jürgen: »Der Patient. Kindersterblichkeit, Pocken und die eigene Gicht. Friedrich der Große und die Medizin«, in: Alfter, Friedrich der Große, S. 97–113.

Quellen ohne Angabe von Autoren

Art. »Aktion Sarg und Asche«, in: *Der Spiegel*, Nr. 33/1991, S. 28–37.

Art. »Christian, der Große. Präsidentschaftskandidat Wulff«, in: *Spiegel Online*, http://www.spiegel.de/politik/deutschland/0,1518,703129,00.html (Zu-griff 5. Juli 2010).

Farbige Impressionen aus der Deutschen Demokratischen Republik, Leip-zig 1978.

Art. »Die Feier des 200-jährigen Geburtstages Friedrichs des Großen«, in: *Mit-teilungen des Vereins für die Geschichte Berlins* 29 (1912), S. 29–32.

Art. »Friedrich: Ein Denkmal kehrt zurück. Wie die Deutschen den 200. Ge-burtstag des Preußenkönigs feiern«, in: *Der Spiegel* Nr. 32/1986, S. 142–145.

Geschichte. Lehrbuch für Klasse 7, Autorenkollektiv unter Leitung von Adolf Laube, Berlin 1989.

Art. »Historiker Wehler im Interview: ›Preußens Schattenseiten werden verdrängt‹«, in: *Spiegel Online*, http://www.spiegel.de/wissenschaft/mensch/ 0,1518,112797,00.html (Zugriff 14. Juli 2010).

So sprach der König. Reden, Trinksprüche, Proclamationen, Botschaften, Kabinet-Ordres, Erlasse u.s.w. Friedrich Wilhelms IV., Königs von Preu-ßen. Denkwürdigkeiten aus und zu Allerhöchstdessen Lebens- und Re-gierungsgeschichte von 1840 bis 1854 in systematisch geordneter Zusam-menstellung. Mit dem Bilde seiner Majestät. Erster Theil (Reden und Trinksprüche seiner Majestät). Neue, sehr vermehrte und vervollständigte, wohlfeilere Ausgabe, Stuttgart 1861.

Unterrichtshilfen Geschichte 7. Klasse. Zum Lehrplan 1968, ausgearbeitet von Horst Diere u. a., Berlin 1970.

Art. »›Wie Haareschneiden‹. Bittschriftenlinde für Baustelle verpflanzt«, in: *Potsdamer Neueste Nachrichten*, 22. März 2008.

Art. »Die 200-Jahrfeier des Geburtstages Friedrichs des Großen«, in: *Groß-Berliner Kalender* 1 (1913), S. 147 f.

Anmerkungen

Vorwort

1　Bloch, Apologie, S. 8.
2　Weizsäcker, Ansprache, S. 27.
3　Ossietzky, Schriften I, S. 463.

Das Leid der frühen Jahre

1　Clark, Preußen, S. 97.
2　Diese Anekdote findet sich bei Mittenzwei, Friedrich II., S. 9.
3　Holmsten, Friedrich II., S. 7.
4　Mann, Friedrich, S. 5.
5　Kunisch, Friedrich der Große, S. 11 f.
6　Holmsten, Friedrich II., S. 12.
7　Ebd.
8　Schieder, Friedrich der Große, S. 18.
9　Friedrich II., Werke, Bd. 1, S. 121.
10　Holmsten, Friedrich II., S. 12.
11　Ebd., S. 12–15.
12　Schieder, Friedrich der Große, S. 27.
13　Zit. n. Holmsten, Friedrich II., S. 20.
14　Clark, Preußen, S. 131.
15　Ebd., S. 131 f.
16　Zit. n. Schieder, Friedrich der Große, S. 29.
17　Clark, Preußen, S. 133.
18　Schreiben Friedrich an seinen Vater vom 11. September 1728, in: Friedrich II., Briefe, Bd. 1, S. 15 f., sowie Antwort des Vaters, ebd., S. 16.
19　Schieder, Friedrich der Große, S. 29.
20　Zit. n. Holmsten, Friedrich II., S. 20.
21　Wehler, Gesellschaftsgeschichte, Bd. 1, S. 251.

22 So jedenfalls erklärte Friedrich in einem Verhör nach seiner anschließenden Festsetzung; vgl. Hinrichs, Kronprinzenprozeß, S. 35.

23 Schieder, Friedrich der Große, S. 33.

24 Merten, Katte-Prozeß, S. 8.

25 Ebd., S. 8 f.

26 Schreiben Friedrich Wilhelm I. an Ilse Anna Gräfin von Kameke, die Oberhofmeisterin der Königin, am 13. August 1730; zit. n. Benninghoven, Friedrich der Große, S. 26.

27 Zit. n. Hinrichs, Kronprinzenprozeß, S. 25.

28 Kunisch, Friedrich der Große, S. 33 f.

29 Ebd., S. 34.

30 Instruktionen Friedrich Wilhelms I. für den Generalmajor von Lepel und den Obristen von Reichmann vom 19. September 1730, in: Hinrichs, Kronprinzenprozeß, S. 107 f.

31 Benninghoven, Friedrich der Große, S. 39.

32 Hinrichs, Kronprinzenprozeß, S. 171 f.

33 Merten, Katte-Prozeß, S. 33 f.

34 Hinrichs, Kronprinzenprozeß, S. 43.

35 Vgl. Merten, Katte-Prozeß, S. 11.

36 Hinrichs, Kronprinzenprozeß, S. 64.

37 Kunisch, Friedrich der Große, S. 33.

38 »Verhör des Kronprinzen ad articulos«, 16. September 1730, in: Hinrichs, Kronprinzenprozeß, S. 90–107, hier S. 106.

39 Hinrichs, Kronprinzenprozeß, S. 131; Merten, Katte-Prozeß, S. 35 f.

40 Merten, Katte-Prozeß, S. 37.

41 Fontane, Wanderungen, Teil 2 (Das Oderland), S. 337.

42 Merten, Katte-Prozeß, S. 37–39.

43 Kabinettsordre König Friedrich Wilhelms I. an das Kriegsgericht vom 1. November 1730; Hinrichs, Kronprinzenprozeß, S. 135–137, hier S. 137.

44 Ebd., S. 132.

45 Merten, Katte-Prozeß, S. 39 f.

46 Zit. n. Hinrichs, Kronprinzenprozeß, S.143 f.

47 Kunisch, Friedrich der Große, S. 32.

48 Zit. n. Hinrichs, Kronprinzenprozeß, S. 179.

49 Kunisch, Friedrich der Große, S. 54.

50 Schreiben Friedrich an Grumbkow vom 19. Februar 1732, in: Friedrich II., Briefe, Bd. 1, S. 34 f., hier S. 35.

51 Friedrich II., Werke, Bd. 1, S. 121.

52 Ebd., S. 162.

53 Kunisch, Friedrich der Große, S. 59.

54 Zit. n. Holmsten, Friedrich II., S. 24 f.

55 Schreiben Friedrich an seinen Vater vom 19. Februar 1732, in: Friedrich II., Briefe, Bd. 1, S. 34.

56 Holmsten, Friedrich II., S. 25.
57 Kunisch, Friedrich der Große, S. 74.
58 Schieder, Friedrich der Große, S. 44.
59 Zit. n. Dülmen, Frauenleben, S. 52 f.
60 Schreiben Friedrich an Grumbkow vom 18. Februar 1732, in: Friedrich II., Briefe, Bd. 1, S. 33.
61 Ebd.
62 Schreiben Friedrich an Grumbkow vom 19. Februar 1732, in: ebd., S. 34 f., hier S. 35.
63 Ebd.
64 Schreiben Friedrich an Wilhelmine vom 6. März 1732, in: ebd., S. 37.
65 Schreiben Friedrich an Grumbkow vom 4. September 1732, in: ebd., S. 40 f., hier S. 40.
66 Kunisch, Friedrich der Große, S. 451.
67 Schreiben Friedrich an Grumbkow vom 26. Januar 1732, in: Friedrich II., Briefe, Bd. 1, S. 28 f., hier S. 28.
68 Schreiben Friedrich an Grumbkow vom 4. September 1732, in: ebd., S. 40 f.
69 Ebd., S. 41.
70 Schreiben Friedrich an Wilhelmine vom 12. Juni 1733, in: ebd., S. 56.
71 Mittenzwei, Friedrich II., S. 106.
72 Schreiben Friedrich an Grumbkow vom 4. September 1732, in: ebd., S. 40 f., hier S. 41.
73 Kunisch, Friedrich der Große, S. 77.
74 Ebd., S. 79.
75 So Wienfort, Geschichte Preußens, S. 47.
76 So der Historiker Gerd Heinrich in seiner 2009 erschienenen Friedrich-Biografie, in der er angesichts von Überlegungen zu einer möglichen Homosexualität von Friedrich zu der erschreckenden Formulierung greift, der König habe nie eine »wie immer beschaffene abartige Veranlagung gehabt oder gezeigt« (Heinrich, Friedrich II., S. 115).

Vom Prinzen zum König

1 Tucholsky, Gesammelte Werke 1, S. 28.
2 Schieder, Friedrich der Große, S. 45.
3 Krockow, Rheinsberg, S. 26.
4 Ebd., S. 27–29.
5 Richter, Briefe, S. 327 f.
6 Krockow, Rheinsberg, S. 29–31.
7 Zit. n. Holmsten, Friedrich II., S. 30.
8 Kunisch, Friedrich der Große, S. 73.

9 Kunisch (ebd., S. 76) erinnert an die Vorschüsse und Darlehen, die Elisabeth Christine von ihrem herzoglichen Bruder organisierte, um Friedrich mit Geld zu versorgen.

10 Schreiben Friedrich an Voltaire vom 8. August 1736, in: Pleschinski, Briefwechsel, S. 8–11, hier S. 8; Schreiben Voltaire an Friedrich im September 1736 (ohne genauere Datumsangabe), in: ebd., S. 13–17, hier S. 13 f.

11 Schieder, Friedrich der Große, S. 437.

12 Schreiben Voltaire an Friedrich vom November 1742, in: Pleschinski, Briefwechsel, S. 291–293, hier S. 291 f.

13 Petersilka, Zweisprachigkeit, S. 279, 283, 22.

14 Ebd., S. 22 f.

15 Fontius, Ort, S. 26.

16 Friedrich II., Werke, Bd. 7, S. 5.

17 Kunisch, Friedrich der Große, S. 124 f.

18 Friedrich II., Werke, Bd. 7, S. 13.

19 Schieder, Friedrich der Große, S. 104.

20 Friedrich II., Werke, Bd. 7, S. 70.

21 Ebd., S. 72.

22 Schieder, Friedrich der Große, S. 109.

23 Ebd., S. 106 f.

24 Stegmann, Antimachiavel, S. 836.

25 Friedrich II., Werke, Bd. 7, S. 92.

26 Schieder, Friedrich der Große, S. 107. Ähnlich urteilt Kunisch (Friedrich der Große, S. 128), der von Bekenntnissen Friedrichs spricht, »die Umrisse seiner eigenen Herrschaftsauffassung und Perspektiven seiner späteren Politik zu erkennen geben«.

27 In seinem politischen Testament von 1752; Friedrich II., Werke, Bd. 7, S. 160.

28 Malms, Freimaurertum, S. 57. Einen profunden Überblick über das Thema bietet Hachtmann, Friedrich II.

29 Hachtmann, Friedrich II., S. 26–28.

30 Ebd., S. 29.

31 Wehler, Gesellschaftsgeschichte, Bd. 1, S. 322 f.

32 Hachtmann, Friedrich II., S. 32.

33 Ebd., S. 33.

34 Melzer, Konflikt, S. 12.

35 Einen Überblick zu Entstehung und Entwicklung der Freimaurerei vgl. ebd., S. 10–31.

36 Malms, Freimaurertum, S. 60–63.

37 Zit. n. ebd., S. 61 f.

38 Hachtmann, Friedrich II., S. 21 f.

39 Malms, Freimaurertum, S. 65.

40 Melzer, Konflikt, S. 20.

41 Hachtmann, Friedrich II., S. 39–41.

42 Friedrich II., Werke, Bd. 1, S. 226.

43 Ebd., S. 241.

44 Ebd., S. 242.

45 Ebd., S. 242 f.

46 Kunisch, Friedrich der Große, S. 121.

47 Ebd., S. 121 f.

48 Badstübner-Gröger, Bildprogramme, S. 40 f.

49 Schreiben Friedrich an Wilhelmine vom 3. Mai 1740, in: Friedrich II., Briefe, Bd. 1, S. 159 f., hier S. 160.

50 Holmsten, Friedrich II., S. 29 f.

51 Mann, Friedrich, S. 5 f.

52 Holmsten, Friedrich II., S. 39.

53 Zit. n. Benninghoven, Friedrich der Große, S. 62.

54 Zit. n. Holmsten, Friedrich II., S. 40.

55 Clark, Preußen, S. 300.

56 Ebd., S. 303.

57 Zit. n. Benninghoven, Friedrich der Große, S. 64.

58 Baumgart, Friedrich Wilhelm I., S. 150.

59 Clark, Preußen, S. 228.

60 Krockow, Rheinsberg, S. 29.

61 Schreiben Friedrich an Wilhelmine vom 7. Juni 1740, in: Friedrich II., Briefe, Bd. 1, S. 174.

62 Schreiben Friedrich an Voltaire vom 6. Juni 1740, in: ebd., S. 173 f., hier S. 174.

63 Schreiben Friedrich an Voltaire vom 12. Juni 1740, in: Pleschinski, Briefwechsel, S. 199–202, hier S. 201 f.

Sieben und mehr Jahre Krieg

1 Claudius, Werke, S. 89.

2 Clark, Preußen, S. 229.

3 Ebd., S. 228.

4 Kunisch, Friedrich der Große, S. 164 f.

5 Clark, Preußen, S. 231.

6 Haffner, Preußen ohne Legende, S. 117 f.

7 Clark, Preußen, S. 228.

8 Wehler, Gesellschaftsgeschichte, Bd. 1, S. 246.

9 Schreiben Friedrich an Podewils vom 1. November 1740, in: Friedrich II., Briefe, Bd. 1, S. 182.

10 Clark, Preußen, S. 230.

11 Ebd., S. 231.

12 Schreiben Friedrich an Jordan vom 3. März 1741, in: Friedrich, Briefe, Bd. 1, S. 186 f., hier S. 187.

13 Schreiben Friedrich an Podewils vom 16. Dezember 1740; in: Friedrich II., Politische Correspondenz, Bd. 1, S. 147 f., hier S. 147.

14 Hachtmann, Friedrich II., S. 39.

15 Friedrich II., Werke, Bd. 2, S. 59.

16 Vgl. Schreiben Friedrich an Jordan vom 3. März 1741, in: Friedrich II., Briefe, Bd. 1, S. 186 f., hier S. 186.

17 Kunisch, Friedrich der Große, S. 176.

18 Schreiben Voltaire an Friedrich am »letzten Dezembertag 1740«, in: Pleschinski, Briefwechsel, S. 241–244, hier S. 241 f.

19 Schreiben Friedrich an Voltaire vom 23. Dezember 1740, in: ebd., S. 239 f., hier S. 239.

20 Petter, Zur Kriegskunst, S. 254.

21 Friedrich II., Werke, Bd. 2, S. 77 f.

22 Ebd., S. 78.

23 Petter, Zur Kriegskunst, S. 253–256.

24 Friedrich II., Werke, Bd. 2, S. 75.

25 Kunisch, Friedrich der Große, S. 184.

26 Ebd., S. 184 f.

27 Schreiben Friedrich an August Wilhelm vom 17. April 1741, in: Friedrich II., Briefe, Bd. 1, S. 188 f., hier S. 189.

28 Kunisch, Friedrich der Große, S. 200.

29 Clark, Preußen, S. 233.

30 Kunisch, Friedrich der Große, S. 202.

31 Friedrich II., Werke, Bd. 2, S. 120.

32 Showalter, Roi-Connétable und Kriegsherr, S. 155.

33 Friedrich II., Werke, Bd. 6, S. 36.

34 Ebd., S. 32.

35 Ebd., S. 189.

36 Ebd., S. 17 f.

37 Kunisch, Friedrich der Große, S. 206.

38 Zit. n. Schieder, Friedrich der Große, S. 162 f.

39 Petter, Zur Kriegskunst, S. 267 f.

40 Schreiben Friedrich an Podewils vom 8. Mai 1745, in: Friedrich II., Politische Korrespondenz, Bd. 4, S. 147–149, hier S. 149.

41 Schreiben Friedrich an Podewils vom 27. April 1745; in: ebd., S. 134 f., hier S. 134.

42 Zit. n. Kunisch, Friedrich der Große, S. 209 f.

43 Schreiben Friedrich an Fredersdorf vom 2. Oktober 1745, in: Richter, Briefe, S. 53.

44 Zit. n. Petter, Zur Kriegskunst, S. 264.

45 Friedrich II., Werke, Bd. 2, S. 268 f.

46 Mittenzwei, Friedrich II., S. 106.

47 Vgl. Kunisch, Friedrich der Große, S. 301 f.

48 Schreiben Friedrich an Voltaire vom 28. Dezember 1774, in: Friedrich, Briefe, Bd. 2, S. 214.

49 Schreiben Friedrich an Voltaire vom 8. März 1739, in: Pleschinski, Briefwechsel, S. 151–154, hier S. 152.

50 Schreiben Friedrich an Voltaire vom 16. Mai 1749, in: ebd., S. 350–352, hier S. 351.

51 Schreiben Friedrich an Voltaire vom 23. August 1750, in: ebd., S. 390 f., hier S. 390.

52 Schreiben Voltaire an Friedrich vom 8. Mai 1750, in: ebd., S. 376–378, hier S. 378.

53 Schreiben Friedrich an Voltaire vom 24. Mai 1750, in: ebd., S. 379 f., hier S. 380.

54 Vgl. Pleschinski, Briefwechsel, S. 389.

55 Schreiben Friedrich an Voltaire vom 23. August 1750, in: ebd., S. 390 f. hier S. 390.

56 Schreiben Friedrich an Voltaire vom 24. Februar 1751, in: ebd., S. 397 f.

57 Ebd., S. 397 f.

58 Zit. n. Holmsten, Friedrich II., S. 95.

59 Heinrich, Friedrich II., S. 99.

60 Kunisch, Friedrich der Große, S. 311 f.

61 Dass auf dem Schloss genau genommen »Sans, Souci« steht, also mit einem Komma, hat den Historiker Heinz Dieter Kittsteiner zu einer brillanten kleinen Schrift veranlasst (Kittsteiner, Das Komma).

62 Holmsten, Friedrich II., S. 80.

63 Zit. n. ebd.

64 Schieder, Friedrich der Große, S. 178.

65 Kunisch, Friedrich der Große, S. 351.

66 Schieder, Friedrich der Große, S. 176 f.

67 Ebd., S. 181.

68 Friedrich II., Werke, Bd. 3, S. 41 f.

69 Kroener, Kriegsanstrengungen, S. 49.

70 Wehler, Gesellschaftsgeschichte, Bd. 1, S. 251.

71 Showalter, Roi-Connétable und Kriegsherr, S. 155 f.

72 Zit. n. Holmsten, Friedrich II., S. 116.

73 Clark, Preußen, S. 249.

74 Kunisch, Friedrich der Große, S. 353.

75 Goethe, Dichtung und Wahrheit, S. 297.

76 Zit. n. Holmsten, Friedrich II., S. 106.

77 Showalter, Roi-Connétable und Kriegsherr, S. 159.

78 Ebd., S. 160.

79 Zit. n. Herrmann, Prinz Ferdinand, S. 101 f.

80 Zit. n. Brandt, Preußen, S. 60.

81 Showalter, Roi-Connétable und Kriegsherr, S. 161–164.

82 Ebd., S. 148.

83 Ebd., S. 161. Vgl. auch Schieder, Friedrich der Große, S. 184.

84 So bei Schieder, Friedrich der Große, S. 220 f.

85 Haffner, Preußen ohne Legende, S. 116.

86 Giebel, Tagebücher des Grafen Lehndorff, S. 493.

87 Clark, Preußen, S. 250 f.

88 Vgl. die Zahlenangaben bei Schieder, Friedrich der Große, S. 222, sowie Clark, Preußen, S. 251.

89 Schreiben Friedrich an d'Argens vom 25. Februar 1763, in: Friedrich II., Briefe, Bd. 2, S. 128.

90 Kunisch, Friedrich der Große, S. 443–445.

91 Zit. n. Holmsten, Friedrich II., S. 133.

92 Schieder, Friedrich der Große, S. 221.

93 Zit. n. Holmsten, Friedrich II., S. 133.

Arbeit mit Preußen

1 Schreiben Friedrich an die Herzogin Luise Dorothea von Gotha vom 19. Februar 1763, in: Friedrich II., Briefe, Bd. 2, S. 127.

2 Friedrich II., Werke, Bd. 7, S. 154.

3 Richter, Briefe, S. 165.

4 Friedrich II., Werke, Bd. 7, S. 154.

5 Friedrich II., Werke, Bd. 1, S. 243.

6 Friedrich II., Werke, Bd. 7, S. 153.

7 Vgl. Augstein, Preußens Friedrich, S. 231. Augstein bezieht sich auf einen Brief d'Alemberts von 1763.

8 Holmsten, Friedrich II., S. 138.

9 Schreiben Friedrich an Voltaire vom 1. Januar 1765, in: Pleschinski, Briefwechsel, S. 483 f.

10 Friedrich II., Werke, Bd. 7, S. 117.

11 Clark, Preußen, S. 286. Clark erinnert daran, dass der Verfasser dieses Tagebuchs nicht einmal Preuße, sondern Sachse war, der allerdings in Diensten des preußischen Königs stand.

12 Schieder, Friedrich der Große, S. 222.

13 Schreiben Friedrich an Herzogin Luise Dorothea von Gotha vom 6. September 1763, in: Friedrich II., Briefe Bd. 2, S. 133.

14 Vgl. Friedrich II., Werke, Bd. 5, S. 60.

15 Augstein, Preußens Friedrich, S. 238. Hier findet sich das schöne Beispiel, wie Friedrich einmal die hohen Getreidepreise nicht akzeptie-

ren konnte – und selbst eine sehr viel positivere Aufstellung anfertigte.

16 Schieder, Friedrich der Große, S. 325.
17 Treue, Wirtschafts- und Technikgeschichte, S. 112.
18 Brandt, Preußen, S. 55 f.
19 Friedrich II., Werke, Bd. 5, S. 62.
20 Zit. n. Casanova, Liebe und Abenteuer, S. 585.
21 So das Urteil bei Schieder, Friedrich der Große, S. 324.
22 Wagner, Zahlenlotto, S. 74.
23 Treue, Wirtschafts- und Technikgeschichte, S. 112.
24 Schieder, Friedrich der Große, S. 324 f.
25 Ebd., S. 327.
26 Ebd., S. 326.
27 Kunisch, Friedrich der Große, S. 470.
28 Showalter, Roi-Connétable und Kriegsherr, S. 166.
29 Zit. n. Heinrich, Friedrich II., S. 315.
30 Ebd., S. 311.
31 Holmsten, Friedrich II., S. 138–140.
32 Heinrich, Friedrich II., S. 312.
33 So die treffende Beschreibung bei ebd., S. 314.
34 Nettelbeck, Hungersnot, S. 120.
35 Montanari, Hunger, S. 164–166.
36 Zit. n. Barth, Ursprünge des deutschen Kartoffelanbaus, S. 75.
37 Montanari, Hunger, S. 164 f.
38 Ebd., S. 168.
39 Schreiben Friedrich an den Lord Marschall von Schottland vom 7. April
    1764, in: Friedrich II., Briefe, Bd. 2, S. 134 f., hier S. 134.
40 Schreiben Friedrich an Fouqué vom 10. April 1764, in: ebd., S. 135 f.
41 Schreiben Friedrich an Voltaire vom 24. Oktober 1766, in: Pleschinski,
    Briefwechsel, S. 491–493, hier S. 492.
42 Holmsten, Friedrich II., S. 143.
43 Kunisch, Friedrich der Große, S. 295.
44 Ebd., S. 298.
45 Clark, Preußen, S. 289.
46 Schreiben Friedrich an d'Alembert im März 1780, in: Friedrich II.,
    Briefe, Bd. 2, S. 241 f., hier S. 241.
47 Clark, Preußen, S. 288.
48 Schreiben Friedrich an Voltaire vom 24. Oktober 1766, in: Pleschinski,
    Briefwechsel, S. 491–493, hier S. 491.
49 Kunisch, Friedrich der Große, S. 454.
50 Schreiben Friedrich an Voltaire vom 28. Dezember 1774, in: Fried-
    rich II., Briefe, Bd. 2, S. 214.
51 Friedrich II., Werke, Bd. 7, S. 149.
52 Ebd., S. 148.

53 Zit. n. Holmsten, Friedrich II., S. 42.

54 Friedrich II., Werke, Bd. 7, S. 149.

55 Schreiben Friedrich an Voltaire vom 19. März 1776, in: Friedrich II., Briefe, Bd. 2, S. 222 f., hier S. 222.

56 Schreiben Friedrich an d'Alembert vom 30. Dezember 1775, in: ebd., S. 220–222, hier S. 221.

57 Holmsten, Friedrich II., S. 143.

58 Breuer, Frühe Neuzeit und Beginn der Moderne, S. 143.

59 Zit. n. Benninghoven, Friedrich der Große, S. 128.

60 Breuer, Frühe Neuzeit und Beginn der Moderne, S. 144.

61 Behm, Moses Mendelssohn, S. 53.

62 Breuer, Frühe Neuzeit und Beginn der Moderne, S. 144.

63 Behm, Moses Mendelssohn, S. 53 f.

64 Augstein, Preußens Friedrich, S. 251.

65 Ebd., S. 228.

66 Kunisch, Friedrich der Große, S. 445.

67 Schreiben Friedrich an Voltaire vom 12. Juni 1740, in: Pleschinski, Briefwechsel, S. 199–202, hier S. 201.

68 Holmsten, Friedrich II., S. 134.

69 Quantz, Versuch, hier: Widmung an den König.

70 Zit. n. Wolff, Bach, S. 467.

71 Kunisch, Friedrich der Große, S. 460–462.

72 Mehring, Musiker, S. 50.

73 Heinrich, Friedrich II., S. 101.

74 Schreiben Friedrich an den Lord Marschall von Schottland vom 7. April 1764, in: Friedrich II., Briefe, Bd. 2, S. 134 f.

75 Vgl. dazu den Abschnitt »Historiker seiner Zeit« bei Schieder, Friedrich der Große, S. 365–374.

76 Stegmann, De la littérature allemande, S. 837.

77 Friedrich, Werke, Bd. 8, S. 75.

78 Schreiben Friedrich an Voltaire vom 17. Dezember 1777, in: Pleschinski, Briefwechsel, S. 618–620, hier S. 620.

79 Stegmann, De la littérature allemande, S. 836.

80 Schreiben Friedrich an Professor Myller vom 22. Februar 1784, in: Friedrich II., Briefe, Bd. 2, S. 257.

81 Friedrich, Werke, Bd. 8, S. 85–87.

82 Schreiben Voltaire an Friedrich vom 12. August 1739, in: Pleschinski, Briefwechsel, S. 159–161, hier S. 161.

83 So zutreffend Kunisch, Friedrich der Große, S. 257 f.

84 Giersberg, Kunstgenuß, S. 91 f.

85 Zit. n. ebd., S. 93.

86 Treue, Wirtschafts- und Technikgeschichte, S. 157.

87 Holmsten, Friedrich II., S. 136.

1 Zit. n. ebd., Friedrich II., S. 156.

2 Kunisch, Friedrich der Große, S. 463.

3 So der Fürst Karl von Ligne über eine Mittagstafel im Jahr 1780, zit. n. Heinrich, Friedrich II., S. 102.

4 Kunisch, Friedrich der Große, S. 455.

5 Schieder, Friedrich der Große, S. 402.

6 Schreiben Voltaire an Friedrich vom 22. April 1760, zit. n. Augstein, Preußens Friedrich, S. 177.

7 Schreiben Friedrich an seinen Bruder Heinrich vom 9. November 1778, in: Friedrich II., Briefe, Bd. 2, S. 235.

8 Ziechmann, Patient, S. 107.

9 Friedrich II., Werke, Bd. 7, S. 161.

10 Ebd.

11 Clark, Preußen, S. 277–282.

12 Bömelburg, Friedrich II. als Erinnerungsort, 29.

13 Clark, Preußen, S. 284.

14 Bömelburg, Friedrich II. als Erinnerungsort, 29.

15 Schreiben Friedrich an d'Argens vom 11. Juni 1761, in: Friedrich II., Briefe, Bd. 2, S. 91 f., hier S. 91.

16 Schreiben Friedrich an Voltaire vom 24. Oktober 1766, in: ebd., S. 157 f., hier S. 158.

17 Friedrich II., Werke, Bd. 8, S. 197.

18 Noël, Jahreseinteilung, S. 22 f.

19 Ebd., S. 24.

20 Kunisch, Friedrich der Große, S. 452.

21 Aus dem Tagebuch des Grafen Ernst Ahasverus Heinrich von Lehndorff; zit. n. Schieder, Friedrich der Große, S. 53.

22 Schreiben Friedrich an seinen Bruder Heinrich vom 22. April 1764, in: Friedrich II., Briefe, Bd. 2, S. 136 f., hier S. 136.

23 Schieder, Friedrich der Große, S. 53.

24 Schreiben Friedrich an Friedrich August von Braunschweig im Oktober 1763, in: Friedrich II., Briefe, Bd. 2, S. 133 f., hier S. 133.

25 Zit. n. Hachtmann, Friedrich II., S. 42.

26 Clark, Preußen, S. 285.

27 Friedrich II., Werke, Bd. 7, S. 154. Der Herrscher, so schreibt Friedrich dort, »wird gut besoldet, damit er die Würde seiner Stellung aufrechterhalte«.

28 Zit. n. Holmsten, Friedrich II., S. 160.

29 Ebd., S. 79 f.

30 Kunisch, Friedrich der Große, S. 453.

31 Schieder, Friedrich der Große, S. 400.

32 Augstein, Preußens Friedrich, S. 66.

33 Barclay, Friedrich Wilhelm II., S. 182.

34 Ebd., S. 184.

35 Friedrich II., Werke, Bd. 7, S. 221.

36 Schreiben Friedrich an Voltaire vom 9. Juli 1777, in: Friedrich II., Werke, Bd. 10, S. 251 f.

37 Showalter, Roi-Connétable und Kriegsherr, S. 147.

38 Schreiben Friedrich an Wilhelmine von Oranien vom 25. Januar 1768, in: Friedrich II., Briefe, Bd. 2, S. 170.

39 Schreiben Friedrich an seine Schwester Ulrike vom 8. September 1764, in: ebd., S. 143 f.

40 Ziechmann, Patient, S. 110 f.

41 Schreiben Friedrich an Fredersdorf vom 9. März 1747, in: Richter, Briefe, S. 31.

42 Ebd., S. 41.

43 So bei Ziechmann, Patient, S. 108.

44 Ziechmann, Patient, S. 108.

45 Schreiben Friedrich an Heinrich vom 27. September 1784, in: Friedrich II., Briefe, Bd. 2, S. 257 f., hier S. 258.

46 Noël, Jahreseinteilung, S. 23.

47 Ziechmann, Patient, S. 109.

48 Ebd., S. 111.

49 Augstein, Preußens Friedrich, S. 336.

50 Noël, Jahreseinteilung, S. 23. Vgl. auch Schreiben Friedrich an Fredersdorf vom 23. Januar 1755, in dem er drei vermeintliche Rechenfehler als dreisten Diebstahl anprangert (in: Richter, Briefe, S. 359 f.).

51 Augstein, Preußens Friedrich, S. 336.

52 Schreiben Friedrich an d'Alembert vom 1. August 1780, in: Friedrich II., Briefe, Bd. 2, S. 243 f., hier S. 243.

53 Ziechmann, Patient, S. 109.

54 Kunisch, Friedrich der Große, S. 527–529.

55 Schreiben Friedrich an seine Schwester Charlotte vom 10. August 1786, in: Friedrich II., Briefe, Bd. 2, S. 262.

56 Holmsten, Friedrich II., S. 160.

57 Kunisch, Friedrich der Große, S. 533 f.

Ein Denkmal entsteht

1 Aretin, Nachruhm, S. 219.

2 Zit. n. Willms, Posthume Zeitgenossenschaft, S. 28.

3 Puschner, Tod Friedrichs des Großen, S. 228–230.

4 Ebd., S. 228.

5 Ebd., S. 233–235.
6 So berichtet Gall (Bürgertum, S. 120 f.) von einer Inventarliste eines verstorbenen einflussreichen Mannheimer Bürgers, auf der 1770 neben allerlei Silber, Porzellan und Gemälden auch ein »Friedrich II. von Preußen in Wachs« verzeichnet war.
7 Dollinger, Friedrich II., S. 106–108.
8 Ebd., S. 105. Vgl. Abbildung des Sternbilds bei Koser, Friedrichsfeier, S. 44.
9 Zit. n. Dollinger, Friedrich II., S. 105.
10 So konstatierte 1905 Meyers Großes Konversations-Lexikon, die Bezeichnung sei »jetzt nicht mehr gebräuchlich« (Bd. 7, S. 144).
11 Dollinger, Friedrich II., S. 105.
12 Willms, Posthume Zeitgenossenschaft, S. 28 f.
13 Zit. n. ebd., S. 29.
14 Dollinger, Friedrich II., S. 108 f.
15 Willms, Posthume Zeitgenossenschaft, S. 29.
16 Zit. n. Dollinger, Friedrich II., S. 110.
17 Ebd.
18 Zit. n. Backschat, Napoleon in Potsdam, S. 107, und Sabrow, Potsdam als Erinnerungsort, S. 6. Dass diese Worte nicht am Grab Friedrichs, sondern in seiner Wohnung gesprochen wurden, gilt heute als wahrscheinlich, wenngleich sich anders lautende Verweise immer noch finden (vgl. etwa Kleßmann, Napoleon, S. 111).
19 Backschat, Napoleon in Potsdam, S. 107.
20 Dollinger, Friedrich II., S. 113.
21 Zit. n. Koser, Friedrichsfeier, S. 38.
22 Ebd., S. 36.
23 Kleßmann, Napoleon, S. 196.
24 Koser, Friedrichsfeier, S. 37.
25 Born, Wandel des Friedrich-Bildes, S. 5 f.
26 Kroll, Friedrich der Große (2001), S. 623.
27 Münkler, Die Deutschen, S. 240.
28 Ebd., S. 245.
29 Ebd., S. 242.
30 Ebd.
31 Dollinger, Friedrich II., S. 124–126.
32 Kunisch, Friedrich der Große, S. 252.
33 Simson, Geschichte des Denkmals, S. 8 f.
34 Stamm-Kuhlmann, König, S. 487.
35 Zit. n. ebd., S. 488.
36 Ebd., S. 488 f.
37 Simson, Geschichte des Denkmals, S. 18 f.
38 Stamm-Kuhlmann, König, S. 490 f.

39 Born, Wandel des Friedrich-Bildes, S. 107.
40 Zit. n. ebd., S. 13 f.
41 Schirmer, Theaterheld, S. 232.
42 Dollinger, Friedrich II., S. 125 f.
43 Art. »Friedrich II.«, in: Brockhaus Bilder-Conversations-Lexikon, Bd. 2, S. 113.
44 Born, Wandel des Friedrich-Bildes, S. 107.
45 Dollinger, Friedrich II., S. 126. Für Raumer brachte dieser Vorgang allerdings durchaus einen Zugewinn an öffentlicher Unterstützung – immerhin wurde er 1848 gleich von drei Wahlkreisen in die Frankfurter Nationalversammlung gewählt.
46 So sprach der König, S. 303 f.
47 Simson, Geschichte des Denkmals, S. 24.
48 Ebd., S. 23.
49 Varnhagen, Tagebücher, S. 197 f.
50 Merckle, Denkmal, S. 137.
51 Schreiben Marx an Engels vom 2. Dezember 1856, in: Marx/Engels, Briefwechsel, Bd. 2, S. 197–199, hier S. 198.
52 Schieder, Friedrich der Große, S. 477–479.
53 Vgl. zur Komposition des Gemäldes Keisch, Landschaft, S. 25–30.
54 Kugler, Geschichte Friedrichs des Großen, S. 492.
55 Ebd., S. 532.
56 Ellwart, Menzels Friedrichsbilder, S. 11.
57 Ebd., S. 12–14.
58 Keisch, Landschaft *(MuseumsJournal)*.
59 Born, Wandel des Friedrich-Bildes, S. 59.
60 Beispielsweise abgedruckt in Hahn, Friedrich der Große, S. 224.
61 www.azubo.de (Zugriff vom 8. Mai 2009)
62 www.zinnfigur.com (Zugriff vom 11. Mai 2009)
63 Kania, Bittschriftenlinde.
64 Vgl. zum Supplikenwesen: Kumpf, Petitionsrecht, S. 27–39, sowie Schmidt, Rechtssprüche, S. 24–29.
65 Kania, Bittschriftenlinde.
66 Stammler, Friedrich der Große, Sp. 100 f.
67 Sawicki, Leben mit den Toten, S. 84.
68 Born, Wandel des Friedrich-Bildes, S. 54.

Im Bürgerkrieg der Erinnerungen

1 Wolfrum, Geschichte als Waffe, S. 32.
2 Zit. n. Dollinger, Friedrich II., S. 137.
3 Treitschke, Deutsche Geschichte im 19. Jahrhundert, Bd. 1, S. 49.

4 Ebd., S. 52.
5 Zu Treitschkes Friedrich-Bild treffend: Hahn, Friedrich der Große, S. 42.
6 Nippel, Droysen, S. 152.
7 Ebd., S. 183.
8 Dollinger, Friedrich II., S. 138.
9 Clark, Preußen, S. 277.
10 Krumeich, Militärgeschichte, S. 182f.
11 Hahn, Friedrich der Große, S. 71.
12 Ebd., S. 56.
13 Krumeich, Militärgeschichte, S. 185f.
14 Treitschke, Deutsche Geschichte im 19. Jahrhundert, Bd. 1, S. 51.
15 Hahn, Friedrich der Große, S. 60f.
16 Kroll, Geschichtskultur, S. 191.
17 Ebd.
18 Bußmann, Friedrich der Große, S. 270f.
19 In der zweiten Auflage seiner Darstellung *Friedrich II. und die deutsche Nation* von 1867; zit. n. ebd., S. 271.
20 Art. »Friedrich II. [2]«, in: Herders Conversations-Lexikon, Bd. 2, S. 806–808, hier S. 808.
21 Schwarz, Adenauer, S. 90.
22 Schwilk, Jünger, S. 76.
23 Stach, Friedrich der Große auf schulischen Wandbildern, S. 247, 266f.
24 Zit. n. Meyers, Friedrich II., S. 9.
25 Schreiben Bismarck an Wilhelm I. vom 24. Dezember 1872, in: Bismarck, Gesammelte Werke, Abt. III, Schriften, Bd. 1, S. 420f.
26 Zit. n. Bismarck, Gedanken und Erinnerungen, S. 523.
27 Röhl, Wilhelm II. 1888–1900, S. 597, 602.
28 Ebd., S. 1020.
29 Lehnert, Der Kaiser und die Siegesallee, S. 204.
30 Schütze, Berlin und die USA, S. 128. Ein entsprechender Hinweis findet sich auch bei Lehnert, Der Kaiser und die Siegesallee, S. 263f.
31 Pflanze, Bismarck, S. 562, 636.
32 Hahn, Friedrich der Große, S. 54.
33 Ebd., S. 70f.
34 Art. »Die 200-Jahrfeier«, S. 148.
35 Hahn, Friedrich der Große, S. 71.
36 Art. »Die 200-Jahrfeier«, S. 148.
37 Schwipps, Garnisonkirche, S. 78.
38 Richter-Reichhelm, Erinnerungen, S. 82.
39 Art. »Die Feier des 200jährigen Geburtstages«, S. 29f.
40 Schwipps, Garnisonkirche, S. 78.
41 Zit. n. Schirmer, Theaterheld, S. 247.

42 Art. »Die Feier des 200jährigen Geburtstages«, S. 29.
43 Art. »Die 200-Jahrfeier«, S. 148; vgl. dazu die Abbildung vom angestrahlten Denkmal auf S. 147.
44 Dollinger, Friedrich II., S. 156.
45 Ringelnatz, Gesamtwerk, Bd. 1, S. 65.
46 Art. »Die Feier des 200jährigen Geburtstages«, S. 29.
47 Zit. n. Dollinger, Friedrich II., S. 156.
48 Röhl, Wilhelm II. 1888–1900, S. 1098.
49 So auch die Einschätzung bei Schieder, Friedrich der Große, S. 220.
50 Hahn, Friedrich der Große, S. 63.
51 Large, Berlin, S. 127.
52 Laudamus, Von der Einweihung, S. 36.
53 Tuchman, August 1914, S. 32.
54 Mann, Friedrich der Große, S. 62 f. Zu Manns Argumentation einer über dem Völkerrecht stehenden Legitimation für den Einmarsch deutscher Truppen in Belgien 1914 vgl. Kunisch, Thomas Manns Friedrich-Essay von 1915.
55 Zum Zufall als Kategorie in der Geschichtstheorie und -praxis maßgebend: Hoffmann, Zufall und Kontingenz.
56 Aretin, Das gefährliche Vorbild, S. 150 f.
57 Zit. n. Dollinger, Friedrich der Große, S. 158.
58 Mann, Friedrich der Große, S. 5.
59 Zit. n. Hahn, Friedrich der Große, S. 83.
60 Mann, Friedrich der Große, S. 82.
61 Aretin, Das gefährliche Vorbild, S. 152.
62 Machtan, Abdankung, S. 302.
63 Laudamus, Von der Einweihung, S. 37.
64 Kroll, Geschichtskultur, S. 192.
65 Hahn, Friedrich der Große, S. 90 f.
66 Zit. n. Hahn, Friedrich der Große, S. 90.
67 Mommsen, Bürgerliche Kultur, S. 192, 211.
68 Hahn, Friedrich der Große, S. 238.
69 Vgl. die entsprechende Abbildung in: Dollinger, Friedrich II., S. 171.
70 Mommsen, Freiheit, S. 310.
71 Spengler, Politische Schriften, S. 15.
72 Mohler, Konservative Revolution, S. 150.
73 Melzer, Konflikt, S. 110 f.
74 Dollinger, Friedrich II., S. 162 f.
75 Zit. n. ebd., S. 162.
76 So die Einschätzung bei Hahn, Friedrich der Große, S. 49.
77 Bußmann, Friedrich der Große, S. 272 f.
78 Zit. n. Mittenzwei, Friedrich II., S. 232.
79 Kroll, Geschichtskultur, S. 194.

80 Zum Vergessen als einem Faktor von Geschichtspolitik vgl. Bendikowski, Vergessen, S. 104–108.
81 Ossietzky, Schriften I, S. 463 f.
82 Bußmann, Friedrich der Große, S. 273.
83 Tucholsky, Gesammelte Werke, Bd. 1 (1907–1924), S. 906.
84 Kroll, Geschichtskultur, S. 193.
85 Hahn, Friedrich der Große, S. 238.
86 Kroll, Geschichtskultur, S. 193.
87 Luckey, Personifizierte Ideologie, S. 158.
88 Dollinger, Friedrich II., S. 175.
89 Luckey, Personifizierte Ideologie, S. 160.
90 Ebd., S. 160 f.
91 Zit. n. ebd., S. 161.
92 Hahn, Friedrich der Große, S. 239.
93 Zit. n. Dollinger, Friedrich II., S. 177.
94 Kroll, Geschichtskultur, S. 195.
95 Hitler, Kampf, S. 286.
96 Hahn, Friedrich der Große, S. 115.

Der große König der Nazis

1   Luckey, Personifizierte Ideologie, S. 201.
2   Münkler, Die Deutschen, S. 276.
3   Kershaw, Hitler, Bd. 1, S. 588 f.
4   Zit. n. Dollinger, Friedrich II., S. 179.
5   Freitag, Nationale Mythen, S. 399 f.
6   Ebd. S. 397.
7   Ebd., S. 384–387.
8   Wolfrum, Geschichte als Waffe, S. 39.
9   Laudamus, Von der Einweihung, S. 37.
10 Meier, Friedrich der Große, S. 16.
11 Luckey, Personifizierte Ideologie, S. 163 f.
12 Kroll, Geschichtskultur, S. 195.
13 Geleitwort Görings zu Hinrichs, Der allgegenwärtige König.
14 Klemperer, Zeugnis, Bd. 1, S. 313.
15 Ebd., S. 296. Kühn legte übrigens 1940 noch eine Schrift zur Sinn-gebung des Krieges vor, lehrte aber trotzdem ab 1949 an der Universität Heidelberg (vgl. Berg, Holocaust, S. 59).
16 Luckey, Personifizierte Ideologie, S. 166–168.
17 Dollinger, Friedrich II., S. 184 f.
18 Luckey, Personifizierte Ideologie, S. 168 f.
19 Zit. n. ebd., S. 169.

20 Die preußische Kolonisationspolitik war auch schon zu Weimarer Zeiten fester Bestandteil des Ostsiedlungsdiskurses, konnte von den Nationalsozialisten 1933 also bequem aufgegriffen und erweitert werden; vgl. Bendikowski, Lebensraum, S. 47–58.

21 Schäfer, Die dreizehn Bücher, S. 219.

22 Vgl. Gehl, Geschichte für höhere Schulen, S. 73.

23 Luckey, Personifizierte Ideologie, S. 170 f.

24 Klein, Drinnen und Draußen, S. 50.

25 Meier, Friedrich der Große, S. 6 f.

26 Hitler, Kampf, S. 285 f.

27 Barthel, Hitlers Geschichtsbild, S. 4.

28 Ebd., S. 34 f.

29 Ebd., S. 7 f.

30 Eberle / Uhl, Buch Hitler, S. 45, 88.

31 Barthel, Hitlers Geschichtsbild, S. 22.

32 Kershaw, Hitler, Bd. 2, S. 379.

33 Reichel, Schein, S. 196 f.

34 Kahlenberg, Preußen als Filmsujet, S. 142.

35 Zit. n. Dollinger, Friedrich II., S. 180.

36 Luckey, Personifizierte Ideologie, S. 183.

37 Ebd., S. 143.

38 Ebd., S. 188.

39 Zit. n. ebd., S. 191 f.

40 Kahlenberg, Preußen als Filmsujet, S. 157.

41 Ebd.

42 Zit. n. Luckey, Personifizierte Ideologie, S. 197.

43 »Meldungen aus dem Reich (Nr. 287) 28. Mai 1942«, in: Boberach, Meldungen aus dem Reich, Bd. 10, S. 3752–3770, hier S. 3759.

44 Ebd., S. 3758 f.

45 Barthel, Hitlers Geschichtsbild, S. 16.

46 Hahn, Friedrich der Große, S. 130.

47 Zit. n. Barthel, Hitlers Geschichtsbild, S. 16.

48 Barthel, Hitlers Geschichtsbild, S. 11.

49 Boberach, Meldungen, Bd. 10, S. 3661.

50 Kershaw, Hitler, Bd. 2, S. 661 f.

51 Vgl. Art. »Vahlen«, in: Klee, Personenlexikon, S. 637.

52 Mommsen, Bürgerliche Kultur, S. 230 f.

53 Ebd., S. 233 f.

54 Zit. n. Luckey, Personifizierte Ideologie, S. 193.

55 Burleigh, Nationalsozialismus, S. 908.

56 Fest, Hitler, S. 891.

57 Barthel, Hitlers Geschichtsbild, S. 19.

58 Zit. n. Fest, Hitler, S. 910.

59 Luckey, Personifizierte Ideologie, S. 143.
60 So jedenfalls die Erinnerung von Albert Speer; vgl. Barthel, Hitlers Geschichtsbild, S. 12 f.
61 Ebd., S. 12.
62 So auch schon der Hinweis bei Schlenke, Nationalsozialismus, S. 257.
63 »Meldungen aus dem Reich (Nr. 287) 28. Mai 1942«, in: Boberach, Meldungen aus dem Reich, Bd. 10, S. 3752–3770, hier S. 3759.
64 Ebd., Bd. 14, S. 5695.
65 Ebd., Bd. 15, S. 5860.
66 Benn, Werke, Bd. 3, S. 1974.
67 Venohr, Fridericus Rex, S. 7.
68 Aufzeichnung vom 22. August 1942, in: Scholl, Briefe und Aufzeichnungen, S. 123–126, hier S. 125.
69 Mommsen, Alternative zu Hitler, S. 243; vgl. insgesamt den Beitrag »Fritz-Dietlof Graf von der Schulenburg und die preußische Tradition« (S. 230–265).
70 Ueberschär / Vogel, Dienen und Verdienen, S. 72.
71 Kershaw, Hitler, Bd. 2, S. 1020 f.
72 Eberle / Uhl, Buch Hitler, S. 350.
73 Barthel, Hitlers Geschichtsbild, S. 9.
74 Fest, Hitler, S. 1000.
75 Aretin, Das gefährliche Vorbild, S. 152.
76 Large, Berlin, S. 336.
77 Vgl. Dollinger, Friedrich II., S. 183, 192.
78 Barthel, Hitlers Geschichtsbild, S. 1 f.
79 So Kroll, Preußenbild, S. 327.

»Friedrich II.« reitet in den Sozialismus

1 Zit. n. Engel, »Auferstanden aus Ruinen«, S. 94.
2 Zit. n. Kotowski, Preußen, S. 145.
3 Vgl. dazu Welzer u.a.: »Opa war kein Nazi«.
4 Brinks, Die DDR, S. 93 f.
5 Wie Abusch 1948/49 in den Sog der politischen Kampagne gegen die sogenannten »Westemigranten« geriet, wie ihm ein Schauprozess drohte und wie er sich herauswinden konnte und schließlich als Mitarbeiter der Staatssicherheit diente, berichtet Krauss, Heimkehr, S. 134.
6 Abusch, Irrweg, S. 103.
7 Brinks, Die DDR, S. 94.
8 Abusch, Irrweg, S. 103.
9 Ebd., S. 99.
10 Meyers, Friedrich II., S. 190.

11 Zuchold, Die Statuen, S. 151.

12 Engel, »Auferstanden aus Ruinen«, S. 93.

13 Zuchold, Die Statuen, S. 153, 161.

14 Vgl. die Abbildung ebd., S. 152, 154.

15 Zit. n. ebd., S. 153.

16 Engel, »Auferstanden aus Ruinen«, S. 111.

17 Laudamus, Von der Einweihung, S. 38 f.

18 Zuchold, Die Statuen, S. 156.

19 Laudamus, Von der Einweihung, S. 40.

20 Ebd.

21 Large, Berlin, S. 396.

22 Brinks, Die DDR, S. 162.

23 Ebd., S. 161.

24 Ebd., S. 163.

25 Meyers, Friedrich II., S. 198.

26 Unterrichtshilfen Geschichte 7. Klasse, S. 171.

27 Zit. n. Meyers, Friedrich II., S. 230.

28 Zit. n. ebd., S. 198.

29 Krauß, DDR-Historiographie, S. 7, 129 f.

30 Bleek / Mertens, Geheime DDR-Dissertationen, Bd. 1, S. 7, 13.

31 Krauß, DDR-Historiographie, S. 102.

32 Brinks, Die DDR, S. 163.

33 Farbige Impressionen, S. 38 f.

34 Zit. n. Meyers, Friedrich II., S. 228.

35 So die Vermutung bei Krauß, DDR-Historiographie, S. 102.

36 Krauß, DDR-Historiographie, S. 107.

37 Mittenzwei, Friedrich II., S. 234 f.

38 Ebd., S. 230 f.

39 Krauß, DDR-Historiographie, S. 94.

40 So Mittenzwei, Friedrich II., S. 7.

41 Brinks, Die DDR, S. 188.

42 Hager, Gesellschaftswissenschaften, S. 41.

43 Ebd., S. 38 f.

44 Honecker in seinem Bericht an das ZK der SED am 28. Mai 1973; zit. n. Engel, »Auferstanden aus Ruinen«, S. 126.

45 Vgl. die Erklärung des VIII. Parteitags der SED 1971, Engel, »Auferstanden aus Ruinen«, S. 126.

46 Krauß, DDR-Historiographie, S. 93.

47 Mittenzwei / Noack, Das absolutistische Preußen, S. 12.

48 Brinks, Die DDR, S. 207.

49 Lozek, Traditionsproblematik, S. 395.

50 So Krauß, DDR-Historiographie, S. 97.

51 Ebd., S. 98.

52 Zit. n. Krauß, DDR-Historiographie, S. 99.
53 Zit. n. Brinks, Die DDR., S. 250.
54 Art. »Rauchs Kunstwerk bereichert unser Berliner Lindenforum«, in: *National-Zeitung*, 1. Dezember 1980, S. 8.
55 Hager, Gesellschaftswissenschaften, S. 40.
56 So der Generalkonservator der DDR, Ludwig Deiters, im Januar 1978; zit. n. Laudamus, Von der Einweihung, S. 40.
57 Honecker, Leben, S. 437.
58 Laudamus, Von der Einweihung, S. 41 f.
59 Driesch, Das Reiterstandbild, S. 58.
60 Hager, Gesellschaftswissenschaften, S. 40.
61 Large, Berlin, S. 469 f.
62 Jungnickel, »Sachsens Glanz und Preußens Gloria«, S. 30 f.
63 Zit. n. ebd., S. 30.
64 Large, Berlin, S. 469.
65 Brinks, Die DDR, S. 256.
66 Kant, Bronzezeit, S. 125 f.
67 Ebd., S. 146.
68 Brinks, Die DDR, S. 289.
69 Jäger, Kultur, S. 248.
70 Fellien, Bittschriftenlinde.
71 Art. »Wie Haareschneiden«.
72 Krüger, Friedrich, S. 119.
73 Ash, Bei den roten Preußen, S. 208.
74 Ebd., S. 203–208.
75 Vgl. Brinks, Die DDR, S. 257.
76 Dollinger, Friedrich II., S. 210.
77 Hahn, Friedrich der Große, S. 188 f.

Der bundesrepublikanische König

1   Meinecke, 1848, S. 45.
2   Eberan, Luther?, S. 117.
3   Heinrich, Friedrich der Große, S. 51.
4   Eberan, Luther?, S. 117–119.
5   Zit. n. Schulze, Deutsche Geschichtswissenschaft, S. 56. Entsprechend auch die Beurteilung in Meinecke, Deutsche Katastrophe, S. 158.
6   Vgl. Wolfram, Geschichte als Waffe, S. 65 f.
7   Schulze, Deutsche Geschichtswissenschaft, S. 208.
8   Kroll, Geschichtskultur, S. 196 f.
9   Wolfrum, Geschichte als Waffe, S. 66.
10 Die für die Gedächtnisforschung wegweisende Unterteilung in

»kommunikatives« und »kulturelles Gedächtnis« von Jan Assmann scheint
an diesem Punkt nicht hilfreich (Assmann, Gedächtnis, insbesondere
S. 48–66), weil sie die Öffentlichkeit des Erinnerns und das Feld der
Sprachpolitik über die Vergangenheit noch nicht einbezieht.

11 Zit. n. Schulze, Deutsche Geschichtswissenschaft, S. 221.
12 Hahn, Friedrich der Große, S. 160.
13 Mirow, Das alte Preußen, S. 265–268.
14 Hahn, Friedrich der Große, S. 160 f.
15 Dönhoff, Preußens Erbe.
16 Ebd., S. 10, S. 7.
17 Janßen, Fridericus Rex.
18 Kroll, Geschichtskultur, S. 197.
19 Augstein, Preußens Friedrich, S. 337.
20 Ebd., S. 64.
21 Ebd., S. 158.
22 Ebd., S. 7.
23 Ebd., S. 358.
24 Messerschmidt, Nachwirkungen, S. 287.
25 Bußmann, Friedrich der Große, S. 288.
26 Der Einwand von Hahn (Friedrich der Große, S. 172), Friedrich habe
    sich – von dieser Ausstellung einmal ausdrücklich abgesehen – ansonsten
    »auf der hell erleuchteten Preußenbühne mit einer Nebenrolle beschei-
    den« müssen, kann nicht recht überzeugen. Zutreffend ist wohl vielmehr,
    dass Friedrich stets der heimliche Star unter den Preußenkönigen war
    und blieb.
27 Stobbe, Zur Aktualität Preußens, S. 21.
28 »Geleitwort des Regierenden Bürgermeisters Dr. Richard von
    Weizsäcker«, in: Korff, Ausstellungsführer, S. 5.
29 Hahn, Friedrich der Große, S. 171.
30 Haffner, Preußen ohne Legende, S. 21.
31 Ebd., S. 119 f.
32 Ebd., S. 120.
33 Kämmerer, Friedrich der Große im geteilten Deutschland, S. 160.
34 Zit. n. Dollinger, Friedrich II., S. 212.
35 Thadden, Preußeninteresse, S. 325.
36 Weizsäcker, Ansprache, S. 27 f.
37 Hahn, Friedrich der Große, S. 180.
38 Weizsäcker, Ansprache, S. 27.
39 So der Historiker Peter Baumgart (Historische Kommission, Friedrich
    der Große, S. 20).
40 Hahn, Friedrich der Große, S. 213.
41 Art. »Friedrich: Ein Denkmal kehrt zurück«, S. 144.
42 Brinks, Die DDR, S. 290.

43 Dagegen konstatiert Frank-Lothar Kroll (Geschichtskultur, S. 197 f.) auch Jahre nach der Vereinigung in Ost- und Westdeutschland »mentale Differenzen«, wobei er maßgeblich – vielleicht vorschnell – darauf setzt, dass die ehemaligen DDR-Bürger die Indienstnahme Friedrichs für die Sache des sozialistischen Staates durchschauten und mit Abneigung quittierten.

44 Friedrich II., Werke, Bd. 7, S. 287.

45 Grass, Weites Feld, S. 729.

46 Art. »Aktion Sarg und Asche«, S. 28 f.

47 Ebd., S. 29.

48 Ebd., S. 32 f.

49 Art. »Historiker Wehler im Interview«.

50 »Friederisiko. Ein neues Bild von Friedrich dem Großen«, http://www.spsg.de/index_6970_de.html (Zugriff 14. Juli 2010).

51 Art. »Christian, der Große«.

Friedrich. Der Große?

1 Kunisch, Friedrich der Große, S. 544.

2 Stamm-Kuhlmann, König, S. 563 f.

3 Baumgart, Friedrich Wilhelm IV., S. 219, 240.

4 Haffner, Preußen ohne Legende, S. 116.

5 Messerschmidt, Nachwirkungen, S. 281.

6 Mann, Deutsche Geschichte, S. 45. Hans-Ulrich Wehler sprach unlängst in diesem Sinne noch einmal von einem »soziokulturellen Traditionsbestand« oder einer politischen Kultur, die das Wirken eines vermeintlich »großen Mannes« dergestalt privilegiert, dass eine charismatische Herrschaft wie die Hitlers dies für den eigenen Aufstieg als essenzielle Voraussetzung nutzen konnte (Wehler, Land, S. 100).

Personenregister

Sachregister

Bildnachweis